Fronteras de la modernidad en América Latina
© 2003, Hermann Herlinghaus y Mabel Moraña, eds.

ISBN: 1-930744-16-1

Instituto Internacional de Literatura Iberoamericana
University of Pittsburgh
1312 Cathedral of Learning
Pittsburgh, PA 15260
(412) 624-3359 • (412) 624-0829 FAX

Diseño de portada: Diego Echesortu Pinasco
Fotos de portada y contraportada: Nacho López, Paolo Gasparini
Reproducidos de: Néstor García Canclini/Alejandro Castellanos/Ana Rosas
Mantecón, *La ciudad de los viajeros*. México: Editorial Grijalbo, 1996.
Composición: Erika Braga
Correctores: Cornelio Delgado, Antonio Gómez y Francisco Ramírez

Serie Tres Ríos

Fronteras de la modernidad en América Latina

Fronteras de la modernidad en América Latina

Hermann Herlinghaus
Mabel Moraña
EDITORES

INSTITUTO INTERNACIONAL DE LITERATURA IBEROAMERICANA

SUMARIO

Hermann Herlinghaus y **Mabel Moraña**, Introducción 11

I. FRONTERAS MÓVILES, TERRITORIOS RESIMBOLIZADOS

Renato Ortiz, A questão do público: entre o nacional e o transnacional 23
Nicolás Casullo, Cultura y crítica. Nuestros temas en las calles 37
Santiago Castro-Gómez y **Oscar Guardiola Rivera**, Globalización, universidad y conocimientos subalternos. Desafíos para la supervivencia cultural 51

II. SECULARIZACIÓN HETEROGÉNEA: MITOS Y CREENCIAS

Tulio Halperin-Donghi, Dos modos de llevar duelo por la modernidad: Argentina y Uruguay 63
Bolívar Echeverría, La religión de los modernos 81
John Kraniauskas, Mariátegui, Benjamin, Chaplin 91
Francine Masiello, Milagros y modernidad 99

III. IMÁGENES DE LA MODERNIDAD

Adriana Rodríguez-Pérsico, Fray Mocho, un cronista de los márgenes 111
Sylvia Molloy, Género y modernidad 121
Javier Sanjinés, San Francisco/Los Andes: los viajes encontrados del muralismo de Diego Rivera 127
Román de la Campa, Globalización y nostalgia: *Buena Vista Social Club* 143

IV. LA "FRONTERA DE CRISTAL"

José Manuel Valenzuela, Centralidad de las fronteras. Procesos socioculturales en la frontera México-EE.UU. 159

Cynthia Steele, Siguiendo las huellas de María Novaro: globalización e identidades fronterizas en *Sin dejar huella* (2000) 183
Renato Rosaldo, Género y modernidad: tres sujetos latinos en San José, California 193

V. MODERNO/POSMODERNO: ESPACIOS, DIVERGENCIAS E INTERROGANTES

Hans Ulrich Gumbrecht, El espacio que reaparece. Cinco breves reflexiones sobre los conceptos de "Posmodernidad" y "Globalización" 201
Jens Andermann, Políticas de la pasión: Horacio González y el desafío al relato culturalista 209
Carlos Pereda, Los desafíos de la modernidad intercultural y dos modos arrogantes de responderlos 219
Enrique Dussel, "Ser-hispano": un mundo en el *border* de muchos mundos 231
Ernesto Laclau, Democracia entre autonomía y heteronomía 245

VI. NARRACIONES Y DESTIEMPOS DE LA HETEROGENEIDAD

Jesús Martín-Barbero, Nuestros malestares en la modernidad 257
Diana Taylor, El archivo y el repertorio 271
Carlos Monsiváis, La modernidad a destiempo 277
Michael Taussig, La ley en una tierra sin ley. Diario de *Limpieza* 285

Fronteras de la modernidad en América Latina. Introducción

Las discusiones en torno a la modernidad en América Latina ofrecen hoy un cuadro singularmente heterogéneo. Su rasgo más llamativo es la independencia epistemológica, adquirida precisamente a partir de la crisis que desde la década de 1980, empujara a los países del subcontinente a los abismos de una avanzada globalización. Desde entonces, no hay prácticamente ningún ámbito relacionado a los estudios culturales y las humanidades que no se haya insertado, de una u otra manera, en el debate de la modernidad. Los modos de hacerlo revelan una doble y difícil estrategia que consiste en la elaboración de narrativas descolonizadoras que, al mismo tiempo, desconfían de las promesas de un orden discursivo propio. La búsqueda de una independencia epistemológica se orienta por caminos paradójicos, que un Walter Benjamin talvez habría llamado 'pensamiento despúes de la barbarie'. El 'después' no se refiere a una lógica temporal, sino al camino intelectualmente más riguroso con que se puede enfrentar el desencanto: – el que indica la necesidad de un constante sondeo crítico de las herramientas analíticas e interpretativas con las que se enfrenta el inestable presente que vivimos, quizá imposible de objetivar desde un solo y abstracto discurso.

En tanto matriz de historización, el presente es 'moderno' con respecto a un desequilibrio constitutivo. La modernidad ha sido siempre, en el caso de América Latina, una modernidad en crisis, y ha provisto una base discursiva *pro domo* desde la cual pudieron formularse tanto anhelos de identidad y legitimidad como estrategias de diferencia cultural. Aprehender los discursos "centrales" de la modernidad ha implicado –debido a la específica situación poscolonial del continente– tanto la articulación de proyectos de autolegitimación como de apropiación crítica, tanto la afirmación identitaria como el descentramiento de normas y categorías metropolitanas. Tal asimetría histórica –que, según algunos, se podría caracterizar como 'dependencia' epistemológica—, dificultó la posibilidad de formar un orden discursivo propio, prolongando, entonces, los anhelos de lograrlo. Sin embargo, y más allá de deseos utópicos y totalizadores, hablar de una *modernidad periférica de rasgos diferenciales*, implica reconocer, necesariamente, una larga trayectoria de múltiples descentramientos de los 'discursos modelo'.

La independencia epistemológica a que nos referíamos no implicaría, entonces, una simple superación de las contradicciones e impases del proyecto histórico y cultural que se orienta hacia la construcción de un 'sujeto latinoamericano'. Al contrario, se trataría de una autorreflexividad que ha sabido desentrañar la búsqueda de un universalismo de base latinoamericana, con formas de historización capaces de asumir la particular situación hermenéutica en que se encuentra el pensamiento periférico: la de no poder comenzar desde un supuesto punto cero –el del 'territorio de la razón' eurocéntrica y colonialista– sino desde variadas condiciones de desequilibrio y desigualdad con respecto a discursos centrales. 'Ser moderno' significa hoy, para el pensamiento cultural latinoamericano, actuar desde ámbitos concretos que se describen con las metáforas de *frontera* y *margen*, que hemos tomado como base conceptual en la convocatoria del congreso internacional que dio base a este libro. Estas metáforas señalan la existencia de proyectos analíticos y hermenéuticos que no operan ni desde un anhelo universalista, ni desde las certezas que depararían el particularismo cultural o la supuesta autonomía de la crítica. En ese sentido y hablando epistemológicamente, "fronteras de la modernidad" designa una nueva autoconciencia cultural y crítica, cuya base estratégica ha resultado en un descentramiento teórico.

Uno de los constantes desafíos que enfrenta el debate latinoamericano es el de combatir un nuevo historicismo imperial, que propone cancelar la noción de *historia* entendida como procesos heterogéneos de luchas entre modelos alternativos de organización e imaginación social, política y cultural. La reproducción global del capital está generando un nuevo estado hipnótico de enorme eficacia a nivel cultural y simbólico. En medio de él resurgen las consignas del obstinado historicismo neocolonial. Se trata de los postulados hegemónicos que vienen desde los centros, de un "todavía no" o un "futuro postergado" para ciertas regiones y posiciones enunciativas, de un "no estar a la altura de", o un "tener que cambiar antes de reclamar legitimidad", una carencia discursiva por inmadurez histórica, en términos de lenguaje y razón, la cual se extiende a las carencias de información e inserción en las redes de dominación electrónica. Sin embargo, no cabe recaer en antiguos esquematismos y confundir los desarrollos actuales con una simple reinstitución del principio totalizador –ahora descrito como linealidad totalizadora que 'actúa' desde el mercado triunfante. Las cosas no son así de fáciles. La reproducción del capital ha impuesto dinámicas globales que coinciden en su lógica de ir aumentando la desigualdad. Pero hay que enfrentar una dolorosa aporía que ha logrado cambiar las condiciones de pensamiento, no sólo en América Latina. La tensión conceptual y ética entre la globalización del capital, por un lado, y la crisis de las nociones universalistas, por otro, debe mantener ágil un pensamiento no abstracto ni totalizador, que mantenga viva la posibilidad de alternativas en distintos registros. El mencionado desequilibrio está marcando la labor de las ciencias sociales y las humanidades hoy, y si el pensamiento posmoderno "legítimo" (en los centros) ha perdido su terreno de reflexión crítica, podría pensarse que esto ha ocurrido por haber sacrificado sus criterios descentralizadores a la luz de los escenarios pos-1989.

En América Latina, la crítica del historicismo hegemónico de la modernidad sigue siendo un principio clave de la discusión que ha marcado, desde ángulos diversos, una radical reformulación de los problemas de nacionalidad, transnacionalidad, multiculturalismo y globalización. En ese contexto se ha desafiado una larga tradición de imaginación de lo nacional, tanto en la deconstrucción de su subconsciente normatividad, como también en lo referente a las identidades colonizadas por el discurso occidental. Desconstruir el peculiar nexo entre expansión (neo)colonial y dominación epistemológica, inscrito en el proyecto occidental de la modernidad, ha sido criterio de no pocas perspectivas en el subcontinente. No basta asumir los márgenes como "tema", sino que es necesario convertir los márgenes en el punto de partida para un pensamiento descolonizador. Ese pensamiento, sin embargo, se ha resistido a ser calificado como "poscolonial". Si ciertas perspectivas de los estudios poscoloniales operantes en la academia angloamericana han tendido hacia la rotunda identificación de 'modernidad' y 'colonialidad', pensar las fronteras de la modernidad desde América Latina significa poner en crisis tal asimilación.

Es necesario recordar que la modernidad nunca es *sólo* colonialidad – hecho que se tiende a tomar por sobreentendido en los centros, y que lleva a buscar lo colonial preferentemente en los 'otros' territorios. De modo inverso y cuando se mira la cuestión desde el centro, la modernidad en los bordes carga no pocas veces el estigma de colonialidad hasta en la precodificación de su estatus enunciativo y reflexivo. Hay una sutil implicación retórica en ese gesto de convertir condicionamientos históricos en preámbulos para la legitimidad de un discurso crítico –por ejemplo la atribución del estatus de 'colonizado' a los intelectuales de los países periféricos. Ese fenómeno de sutil 'desposeimiento epistemológico' al cual el *otro* es sometido, se manifiesta en la desigual atribución del derecho a la apropiación crítica de modelos centrales. Las discusiones recientes en los ámbitos de la academia angloamericana y europea no han dejado de alimentar la sospecha de que el derecho a la soberanía epistemológica se reserva a sujetos intelectuales que operan desde lugares "legítimos" de producción de conocimiento. En otras palabras: ¿en qué puede consistir hoy la 'soberanía' del intelectual periférico, habitante epistemológicamente desposeído, que opera desde escenarios neocoloniales? ¿Puede y debe cuestionar el determinismo de su contexto inmediato para insertarse de igual a igual en los debates centrales? ¿Puede reclamar ese intelectual una 'modernidad' de pensamiento que no sea condicionada por el 'fatalismo histórico' de su región? ¿Qué sucede cuando ese intelectual se comienza a ocupar del inconsciente colonial de sus colegas del Norte, ahora desentrañando las fisuras modernidad/colonialidad en aquellos lugares de los cuales suelen ser expulsadas?

Los debates culturales no han dejado de desconstruir, desde diferentes ángulos disciplinarios e intereses políticos, los nexos entre las prácticas de expansión colonial y las de dominación epistemológica. Y no es de sorprender que una parte de las perspectivas poscoloniales de la academia angloamericana haya categorizado de modo rotundo la 'modernidad' como mera 'colonialidad'. Pero existen varios caminos por los que hoy se llega a la crítica de la modernidad. La perspectiva que presentamos en *Fronteras de la modernidad en América Latina* parte de posiciones de debate que no suscriben esa dualidad conceptual, sino que rescatan el carácter heterogéneo de la modernidad latinoamericana, y de la crítica que analiza sus bases epistemológicas. Los trabajos aquí reunidos proponen, más bien, un acercamiento hermenéutico-cultural a problemas de hegemonía y dominación y una especial atención a las dinámicas de contradictoriedad, heterogeneidad y fragmentariedad que han caracterizado las construcciones discursivas y culturales de la modernidad latinoamericana. De acuerdo a las propuestas de este libro, una hermenéutica de la heterogeneidad debe revelar las experiencias de discontinuidad histórica, la falta de unidad cultural, las lagunas éticas de la política y, desde luego, los recursos y estrategias concretos que las perspectivas descentralizadoras están desarrollando desde Latinoamérica.

Con respecto a las condiciones de pensamiento durante el decenio reciente, son justamente las "fronteras de la modernidad" las que permiten desentrañar, según palabras de Martín-Barbero, el mundo de los que no piensan desde un lugar fijo, los que viven en los márgenes y hacen de ellos no sólo su objeto de estudio, sino el secreto de su transdisciplinariedad y el lugar móvil de su reflexión. Si una parte de la discusión relaciona la modernidad con un concepto de tiempo 'no sellado', discontínuo y anacrónico, en esa perspectiva se inserta el particular proyecto de historizar lo moderno desde los nexos entre cultura y comunicación. Ningún debate descolonizador puede pasar por alto hoy los profundos cambios que atraviesan las nociones de experiencia, saber, identidad y, desde luego, el concepto mismo de la cultura. Para un creciente número de teóricos latinoamericanos, en la comunicación está cifrada una dinámica constitutiva de la modernidad, una modernidad de contornos obviamente distintos a la que se conceptualiza en los márgenes de normas discursivas hegemónicas. La comunicación a nivel de experiencia e identidad, o sea, entendida hermenéuticamente, permite la exploración de los ámbitos marginales y diferenciales de la "ciudad letrada". Permite comprender que lo moderno no puede existir separado de las historias en las que se entrelazan lo hegemónico y lo marginal de múltiples maneras, donde lo pedagógico no triunfa ya exclusivamente por el camino de los saberes y las artes autónomas, donde la performatividad de la política se vincula con el carácter de una secularización sumamente contradictoria, donde la globalización opera por 'abstracción' (el capital) y al mismo tiempo por fragmentación, diseminación y relocalización de tradiciones, donde la tecnología aumenta la exclusión y al mismo tiempo recompone las fantasías y deseos de 'ser modernos'.

El particular caracter de las experiencias para con la modernidad ha contribuido a trayectorias de investigación social y cultural en medio de las cuales nació el fenómeno de lo que podemos denominar 'ciencias sociales de los márgenes'. Esas 'ciencias sociales' no solamente aspiran a miradas transdisciplinarias, sino que han establecido nuevos puentes entre discusión epistemológica y prácticas transgresoras de conocimiento. En otras palabras –y ahí se manifiesta una interesante diferencia entre América Latina y otras partes del mundo– las críticas epistemológicas de la modernidad han llevado a una radical 'des-autonomización' y hasta 'des-especialización' de estas ciencias. Empresa riesgosa y creativa al mismo tiempo, empresa intelectual donde la crítica epistemológica se entrelaza con la tendencia a desterritorializar dominios disciplinarios y discursos exclusivos y donde, por esa misma razón, las categorías heurísticas tienen igual autoridad que las normativas, permitiendo surgir nuevos mapas dialógicos entre la investigación epistemológica e histórica, la filosofía, las ciencias sociales, y los estudios de la cultura y la comunicación.

Los trabajos que reúne este volumen, resultado del *Tercer Congreso Internacional de Estudios Culturales Latinoamericanos* realizado en la Universidad de Pittsburgh los días 14-16 de Marzo de 2002, abordan las problemáticas aludidas desde distintos pero complementarios ángulos teóricos. En ellos se percibe, más allá de su diversidad, la voluntad de repensar la modernidad latinoamericana desde el nivel de sus imaginarios más variados, rescatando la heterogeneidad que fragmenta y activa los territorios simbólicos latinoamericanos, tanto en sus manifestaciones culturales como en lo relacionado con los sujetos sociales que las producen y las agendas que los animan. Al mismo tiempo, los artículos que siguen coinciden, en su gran mayoría, en la atención a los conflictos concretos que resultan de la existencia de epistemologías, proyectos y prácticas que dialogan de manera tensa, en las distintas latitudes de América Latina, con paradigmas centrales y con modelos dominantes a nivel regional, nacional, y transnacional. Cada uno de ellos explora aproximaciones, respuestas o propuestas para un replanteamiento de los problemas que atañen a la implantación y colapso del proyecto moderno en América Latina, así como al estudio de sus efectos residuales, y de las condiciones de existencia política, social y cultural que la modernidad implantara en el subcontinente, desde los procesos de emancipación a nuestros días.

Abriendo el libro, bajo el título "Fronteras móviles, territorios resimbolizados", se agrupan estudios que exploran escenarios, problemas y momentos históricos en los que las matrices sociales, culturales y políticas de la modernidad se enfrentan a los desafíos que presentan los procesos de globalización y las dinámicas de transnacionalización. Estos estudios se concentran en aspectos que caracterizan la particular entrada de América Latina a una modernidad que marcó a fuego el desarrollo histórico y social de sus países, no sólo con propuestas de progreso social e integración occidentalista en gran parte incumplidas, sino también con estrategias de exclusión de sujetos y formas culturales que rebasaban el registro acotado de las culturas nacionales. Como indica Renato Ortiz, los procesos de mundialización impulsan una modificación sustancial en la configuración y modos de habitar, material y simbólicamente, el espacio público, produciendo nuevas formas de territorialización que trascienden los espacios nacionales, proponiendo en su lugar ámbitos más extensos de interrelación y de acción política y cultural. Sin embargo, muchas batallas continúan teniendo como arena primaria los espacios nacionales. Tulio Halperin-Donghi se refiere al progresivo descaecimiento de estructuras socio-culturales –al "duelo por la modernidad"– en Argentina y Uruguay, y Nicolás Casullo se concentra en las nuevas formas de resistencia surgidas de la crisis argentina, en cuyo contexto se han activado nuevos actores sociales, y ensayado estrategias inéditas de convocatoria y expresión popular. ¿Cómo pensar, desde estos escenarios conflictivos y tradicionalmente subalternizados desde los grandes centros internacionales, el problema de la producción de conocimiento en América Latina? ¿Cómo reconfigurar instituciones y discursos para una aprehensión eficaz y creativa de los deseos, frustraciones y expectativas de nuevas generaciones que se integran a un panorama políticamente incierto, culturalmente fracturado, socialmente convulso? Santiago Castro-Gómez y Oscar Guardiola Rivera enfocan las transformaciones de la universidad como núcleo de producción, reproducción y difusión de conocimientos ante el colapso del proyecto moderno. En el tema se articulan problemas vinculados a la circulación de material simbólico y a la legitimación de saberes producidos desde las periferias de los grandes sistemas, explorando los modos en que la academia puede hacerse cargo de los nuevos desafíos planteados al desarrollo del pensamiento crítico.

El segundo apartado del volumen, "Secularización heterogénea: Mitos y creencias" aborda aspectos relacionados con la conformación de espacios simbólicos en los que el deseo se condensa en torno a imágenes, *performances*, ritualidades y procesos híbridos donde el pensamiento mágico interviene la producción de significados. ¿En qué medida mitos y creencias logran articular imaginarios diferentes a los de la razón instrumental, y articular nuevas lecturas de lo social capaces –como propone Francine Masiello– de "limar el filo posmoderno"? Los ensayos reunidos en esta parte del libro analizan hasta qué punto la cultura popular, o los imaginarios del cine y la literatura constituyen un reducto cifrado a través del cual se expresan la imaginación y la fantasía de sujetos que son irreductibles a las corrientes dominantes de la modernidad. Bolívar Echeverría fija su atención en las interrelaciones entre el pensamiento político y el religioso, pensando las soberanías estatales como espacios de negociación y recomposición identitaria, en el posible contexto de una modernidad pos-capitalista. En el tema se anudan reflexiones sobre la magia de la mercancía como fetiche moderno, y sobre la fe, en tanto pulsión que orienta los procesos de acumulación del capital y la reificación del mercado. Al pasar del desencanto desacralizador al re-encantamiento económico, la sociedad actual requiere nuevas reflexiones sobre laicismo y religiosidad, como aspectos que atraviesan la configuración de la sociedad civil. John Kraniauskas analiza las interrelaciones entre Mariátegui, Benjamin y Chaplin como aproximación a un modernismo transculturalizado que impacta los procesos de producción y consumo masivo de bienes materiales y simbólicos. Particularmente en la obra cinemática de Chaplin se advierten, como Kraniauskas enfatiza en su lectura de la interpretación benjaminiana, tanto la violencia del capital como la posibilidad de una liberación catártica a través de la risa. La visión de Mariátegui, sin embargo, se resuelve más bien como lectura mítica, que baja hasta las bases mismas del capitalismo: la seducción del oro y la fascinación por la acumulación originaria, que el *clown* instala, desde el registro estético, como crítica radical del desarrollo tecnológico moderno.

"Imágenes de la modernidad" tiene como eje la reflexión sobre aspectos culturales que recogen, en el nivel de lo simbólico, corrientes de pensamiento y expresión popular que escapan, en gran medida, a los parámetros del canon literario y a las restricciones de la alta cultura. Del análisis de Adriana Rodríguez Pérsico sobre el periodismo argentino de fines del siglo XIX –la imaginería de *Fray Mocho* como cronista de la vida cotidiana– hasta el estudio del muralismo mexicano realizado por Javier Sanjinés, la imagen se revela como un dispositivo resignificador y como registro de dinámicas populares y ciudadanas que la modernidad ha relegado a los suburbios de los grandes sistemas. En el mismo sentido, el trabajo de Román de le Campa rescata el significado cultural y simbólico de *Buena Vista Social Club* como un diálogo nostálgico con el nacionalismo cubano y con los más amplios desafíos planteados por los procesos de globalización a nivel planetario. De la Campa explora el significado de esa nostalgia dentro de las dinámicas comerciales y políticas, en relación con una posible recuperación del pensamiento utópico y a partir de los parámetros inciertos del deseo y la memoria, que ya exceden los espacios originarios para conectarse, en un campo mayor, con públicos e imaginarios transnacionalizados. Sylvia Molloy, por su parte, explora modos alternativos de leer textos claves de la modernidad literaria latinoamericana, a partir de la categoría crítica de género. Estudia varias "escenas críticas" donde el cruce inestable entre modernidad y género permite advertir tensiones y negociaciones discursivas que nos exponen resistencias y transgresiones que remiten a las transformaciones sociales que interpretaciones tradicionales no alcanzan a vislumbrar o a elaborar productivamente.

Introducción

"La *frontera de cristal*" a que alude la tercera sección de este libro nos devuelve a la idea de la existencia de zonas de contacto –más que de líneas divisorias– en las que conjuntos socio-culturales interactúan, en un impacto mutuo de símbolos, creencias, mercancías y mensajes que trastornan las nociones rígidas de identidad y reclaman nuevas estrategias representacionales e interpretativas. José Manuel Valenzuela se refiere en su estudio al carácter "central" de las fronteras como *locus* para intercambios multiculturales, el cual debe ser teorizado en el contexto de los actuales estudios culturales y poscoloniales. En tanto espacio de ruptura o apropiación, intersticio vaciado de sentidos fijos o potenciado por las dinámicas de transculturación y resistencia a los modelos dominantes, las culturas de frontera desafían a los espacios nacionales con sus dinámicas fuertemente relacionales y su producción de identidades múltiples e híbridas. Como analiza Cynthia Steele en ocasión del filme *Sin dejar huella*, las identidades fronterizas propician prácticas culturales marcadas por el signo de la discontinuidad y la pérdida de la certeza. Las categorías de género, el sentido simbólico de la mercancía, los aspectos emocionales y políticos que remiten a la violencia de la modernidad y a sus estrategias de exclusión, se someten aquí a nuevas lecturas, en un sentido similar al que analiza Renato Rosaldo en relación a "Tres sujetos latinos en San José". Rosaldo parte de una definición abierta de modernidad en tanto paradigma que distintos sujetos actualizan y manejan en sentidos diversos, y se pregunta "¿hay diferentes grados de modernidad?", poniendo ese concepto en relación con dimensiones de subjetividad marcadas por el género sexual. Basado en el estudio de casos específicos tomados de películas, estudia la representación de sujetos latinos y el carácter contestatario que asumen sus prácticas sociales. Las imágenes que se componen en este apartado presentan así, como en un juego de espejos, aspectos de la diversidad identitaria en zonas fronterizas, pero también las alternativas que estas modalidades culturales plantean a las formas modernas, esencialistas, excluyentes y verticalizadas, de concebir la subjetividad individual y colectiva.

"Moderno/ pos-moderno: espacios, divergencias e interrogantes" presenta cinco estudios que abordan desde un punto de vista teórico las definiciones y límites de lo moderno, el lugar de la cultura en escenarios globales, y los desafíos del multiculturalismo para el caso de América Latina. Hans Ulrich Gumbrecht analiza los alcances globales del concepto de posmodernidad y reivindica la dimensión espacial por sobre la temporal como parámetro para inscribir la experiencia posmoderna. Según Gumbrecht, debemos aprender a re-habitar el espacio, tanto en nuestras vidas cotidianas como a nivel epistemológico, para captar ese conjunto de dimensiones culturales que llamamos posmodernidad. Este viraje del tiempo al espacio –este proceso de des-temporalización que rompe con una tradición occidental de siglos, nos estaría instalando en la búsqueda de una nueva referencialidad que nos devuelva a un contacto más cercano con el mundo, tanto a nivel existencial como epistemológico.

Pensando los cambios que la posmodernidad ha detectado en nuestro conocimiento de lo social y de lo cultural, Enrique Dussel instala, por su parte, el concepto de transmodernidad, poniéndolo en contacto con la la noción de "diferencia latina", propiciando así una lectura *otra* de la especificidad latinoamericana que escapa a los parámetros eurocentristas. Su interpelación intenta incidir en un horizonte primariamente pedagógico, que alcance las ideas de lo *hispano* o *latino* como experiencias que, desde una fuerte base social, se sitúan, desde su particularismo histórico y cultural, en una dimensión diferente en el espacio simbólico y político del occidentalismo. Rescata así la especificidad hispano/latina como experiencia cotidiana de comunidades que viven inmersas en una heterogeneidad que rebasa los modelos niveladores y reductivos pensados para otras realidades culturales, tratando de impulsar una experiencia crítica de esos modos de ser y habitar el espacio cultural latinoamericano. Desde esta perspectiva, propone una lectura que invierte las cartografías colonialistas y visibiliza agentes, sujetos, prácticas y proyectos culturales que los esquemas tradicionales dejaban en los márgenes de las narrativas civilizatorias. También en su estudio, como de otra manera en el artículo de Gumbrecht, la dimensión espacial es fundamental: implanta lo hispano/latino como un modo de habitar historia y territorio, pero también como una forma de vivir la tradición y la noción de origen, y como el asiento material de una cartografía y una genealogía capaces de reivindicar los lugares precisos –geográficos, históricos, antropológicos, simbólicos– que dan lugar al surgimiento de subjetividades colectivas y proyectos sociales.

Carlos Pereda aporta una lectura original de las dinámicas interculturales y un análisis de las lecturas y respuestas que pueden elaborarse de esta rescatada dimensión de lo social, surgida de las fisuras del homogeneizante proyecto moderno. Dentro de su línea de crítica de la "razón arrogante" llama la atención sobre las tramas normativas, las fetichizaciones y tradiciones naturalizadas en el discurso sobre y desde la modernidad para rescatar sobre todo los valores de la libertad y la diversidad cultural como bases para enfrentar los retos de lo intercultural en medio de las dinámicas de globalización.

Jens Andermann enfoca, en ocasión de su crítica a *Restos pampeanos*, de Horacio González, el problema del culturalismo dentro de las nuevas corrientes de pensamiento crítico, y el modo en que algunos temas centrales a la interpretación cultural –los nexos que vinculan Estado y cultura, la relación entre mito y logos, la noción de multitud, el valor del lenguaje, la posibilidad de recuperación de un pensamiento político– son abordados en algunas propuestas recientes en Argentina, uno de los espacios en que las promesas de la modernidad han estallado con mayor violencia.

Cerrando este apartado, el texto incorporado por Ernesto Laclau abre nuevas avenidas para la reflexión sobre democracia y formación de identidades, dos temas que han marcado centralmente el proyecto de la modernidad en América Latina. Explorando el alcance de los conceptos de libertad, autonomía y universalidad, Laclau vuelve sobre los temas de poder y hegemonía que ya tratara exhaustivamente en textos anteriores. Según Laclau, las identidades sociales no pueden existir sino a través de procesos de representación, que implican, de una manera u otra, la instancia de universalidad, y los juegos de lenguaje a través de los cuales la representación se hace posible. Al mismo tiempo, la negociación democrática implica la existencia de una autonomía necesariamente contaminada de heteronomía, es decir, atravesada por las demandas de diversos agentes sociales, cuyas luchas requieren pactos y alianzas que constituyen el nivel de lo político. Laclau propone dar consideración al lugar de la particularidad como instancia necesaria de los procesos de universalización. Desde aquí, las políticas de la *diferencia* pueden ser repensadas de una manera no-radical, que no excluya la posibilidad de estrategias políticas más amplias.

En la sección final de este volumen, tres artículos abordan los "destiempos" de la modernidad y sus distintas formas de escenificación cultural, y un cuarto nos remite a las dinámicas de la violencia colombiana, como extremación de las contradicciones y perversiones de la modernidad latinoamericana.

Jesús Martín-Barbero enfatiza la materialidad y heterogeneidad de los espacios culturales latinoamericanos, proponiendo que todo enfoque de la modernidad exige una estrategia interpretativa que recupere tanto las continuidades como las rupturas que se registran a nivel cultural. Recoge así las contradicciones y la diversidad de lo social, es decir, la consideración de los múltiples ritmos, contradicciones y resistencias que marcan la inscripción de nuestras sociedades latinoamericanas en el proyecto moderno, aplicado y absorbido de tan distintos modos en las diferentes regiones continentales. Como Martín-Barbero indica, la ciudad letrada ha manifestado ya su incapacidad para proponer políticas culturales que den cuenta de las hibridaciones entre lo autóctono y lo extranjero, lo popular, lo culto y lo masivo, y es a los estudios comunicacionales que corresponde ampliar el registro crítico para acceder así a sujetos, prácticas y agendas culturales propiamente modernas y al mismo tiempo atravesadas por la diversidad de múltiples discursos identitarios y temporalidades.

De un modo similar, Diana Taylor nos acerca al mundo del *performance* para mostrar, en un registro alternativo al propuesto por la ciudad letrada, una escena a la que se transfieren saberes, memorias y prácticas sociales con un sentido ritualizado y altamente simbólico. En la escenificación se dan cita oralidad y gestualidad, saberes colectivos y experimentaciones individuales, siendo el cuerpo y el comportamiento interindividual los vehículos que producen conocimiento acerca de la inserción del individuo en los conflictos y proyectos que constituyen lo social. Distinguiendo entre las nociones de *archivo* y *repertorio*, Taylor explora las formas y actuaciones de la memoria colectiva y el nivel de la visualidad como un sistema 'discursivo' otro, que nos permite explorar a nueva luz "los límites epistémicos de la modernidad".

En su aporte a este libro, Carlos Monsiváis vuelve a niveles básicos para la comprensión de *lo moderno*: su fugaz temporalidad, el cambio permanente, la fractura de las certezas, el juego de las identidades. Articula en sus reflexiones los problemas del mercado y la globalidad, la crítica a los mitos nacionales, la relación entre arte culto y cultura popular, las relaciones entre modernidad y tradición. De algún modo, muchos de los problemas antes abordados desde perspectivas filosóficas, antropológicas, políticas o sociológicas, convergen en la pluma irónica y desacralizadora de Monsiváis para someterse a la prueba de un culturalismo crítico que nos permite a la vez poner distancia y acercarnos a la modernidad como a un objeto de estudio evasivo, multifacético e ineludible en América Latina.

Pero las últimas imágenes del libro corresponden a las entregadas por las páginas del antropólogo Michael Taussig, introduciéndonos a través de su diario a los contradictorios escenarios latinoamericanos y las avenidas azarosas que recorre la violencia. Colombia, como "tierra sin ley", es el espacio que da pie a su relato: ámbito interferido por múltiples y extremadas dinámicas donde el sujeto es resimbolizado por prácticas en las que cuerpo y emociones son situados al borde de la muerte, y donde el torbellino de una modernidad perversa confunde propuestas y residuos, márgenes y discursos del poder, narrativas y microrrelatos en una realidad convulsa.

El viaje que se puede emprender, desde los primeros hasta los últimos estudios de este libro, es no sólo apasionante –por el calibre, variedad y profundidad de los aportes– sino también, por momentos, desasosegante. Si es desde los parámetros de la modernidad –con sus contradicciones, desencantos y perversidades– que se puede llegar a conocerse la episteme de América Latina, los trabajos que componen este volumen serán sin duda un aporte imprescindible a ese conocimiento. Ellos diseñan no solamente la cartografía del pensamiento crítico desarrollado sobre ese campo de estudio en las últimas décadas, sino que ofrecen también propuestas que desarticulan los imaginarios teóricos disciplinarios y hasta sus propias bases epistemológicas, reivindicando la especificidad de la experiencia latinoamericana al tiempo que logran articularla a contextos mayores, sin fáciles abstracciones ni universalismos casuales, sino desde las bases experimentales de un pensamiento crítico rebelde e inquisitivo.

Este libro no hubiera sido posible sin el apoyo rotundo y caluroso de quienes auspiciaron el *III Congreso Internacional de Estudios Culturales Latinoamericanos* que reuniera a los investigadores arriba mencionados. Esos auspiciadores fueron: el Departament of Hispanic Languages and Literature, el Center for Latin American Studies, el Faculty and College of Arts and Sciences, el University Center for International Studies, el Cultural Studies Program y la Oficina del Provost de la Universidad de Pittsburgh. Colaboraron también el Instituto Internacional de Literatura Iberoamericana, que ahora publica este volumen, y el Roggiano Fund, que proveyera los fondos principales para la realización del evento. A todas estas entidades, va nuestro más sincero agradecimiento.

Nuestra gratitud, también, para todas las personas que colaboraron, de muy variadas maneras, tanto en la preparación y desarrollo del congreso como en la edición de este libro. Y nuestro mayor reconocimiento, por supuesto, a los investigadores que generosamente compartieron con nosotros en presencia, y ahora con el público lector, sus conocimientos, entusiasmo y proyectos, en un clima de colaboración y rigor intelectual que permite mirar con esperanzas el trabajo que queda por delante, sobre todo en sus aspectos éticos, profesionales y pedagógicos. Por último, nuestra gratitud va también a los aventajados estudiantes de la Universidad de Pittsburgh, que fueron clave no sólo en la planificación y desarrollo de nuestras actividades, sino en la concepción misma del encuentro, que debe a ellos gran parte de su éxito.

Hermann Herlinghaus
Mabel Moraña

ı. Fronteras móviles, territorios resimbolizados

A redefinição do público: entre o nacional e o transnacional[1]

Renato Ortiz

As reflexões que apresento procuram explorar a relação entre o público e o processo de globalização. Não tenho a intenção de trabalhar os inúmeros aspectos que constituem a problemática em pauta, escolhi alguns deles para serem desenvolvidos, os que me pareceram os mais adequados para revelar o quadro de mudanças que estão ocorrendo. De alguma maneira sentimos que o conceito de público, referência obrigatória para o debate, em parte permanece válido, mas também se debilitou, exigindo de nós uma nova formulação para compreendê-lo. Neste sentido, o título deste texto, "entre" o nacional e o transnacional é sugestivo. Ele revela não apenas a indefinição existente no momento, mas também um espaço, um território no interior do qual os novos termos da discussão se inserem. Refletir sobre o mundo contemporâneo requer uma postura crítica e analítica, sobretudo no que diz respeito às mudanças recentes. É preciso interpretar a realidade que nos cerca, conhecer suas características, sua conformação. Mas o elemento especulativo, no duplo sentido da palavra, positivo e negativo, tensiona nossa compreensão. Positivo, enquanto abertura da imaginação, possibilidade de ação no contexto que nos envolve. Negativo, pois uma reflexão desta natureza não se guia por parâmetros tão seguros como o entendimento analítico, ela é imprecisa, hesitante, e certamente induz à erros. Aceitar o desafio é porém importante pois o destino de todo intelectual é ser contemporâneo com o seu tempo.

1. Há um belo livro de Barrington Moore, *Privacy*, que se dedica à compreender a problemática do público e do privado nas sociedades tradicionais, desde os povos indígenas, passando por Atenas, o mundo do velho Testamento, e a civilização chinesa. Lê-lo nos ajuda a situar a discussão fora do âmbito que estamos acostumados à circunscrevê-la. Particularmente nos vacina contra uma certa tentação eurocêntrica que vê a história do "ocidente" como uma continuação, e o aperfeiçoamento, de seu passado clássico grego (são incontáveis as interpretações que tomam a *polis* como modelo de democracia). Público e privado surgem assim como "categorias de classificação social" em diversas sociedades, representações, diria Durkheim, recobrindo porém, sentidos múltiplos e diferenciados. Para os que ainda se apegam ao mito da origem helênica é bom lembrar que o público em Atenas se limitava aos cidadãos adultos, excluindo os estrangeiros e os escravos, quer dizer, a maioria dos homens comuns, e que a "cidadania" grega, se é possível, contraditóriamente utilizar tal metáfora (da qual as mulheres eram parte desigual), fundamentava-se numa obrigação primeira: o serviço militar. Por outro lado, a esfera do privado, longe de

ser enaltecida, valorizada, vinha carregada de uma conotação negativa. *Idion* era um dos termos que se opunha à público, ao qual se associava *idiotes*, alguém que se encontrava na ignorancia das coisas coletivas. Sublinho este aspecto porque a separação entre público e privado, considerando este último uma dimensão positiva, e não mais restritiva da vida pessoal, é constitutiva do debate atual. O individuo, autônomo, independente, fruto de um determinado desenvolvimento histórico, de uma conformação social, surge como uma entidade distinta à qual se contrapõe a dimensão coletiva do público. Richard Sennet enfatiza este aspecto como um importante elemento dos modos modernos (*O Declínio...*). Privacidade que se desdobra enquanto intimidade, personalidade, sexualidade, enfim, um conjunto de atributos psicológicos e biológicos-sociais. Lembro que Horkheimer considerava a privacidade burguesa um elemento fundamental de resistência ao mundo existente "lá fora", povoado pelo maquinismo e pelo fetichismo das mercadorias. Por isso a arte é vista como uma esfera homóloga à do privado, na sua autonomia, ela configuraria um universo livre, a parte do utilitarismo da técnica ("Art and Mass..."). Também Marcuse valoriza este elemento burguês, ele representaria a face ainda não inteiramente submissa à lógica capitalistas ("Réflexions sur..."). É dentro deste quadro que também se coloca a questão religiosa. As crenças, até então consideradas como vínculo primordial das relações sociais, perdem sua posição hegemónica. O Estado moderno desveste os universos religiosos de sua presença pública caracterizando-os como parte da vida privada. Era isso que Marx queria dizer em sua crítica à questão judia. Cabia aos crentes escolher seu próprio destino religioso desde que o afastassem da *res*-pública. Assegura-se assim a liberdade das crenças, uma vez contidas às fronteiras da privacidade de cada um. Existe portanto uma clivagem entre duas esferas distintas, pública/privada, cada uma delas separadas entre si e definindo mundos com qualidades específicas. Em termos weberianos diríamos, há uma racionalização da vida social, criando unidades autonômas, certamente inter-relacionas, mas separadas uma da outra.

A noção de público possui ainda um significado político viculando-se à emergência do Estado moderno. Diversos pensadores nos ensinam que o Estado moderno é impessoal e calcado em regras e ordenamentos constitucionais. Sua autoridade se estende ao conjunto de uma comunidade territorialmente determinada na qual o corpo do "soberano" legitima sua autoridade através do consenso entre os indivíduos. A autoridade impessoal requer a separação entre religião e Estado pois os fundamentos religiosos tornam-se insuficientes para definir sua soberania. Norberto Bobbio traduz este movimento de maneira sugestiva, ao dizer que o Estado moderno inaugura a "primazia da política" (Estado, Gobierno...). No duplo sentido. Primeiro, a ação política deixa de se subordinar às leis da moral, emancipando-se dos valores espirituais e das motivações religiosas. Segundo, cria-se um espaço específico, no qual as ações políticas se afirmam e se realizam: partidos, sindicatos, associações, governos, atuam dentro de suas fronteiras. Cada uma dessas instituições têm o mérito de existir e atuar segundo suas propostas e objetivos. Esta é a territorial idade da política moderna. O conceito de público é portanto indissociável da noção de cidadania. Ela é a mediação que "supera" a oposição entre o externo e o interno, dicotomia inerente ao mundo moderno. A realização do individuo, enquanto cidadão livre e consciente, capaz de escolher a orientação política que lhe convém, se concretizaria assim enquanto uma vontade exercida no âmbito da esfera pública. Estamos certamente diante de um ideal, na verdade, recorrentemente contradito pela realidade histórica. Não obstante, este é o parâmetro em torno do qual se organiza a discussão, o legado sobre o qual se assenta inclusive as preocupações que nos animam ainda hoje. Um exemplo: a pergunta –"Seria possível uma esfera pública na América Latina?" O tema inspirou um conjunto de pensadores e a resposta, geralmente negativa, pode ser sintetizada da seguinte forma: na América Latina os interesses patrimonialistas, a existência de uma sociedade do favor, o clientelismo das classes dominantes, levaram os interesses particulares à se sobrepor à ordem geral impedindo, o florescimento dos valores democráticos.[2] O espaço público, sendo uma extenção do privado, difilmente poderia desenvolver-se como uma esfera autônoma, independente das injunções privatistas. Outro exemplo, a pergunta quando aplicada ao Japão ("Le concept..."). A resposta, também negativa, é interessante, pois aciona as mesmas categorias de análise mas na direção oposta. A filosofia confucianista, com os valores de piedade filial e de autoridade, tende a sufocar a vontade individual recalcando os desejos "egoístas" em nome do respeito à ordem geral da sociedade. Dentro desta perspectiva o privado deveria estar à serviço do público, sendo, no contexto da modernidade, hierarquicamente ordenado pelos valores tradicionais (reinterpretação da tradição Tokugawa pela elite da revolução Meiji). O conceito de sociedade civil, fundamentado na existência de um cidadão livre, educado para a democracia, não encontra portanto lugar para se desenvolver pois as manifestações individuais são sempre vistas como contrárias à vontade do soberano, para falarmos como os cientistas políticos. Num caso, o da América Latina, temos o excesso de privatização do público, no outro, a ausência da afirmação individual: ambos concorreriam para a inexistência de uma esfera realmente independente, na qual valores como, democracia, igualdade, liberdade, em princípio deveriam se realizar (a rigor, isso não ocorre nem na Europa dita ocidental nem nos Estados Unidos, tomados usualmente como termos de comparação).

Um último aspecto merece ser sublinhado, o que se associa à opinião pública. Já não nos encontramos apenas nos marcos da soberania, da liberdade cidadã exprimindo-se através de suas instituições representativas. A noção de público adquire agora uma dimensão mais ampla, diz respeito à opinião que os indivíduos elaboram e manifestam na vida comum. Neste sentido, o processo de sua formação, isto é, os caminhos através dos quais cada um levaria para chegar a esta ou aquela opinião é fundamental. Daí a importância dos meios de comunicação. A passagem do jornalismo literário ao jornalismo político, como bem observa Habermas, marca uma etapa importante neste processo (*L'Espace Public*). Não é fortuito que o debate sobre o público, pouco a pouco irá abandonar uma categoría cara aos pensadores do século XIX. Refiro-me ao termo multidão. Ela denominava uma massa amorfa de pessoas aglomeradas num determinado espaço físico (Ortega y Gasset diza que a multidão se caracterizava por sua visibilidade). Ela se encontrava "ali", aglomerada num determinado lugar. Gabriel Tarde insistia em dizer que a imprensa, no final do XIX, começava a transformar a multidão num conjunto de indivíduos com opiniões próprias, veiculadas através e trabalhadas pelos jornais (*On communication ...* y *La opinión...*). Para existir ela já não mais necessitava da aglomeração. Na verdade, a noção de público, diante dos meios de comunicação, se amplia, como corretamente perceberam os sociólogos da escola de Chicago. O indivíduo, antes imerso no anonimato da multidão, tem agora, no seu isolamento, a possibilidade de afirmar sua idiossincrasia. A idéia de "opinião pública" conta assim com a ação de instituições coletivas, a imprensa, e a dispersão de cada um, distância necessária para a reflexão e a formação de um julgamento próprio. É dentro desta perspectiva que ao longo do século XX outros meios de comunicação irão se inserir: cinema, rádio, televisão, computador. A cada momento de substituição de um suporte técnico por outro, a discussão sobre a democracia, ou seja, a possibilidade de estendê-la ou restringí-la, é retomada. Tem-se assim um conjunto de oposições recorrentes –escrita/rádio; rádio/televisáo; televisão aberta/ televisão a cabo; televisão a cabo/computador– cujo sentido último seria a capacidade que os meios técnicos teriam enquanto amplificadores do espaço público. O debate atual sobre a Internet faz parte desta tradição, no fundo, o que se discute, é a possibilidade da interação virtual abrir novos horizontes para a afirmação pública das opiniões individualizadas. Neste sentido, a influência dos meios de comunicação na expansão dos ideais democráticos seria decisiva. Eles ampliariam a esfera pública, incorporariam ativamente os indivíduos, tornando-a mais abrangente (os críticos partem do mesmo princípio mas tem um julgamento negativo do processo). Evidentemente, nos re-encontramos diante do mesmo ideal, no qual a opinião pública, seria fruto de uma discussão equitativa entre iguais. Ideal frequentemente contestado pelas desigualdades sociais e pela organização dos meios de comunicação em grandes corporações, cujos interesses são muito menos os valores democráticos e muito mais os mercadológicos.

2. Privado/política/opinião. Três dimensões que compõem o debate atual. Existe porém um pressuposto no qual elas se assentam, fundamento habitualmente implícito na literatura especializada, e que se explicita com o processo de globalização: o Estado-nação. A rigor, apesar da ênfase na universalidade de valores como, democracia e cidadania, eles só podem reamente se realizar na particularidade de cada nação. O público, assim como a opinião pública, restringem-se a seu âmbito (algumas vezes fala-se em opinião pública internacional, da mesma forma que em relações internacionais, o que novamente reafirma a centralidade da nação). Entretanto, o movimento de globalização não se caracteriza por ser simplesmente uma dimensão meta-nacional, ele nada tem de "supra" ou de "inter" relacional. Trata-se de um processo social que atravessa o Estado-nação redefinindo-o inteiramente. Lembro que mundialização da cultura (e tenho insistido neste ponto) implica na transformação da própria categoria de espaço (*Um Otro Territorio...*). Na história das sociedades humanas as culturas sempre estiveram, de alguma maneira, enraizadas no meio físico que as envolviam. A tribo, a cidade-estado, a civilização, a nação, são áreas geográficas com fronteiras bem delimitadas. Dentro delas exprimem-se as identidades culturais de cada povo. Por isso um autor como Marc Augé considera a noção de "lugar antropológico" como sendo um território investido de sentido (*Non-places...*). Terreno, geográfico e simbólico, que pode circunscrever uma tribo indígena, uma cidade ou uma civilização. Nele se enraizariam os homens e as mulheres, sua espacialidade constituindo os limites identitários dos grupos que o compõem. Instaura-se assim a existência de um "nós", fonte permanente de referência, que se contrapõem a um "eles", situado fora de suas fronteiras. Neste sentido, o planeta seria composto por um conjunto diferenciado de sociedades particulares. Cada unidade ecológica corresponderia a um "povo". Com seus costumes, suas vestimentas, suas crenças, suas maneiras de trabalhar o solo, seu modo de vida, ele se enraizaria no dominio de

sua fixidez. A globalização rompe, mas sem anular, esta relação entre cultura e espaço físico (daí a utilização cada vez mais recorrente da categoria desterritorialização na compreensão da realidade atual). Quero retomar a problemática do público dentro desta perspectiva. Sua emergência na sociedade moderna implica na existência de fronteiras precisas, separando-o do domínio privado e instituindo sua autonomia. Fala-se assim em "espaço" e "esfera" pública, termos que definem uma territorial idade, um circuito idiossincrático.

Pode-se então perguntar: em que medida a noção de espaço público transforma-se neste contexto. O advento da modernidade-mundo implica na emergência de um território compartilhado em escala ampliada (deliberadamente evito o termo esfera pública). Ele transcende e atravessa os espaços locais e nacionais. A questão dos meios de comunicação, que Habermas havia levantado a respeito da constituição da opinião pública, se repõe, só que agora em termos globais. Se é possível dizer com Rodotá, que os meios de comunicação modificam as formas de fazer política em escala nacional –particularmente a televisão– sem dúvida o mesmo é verdadeiro em dimensão mundial (*Tecnopolítica*). Satélites, cabos, computadores, fibras óticas, transnacionalização das empresas de comunicação, são fatores determinantes no quadro político atual. Não é sem razão que as ONGs, espécie de metáfora do fazer política em âmbito mundial, identificam-se ao uso das chamadas novas tecnologias (utilização vista usualmente como sendo alternativa, o que não é necessariamente verdadeiro). Também é sintomático que se inicie neste século XXI um debate sobre uma possível democracia cosmopolita, uma sociedade civil e uma cidadania mundiais, isto é, temas extensivos ao planeta como um todo e já não mais restritos às fronteiras do Estado-nação (*Democracy and the Global...*). O grande problema é no entanto saber se os termos deste debate são análogos ao quadro anterior, ou se a mudança do contexto os modifica na sua própria natureza. Dito de outra maneira: seria o espaço transnacional homólogo ao espaço público nacional? Um autor como Ulrich Beck crê que sim ("The Cosmopolitan..."). Quando ele defende sua perspectiva cosmopolita, o que ele tem em mente é uma "mudança de paradigma" no qual um referencial globalizado substituiria o Estado-nação. Por exemplo: os direitos humanos. O equívoco da visão tradicional teria sido considerar que, apenas no contexto do Estado-nação, eles seriam possíveis. Um paradigma cosmopolita deveria inverter esta relação e afirmar que o princípio dos direitos humanos antecedem as leis internacionais, criando desta forma uma *legally binding world society of individuals*. Não quero me perder na discussão do conteúdo propriamente político desta proposta, com o qual tenho inclusive alguma afinidade. Importa desvendar as premissas que subjazem à argumentação. Dentro deste ponto de vista, o Estado-nação surge como um impecilho para a realização dos valores universais legados pelo Iluminismo. Por isso o espaço transnacional significa uma superação fico tentado a dizer, hegeliana, das contradições anteriores. Se o indivíduo, na sua liberdade, encontra-se contido pelas fronteiras nacionais, nada mais natural do que ampliá-las. Democracia, liberdade, indivíduo, são portanto considerados como valores universais podendo enfim se realizar fora de qualquer particularismo (há algo de kantiano e eurocêntrico nesta proposta). Mais ainda, o lugar por excelência desta realização, deixando de ser particular, isto é, nacional, transferere-se para a modernidade-mundo. Postula-se assim uma homologia entre o espaço público, nacional e mundial, sem o que seria impossível falar numa sociedade de indivíduos.

A crítica focaliza portanto, a situação restritiva na qual determinados princípios, uma vez afirmados, são em seguida denegados pelo particularismo do Estado-nação, mas preserva a validade desses principios, desde que deslocados para outro contexto. Creio no entanto que as coisas são mais complexas, pois o processo de globalização atinge os conceito e a situação no qual eles possuiam uma validade teórica e política. O dilema é bem mais profundo.

Uma das características do Estado-nação é a organização e a administração da política. Enquanto governo, o Estado tem a capacidade de legislar e de conduzir os homens e mulheres vivendo em seu território. Seu arcabouço jurídico é uma peça importante na garantia dos direitos individuais e da liberdade dos cidadãos. A política é também prerrogativa dos partidos, sindicatos e movimentos sociais. Cada uma dessas instituições luta por suas convicções e por seus ideais. Mas, apesar das disputas e das hostilidades que as separam, há um postulado partilhado por todos: o Estado é o lugar privilegiado para a concretização da ação política. Só ele detém um conjunto de tecnologias e de meios necessarios para uma atuação de grande envergadura: política industrial, monetária, agrícola, educacional, etc. Os partidos disputam entre si o acesso à esses meios. Tê-los à sua disposição conferiria materialidade às suas propostas específicas. O Estado é portanto um espaço de poder. A partir de seu núcleo são irradiadas proposições nesta ou naquela direção. A vía ao poder pode certamente variar: autoritária (golpe), democracia parlamentar (eleições). Independentemente porém da forma considerada (existem diferenças substantivas entre elas, é claro) o cerne da questão que estamos discutindo permanece o mesmo. Supõe-se, cálculos e seus interesses. Em princípio todo governo teria a potencialidade para elaborar metas, manipulando os meios à disposição, ele atingiria ou não seus objetivos. A globalização traz um dado novo nisso tudo, ela implica numa constatação amarga: o poder, ou para ser mais preciso, partes substantivas do poder deixam de ser articulado no interior do Estado-nação (corporações transnacionais, bancos, FMI, G-7, etc.).[3] O que significa dizer: o Estado já não mais possui a mesma capacidade para controlar e administrar um conjunto de variáveis que atingem duramente sua população. Seus objetivos lhe escapam das mãos. A crise atual desnuda a impossibilidade do Estado em arbitrar um conjunto de questões que fogem ao seu alcance, à sua jurisdição. E já não se trata mais de aspectos secundários da vida de uma nação, sua própria organicidade, sua "soberania" encontra-se comprometida. Neste caso, a política perde o lugar de primazia desfrutado até então.

Na verdade, quando se fala em espaço público mundial esquece-se muitas vezes que algumas de suas características se transformam. Há primeiro a ruptura do vínculo público/Estado-nação. É isso que permite a expansão de sua territorialidade atribuindo-lhe uma espacialidade mais abrangente. Entretanto, fruto desta expansão, os valores pressupostos anteriormente não mais encontram mecanismos operativos para se realizarem. Como não existe um Estado global o que se tem são apenas organismos e instituições esparsas (ONU, Unesco, foros internacionais, etc.) no qual eles são afirmados. Este é o caso dos direitos humanos. Para serem respeitados é necessário que os diversos países introduzam mudanzas em suas legislações assim como assegurem efetivamente o respeito a eles. A afirmação da sua universalidade é importante mas não garante que na prática eles sejam respeitados. Aludir, como o faz Beck, a importância de uma sociedade mundial de indivíduos faz pouco avanzar a discussão, pois as liberdades democráticas necessitam de instituizóes políticas concretas que as sustentem. Ou seja, a expansão do público coincide com a ausência de mecanismos que possibilitem sua realização. Um problema deve ser então enfrentado. Quando se discutía o público no contexto do Estado-nação acreditava-se que, pelo menos de forma ideal, ele poderia ser alcançado. Independentemente dos elementos de realidade, contraditórios entre si, tal ideal permanecia vigente. Cabe perguntar se o mesmo se reproduz em escala global. É possível operarmos com a mesma noção de público quando a aplicamos à um mundo desigual, no qual o Estado-nação permanece um núcleo ativo mas debilitado pelas forças transnacionais? Há ainda problemas conceituais envolvidos pois categorias como cidadania e sociedade civil tradicionalmente definem-se em contraposição ao Estado moderno. Elas constituem, como considera Bobbio, a "grande dicotomia" das sociedades modenas. Todos os entes, envolvidos num dos polos desta dicotomia, estariam incluídos num universo específico cujas regras de funcionamento seria extensiva à todos. Mas o que significa uma sociedade civil mundial cuja contrapartida, o Estado, inexiste? Quais seriam os mecanismos para se garantir uma cidadania mundial quando a dicotomia anterior se defaz, ou faz pouco sentido? Na verdade, a globalização implica em mudanças substantivas de várias categorías da política, e portanto do público. Uma delas é a noção de povo, popular. Torna-se difícil num mundo globalizado, dizer que a soberania se legitima através do consenso da vontade popular, pois não há maneira dela se exprimir. Ou seja, não há povo. Talvez por isso tenha proliferado a metáfora no plural, "os povos do planeta", o que indica a existência de sociedades diversas em co-presenga, sem porém uma dimensão política comum vinculando-as entre si. Também a noção de representação, fundamental na definição dos conceitos da Ciência Política, se aplica mal à certas formas atuais do fazer política. Por exemplo, as ONGs, cuja atuação é muitas vezes planetária, mas que na realidade são formadas por grupos profissionais sem nenhuma representação "popular" (sindicatos ou partidos). Na medida em que muitas das noções que utílizamos se circunscreviam ao Estado-nação diversos aspectos por elas apreendidos e nomeados se fragilizam. Refletir sobre o público significa portanto repensar um conjunto de conceitos tradicionais das Ciências Sociais.

3. É significativo constatar que nos últimos anos a discussão sobre a ética tenha ressurgido, agora em termos planetários. Na década de 90 a Unesco organizou dois debates sobre ética universal e sua relação com a temática da globalização (Paris, março 1997; Nápoles, dezembro 1997). O filósofo Karl Apel tem insistido sobre a necessidade dos problemas mundiais serem equacionados a partir de uma base comum de valores partilhados por "todos" ("Globalization..."). O livro de Edgar Morin, *Pátria Terra*, exprime o mesmo estado de espírito (*Terre Patrie*). Como os problemas ambientais existentes têm uma envergadura planetária, seria urgente, segundo o autor, construirmos uma plataforma comum de valores eticamente partilhados. Por isso, não é surpreendente assistir à emergência de um tipo de literatura, elaborada sobretudo por intelectuais católicos, cuja preocupação central seria caminhar na direção de uma "ética global". Hans Kung é um dos teólogos mais representativos desta corrente de pensamento (não pretendo, no escopo deste texto, discutir o mérito ou não de tal proposta) (*Uma Ética Global...*). A preocupação por uma ação em escala global levou ainda um conjunto de representantes religiosos á se reunirem em Chicago, em

1993, num encontro denominado "Parlamento das Religiões Universais". A declaração redigida em comum, resultado das discussões conjuntas, é sugestiva. Ela parte da idéia que o mundo atual vive uma profunda situação de crises pobreza, corrupção dos políticos, desemprego, fome, conflitos raciais e étnicos, crime organizado, anarquia nos grandes centros urbanos, drogas, colapso do ecosistema (*A Global Ethic...*). Por isso a afirmação de valores como, democracia, cidadania, liberdade individual, torna-se necessária. Ou seja, principios associados tradicionalmente ao dominio do público, desterretorializados dos Estado-nação, passam a ter uma validade global (alguns preferem dizer "universal"). Evidentemente, qualquer discussão sobre ética tem sempre algo de insatisfatório. Afirma-se princípios sem que necessariamente existam os meios adequados para garantí-los. Esta é certamente a diferença fundamental entre ética e política. Tenho as vezes a impressão que diante de um mundo problemático, repleto de contradições, a ausência de soluções para os problemas concretos tende a encontrar uma certa compensação psicológica na afirmação "universal" dos direitos. Esse não é porém o ponto que gostaria de reter para discussão no momento. Importa compreender que certos temas, inerentes ao debate sobre o público, sejam recuperados em outra amplitude abrangendo agora uma dimensão mundial.

Entretanto, é preciso entender que tais valores, ao se aplicarem à uma extensão planetária, são reinvidicados por forças diversas e antagônicas, orientando-os segundo seus interesses mais imediatos. Este é o caso do mundo do consumo, que através dos mecanismos de mercado, das estratégias das grandes corporações, tem uma abrangência mundial. Não há dúvida que a afirmação do consumo se faz de maneira individualizada. Lembro que a afirmação do individuo, ainda no século XIX, passava por diferentes domínios da sociedade. Um exemplo: a moda. O fim do Antigo Regime quebra as barreiras tradicionais permitindo ao cidadão escolher desde seu destino político até suas vestimentas. O decreto de 8 brumário ano II (29 de outubro de 1793) dizia justamente isso: cada um é livre para usar as roupas que lhe convém. Substitui-se assim todo um sistema estamental de indumentária por outro hierarquicamente fundado nas distinções de classe (*Le dessus...*). Nele, o individuo tem a capacidade da escolha, claro em função dos meios que dispõem. A rigor, como observa Simmel, o fenómeno da moda, como eleição individual desta ou daquela tendéncia, é fruto da modernidade ("La mode"). Nas sociedade passadas os costumes, as vestimentas, os lugares de habitação, vinham marcados pela territorial idade dos estamentos. A afirmação do consumo, e não mais do luxo, torna-se assim uma decorrência da volição pessoal ("Luxo e Consumo"). Mas, para não cairmos numa perspectiva "voluntarista", é preciso acrescentar, o consumo só possui valor quando publicamente validado. Nada mais estranho à lógica dos objetos, para falar como Baudrillard, do que o fechamento sobre si mesmo. Produtos e artefatos devem necessariamente ser exibidos para ser vistos em locais de grande circulação de pessoas: cinemas, shoppings, aeroportos, ruas, edifícios, festas. A dimensão feérica que os caracteriza requer esta ostentação. Guardada para si, no silêncio da privacidade, a linguagem dos objetos não teria nenhum significado. A visibilidade é um dos traços essenciais da sociedade de consumo. Sem ela, a possibilidade de identificação não se objetivaria. A escolha deste ou daquele produto, desta ou daquela marca, não isola o indivíduo num universo fechado, pelo contrário, ela o aproxima de outros que com ele partilham o mesmo gosto, a mesma estética, as mesmas inclinações. Estilo-de-vida significa individuação e agregação.

Individuação da escolha, retirando as pessoas dos nichos sociais nas quais se encontram inseridas, agregação de suas individualidades em redes sociais que as envolvem conjuntamente. Por isso os produtos industriais vém simultaneamente marcados pela padronização da produção e pela estratégia de personalização do *marketing*. Eles interpelam as pessoas em suas expectativas, subjetiva e gregária. Distinguir e religar é a sua função. O consumo atua como o fenômeno da moda. O lado "imitação" encerra um elemento coletivo ordenando as pessoas neste ou naquele grupo. A dimensão subjetiva propicia, no entanto, a afirmação da personalidade, a acentuação das idiossincrasias de cada um. Estamos no entanto distante das idéias de público e privado tal como as entendíamos. Para se expressar, o consumo necessita de um dominio público, mas não necessariamente de uma esfera pública. Não que os conceitos de democracia, liberdade, cidadania, estejam ausentes. Eles são porém redefinidos. Democracia torna-se sinônimo de acesso a um grande número de produtos, liberdade a possibilidade de escolha entre múltiplos ítens. "Ser livre" desvincula-se de qualquer ideal de justiça, igualdade e direitos sociais. O cidadão mundial, liberto dos limites do Estado-nação, é aquele que participa deste universo. Sua cidadania é fruto de sua inserção no mercado, de seu modo de vida. Não nos encontramos apenas diante uma ideologia, trata-se de uma prática, de uma ética que orienta a vivência de cada um. O consumo é um universo repleto de signos e de mitos, um mundo com particularidades e exigências próprias. Ele é uma moral, como bem nos recorda Baudrillard (*La Société...*). Universo de abrangência planetária, devido aos meios de comunicação, às indústrias culturais, às corporações transnacionais, aos ídolos da música pop, às estrelas de cinema, ele constitui uma verdadeira cultura internacional-popular.

    Por isso torna-se constante a sua crítica, desde as análises tendencialmente marxistas, que o vêem como expressão do reino da mercadoria, até os universos religiosos. Um exemplo: a crítica empreendia pelo pensamento islâmico. Um autor como Akbar Ahmed capta muito bem este aspecto ao contrapor o shopping à mesquita. O shopping seduz, estimula os sentidos, imerge o individuo no reino das coisas oferecendo-lhe a sensualidade das oportunidades (*Postmodernism...*). Em contraste, a mesquita anula sua corporeidade, retira-o do fluxo cotidiano, sua arquitetura imponente impressiona, o transcende, revelando sua condição finita diante da imensidão de Deus. No shopping prevalece o hedonismo, a realização imediata dos desejos –"I want and I want it now" seria o seu lema– na mesquita eles estão suspensos, asceticamente contidos pela emanação divina. Ela é lugar de oração, de predicação, onde o fiel atentamente escuta os sermões que lhe ensinam a luta eterna entre o "bem" e o "mal", o Islão e o Ocidente. O mundo feérico dos objetos é portanto uma anátema, tentação demoníaca a ser evitada. Ele não é simplesmente algo imóvel, fixo, confinado à limites precisos, esse é o perigo, sua fuída manifestação, nos filmes, nas músicas, nos artefatos, nos apelos sexuais, é "perversa" e persuasiva, "invade" a intimidade do crente, do seu lar (a prova, dizem os religiosos, a crise da familia na sociedade "ocidental"). Corretamente Bryan Turner observa, o consumo oferece uma promessa de vida que contradiz e compete diretamente com a conduta rígida e ascética exigida pela religião islâmica ("Orientalism..."). Sua condenação é pois uma consequência lógica do embate entre "espiritualismo" e "materialismo de mercado". Aceitá-lo seria minar a legitimidade do saber religioso, abrir uma brecha no monopólio de interpretação canonizado nos moldes tradicionais e modernamente reinterpretado pelo fundamentalismo. Entretanto, este antagonismo não é específico ao mundo muçulmano, decorrência de uma pretensa intolerância em relação ao "Ocidente". Católicos, protestantes, confucionistas, são também unânimes em condená-lo no seu hedonismo "materialista".[4] Nos deparamos portanto com visões conflitantes do público e dos princípios que lhe dão sustentação. Ao se aplicarem à uma extensão planetária, eles são reivindicados apropriados por forças divergentes (no exemplo anterior, religião ou mercado). O novo é que as ideologias e os grupos em contraste –igrejas, transnacionais, movimentos– trabalham conceitos já não mais restritos aos limites do Estado-nação, ampliando o horizonte da luta política. O mundo torna-se assim o cenário de debate e disputa de visões distintas.

4. Eu havia dito que o processo de mundialização redefine a noção de espaço. Neste sentido idéias como "nós" e "eles", "perto" e "longe", "interno" e "externo" se modificam. Ao se desterritorializar o espaço se re-territorializa no contexto de uma outra espacialidade (a infomatização da sociedade acelera este movimento). Pode-se então falar na existência de relações sociais planetarizadas, isto é, de um mundo real e imaginário que se estende, de forma desigual e diferenciada, por todo o planeta. O que entendemos por local e nacional é desta forma atingido em seu âmago. Já não mais podemos compreendê-los como elementos autónomos cuja existência regional se encontraria claramente delimitada. Atravessados pela mundialização os cânones até então vigentes se alteram profundamente. A própria oposição mundial/nacional/local torna-se problemática. A rigor, a mundialização da cultura, para existir, deve se sempre se localizar pois o cotidiano das pessoas modifica-se a partir de forças que o transcendem e o englobam. Porém, assim o fazendo, elas rearticulam as relações existentes nos lugares nos quais se enraiza. O local já contém em si elementos do nacional e do mundial (vive-se a mundialização "sem sair do lugar"). Isso implica em dizer que o lugar é um entrelaçamento de fluxos diversos, contrariamente à uma concepção usual na qual sua diversidade se inscreveria em limites determinados, opondo-se ao que seria externo. Pensar assim equivaleria a dizer que ele possuiria uma existência "fora" do nacional, e que este, por sua vez, seria exterior ao mundial. Esta forma de se colocar o problema fundamenta-se numa dicotomia, a meu ver, analíticamente pouco produtiva: a existência clara de fronteiras entre o autóctone e o estrangeiro, como postula por exemplo o conceito de foclore ou de imperialismo cultural, o que, num mundo globalizado, torna-se cada vez mais difícil de se sustentar. Pensar o espaço como atravessamento e não mais como uma sucessão de níveis independentes (local, nacional, mundial) implica portanto uma perspectiva diferenciada.

As mudanças que incidem na categoría espaço têm consequências na idéia de público. Retomo de Michel de Certau a distinção que ele propõe entre estratégia e tática para esclarecer meu ponto de vista (*L'Invention...*). De Certau considera como estratégia uma ação que possui um centro sendo capaz de se irradiar para um raio mais abrangente. A estratégia segue determinados objetivos, é um cálculo sobre a possibilidade de como eles seriam atingidos e uma ação concreta visando sua realização. O estrategista deve possuir uma visão de conjunto que lhe permita ir além de sua província. É o que fazem os militares durante as guerras, os executivos das empresas para venderem seus produtos, e os políticos para cumprirem seus propósitos.

O termo tática Certau reserva para um tipo de cálculo e de ação que se circunscreveria no interior do campo do adversário. Nos termos do autor, ela ocuparía "o lugar do outro". Sem meios para elaborar um plano abrangente, ela atuaria com inteligência dentro de um espaço previamente demarcado. Neste sentido, a estratégia se fundamenta numa concepção mais dilatada do espaço, a tática conformando-se à uma intenção localizada. O exemplo trabalhado por Certau é a cultura popular. Contrariamente à outras esferas da cultura, mais integradoras, e portanto passíveis de expansão, inclusive ideológica, ela atuaria num terreno fragmentado e de forma fragmentada. Fragmentação que para o autor significa "resisténcia" aos projetos hegemónicos existentes. A reflexão proposta é sugestiva na medida em que funda-se numa determinada concepção do espaço. Traduzindo-a em termos que interessam nosso debate, posso dizer: o espaço público da estratégia é mais abrangente do que o da tática, pois este limita-se á uma localidade. Se isso é verdade acrescento: no contexto da modernidade-mundo o lugar das "províncias" deve ser também pensado em termos de estratégia, e não apenas de tática. Um exemplo: a política dos povos indígenas. Cada agrupamento indígena é uma totalidade, isto é, uma cultura específica com, religião, costumes, e língua própria. No entanto, para defender seus direitos, eles já não mais confinam sua luta aos limites da vida local ou nacional. Pelo contrário, os objetivos a serem alcançados são melhor trabalhados quando expostos no campo público de uma sociedade mundializada. A própria noção de povo indígena é sintomática. Trata-se de uma metáfora (pois não há povo no sentido de cidadão nas comunidades indígenas) que vé positivamente a diversidade das culturas projetando-as, em termos políticos, no espaço mundializado. Outro exemplo, a língua. Temos geralmente tendência em pensá-la em termos nacionais. Gramática, integação e política linguística, são equacionadas desta forma. A constituição do Estado-nação levou-nos de certa maneira a isso. Porém, num mundo globalizado o mercado de bens linguísticos transformou-se radicalmente. Primeiro com a consolidação do inglés como idioma mundial. Não se trata evidentemente de um acaso, a hegemonia de uma língua explica-se por razões sociohistóricas –colonialismo britânico, imperialismo norte-americano, emergência de uma indústria cultural sediada principalmente nos Estados Unidos, etc. (*English as a...*). As questões linguísticas não se resumem à ordem comunicacional elas estão imersas nas relações assimétricas de poder. Existe portanto uma hierarquia, o inglês ocupando uma posiçào de destaque –na ciência, na publicidade, na informática, como língua franca nas viagens, etc. No entanto, isso não implica no declínio ou no desaparecimento dos outros idiomas. Os linguistas nos ensinam que existe atualmente um sistema integrado de línguas em escala mundial. Uma rede comunicativa articulada em vários níveis (*Linguist Imperialism*). Certamente o inglês ocupa o lugar central deste edifício, mas, ao seu lado, idiomas sub-continentais, como o português e o espanhol, são centros de seus respectivos "sistemas solares". Isso significa que suas territorialidades transcendem os espaços nacionais. Neste quadro de distribuição hierárquica e assimétrica dos bens linguísticos, uma política cultural consequente não pode se conter à uma posição defensiva, na qual seriam tomadas medidas contra a "invasão" da língua inglesa. A própria noção de "invasão" é imprópria, pois o inglês faz parte da modernidade-mundo, na verdade ele a exprime. Uma alternativa seria tomar o espaço mundializado como um terreno de disputas, ou seja, o lugar da estratégia e não apenas da tática (por exemplo, um continuum ibero ou latino americano, no qual o português e o espanhol, através de um conjunto de bens culturais, filmes, series de televisão, livros, canções, pudesse se desenvolver). Neste caso, a atuação no espaço público já não mais se restringiría á uma visão demasiadamente local, o termo envolvendo tanto a região quanto a noção. A própria noção de "resistência", de se "entricheirar" no interior de uma realidade particular, torna-se insatisfatória. Aceitar tais proposições seria validar as regras desiguais do jogo transnacional conformando-se assim à uma posição de subalternidade. Sair da particularidade das fronteiras é tomar o mundo como um espaço possível de ação política e cultural. Espaço diversificado de poder, fundado na especificidade das diferentes tradições que o compõem.

Notas

[1] Uma primeira versão deste texto foi apresentada no Simpósio: "Reabrir Espacios Públicos", Cidade do México, Universidad Autónoma de México, setembro 2001.
[2] No Brasil uma obra considerada clássica é a de Raymundo Faoro, *Os Donos do Poder.*
[3] Sobre os novos agentes da política global ver *A Sociedade Global.*
[4] Sobre este aspecto ver Renato Ortiz. "Anotações sobre a religião e a globalização".

BIBLIOGRAFÍA

A Global Ethic: The Declaration of the Parliament of the World Religions. Chicago: Council for a Parliament of the World's Religion, 1992.
Ahmed, Akbar S. *Postmodernism and Islam.* London: Routledge, 1992.
Apel, Karl Otto. "Globalization and the Need for Universal Ethics". *European Journal of Social Theory* III/2 (2000).
Augé, Marc. *Non-places: Introduction to an Anthropology of Supermodernity.* London/New York: Verso, 1995.
Baudrillard, Jean. *La Société de Consommation.* Paris: Denoel, 1970.
Beck, Ulrich. "The Cosmopolitan Perspective: Sociology of the Second Age of Modernity". *British Journal of Sociology* 51 (London, January/March 2000): 79-105.
Bobbio, Norberto. *Estado, Gobierno y Sociedad: por una teoría general de la política.* México: Fondo de Cultura Económica, 1996.
Certau, Michel de. *L'Invention du Quotidien.* Paris: Ed. 10/18, 1980.
Crystal, David. *English as a Global Language.* Cambridge: Cambridge University Press, 1998
Faoro, Raymundo. *Os donos do poder; formação do patronato político brasileiro.* Pôrto Alegre: Editôra Globo, 1958.
Habermas, Jurgen. *L'Espace Public.* Paris: Pavot, 1978.
Held, David. *Democracy and the Global Order.* Cambridge: Polity Press, 1995.
Horkheimer, Max. "Art and Mass Culture". *Studies in Philosophy and Social Sciences*, 1941.
Ianni, Octávio. *A sociedade global.* Rio de Janeiro: Civilização Brasileira, 1992.
Kung, Hans. *Uma Ética Global para a Política e a Economia Mundiais.* Petrópolis: Ed. Vozes, 1999,
Mancini, Roberto. *Éticas da Mundialidade: o nascimento de uma consciência planetária.* São Paulo: Paulinas, 2000.

Marcuse, Herbert. "Réflexions sur le caractère affirmatif de la culture". *Culture et Société*, Paris, Minuit, 1970.
Moore, Barrington. *Privacy: Studies in Social and Cultural History*. Armonk (N.Y.): I. Sharp Inc., 1984.
Morin, Edgar. *Terre Patrie*. Paris: Seuil, 1993.
Ortiz, Renato. *O próximo e o distante: Japão e modernidade-mundo*. São Paulo: Editora Brasiliense, 2000.
_____ *Um Outro Territorio: ensaios sobre a mundialização*. São Paulo: Olho d'Água, 1996.
_____ "Luxo e Consumo". *Cultura e Modernidade*. São Paulo: Brasiliense, 1991.
_____ "Anotações sobre a religião e a globalização". *Revista Brasileira de Ciências Sociais* XVI/47 (outubro 2001).
Perrot, Phillipe. *Le dessus et le dessous de la bourgeoisie: une histoire du vêtement au XIXe siécle*. Paris: Fayard, 1981.
Phillipson, Robert. *Linguistic Imperialism*. Oxford: Oxford University Press, 1992.
Rodotá, Stefano. *Tecnopolítica*. Buenos Aires: Losada, 1999.
Sennet, Richard. *O Declínio do Homem Público. As Tiranias da Intimidade*. São Paulo: Companhia das Letras, 1982.
Shinichi, Yamamuro. "Le concept de public-privé". H. Yoichi e C.Sautter (org.) *L'État et l'Individu au Japon*. Paris: École des Hautes Études en Sciences Sociales, 1990.
Simmel, George. "La mode". *Philosophie de la Modernité*. Paris: Payot, 1989.
Swaan, Abram de. "A Political Sociology of the World Language System: the Dynamics of Language Spread". *Language Problems and Language Planning* XXII/ (Amsterdam, 1998, 22.2): 109-28.
Tarde, Gabriel de. *On Communication and Social Influence; Selected Papers*. Chicago: University of Chicago Press, 1969.
_____ *La opinión y la multitud*. Madrid: Taurus, 1986.
Turner, Bryan, "Orientalism, Postmodernism, and Globalism". *Selections*. (London and New York, Routledge, 1994): 77-114.

Cultura y crítica. Nuestros temas en las calles

Nicolás Casullo

> Es el *día más claro* del cual guardo recuerdo... disparaban sobre la multitud y la gente caía, el gentío corría por la calles de Viena para reaparecer y formar nuevas masas... Vi muertos en el suelo, quedaba un espacio vacío en torno a ellos, un círculo...
> Elías Canetti, "15 de julio de 1927" *La antorcha al oído*

> No había nadie, entonces dibujé un círculo en la calle que decía: reunión aquí.
> Y empezaron a llegar todos, a pararse alrededor del círculo.
> Así se armó la primera asamblea en este barrio.
> Testimonio de asambleísta, diciembre 2001, barrio Villa Crespo, Buenos Aires.

Las asambleas en las plazas y las multitudinarias marchas de las cacerolas, no solo protagonizan una trastocadora experiencia colectiva que pone en cuestión explícitamente las formas de ordenamiento y delegación política del sistema democrático argentino y gran parte de los mundos culturales de representación simbólica que hacen una historia de la ciudadanía en el país. También conmueven e interpelan el campo de la crítica político-intelectual en la Argentina, que se sintió directamente aludida por el fenómeno, y se vio llevada en parte a hacer presente su voz o a mostrar su notorio silencio.

Lo que voy a exponer es parte de un trabajo investigativo ensayístico mayor. Pretendo mostrar cómo son inicialmente leídos y debatidos, desde el campo crítico intelectual, algunos aspectos de estas movilizaciones masivas metropolitanas de reclamo y desobediencia civil frente a la crisis. Aspectos que considero de importancia y que sintetizaría como tratamiento preliminar de tres interrogantes con el fin de constituir tres problemáticas.[1]

Primero: la fisonomía y voces de los nuevos sujetos urbanos medios, ¿habilitan una continuidad de lectura, o proponen una ruptura con los análisis que articulan modernidad y política en Argentina? Segundo: ¿Cuál es la prospectiva ideológica y democrática que podemos hacer desde los perfiles de esta nueva subjetividad/ sensibilidad de masas, en un tiempo de sociedades hijas de la globalización? Tercero:

¿Cómo se anuncia la relación entre las nuevas revueltas ciudadanas y nuestro mundo crítico, reflexivo, progresista? Tres aspectos que una acotada reflexión intelectual en la Argentina trata hoy de sustraer de la vorágine del proceso, para situar en un horizonte de inteligibilidad de orden teórico cultural que se sitúe en los bordes, márgenes, confines de los análisis expresamente sociopolíticos, socioeconómicos, político-económicos.

Estas escrituras de intervención que seleccioné remiten, en pleno marco de las movilizaciones de masas, al traumático fin y principio de otra edad de la crítica intelectual en la Argentina. A un humus que denominaría pre-teórico, de indagación incipiente, que sobre todo convoca a la teoría cultural, a la filosofía, al ensayo crítico, al psicoanálisis, a la literatura, a la historia de las ideas, a miradas estético indagadoras, como balbuceantes caminos que permiten salir del mutismo que expone un cientificismo anonadado, y de un impresionismo informativo barbarizante, para desafiar nuestra propia tarea: las posibilidades y límites de la crítica.[2]

Por muchas razones adquiere importancia para la Argentina el pensar esta nueva relación entre sociedad de la protesta y campo intelectual de la crítica, en medio de la magnitud de la crisis. Por un lado, porque la tarea reflexiva se ve obligada a encarar, al unísono con el enfoque de los hechos actuales, sus memorias, duelos y rupturas consigo misma. Por otro lado, porque nuestros principales temas en términos teóricos culturales siguen estando, pero ahora a la vista, en las calles. 1) Caracterización de las nuevas subjetividades y sensibilidades urbanas en el contexto de las controversias sobre modernidad-posmodernidad en América Latina. 2) Crisis de formas de representatividad política, y de clásicos binarismos "políticos", como ciudadano-productor, privado-público. 3) Perfil de la nueva sociedad política de masas: ¿redemocratizadora o neofascista? 4) Historia y acontecimiento: ¿dialéctica de la modernidad o narratividad posilustrada, cuando las luchas se instalan en conflictos de dimensiones "posmodernas"?[3]

Sujeto urbano protestatario. Continuidad o ruptura

El primer aspecto relevante es la caracterización cultural-política del sujeto urbano protagonista de la protesta ciudadana, en tanto sector social básicamente medio, expropiado de sus ahorros y con un contenido amplio de reclamos a medida que organiza su actuación colectiva. La ausencia de un perfil definido —como pueden ser tradicionalmente los obreros sindicalizados, los universitarios, o estamentos profesionales afectados— produjo una primera tensión de lectura. Abordar el fenómeno desde el campo de una historia ya instituyente de definiciones e identidades, desde una biografía política e ideológica de los actores sociales en sus itinerarios y conciencias, no logra armar las figuras del actor insurgente en cuanto a lo decisivo: nuevas señas, subsuelos ideológicos, rostros públicos.

A su vez, situar el fenómeno de manera conceptual y hasta estético-política en términos de episodio de ruptura con todo lo anterior, autofundador de un nuevo lenguaje e inteligibilidad explicativa, dificulta una lectura política nacional específica: un porqué crítico sobre enunciados de los protagonistas. Le resta riqueza y formas identitarias a la problemática de lo subalterno-comunidad-memoria-conflicto político.

Para el teórico de la cultura Alejandro Kaufman[4] "el sujeto social que ahora protesta es el que reeligió a Menem. ¿Cómo fue posible que tardara tanto en producir la protesta?" Para Kaufman "se trata de un movimiento de propietarios, que creen en la normatividad y sobre todo en su propiedad económica individual, gestada sobre la violencia, exclusión, genocidio y empobrecimiento de otros grandes sectores sociales argentinos". Este tipo de mirada crítica trata de hacer aparecer la historia de los últimos veinticinco años, en cuanto a los distintos sujeto de la protesta (ahorristas y piqueteros) a partir de una lectura de contradicciones entre mercado, Estado y sociedad, donde necesita emerger "el pasado" del modelo y el desarrollo constitutivo de los elementos de la globalización en la Argentina. Hay sectores sociales expropiadores de otros, para un presente donde ambos se reclaman víctimas de la crisis generalizada. Asistiríamos, según Kaufman, a los últimos actos de una historia que se manifiesta como protesta de un modelo terminal.

Según el filósofo León Rozitchner,[5] por el contrario, "Lo que está pasando no tiene antecedente alguno en Argentina, y de nada servirá utilizar categorías que fueron válidas en el pasado para entender algo que es completamente nuevo. Tenemos que admitir que casi nada de lo que aprendimos resulta útil en este momento". El filósofo hace referencia crítica a las categorías y figuras de la reflexión teórica marxista (burguesía, proletario, socialización, sujetos de la producción, fábrica, sindicatos) como impotentes y atrasadas para entender lo todavía innombrable. Desde una crítica a caducas herramientas teóricas postula la idea de "la irrupción de lo nuevo", frente a lo cual, la izquierda radical, el cientificismo académico y el intelectual crítico deben volver a pensar todo otra vez sobre el sujeto político alternativo. La historia concreta e inmediata de ese múltiple sujeto urbano queda refundada en su propio acto irruptivo y disruptivo desde una política "otra". No importa lo indiscernible que ésta sea por ahora. Aparece entonces, desde el filósofo, un teorizar sobre una suerte de fondo dadaísta de *tabla rasa*, de ruptura con lo tradicional, de complicidad entre acto y reflexión que recuerda ciertas amalgamas benjaminianas entre surrealismo, crítica y política.

Se plantea por lo tanto una marcada disparidad de enfoques. Por un lado, abordar en términos dialécticos o hermenéuticos el proceso, con la consecuente necesidad de fijar el mundo conocido o la historia determinadora, para conocer lo nuevo. En la otra vereda, la tendencia interpretativa parte de la idea del súbito agotamiento, por el desborde social generalizado, de una modernidad ilustrada crítica que nos condenaría a exámenes anacrónicos. La emergencia del protagonismo de cacerolas y asambleas señala concretamente la imposibilidad de comprender la desobediencia partiendo de antiguos cánones. No es el sujeto pretérito, sino el nuevo, el que *se* está contando la historia de la globalización tardocapitalista en las metrópolis. Y nos la cuenta.

El sujeto de la ruptura del actual *statu quo* quiebra también las escenas comprensivas y reflexivas instauradas. Los ribetes inéditamente catastróficos de los nuevos tránsitos metropolitanos, desde amordazadas condiciones ciudadanas modernas, a controvertidas dimensiones explosivas posmodernas en América Latina, conformarían situaciones de una excepcionalidad histórica tal que inauguran, y no confirman marcos teóricos hace tiempo caducos.

En contrapartida, los posicionamientos reflexivos que sitúan la crítica en el contexto de una herencia, de memorias nacionales contemporáneas (que en Argentina incluyen: proceso de liberación nacional fracasado, guerra intestina, violencia, genocidio, reflujo de masas, apoyo democrático al modelo menemista —delarruista), buscan fijar escena, sujetos y políticas actuantes en términos de nueva coyuntura de una extensa crisis histórica. Es en las contradicciones y oscuridades biográficas de los actores —en este pasaje cultural de modernidad-crisis, globalización— donde tanto lo liberador como las patologías tanáticas y las repeticiones sociales cobran significados. De lo contrario, ¿de qué discutir si todo ha quedado desvanecido?, se pregunta esta otra vertiente examinadora. ¿Un borramiento-superación del *cuerpo* de lo nacional, estatal, popular histórico, no es una bio-política de análisis sospechosa?

Sin embargo, el sociólogo Horacio González,[6] utiliza el concepto de "multitud que permite dejar de pensar a partir de un sujeto ya constituido, que le quita libertad de reconstitución al sujeto" ("Cacerolas ..."). Para González "hay una experiencia de la nada: la multitud sale de la nada... es una experiencia del instante creador que nadie sabe en qué punto se origina... Esa multitud nueva es fuente de su autorreflexión, donde arrebatos y violencias son diálogos íntimos con ella misma". A pesar de que González aclara que su concepto de multitud difiere absolutamente "de los argumentos de Tony Negri y Paolo Virno, quienes se basan en una autonomía del acontecimiento que no tiene nada que ver con la crisis argentina" (*La multitud creadora*), la polémica entre la noción de multitud y de pueblo apareció como uno de los temas iniciales para una reconstitución teórica sobre la fisonomía de los actores medios urbanos en las asambleas y cacerolazos (a diferencia de la lectura sobre los piqueteros, menos problemática).

Para el ensayista Blas de Santos:[7] "No podemos acordar con que la multitud del cacerolazo haya salido de la nada y que se vea el fenómeno como si no tuviese procedencia o historia y en cambio creara historia" ("Sujetos y..." 12-3). El debate remite a una polémica cultural-histórica bajo la lógica de preocupación política. Sectores sociales urbanos con múltiples neoperfiles parecieran pulverizar clásicas tipologías de una biografía política de las clases medias argentinas. Lo cierto es que son sectores que además de participar en el derrocamiento de dos presidentes, ejercitan planteos fuertemente antipolíticos y contra la actual democracia representativa. Como expresa un documento colectivo de la Internet, crítico del antipoliticismo de las cacerolas: "se rechazan dos décadas de historia desde un acto mágico supuestamente refundante, algo que no tiene sustento cuando se habla de un sujeto medio, heterogéneo, ahorrista, especulador, que hoy le hace *escraches* a Raúl Alfonsín, a Antonio Cafiero, a Aníbal Ibarra, cuando jamás se los hizo a ningún general genocida de la nación. ¿Quién es ese sujeto en términos éticos? ¿Cómo reponer perspectivas de acción política cuando asistimos a la fuga profunda de sentidos de todo lo que nos pasó?"[8]

En una entrevista el teórico napolitano Paolo Virno planteó la cercanía del caso argentino de su concepto de multitud urbana extraestatal fundada en la idea del éxodo, la desobediencia, la pos-memoria y un ideal de pos-política republicana: "hay una línea que conecta la revuelta argentina con las protestas de Seattle y Génova. El caso argentino comparte con el movimiento antiglobalización la irrupción de un nuevo sujeto político, la multitud que emerge en la sociedad posfordista". El pensamiento de Virno fue acompañado desde una posición coincidente por la ensayista Josefina Ludmer para quien la aparición "de un nuevo sujeto político en la Argentina" significaba "la primera protesta urbana antiglobalización" en el país, en términos de multitud tal como la analizan Tony Negri y el italiano. Quien esto escribe planteó en un artículo la necesidad de evitar identificaciones teóricas que livianamente situarían a Buenos Aires en una suerte de nueva alcurnia contestataria de avanzada, diferenciando el concepto neoanárquico de éxodo y desobediencia hacia lo extraestatal propuesto por Virno en sociedades del primer mundo para escapar de disciplinas laborales y mercados de consumo, de la "dramática realidad argentina donde son el Estado, el empresariado, los bancos, el trabajo y el consumo los que fugaron de la sociedad que ahora reclama su regreso" ("Réplica..." 2).

Para el filósofo José Pablo Feinmann:

> la gente se vuelve pueblo en las asambleas. Prefiero seguir usando este término y no el de multitud de Negri y Virno, porque las propias asambleas se definen como populares. No comparto de Negri su variable spinozista de potencia y acción fundadora. Pienso que para ser lo que ahora soy tuve que negar lo que era. Ese es el gran dato que importa en lo que sucede. (32)

Reconstruir las tramas frente a las abstracciones antiglobalizadoras. Comunidad, pueblo, multitud: ¿el pasado reingresa siempre con su carga a resolver, o la escena posmoderna concluye con Hegel y Marx? Se necesita terminar con una teorización decimonónica, se señala. Por el contrario, la tesis de lo nuevo que autofunda su lectura impide dialogar con los espectros del presente, dicen otros. Al respecto, argumenta el ensayista Eduardo Gruner,[9] "me pregunto si detrás de esta idea y concepto de multitud, de estos movimientos que estamos presenciando ahora, no hay una lógica paradojalmente conservadora, tendiente a recomponer las clases como tales" mientras hablamos de ella como neoanarquista. "Cuando sale a pedir que se le devuelva su propiedad privada lo que está diciendo es: queremos ser de nuevo clase en serio". Como antes de las metamorfosis socioculturales de la globalización.

La idea de un sujeto "multitud", que "brota de pronto", que plantea "su lengua sin mediaciones", que funda desde sí mismo un "nuevo mundo de relatos comprensivos" e invalida análisis anteriores —argumenté en una entrevista— responde sobre todo a "la lógica de la sociedad massmediática". De una cultura donde el proceso histórico deja su lugar a una rutilante "contemplación de acontecimientos" a la que estamos invitados. Ahora vemos la historia-set, solo contada por testigos directos, tipo *reality show*, en tanto nuevo valor existencial-jurídico de la verdad. De una verdad pos-reflexiva y poscrítica. Ejemplo de esto

> fue el relato massmediático del atentado a las torres de Nueva York, donde la CNN se olvidó de toda historia y memoria y planteó: desde aquí partimos, punto cero, hay una guerra, es antiterrorista, están los Hitler y nosotros los buenos. Con el permanente testimonio de una Manhattan convertida en hispánica tercermundista violada. Es la aparición mágica de algo que no admite lecturas anteriores. Lógica que termina impregnando los análisis intelectuales: todo es recepción, espectáculo, novedad desde el puro lenguaje, fin de los antecedentes. (*Cacerolazos...* 12-3)

Perfiles ideológico-culturales: condena a la política, crisis de la democracia

Este debate sobre continuidad o ruptura del sujeto protestatario en relación a una trama histórico cultural explicativa, se relacionó como reflexión política con el debate sobre contenidos de los reclamos y de los objetivos de los cacerolazos en la Casa de Gobierno, el Congreso y el Palacio de Justicia. La encrucijada argentina está determinada por el vaciamiento democrático en manos de un elenco político al que identifican con el colapso económico del país. El mayor lema identificatorio y aglutinador de las muchedumbres en las asambleas es "que se vayan todos", donde los manifestantes hacen explícita referencia a lo que llaman "la clase o la casta política" en su totalidad, sin distinción de banderas, programas y trayectorias partidarias o personales.

En este sentido las cacerolas señalan, por encima de cualquier otra referencia, el agotamiento de un universo político de representaciones, la pérdida de legitimidad, credibilidad y confianza sobre "el político" y sobre las formas mediadoras de las instituciones republicanas.[10] Como contrapartida a esta realidad institucional cuestionada, las asambleas expresan una horizontalidad extrema en los debates y decisiones, un parlamentarismo de base sin ningún tipo de jerarquía, y el deseo de no constituir ninguna arquitectura organizativa bajo molde de los partidos clásicos de izquierda radical o democráticos parlamentarios.

Por lo tanto, la radicalidad de aquel lema —y la ausencia de alternativas ante el poder democrático condenado— abrió una segunda dimensión del debate: los perfiles ideológicos de este nuevo sujeto urbano, la compleja idiosincrasia que compone a esta nueva subjetividad en desobediencia civil tanto en lo individual como en lo colectivo, y desde una inédita fusión-metamorfosis entre lo privado y lo público. La crisis del Estado social, la hegemonía por más de doce años de valores economicistas neoliberales, la defección de los partidos políticos frente a la lógica de un mercado globalizador, el fin del capitalismo del pleno empleo, las nuevas generaciones medias en sociedades massmediáticas y de consumos culturales transnacionalizados, resultan algunos de los principales factores que gestan actores metropolitanos de dificultosa caracterización ideológica y política. Básicamente cuando tales actores se deslizan desde un individualismo pasivo, basado en cierta seguridad económica, a una agregación multitudinaria desde la inseguridad y disconformidad con el ordenamiento social en crisis.[11]

Para el politólogo Edgardo Mocca la exigencia de "que se vayan todos" responde "a un ahorrista estafado y, la reflexión política puede ser exagerada al considerarlo el núcleo de un nuevo sujeto colectivo portador de democracia participativa que vendría a superar la caduca representación política. Es peligrosa la idea de un país de ciudadanos honestos e inteligentes usurpados por una clase política rapaz" ("¿Qué se vayan todos?" 9).

La polémica hizo eje en ese lema por sus fuertes connotaciones contradictorias: evoca un supuesto deseo de la vieja revolución como fin de una democracia política capitalista. También la suplantación por un poder autoritario-restaurador instalándose por fuera de todo juego político del Estado democrático, o el voluntarismo utópico de un gobierno inmediato de las asambleas. Para León Rozitchner ese coro reiterado en las grandes asambleas de "que se vayan todos, parece por momentos una invocación religiosa. Me suena como ¡Oh Dios, yo te invoco! Estamos asistiendo a un momento sin nombre de creación espontánea, no nos apuremos a ponerle nombre o categorizarlo". Para Alejandro Kaufman, "el momento de decir esta frase en todo caso era 1984, hubiera significado: que no vengan estos políticos que fueron los grandes cómplices de la dictadura genocida. Hoy es el eslogan de un movimiento de gente que nunca militó en nada ni salió jamás a la calle" (12-3). Precisamente Kaufman apunta a este tema en relación a nuevas/viejas políticas: qué composición subjetiva, qué formas de sensibilidad —actuante en las calles— tiene este protosujeto metropolitano de acuerdo a la historia de los sectores medios urbanos en el último cuarto de siglo. Aunque este planteo no permite elucidar los valores de su nuevo papel proyectado a futuro. Y dicho sujeto ahora está en las calles. ¿Entonces?

Para Horacio González en cambio, "el que se vayan todos es interesante porque no deja alternativa. La multitud piensa sobre la base del abismo, el pueblo en cambio lo hace sobre la base de una elaboración de la cual existen antecedentes" (*Cacerolas* ... 13-4). Se discutió si esa diferenciación entre multitud, masa y pueblo no es una astucia forzada desde lo conceptual, un abstraccionismo inconducente. Se trata de entender qué habilita ese espacio vacío, ese baldío cultural en una gran metrópoli de ciudadanía alzada, eso literariamente llamado "abismo": representa un desorden de redemocratización posible, o un salto ciego de *cualunquismo* posmoderno de corte neofascista.[12] Para Blas de Santos en "el que se vayan todos hay una aspiración más profunda y conduce a la idea de renacimiento, hay una fantasía de ave fénix como si se pensara: si todo termina va a surgir una cosa nueva". Según Eduardo Gruner "en el que se vayan todos no se discute con qué reemplazar a los que están, sino cuál es la lógica de producción de los representantes, no seguir en la política bajo una lógica de consumo, de artículos de supermercado".

Se hace manifiesto en estos planteamientos una prolongación del primer debate, en cuanto a posicionamientos contrapuestos. Algunos hacen eje en un enfoque mucho más cultural que político: casi como lectura estética en su mejor significado, en tanto arma privilegiada de la crítica para indagar nuevas sensibilidades. Pero a la vez resulta un pensamiento que trabaja acríticamente sobre dimensiones míticas o místicas de masas en una peligrosa tardomodernidad en crisis. Con otra perspectiva, ciertas lecturas se centran en la politología que desde hace tiempo remite a construcción de la política y a crisis de las representatividades, pero que paradójicamente, cuando se enfrentan a situaciones imprevistas y excepcionales como en Argentina, parecieran tener muy poco que decir desde el campo del imaginario científico social, o para el simple diagnóstico sobre algo nuevo no previsto.

De acuerdo con Juan Carlos Portantiero[13] la consigna

> deriva de una gran ordalía antipolítica que no aparece en el reclamo de los piqueteros. Es una consigna peligrosa ¿quién ocuparía el lugar de los que se van? Lo que aparece es un lugar vacío y el momento suena propicio para que irrumpan fuerzas exteriores a la política, como sucedió clásicamente en nuestra historia. (240)

En la controversia, el que esto escribe planteó:

> el carecolazo y las asambleas hacen política, y deben ser leídos desde un pensamiento crítico que no caiga en interpretaciones esteticistas, místicas o conceptuales abstractas. Cuando se grita que se vayan todos, en realidad hay un dramático divorcio entre voz y acto. Están condenando a la política pero siempre van a las plazas de los grandes poderes concentrados. La frase crea el recelo por una especie de neofascismo. En realidad frente al desamparo y la claudicación de la política ante la neodominación globalizadora, lo que se actúa gregariamente es otra cosa: quiero que el poder democrático sea poder, que se vayan los poderes que no pueden serlo (*Cacerolazos...* 13-4)

Lo cierto es que ninguna argumentación ha logrado caracterizar de manera más o menos satisfactoria la emergencia de una ciudadanía insatisfecha, soliviantada, que después de muchos años reencuentra en las asambleas el diálogo social activo, la voz grupal, el ritual colectivo, la comunicación consigo misma, sin ningún tipo de mediaciones.

Asambleas e intelectuales

Por último y para concluir, un tercer aspecto importante abrió el tiempo de las asambleas. El cuestionamiento al campo cultural progresista y sus diversos componentes históricos (sujetos, saberes, partidos de izquierda, figuras, instituciones) entre los cuales me interesa destacar algunos aspectos que se debatieron sobre "los intelectuales" y sus variables en tanto compromiso político, reflexión, cientificismo social, tarea académica.

Dos problemáticas gestó la atmósfera de las asambleas. Una puesta en cuestión del rol y funciones del intelectual como "autoridad del saber" (paralelo a los cuestionamientos a los políticos). Una tendencia a reformular o invalidar la clásica relación entre colectivos sociales insurgentes y cuadros intelectuales progresistas.

Como lo expresó el sociólogo Eduardo Gruner,

> en las asambleas hay un gran rechazo no solo a los liderazgos políticos tradicionales, sino al intelectual. No te podés presentar a las asambleas como profesor de la Facultad de Filosofía y Letras. Lo asocian con ahí viene el catedrático a darnos clase sobre lo que tenemos que hacer. Por otra parte muchos intelectuales de los setenta se reconvirtieron en los últimos veinte años a la clase política más o menos oficial. Algunos en el alfonsinismo, incluso en el menemismo o con el Frepaso. Otros trataron de recuperar algo del espíritu crítico original, pero con otra letra. Me parece que los primeros a este nuevo tren lo perdieron definitivamente. Y los segundos, de los que yo formo parte, estamos más atentos que sabiendo realmente qué hacer. (12-3)

Todo el tradicional universo de las izquierdas quedó descolocado frente a la alta y diaria movilización de masas, y sobre todo frente al fenómeno de las asambleas barriales promovidas básicamente por ahorristas estafados, pero que muy pronto incluyeron un universo tan heterogéneo como inédito de integrantes en diálogo y comunión, sucediéndose desde los micrófonos en las plazas.[14] Frente a esta aparición de un colectivo movilizado, la figura del intelectual fue señalada de manera crítica por ciertos intelectuales fervorosos alentadores de las asambleas. Por ejemplo, el sociólogo Pablo Bergel planteó en un escrito:

> Los intelectuales nos preguntamos donde están esos saberes que parecían dominar el ambiente cultural hasta hace muy poco. Desaparecieron. En las asambleas no hay currículum anterior ni exterior a ella misma. Los intelectuales, científicos sociales y académicos caen de sus poderes. Ahora son ellos los que permanecen callados y escuchan a los vecinos. Los roles se han invertido. Cada uno va a adquirir una nueva identidad como si naciera de nuevo. (22)

También en un texto anónimo asambleístico que circula por la Internet y correo electrónico se afirma: "No sólo los políticos fueron cuestionados en la asamblea, sino también la figura del intelectual que en estos diez años inundó las páginas culturales con su firma para plantear su claudicación ideológica y política, su distanciamiento académico de los problemas de la sociedad, su asesoría a políticos de izquierda claudicantes y corruptos. A ellos también se les acabó un tiempo".[15]

La dureza de cierta crítica cacerolera, y la reaparición de una ideología sesentista de autoflagelo desde los propios intelectuales cuando pasan a mitificar la aparición del sujeto "pueblo", se dan cita en la actual encrucijada para proyectar también este tema como problemática. La capacidad impugnadora de este nuevo sujeto metropolitano es lo que se polemiza, en cuanto a la legitimidad de sus criterios para las acusaciones. Según Blas de Santos, muchas veces el problema es de los intelectuales, que espontáneamente "se distancian o toman posiciones reactivas frente a sujetos políticos que han cambiado de pronto y nos sorprenden". Pero también señala que existe una condena a los intelectuales y académicos desde sectores asambleísticos, cuando señalan la ausencia de muchos de ellos en esta nueva edad "de lucha popular". La pregunta da cuenta de una atmósfera donde los sujetos intelectuales de la crítica han quedado en gran parte desubicados, y también de un protesta ciudadana caracterizada por su condena tajante a todas las discursividades dominantes instaladas: como nunca antes han sido deslegitimados públicamente los políticos, los partidos, los grandes medios masivos, y los intelectuales.

Horacio González criticó la identificación que hace cierto esnobismo intelectual entre teorías neoanárquicas europeas y las marchas y asambleas porteñas, y planteó desde otro plano el dilema intelectual. Apuntó que frente a las nuevas multitudes de ahorristas hay una "reacción intelectual aristocrática, baudeleriana" de acusación al burgués polichinela que sale masivamente a reclamar las propiedad de sus miles de dólares, en lugar de tener una posición intelectual más plebeya de considerar solo la novedad de lo que está ocurriendo" (*Cacerolas...* 13-4). En este sentido González planteó una mutua sospecha entre asamblea e intelectuales que se miran uno a otro con recelo.

En lo que a mí respecta, argumenté: "todo pensamiento que piensa un renacimiento o un final entre la opacidad de los hechos tiene que ser un pensamiento de altura y de imaginación, casi novelístico-político, en este sentido supuestamente aristocrático". Frente a las actuales circunstancias están "los intelectuales que permanecen en un silencio llamativo, como si los acontecimientos les hubiesen hecho saltar los tapones reflexivos". Y están los "intelectuales adeptos, quienes consideran que no podemos volver a asumir la palabra si no estamos adentro de las asambleas". Así hablan desde una estética emocional despolitizadora, o "desde una mística de iniciación, donde el pueblo cuando reasume la voz colectiva obligaría a un renunciamiento culposo". Frente a estas dos posiciones planteo "el pensamiento crítico en términos políticos abiertos" (*Cacerolazos...* 12-3).

De todo lo expuesto, desprendo cuatro interrogantes para una reflexión teórica sobre crítica y cultura: 1) El regreso de masas en las calles en un tiempo posrevolucionario, ¿fecunda o invalida la presencia de una historia de la crítica cultural? 2) ¿La autenticidad crítica se da a partir de su anacronismo o de su adaptabilidad a las nuevas lógicas del mundo dado? 3) En la civilización massmediática, estético productiva, globalizadora, ¿es posible seguir pensando en sujetos "con sentido histórico"?; 4) Frente a una nueva "intelectualidad" de masas, ¿fenece como política contestataria el tradicional campo cultural, intelectual y progresista con sus tareas e instituciones?

Notas

[1] Mi trabajo de investigación, además del fenómeno y testimonios sobre asambleas y cacerolazos abarca las movilizaciones y reivindicaciones de los piqueteros en los cordones suburbanos. Para esta ponencia rastreo y recojo exclusivamente la reflexión y el debate intelectual durante un período que se extiende desde el 20 de diciembre de 2001 hasta principios de marzo de 2002, y donde participan algunos teóricos de la cultura, sociólogos, filósofos, ensayistas, sicoanalistas, investigadores académicos y periodistas con artículos en diarios y revistas comerciales, suplementos culturales, publicaciones de izquierda y en algunos sitios de la Internet habilitados por los propios asambleístas.

[2] El propósito del trabajo es recuperar lo que aparece como material de erranza, como interrogación de un imaginario indagador, como prueba ensayística en tanto relato en sí de lo real. Esto es, un pensar intelectual crítico de riesgo: fuera de sistema, de terminologías asentadas sobre problemáticas culturales metropolitanas de este principio de milenio. Se parte de que ya hay un cierto e inicial discurso "científico" instituido y compartido del drama argentino y que podría sintetizarse así: la crisis de representatividad, legitimidad y capacidad de decisión de lo político en la Argentina es un proceso de por lo menos seis años, que se precipita en los últimos tres con una recesión ininterrumpida, fuga de caudales financieros y colapso del sistema productivo y distributivo. La Alianza en el gobierno grafica y consuma, con su continuismo del modelo y su incapacidad gestionaria, la licuación de lo político en su conjunto y concluye con una etapa histórica en la Argentina.

[3] Ámbitos de estudios culturales conmocionados por la agitación de la historia, y que tienen un primer espacio de voces y escuchas reflexivas. Pero también reflexión intelectual que debe asumir las memorias, duelos y rupturas de la crítica con respecto a herencias de ideas y análisis de las izquierdas revolucionarias argentinas de los sesenta en cuanto a sujetos rebeldes, programas y cariz de las consignas de una escena nacional ya extinguida en sus discursividades. Diría: la reaparición de masas contestatarias hoy resulta la despedida inocultable y definitiva de aquellas teorías y dogmas que pensaron y todavía sostienen núcleos de izquierdas radicalizadas. Este adiós se hace manifiesto a la vez que paradójicamente recobra vigencia en la sociedad una conciencia anticapitalista de carácter popular-populista. Pero en términos de duelos y fracasos también se pone en evidencia, quizás de manera más categórica y visible aun, el del repertorio de la modernización intelectual (de sesgo político e ideológico socialdemócrata) que predominó durante los años ochenta y noventa con sus creencias en fallidas "centroizquierdas", sus respaldos a rutinarios y vaciados elencos y representatividades

democráticas, y su descreimiento en nuevos escenarios de lucha. Lo que irrumpe pareciera dejar casi sin argumentos refundadores a lo que fue la cultura hegemónica progresista y académica durante la era menemista en la Argentina. Ambas vertientes, la extremista y la posibilista, exponen hoy sobre todo su escasa capacidad para indagar la nueva índole cultural de lo subalterno socioeconómico urbano, las neoideologías (mercado-empresariales) llevadas de pronto a planos de actuación política protestataria, la aparición rotunda de lo político desde los sectores pobres, en paro y medios urbanos afectados.

[4] Alejandro Kaufman integra el Consejo Editorial de la revista *Pensamiento de los Confines* que se edita en Buenos Aires desde 1994. Es profesor de Historia de las ideas y Teoría de la comunicación en la Universidad de Buenos Aires y la Universidad de Quilmes.

[5] León Rozischner es filósofo, profesor, investigador, escritor, y uno de los actuales cuatro candidatos para rector de la Universidad Nacional de Buenos Aires, apoyado por un elenco de profesores e intelectuales.

[6] Horacio González es profesor de la Facultad de Ciencias Sociales (UBA), escritor y director de la revista *El Ojo Mocho* publicada en Buenos Aires desde 1994.

[7] Blas de Santos es psicoanalista y co-director de la revista *El Rodaballos.*

[8] Texto anónimo trasmitido por correo electrónico.

[9] Eduardo Gruner es sociólogo, ensayista, profesor de la Universidad de Buenos Aires, co-director de la revista *Diatriba*, y actualmente vicedecano de la Facultad de Ciencias Sociales (UBA).

[10] Para graficar el derrumbe de las formas políticas representativas de la democracia en Argentina, algunos datos: en 1984, con un total de treinta y tres millones de habitantes, el país tenía 3.888.644 personas afiliadas al Partido Justicialista y 2.572.096 personas afiliadas al Partido Radical. Esto es: 6.450.740 de afiliados

[11] En un artículo que escribí sobre la izquierda europea —"Momento de crisis y reflexión"— a raíz de las declaraciones del cineasta italiano Nani Moretti, relacioné ciertos aspectos del tema con la situación argentina: "Para Toni Negri, en la actual escena cultural se da como nunca la probabilidad de constituir una nueva subjetividad revolucionaria como deposito de una nueva hermandad cooperativa... Por el contrario, en un reciente documento de un núcleo intelectual de la izquierda italiana se afirma: "este mundo multitudinario y disconforme es el fascismo posmoderno incubándose en las nuevas formas de vida metropolitana. Sujeto arrollado por la tempestad tecnológica, que se sustrae a toda representación política y cree solamente en un "país empresa privada, ya sin Estado" (27).

[12] Tomando esta perspectiva que sitúa a los actuales estallidos de protesta y desobediencia en el marco de un historia cultural y política nacional de alto conflicto, resulta interesante trabajar el cruce de mundos simbólicos a cargo de sectores sociales medios urbanos. Sectores que legitiman y disuelven valores, conductas y actuaciones en el campo del accionar político individual o colectivo. Que fusionan o resignifican planteos de la esfera privada y la pública. Que resemantizan de una manera inédita la propia memoria histórica de la protesta, para algunos de manera lógica, para otros de manera patológica. Actuaciones que solo en el entramado de un relato proveniente alcanzan sus más decisivos sentidos. Por ejemplo, el actual lema "que se vayan todos" a cargo de los ahorristas estafados, es una reivindicación extrema, de corte casi apolítico o pospolítico, que le aflige a la política la imposibilidad de satisfacerlo por lo irreductible de la demanda. En este caso asume una característica emparentada a cuando en Plaza de Mayo o en Plaza Congreso, las Madres de la Plaza y los defensores de los derechos humanos siguieron reclamando de manera indeclinable "aparición con vida y castigo a los culpables", haciendo referencia a los treinta mil desaparecidos. También el actual reclamo "dólares depositamos, dólares queremos", que se grita en las movilizaciones, hace referencia a la *desaparición* repentina de la moneda norteamericana de la cuenta de los ahorrista, y conserva el eco de "con vida los llevaron, con vida los queremos" que se planteó tantas veces en las décadas de los ochenta y noventa con respecto a los desaparecidos en manos de la

Junta Militar. De la misma manera las imágenes que diariamente muestran los canales noticiosos que acompañan las protestas de los ahorrista en la zona bancaria, exponen situaciones por demás paradójicas: manifestantes envueltos en la bandera argentina y con carteles exigiendo sus dólares o con un dólar pegado en la frente, mujeres entrando en protesta a los bancos a reclamar sus dólares y llorando emocionadas al cantar el himno nacional, o jóvenes que sin el menor rubor plantean que están desde hace diez horas en una cola para comprar trescientos dólares, o aquel otro que reclama sus ahorros y dice que su objetivo es depositarlos en el exterior: conductas que pasan a estar legitimadas, hasta reconocidas, mientras se condena furiosamente a "los que se llevaron el dinero afuera", a los diputados y senadores. La fuerte presencia y la legitimidad que poseen las asambleas y cacerolazos producen en la televisión escenas inconcebibles, sobre todo desde la voz de las mujeres: acusaciones extremas de los manifestantes entrevistados de carácter económico, político e ideológico contra concretos grandes medios de comunicación, contra sus dueños y programaciones, que los canales se ven obligados a poner en el aire dure lo que dure, a no interrumpir, y a responder con silencio. Cuando el emporio Clarín-Canal 13, Radio Rivadavia-Torneos y Competencia no cubrió ciertos cacerolazos en Plaza de Mayo, un multitudinario escrache en las puertas del canal obligó a cubrirlos en su integridad de ahí en más. Esto indica un sujeto metropolitano de nuevo corte, de elevada capacidad de querella, de información y de saberes, con alta operatividad técnica y actoral para articularse a la sociedad massmediática "en vivo y en directo", y con una legitimidad sobre la propia sociedad cultural que habita que se nota en los diálogos con los policías (pertenecientes a sectores populares victimizados por la miseria o la pobreza) a quienes el manifestante habla, ordena, y dirige. Un sujeto metropolitano atravesado por quince años de sociedad de mercado, ausencia de protección estatal, culturas consumistas autoidealizadoras, globalización cultural en gran parte consumada, y crisis terminal de muchas formas de la política que disimuló el bienestar económico.

[13] Juan Carlos Portantiero es sociólogo, escritor, profesor de la Universidad de Buenos Aires, fundador del Club Socialista, ex decano de la Facultad de Ciencias Sociales, co-director de la revista *La Ciudad Futura* y trabaja actualmente en el Programa de Naciones Unidas para el Desarrollo.

[14] Las asambleas son generalmente vespertino-nocturnas, duran de tres o cuatro horas, se celebran una o dos veces por semana, muchas de ellas son grabadas en video, trasmitidas por radio o televisión por cable, llevadas a unos treinta sitios de la Internet ya organizados. Los actores más distinguibles en sus intervenciones son: amas de casa, jubilados, profesionales, jóvenes de trabajo temporario, motociclistas, parados, inquilinos, sacerdotes, murgueros, ocupas de casas, ecologistas, jugadores de fútbol, *vedettes*, travestis, comerciantes, gremios de prostitutas, oficinistas, *hackers*, obreros prósperos, madres de Plaza de Mayo, abogados, medianos empresarios, periodistas, militantes de izquierda, dueños de inmobiliarias, usureros, núcleos anarquistas, artistas de televisión y universitarios. Es un colectivo de individualidades, un conjunto que valida espontánea y naturalmente la singularidad, la diferencia. Es una socialización de reclamantes, afectados y damnificados que encuentra en el espacio de la ciudad, fuera de la jornada laboral, fuera de lo diurno, fuera de los espacios de empleo, fuera de la trama productiva (trabajador, parado), fuera de agremiaciones, *el lugar de la disparidad que se re-une en lo absolutamente público: plaza o esquina*. Según una encuesta realizada por la consultora Hugo Haime y Asociados que entrevistó a cuatrocientas personas en Capital Federal y Gran Buenos Aires (encuesta domiciliaria, al azar y a distintas edades) la gente que participó en los últimos dos meses en asambleas, cacerolazos, piquetes, marchas de protestas, reclamos salariales y escraches rondan los dos millones de personas. Para el 34% de los entrevistados las asambleas son una nueva forma de hacer política, para el 21% resultan una forma que irá desapareciendo, para el 20% solo generan caos, para el 16% es el lugar donde surgirá la renovación dirigente. Para el 42,9% la protesta debe manifestarse mediante el voto,

para el 23,9% mediante el cacerolazo, para el 23,4% participando en asambleas (*Pagina 12*, 10-02-2002, Buenos Aires).

[15] Texto anónimo recogido en uno de los sitios de la Internet relacionado con las asambleas.

Bibliografía

Bergel, Pablo: "Prefiero escuchar". *Tres Puntos* 242 (Buenos Aires, 2002): 22.

Casullo, Nicolás: "Cacerolazos: ni sacralizar ni consagrar". *Página 12* (Buenos Aires, 4 marzo 2002): 12-3.

_____ "Momento de crisis y reflexión". *Tres Puntos* 244 (Buenos Aires, 2002): 27.

_____ "Réplica a Paolo Virno: ¿y ahora quienes somos?" *Clarín* (Buenos Aires, 26 febrero 2002): 2.

De Santos, Blas: "Sujetos y cacerolazos". *Página 12* (Buenos Aires, 18 febrero 2002): 12-3.

Feinmann, José Pablo: "Filosofía de la asamblea popular". *Página 12* (Buenos Aires, 18 febrero 2002): 32.

González, Horacio: "Cacerolas, multitud y pueblo". *Página 12* (Buenos Aires, 11 febrero 2002): 13-4.

_____ "La multitud creadora". *Página 12* (Buenos Aires, 13 enero 2002): 2.

Gruner, Eduardo: "Si se cumpliera la Constitución el sistema se derrumba mañana". *Página 12* (Buenos Aires, 25 febrero 2002): 12-3.

Kaufman, Alejandro: "Uno no constituye una acción política por los ahorros". *Página 12* (Buenos Aires, 28 enero 2002); 12-3.

Ludmer, Josefina: "La multitud entra en acción". *Clarín* (Buenos Aires, 19 febrero 2002): 2.

Mocca, Eduardo. "¿Qué se vayan todos?" *Página 12* (Buenos Aires, 7 febrero 2002).

Portantiero, Juan Carlos: "Hay peligro de disgregación". *Tres Puntos* 240 (Buenos Aires, 12 febrero 2002).

Rozitchner, León. "La izquierda sigue atrasando". *Tres Puntos* 244 (Buenos Aires, 28 febrero 2002): 20-3.

Virno, Paolo. "Entre la desobediencia y el éxodo". *Clarín* (Buenos Aires, 19 febrero 2002): 3.

Globalización, universidad y conocimientos subalternos. Desafíos para la supervivencia cultural

Santiago Castro-Gómez y Oscar Guardiola Rivera
Instituto Pensar
Universidad Javeriana

Parece evidente que la idea de la universidad como centro hegemónico de producción de saber y como guía humanista de la investigación y la docencia, tal como había sido concebida por los pensadores de la Ilustración, se encuentra en franca decadencia. El colapso del "proyecto moderno", que en otro lugar hemos descrito como el fin de la gubernamentalidad estatal legitimada por el conocimiento, conlleva también la crisis de la universidad moderna.[1] Ahora la universidad ya no funge como instancia que legitima cognitivamente la construcción de los Estados nacionales, sino como una instancia más en el procesamiento de mercancías en tiempos del capitalismo global. En particular, la universidad se ha convertido en una pieza clave para el ensamblaje del mercado del conocimiento.

En este artículo examinaremos las consecuencias que puede tener esta globalización neoliberal de la universidad para la "supervivencia cultural" de la humanidad. Y lo haremos tomando como punto de referencia el documento de Porto Alegre, firmado el año pasado durante el Foro Mundial realizado en aquella ciudad brasileña. Nuestro argumento será que la hegemonía de que gozan en la universidad latinoamericana discursos afines a la globalización del capital —como la economía y el derecho— conducen a deslegitimar la validez de formas de vida y conocimiento alternativas, encarnadas ya no en culturas exóticas (el "otro de la modernidad"), sino en ciudadanos de la calle, comunes y corrientes, que ven impávidos cómo su *habitus* cognitivo queda absorbido por discursos abstractos diseñados por tecnócratas, propagados por sistemas expertos (como los medios de comunicación) e implementados por agencias transnacionales inmunes a cualquier tipo de control democrático.

1. Transformaciones de la universidad: el problema del contexto

Teóricos sociales y políticos, antropólogos, filósofos sociales, estudiosos de la cultura, economistas, politólogos y hasta juristas están usando términos tales como "capitalismo informacional", "trabajo inmaterial", "mercantilización abstracta" o "trans-materialización de la riqueza" para referirse conceptualmente a la arena social en la que estaríamos entrando en la actualidad. Lo que parece ser común a estas nociones es la intuición del surgimiento de un espacio social cualitativamente diferente (más allá de las fronteras geográficas actualmente existentes), construido por el uso de tecnologías de información avanzada.

Dicho diagnóstico parece ser central a la hora de comprender las transformaciones del capitalismo tardío, en especial cuando se hace referencia a la primacía del sector financiero del capital. El argumento puede ser expresado de la siguiente manera: en tiempos de globalización, el capital financiero supera las constricciones impuestas por las fronteras geográficas existentes para introducirse en el "ciberespacio". De acuerdo con lo anterior puede afirmarse que la noción de "ciberespacio" se encuentra en el centro de las críticas explicativas y descripciones del contexto actual de aparición de nuevas subjetividades y formas de conocimiento. Denominamos este "el problema del contexto", y lo proponemos como el reto prioritario de una crítica cultural que necesita con urgencia encontrar espacio en la universidad.

Con el fin de evitar argumentos que enfatizan la no pertinencia del discurso sobre el ciberespacio en América Latina, dado el "carácter pre" (premodernas, precapitalistas, preinformatizadas, etc.) de nuestras sociedades, quisiéramos aclarar que el término "ciberespacio" puede ser usado de manera general para referir el tipo de cultura potencial que se estaría creando por el uso de las tecnologías de información avanzada, en particular por parte de los poderes económicos. Dicho de otro modo, la categoría de "ciberespacio" se refiere al "cúmulo" de artefactos, prácticas y relaciones de poder que se articulan alrededor de la computación y que son dirigidas en buena medida por las "fuerzas del mercado". En la medida en que tal acumulación afecta los ámbitos cotidianos de la vida de los sujetos a escala planetaria, el tema resulta tan pertinente en Ecuador como podría serlo en Gran Bretaña.

Ahora bien, quisiéramos argumentar que no es posible pensar las transformaciones de la universidad y replantear críticamente su función, sin tener en cuenta el modo en que la universidad contemporánea deja de ser un eje fiscalizador del saber al servicio del Estado, para convertirse en una máquina productora de conocimientos mercantilizados al servicio del capital global. En un artículo publicado en *This Magazine* (Septiembre de 1991) el periodista John Harris resumía la cuestión de la siguiente forma:

> El conocimiento que antes era gratuito, abierto y producido para el beneficio de la sociedad, ahora es apropiado, confidencial y producido para el beneficio de las corporaciones y los negocios. Los educadores que antes guardaban celosamente su autonomía negocian hoy la planeación del *currículum* con patrocinadores provenientes de las sociedades y corporaciones... Los profesores que antes se dedicaban a la enseñanza se encuentran hoy en la nómina de las compañías fabricando en serie investigaciones mercantilizables en el laboratorio del campus, mientras que las universidades pagan los muy reducidos salarios con que se contrata a profesores asistentes... Los directores de las universidades, antaño líderes intelectuales de sus instituciones, son hoy refinados relacionistas públicos y acuciosos buscadores de fondos. (traducción propia 14-8)

Si antes el Estado, en el marco de su proyecto de gubernamentalidad, procuraba por lo menos fabricar sujetos morales (ciudadanos) a través de la educación y el acceso gratuito al conocimiento experto —lo cual conllevaba un interés en la formación científica del profesor—, ahora las prioridades han cambiado. La universidad ya no está ahí para formar una élite de científicos y profesionales al servicio de la nación, sino para "formar técnicos" que puedan suplir las necesidades de las empresas globalizadas por los imperativos del mercado global. Lyotard lo veía muy bien en *La condición posmoderna*: en el contexto del capitalismo global, la legitimación del conocimiento se da solamente en términos de su operatividad, es decir por la *performance* de su funcionamiento. Por eso la universidad se pliega a las necesidades del mercado laboral, cada vez más orientado hacia la lógica del "ciberespacio". La "ciberuniversidad" ya no se interesa tanto por la excelencia académica y la introspeccción de hábitos ciudadanos, sino por la posibilidad de ser competitiva en el marketing abierto por la sociedad del conocimiento. Ser universitario no significa pertenecer a un foro donde puedan interrogarse críticamente las condiciones de producción del saber instituido —así pensaba Immanuel Kant la universidad en *El conflicto de las facultades*—, sino pertenecer a un nodo de saber/poder en el que tan solo se producen conocimientos que refuercen la operatividad tecnológica del sistema.

2. El "Sur Global" como escenario de supervivencia cultural

Habiendo hecho referencia muy breve al "problema del contexto" en el que se mueve la universidad contemporánea, quisiéramos concentrar ahora nuestra reflexión en un problema específico: ¿cuál es el lugar que ocupan los "conocimientos subalternos" en el nuevo orden mundial? Los dos temas que enmarcan este movimiento argumentativo son, de un lado, la cuestión de la "supervivencia cultural", tal y como está siendo articulada hoy por diversos actores sociales del Sur Global[2] y del otro, la cuestión de la globalización de la educación. Nuestro interrogante apunta hacia el siguiente problema: la globalización hegemónica de la educación y el modo hegemónico de producción de la vida en el seno del capitalismo global constituyen una seria amenaza para la supervivencia cultural de la humanidad, en la medida en que borran o invisibilizan el espacio discursivo abierto por actores globales subalternos.

Durante la década de los ochenta, el movimiento ecológico comenzó a hacer popular la idea de que la diversidad biológica constituye un preciado recurso global. En tal sentido, se argumentaba, la desaparición de las ballenas jorobadas, las aves tropicales y los insectos africanos empobrecería notablemente nuestro planeta y posiblemente amenazaría la supervivencia de la especie humana. Desafortunadamente no existe aún un conjunto de organizaciones ambiental-culturales con capital simbólico similar dedicado a promover el mensaje análogo concerniente a la "diversidad cultural" del mundo; sin embargo, es dable pensar que un movimiento tal contaría con un considerable número de simpatizantes a lo largo y ancho del globo. En efecto, el sentimiento de que la cultura mundial sería degradada si la diversidad de conocimientos y visiones del mundo se pierde, es compartido por intelectuales, operadores de la cultura, comunidades locales, activistas políticos, globalizadores contra-hegemónicos y nacionalistas modernos en todo el planeta. A este mensaje nos referiremos con el término "supervivencia cultural".

Desde otra perspectiva, este término designa el conjunto de problemas y cuestiones surgidas en las zonas marginales del sistema-mundo (por ejemplo, el Mediterráneo, el sudeste de Asia o América Latina), hasta hace muy poco excluidas de las agendas de las ciencias sociales, cuyo proceso de constitución como discursos independientes ha estado relacionado con las tendencias políticas y económicas de los países centrales.[3] Más adelante presentaremos ese conjunto de cuestiones en la forma de dos tipos de problemas bien diferenciados que consideramos centrales en la agenda de la universidad y la academia del "Sur Global" para el siglo que comienza.

Quisiéramos formular la cuestión de la siguiente manera: los procesos de descolonización y democratización del siglo xx estaban transformando las condiciones de emergencia, inserción y funcionamiento de los discursos de saber que desde la modernidad temprana habían sido impuestas por los países centrales. Es decir, tales prácticas políticas, llevadas a cabo por sujetos subalternos al interior de los estados nacionales, estaban desplazando, o por lo menos interpelando, al sujeto hegemónico (las clases dominantes al interior de esos mismos estados nacionales) de su papel "legislador" respecto del conocimiento. En una palabra, se estaban reapropiando de la posibilidad de organizar socialmente su propia forma de vida. La globalización es un escenario más de este enfrentamiento por la hegemonía del conocimiento. Ahora bien, la defensa del carácter propio de ese capital cultural tiene sentido no tanto porque éste sea valioso para los pueblos y comunidades del Sur Global (lo que quizás sería ya una razón suficiente), sino porque ese capital resulta valioso "para toda la humanidad" de la misma forma que lo es, por ejemplo, la diversidad biológica de la cuenca Amazónica. En tal sentido puede decirse que el valor propio del capital cultural subalterno es su carácter no apropiable. Se trata de un patrimonio común de la humanidad.

Foros globales como el reunido en la ciudad de Porto Alegre durante los dos últimos años han acogido de manera central entre sus preocupaciones la defensa de la pluralidad cultural y el carácter social e inapropiable del conocimiento. Así, por ejemplo, en el documento conocido como "Llamado de Porto Alegre para las próximas movilizaciones" se recoge, en al menos dos acápites, la problemática relativa a la diferenciación moderno–colonial de la cultura y el conocimiento. En el párrafo cuarto se declara:

> Estamos en contra de la hegemonía del capital, *la destrucción de nuestras culturas, la monopolización del conocimiento* y de los medios de comunicación de masas, la degradación de la naturaleza y el deterioro de la calidad de vida por las corporaciones transnacionales y las políticas anti-democráticas. (énfasis nuestro)

La razón de nuestro interés en este documento es que se trata de una instancia ejemplar de articulación entre la experiencia localizada y sentida de la subalternización y la actividad crítica y propositiva que busca resistirla y al tiempo transformar las condiciones globales en las cuales ella es posible. Dicho documento constituye una muestra (prueba, evidencia) del "sentido interno" que origina el comportamiento regular de cierto actor social que puede ser descrito por un observador externo. La determinación del 'sentido interno' respecto de un campo social resulta importante porque si bien un observador externo está en capacidad de determinar ciertos comportamientos regulares, no podrá distinguir entre ellos a menos que tome en cuenta los "motivos" que originan esos comportamientos. Solamente en el segundo caso, el del participante, cierto comportamiento es aceptado como una "regla" y por tanto como un parámetro de regulación en el cual pueden fundarse sus críticas a quienes no respetan las reglas. Establecer la "dimensión normativa interna al campo social" globalizado es lo que nos permite distinguir —como cientistas sociales— entre globalización hegemónica y globalización antihegemónica, o lo que es lo mismo, entre dos posiciones antagónicas que dividen un campo social que, a primera vista, aparece como homogéneo.

Sin embargo, la mayor parte de las aproximaciones teóricas a la globalización la considera un fenómeno social homogéneo e inevitable. La posibilidad de establecer distinciones al interior del campo, esto es, de establecer qué actores compiten en el campo y qué pretensiones intentan avanzar, depende de la identificación de las reglas que dichos actores siguen a la hora de jugar el juego, y ello solamente es posible si se asume el "punto de vista interno". Lo que revela este punto de vista es la manera en que un cierto actor social es *afectado* por la acción legislativa de otro actor que ocupa una posición hegemónica en el mismo campo. Es a partir de ese "afecto" que el subalterno desarrolla una contra-normatividad propia y, por lo tanto, la posibilidad de cambiar las reglas de juego, transformando así el campo en el que actúa.

El lenguaje del documento de Porto Alegre es explícitamente normativo, pero esa normatividad no corresponde al modelo jurídico-institucionalizado del lenguaje que usa el globalizador hegemónico: el lenguaje de los derechos humanos reducidos a la protección de la honra, la dignidad y la propiedad. Corresponde, más bien, al lenguaje de alguien que reclama el "derecho a poder conocer el mundo de otro modo" y expresa, por tanto, una contra-normatividad. Lo que motiva, en efecto, el acto de transvaloración es el rechazo a tener que vivir en un mundo donde son instancias abstractas —corporaciones transnacionales y ya no solo estados nacionales— las que definen normativamente, y esta vez para todo el planeta, lo que "significa" el amor, la felicidad, la riqueza, la política, en fin, la existencia misma de la especie humana. Se trata, pues, de una resistencia activa que demanda la posibilidad de decidir —o al menos tener influencia— sobre los procesos de "imputación de sentido" sobre la realidad.[4] Debilitado el espacio de disidencia ciudadana que la modernidad había definido bajo los términos del "contrato social", los actores subalternos — convertidos ahora en "multitud"— reclaman la creación de un nuevo espacio donde pueda tener cabida la validez de su *habitus*, de sus afectos. No es coincidencia, además, que el "lugar" de esta contra-normatividad sea el "Sur Global", término que no designa ya un espacio específico del mapa geopolítico sino, más bien, un espacio antagónico móvil.

3. El "libre comercio de la educación"

Hemos argumentado que la globalización genera toda una serie de movimientos contrahegemónicos por parte de sujetos que se sienten "afectados" por el modo en que sus formas locales de ver, conocer y sentir el mundo son subalternizadas por un discurso abstracto legitimado por "saberes universales" como la economía y el derecho. Hemos dicho también que los firmantes del Documento de Porto Alegre han articulado un tipo de experiencia sentida acerca del ciberespacio —en el sentido dado al término más arriba— que se contrapone al discurso abstracto de los globalizadores hegemónicos. Volviendo ahora al tema de la universidad, mostraremos que las agendas de la universidad latinoamericana empiezan a verse permeadas por los intereses de agencias globalizantes como la *North American Free Trade Agreement* (NAFTA) y su potencial sucesor, el *American Free Trade Agreement* (ALCA). Uno de los peligros de que la educación universitaria empiece a ser vista como una mercancía perteneciente al sector de servicios es que las "muchas maneras de conocer" —y con ellas, la posibilidad de un futuro de vida "alternativo" para la humanidad— dejen de tener en la universidad un espacio de articulación crítica. Argumentaremos que la posibilidad de defender la legitimidad epistemológica de formas de conocimiento como las reflejadas en el documento de Porto Alegre —formas que, como hemos dicho, son indispensables para asegurar la supervivencia cultural del planeta— pasa necesariamente por una política de resistencia frente a la mercantilizacion de la universidad.

Tanto el NAFTA como el ALCA han sido presentados como simples procesos de liberalización del comercio y solución de las disputas fronterizas. De hecho, estos convenios establecen un nuevo y completo marco de política social y económica para las Américas y crean una estructura gubernamental de carácter continental, no elegida democráticamente, con enorme capacidad de influencia sobre las políticas educativas del Estado. Ambos convenios representan un claro riesgo para la universidad latinoamericana por las siguientes razones: primero, los servicios educacionales serían abiertos a compañías estadounidenses para la competencia por nuestros mercados y nuestros contratos gubernamentales. Aunque técnicamente el acuerdo permite que los gobiernos establezcan sistemas educacionales propios, lo cierto es que estos sistemas se ven compelidos a "ajustarse" a imperativos de orden macroeconómico —¡y macropolítico!— sobre el que ni los estudiantes, ni los profesores, ni las directivas universitarias tienen ningún tipo de control. La trampa es la siguiente: hoy NAFTA da a las compañías estadounidenses los que se denominan "derechos de tratamiento nacional". Esto significa que un gobierno latinoamericano (México hoy, ¿Colombia mañana?) debe tratar estas compañías como si fuesen nacionales y no puede dar preferencia a las compañías domésticas. De manera que el Estado no puede favorecer a los actores nacionales, a pesar de que en sectores como la cultura y los servicios educacionales las perspectivas locales son cruciales.

En segundo lugar, los gobiernos locales no pueden ya requerir a las compañías que compitan por contratos que se mantengan en la localidad. Compañías estadounidenses actuando bajo NAFTA pueden hoy laborar en México, por ejemplo, sin tener que invertir en el país, ni proveer empleos, ni siquiera abrir oficinas locales. Esto quiere decir que la regulación pública de los servicios educativos y el *licensing* de los mismos pueden llevarse a cabo de una manera que no favorece a las empresas locales. Hoy NAFTA extiende lo que se denominan *procurement rights* a las compañías estadounidenses, capacitándolas para competir en licitaciones de contratos públicos y gubernamentales. La intención es abrir todos los niveles del gobierno a este tipo de competencia transnacional. Lo que ha ocurrido es que en Canadá, por ejemplo, los gobiernos federales han privatizado muchos de los servicios educacionales. Los gobiernos más conservadores han sido los más radicales a la hora de privatizar, y se espera que en Colombia se sucedan durante un período suficientemente largo gobiernos de este tipo, o aún más autoritarios. Si un gobierno futuro quisiera revertir tales procesos, las reglas del actual NAFTA, que de seguro entrarán a formar parte del ALCA, lo impedirían.

La "armonización" educativa del continente cambiaría para siempre la naturaleza de la educación en Colombia y el resto de América Latina. Ella será aun más privatizada, mucho más cercana al sistema estadounidense y más comercial en sus operaciones, permitiendo a los negocios grandes y pequeños instalarse en este sector antes resistente a sus lógicas y contradicciones. En la medida en que los puestos de trabajo escasean y la competencia por los mismos es más fiera y en la medida en que la educación llega a ser vista como una ventaja competitiva (capital cultural legítimo), la educación como negocio está atrayendo más corporaciones y empresarios. En efecto, ya algunas universidades nacionales del sector privado han elevado a los más altos rangos directivos sus áreas financiera y administrativa. Ello es tan solo un abrebocas de la "venta de las universidades" —de manera análoga a lo que ocurre con la privatización de los servicios públicos y médicos— que tenemos a la vista.

A manera de ejemplo: solo un porcentaje muy bajo de los libros educativos que circulan entre nosotros son publicados por empresas colombianas. Bajo NAFTA, único precedente existente de lo que sería el ALCA, las transnacionales pueden desarrollar productos educacionales para un mercado panamericano. Debido a su tamaño, las firmas estadounidenses tendrán una ventaja competitiva y serán capaces, bajo tales acuerdos, de rebajar aún más sus costos de producción al operar en países del sur con menores prebendas salariales, desplazando así a las firmas europeas.[5] Como cualquier otra compañía estadounidense, las casas de publicaciones ven a Latinoamérica como parte de un mercado común y se encuentran impacientes por borrar cualquier inconsistencia en el sistema. La heterogeneidad cultural es, sin duda, la más evidente de tales inconsistencias.

Resulta claro que, bajo esta perspectiva, la posibilidad de que el problema de la "supervivencia cultural", expresado en documentos como el de Porto Alegre, tenga cabida en los currículos y en las políticas de las universidades latinoamericanas, se vuelve cada vez más lejana. Esto conlleva, a su vez, la imposibilidad de desarrollar en la universidad discursos críticos de frontera, que son los únicos con el potencial explicativo para comprender el espacio social y cultural desde la perspectiva de los que ocupan posiciones contrahegemónicas. Dicho de otra manera, no vemos cómo en una universidad completamente entregada a los intereses del mercado y las transnacionales pueda hacerse presente la voz o el afecto de los subalternos. Tales voces y afectos serían definitivamente acallados. El resultado —el silenciamiento de voces que expresan la "supervivencia cultural"— sería equivalente al de un genocidio.

Queremos por ello proponer para la discusión dos problemas que debieran formar parte de la agenda crítica de la universidad sur-global en el siglo XXI. Son estos los problemas que no encontrarán un espacio para su desarrollo en la universidad corporativizada que plantea el escenario NAFTA-ALCA:

1) El problema de "las muchas maneras de conocer", referente a la posibilidad epistemológica de defender la legitimidad de las formas de conocimiento experiencial que subyacen al discurso del documento de Porto Alegre *vis à vis* la legitimidad constituida de discursos disciplinares como la economía y el derecho. Esta cuestión incluye los debates epistemológicos alrededor del tema modernismo / posmodernismo, así como cuestiones metodológicas internas a las disciplinas y a los estudios culturales.

2) El problema referente a la caracterización de las entidades-portadoras-de-cultura-propia en el espacio global actual. Este problema puede ser formulado del

siguiente modo: la más importante cuestión política y filosófica del siglo XXI será la definición de lo que queremos ser en el futuro (ya no solo como "naciones", sino como "especie"). Es, pues, el problema de las formas de ver, conocer y sentir el mundo, presentes en formas de vida subalternas, que se presentan como alternativa posible al "modo de producción de vida" dominante en el capitalismo global.

Tales cuestiones dirigen nuestra atención hacia la elaboración de un discurso crítico respecto del pensamiento de la globalización fuerte en los estudios antropológicos, sociales, políticos y culturales que se han ocupado de caracterizar la sociedad actual. Es nuestra pretensión defender el argumento según el cual este tipo de discurso crítico, que en la actualidad viene siendo articulado por nuevas tendencias de las ciencias sociales como es el caso de los estudios culturales, requiere de un espacio al interior de la academia. Lo anterior implica que esta es una propuesta para llevar los estudios culturales en América Latina más allá de las limitaciones propias del culturalismo.[6]

Notas

[1] Véase: Castro-Gómez, "Geopolíticas...".
[2] La fuente que nos servirá de pre-texto para establecer esta articulación es el documento conocido como "Llamado de Porto Alegre para las próximas movilizaciones", emanado del Foro Social Mundial reunido en Porto Alegre, Brasil, en 2001.
[3] Hemos abordado este tema en otros lugares: Castro-Gómez, "Poscolonialismo... y "El Plan Colombia...".
[4] Partimos de la premisa de que el "sentido" de la vida colectiva no es algo anclado en la "naturaleza de las cosas", sino que es una construcción social. Esto significa que la cultura puede ser vista como un "campo de batalla" por el control de aquellos símbolos que sirven para imputar sentido a las cosas. En esta lucha por el control de los significados, tal será nuestro argumento, la universidad juega un papel nada despreciable.
[5] Basta recordar que el mercado de libros se encuentra dominado actualmente en Latinoamérica por empresas europeas como Berthelman y Mondadori (la del derechista Silvio Berlusconi), que operan en consorcio con monopolios españoles como Planeta y Santillana. Editoriales como Taurus, Gedisa, Paidos, etc. no son otra cosa que filiales muy pequeñas de estos grandes consorcios globales, cuyas ganancias se cuentan por millones de dólares en el mercado latinoamericano. Las compañías estadounidenses se proponen entrar muy pronto en la lucha por el control del fabuloso mercado "latino".
[6] Véase: Castro-Gómez, "Althusser...".

Bibliografía

Castro-Gómez, Santiago. "El plan Colombia, o de cómo una historia local se convierte en diseño global". *Revista Nueva Sociedad* 175 (Caracas, 2001).

_____ "Althusser, los estudios culturales y el problema de la ideología". *Revista Iberoamericana* LXVI/193 (Pittsburgh, 2000): 737-751.

_____ y Oscar Guardiola Rivera. "Geopolíticas del conocimiento o el desafío de 'impensar' las ciencias sociales en América Latina". *La reestructuración de las ciencias sociales en América Latina*. Santiago Castro-Gómez, ed. Bogotá: CEJA, 2000.

_____ Oscar Guardiola-Rivera y Carmen Millán de Benavides (eds.). "El poscolonialismo como teoría crítica de la sociedad globalizada". *Pensar (en) los Intersticios. Teoría y práctica de la crítica poscolonial*. Bogotá: CEJA, 1999.

Harris, John. "Universities for Sale". *This Magazine* 25/3 (Toronto, September 1991): 14-8.

Kant, Immanuel. *El conflicto de las facultades*. Buenos Aires: Losada, 1963.

Lyotard, Jean-Francois. *La condición posmoderna*. Madrid: Cátedra, 1984.

Seoane, José y Emilio Taddei (eds.). "Llamado de Porto Alegre para las próximas movilizaciones". *Resistencias mundiales. De Seattle a Porto Alegre*. Buenos Aires: CLACSO, 2001.

II. SECULARIZACIÓN HETEROGÉNEA: MITOS Y CREENCIAS

Dos modos de llevar duelo por la modernidad: Argentina y Uruguay

Tulio Halperin-Donghi
University of California, Berkeley

Cuando leo en la invitación a esta conferencia que "en las periferias de antaño, la modernidad se ha convertido de un discurso de identidad (deseada) en un conjunto de discusiones críticas sobre la diferencia y la heterogeneidad", me pregunto si las situaciones que me gustaría discutir aquí caben plenamente dentro de esta caracterización general. En efecto, ella supone sujetos colectivos cuya memoria puede remontarse a un pasado previo a su incorporación a esa periferia en cuyo marco iban a asumir la modernidad como una "identidad deseada". Consecuencia de ello es que cuando se descubren defraudados por lo que la modernidad les ha deparado pueden aún inspirarse en esa reactivada memoria para articular propuestas alternativas a la que se ha revelado incapaz de cumplir sus promesas.

Así ocurre desde luego en México; si la rebelión zapatista puede buscar autorizarse en el legado de la etapa prehispánica es desde luego porque en la memoria mexicana el momento fundacional sigue siendo aquel en que el encuentro con un águila que devoraba una serpiente reveló a los mexicas que habían alcanzado la meta de su peregrinar. Y aunque en el Perú una visión análoga de los orígenes nacionales no es universalmente compartida, quienes prefieren asignar a la conquista española el papel de momento fundacional lloran como el fin de una edad de oro el mismo ingreso en la modernidad que en México puede ser visto más neutralmente como una peripecia más en una historia milenaria.

Por cierto ninguna de esas dos actitudes sería posible en la Argentina, donde el sustrato que sobrevive de la etapa anterior al encuentro con la modernidad es extremadamente tenue, y menos aun en el Uruguay, donde éste es casi inexistente. No ha de sorprender entonces que en ambas orillas del Plata la disolución ya muy avanzada del perfil social y cultural forjado bajo el signo de la modernidad sea vivida como una pérdida absoluta e irreparable. Pero si ambas naciones rioplatenses comparten el duelo por esa pérdida, la relación con la etapa a la que deben el legado que ahora se desvanece debe superar en la Argentina una dimensión problemática que estuvo siempre ausente del Uruguay. Son las razones por las cuales esas dos naciones se han aproximado por caminos tan diferentes a un duelo común a ambas y las que quisiera explorar aquí.

Hay sin duda una explicación vieja, ya de tres cuartos de siglo, para esa diferencia: en la Argentina el legado de la etapa premoderna está lejos de ser tan tenue como lo presenta una visión fuertemente ideológica de su experiencia histórica; la construcción de una nación moderna no vino a llenar el vacío que esa visión presentaba como único legado de tres siglos de existencia colonial, sino que requirió la deliberada destrucción de lo mucho de valioso que ésta había logrado construir a lo largo de esos siglos fundacionales; en suma, esa explicación alega que la experiencia histórica argentina está más cerca de la peruana de lo que los argentinos gustan de imaginar.

Pero, si es innegable que la poderosa visión del pasado nacional perfilada por Bartolomé Mitre en los capítulos iniciales de la *Historia de Belgrano* refleja una estilización cuya inspiración ideológica no podría ser más trasparente, esa inspiración no la orienta en la dirección que le asignan quienes la vienen recusando desde hace décadas; lejos de presentar a los tres siglos coloniales como una etapa incapaz de aportar nada positivo para el futuro, reconoce ya la presencia a lo largo de ellos, así sea en un marco estrecho y primitivo, de instintos colectivos propios de una "democracia genial" que ya podía descubrirse en acción en las primeras comunidades trasplantadas a orillas del Plata, y que orientarían el avance de la nación que se preparaba a nacer hacia un destino de grandeza y prosperidad crecientes. Como se ve, se trata de una visión puntualmente opuesta a la que objetan quienes, creyendo objetar a la de Mitre, recusan en verdad la que el renacimiento liberal hispanoamericano había heredado de la efímera etapa reformista de comienzos de la década de 1820, para la cual las naciones sucesoras del imperio español debían construir su futuro contra su pasado, extendiendo la lucha contra la herencia colonial del terreno político-militar, en que la batalla había sido ya ganada, a los de la economía, la cultura y la sociedad, en que ésta se anunciaba mucho más difícil.

Pero la visión triunfalista que es la de Mitre no se presenta como alternativa a la de ese renacer liberal en cuyo espíritu Echeverría había invitado a reconocer la lucha entre el principio de progreso introducido en Mayo y el reaccionario en que sobrevivía la colonia como la clave para la breve y atormentada historia pos-revolucionaria de las provincias rioplatenses: la alternativa a la que da réplica es en cambio la que Sarmiento ha desplegado en 1845 en *Facundo*. Sin duda, el propósito de Sarmiento no había sido oponerla como tal alternativa al paradigma articulado por Echeverría, sino arraigar los abstractos dilemas de éste en la concreta realidad rioplatense; ello no impide que en su visión de esa realidad la antítesis que había sido clave para Echeverría, aunque no desaparece, deba ceder el centro de la escena a la de civilización y barbarie, mientras los que para Echeverría habían sido términos contrapuestos en el conflicto que da sentido a esa historia han sido reducidos a dos etapas sucesivas en la historia de una única civilización urbana, encarnadas en Córdoba, la ciudad de cúpulas y monasterios que no se resigna a admitir que el pasado es en efecto pasado, y Buenos Aires, su advenediza rival, triunfante porque ha sabido abrirse ávidamente a todos los vientos del mundo.

La antítesis de civilización y barbarie con que Sarmiento reemplaza a la de Echeverría dirige a la España conquistadora un reproche opuesto al del renaciente liberalismo: lejos de haber marcado a la comarca rioplatense con un sello demasiado profundo, que amenaza condenarla a un permanente atraso, sólo ha logrado imponerle uno demasiado ligero para arrancarla de la barbarie originaria. Es la presencia demasiado tenue de la metrópoli colonizadora la que ha permitido la perduración del desierto que es para Sarmiento el rasgo dominante del escenario en que se despliega el drama de *Facundo*; aunque las evocaciones orientales abundan en sus páginas, la barbarie no es aquí otro nombre para un perfil de civilización distinto del forjado en la Europa moderna; esas evocaciones forman parte de un argumento que la presenta como lo opuesto a *toda* civilización. Y no podría ser de otra manera, ya que la causa última de la barbarie es una población demasiado escasa para sostener los lazos que son requisito indispensable para el surgimiento de cualquier sociedad civilizada.

Ese diagnóstico del problema central de su país, que Sarmiento pone al servicio de una propuesta modernizadora, es algo más que el fruto de una visión de la realidad sesgada por las mismas influencias ideológicas que inspiran esa propuesta: medio siglo antes fray José de San Alberto, obispo de Córdoba, había formulado en un marco ideológico muy distinto un diagnóstico sustancialmente idéntico, en que el espectáculo de la campaña cordobesa, que le recuerda el de "aquellas casillas que los antiguos Monges tenían labradas a las riberas del Jordán" y también el de "las tiendas y pabellones de los Israelitas en el desierto", lo lleva a concluir que, cuando "cada vecino es un pueblo aparte", la consecuencia es que esos vecinos viven en total ignorancia de las verdades de la fe y "es regular que a proporción de los pocos y baxos conocimientos" que tienen de ellas "sea también la idea que se forman de la superioridad, de la grandeza y de la potestad del Rey".

Desde luego, aunque el diagnóstico era ya el de Sarmiento, las soluciones que inspiraba no lo eran: mientras San Alberto buscaba inspiración en el pasado para proponer que, como antes a los campesinos de los Andes, se obligara a los cordobeses a congregarse en aldeas, sin importarle que para ellos eso fuese "lo mismo que amenazarlos con el destierro y con la muerte; tanto pueden en ellos la fuerza de la costumbre y el amor de la libertad" (3-6), Sarmiento proponía por su parte algo mucho más ambicioso: la construcción de una nación moderna en un espacio vacío, hecha posible por la victoria, que esperaba cercana, de la civilización sitiada en los diminutos oasis urbanos dispersos en el desierto. Precisamente el pasado triunfo de la barbarie aseguraba que el de la ciudad, que habría de anular sus consecuencias, iba a ser también el de la modernidad: puesto que aquel triunfo había sido posible gracias a la defección de quienes se habían mantenido leales a un modelo más arcaico de civilización, Sarmiento estaba convencido de que quienes habían debido pagar un alto precio por ese error se cuidarían muy bien de repetirlo.

El sentido de la propuesta que Mitre opondrá a la de Sarmiento está ya anticipado en las reticencias con que en privado más de un compañero de éste en la lucha antirrosista matiza el entusiasmo que se cree obligado a desplegar en público ante su diagnóstico del mal argentino. Valentín Alsina, anotando *Civilización y Barbarie* a requerimiento de su autor, acumula correcciones y aclaraciones limitativas que terminan por desarticular una narrativa en que las guerras civiles y el triunfo rosista han sido presentados como una fatalidad histórica dominada por la antítesis que da título a la obra, y unos años después, a propósito de ese otro gran texto sarmientino que es *Recuerdos de provincia*, Juan María Gutiérrez comenta a Juan Bautista Alberdi que si su autor centra la historia de la cultura argentina en la de las escuelas primarias de su nativa San Juan es porque sólo conoce "uno de los patios interiores" del "magnífico palacio" que la Providencia ha dado por morada a los hijos de las provincias argentinas.

La ufanía reflejada en esa alusión a un magnífico palacio, algo inesperada en la pluma de uno de los desterrados que infatigablemente acusan a Rosas de haber hecho de él un teatro de monótonos horrores y miserias, ofrece ya un anticipo del triunfalismo que se desplegará plenamente en Mitre. A la vez, cuando Gutiérrez achaca lo que halla de inadecuado en la visión de Sarmiento a sus raíces en un rincón marginal de las tierras rioplatenses nos pone sobre la pista de lo que hace que sus intuiciones, como las de Alsina, puedan anticipar ya en los tiempos duros las que Mitre va a articular luego del triunfo: mientras Sarmiento lleva a su visión de la experiencia revolucionaria la perspectiva de una comarca que ha sufrido duramente a causa de ella, vista desde Buenos Aires esa experiencia es la de una economía y una sociedad que, en medio de guerras civiles y dictaduras, no han dejado nunca de crecer a un ritmo afiebrado.

Ello pese a que —a diferencia de las de Alsina y Gutiérrez— las experiencias formativas de Mitre no son exclusivamente porteñas: este hijo de un antiguo funcionario regio nativo de la Banda Oriental, que en su hora había servido como "soldado raso" a la revolución y luego había sido nuevamente funcionario en la contaduría del naciente Estado Oriental, trascurrió su tardía adolescencia y los primeros años de su juventud en la Montevideo del Sitio Grande, y en esa ciudad esbozó una visión de la historia rioplatense presente ya *in nuce* en su ensayo juvenil sobre Artigas, en que el proto-caudillo rioplatense, que aún no había sido reinventado como padre de la patria uruguaya, era evocado como la figura icónica de esa primera etapa en el progreso de la "democracia genial" que celebraría décadas más tarde en la *Historia de Belgrano*, en que ésta se reflejaba aún en una "democracia pura y sin abstracciones, representada por la fuerza muscular" (*Historia...* 61). Y no sólo en este punto la narrativa de Mitre, que para dar cuenta del curso de la historia argentina debe someterla a una estilización que para algunas etapas bordea la falsificación, se acomodaría con menos estridencia al que habría de tomar la historia de esa otra nación que se preparaba a nacer en la Banda Oriental.

En la visión que propone Mitre el Río de la Plata, que no ha sido —a diferencia de México o el Perú— teatro de las sangrientas hazañas de conquistadores tan brutales como codiciosos, sino de los pacíficos esfuerzos de colonos oriundos de ciudades que participaban plenamente en los avances de la civilización renacentista, no necesita sino dejarse vivir para alcanzar la modernidad tanto como la democracia. En esa comarca afortunada, la que Sarmiento describe como barbarie pastora no es sino la etapa más temprana de una empresa civilizatoria que, aunque todavía "avanza en cuatro patas" ("Discurso..." 576), inscribe el primer capítulo de la que en el presente se dispone a avanzar a un ritmo más avasallador porque ahora tiene a su servicio los rieles del ferrocarril. Y también en este aspecto esa visión hace más plena justicia a la experiencia uruguaya que a la argentina.

En Montevideo, esa tardía creación de la monarquía borbónica en que se asentará la capital de la nación futura, la noción de que la modernidad no es una "identidad deseada" sino una marca de origen parece aun menos discutible que en ese Buenos Aires que en el esquema de Sarmiento encarnaba el polo moderno de una nación que, porque había nacido con el alma dividida, había sido temporariamente devorada por la barbarie agazapada en "el desierto que corroe sus entrañas". En efecto, en el pasado del Uruguay no se esconde ninguna alternativa para la modernidad: cuando, en polémica con Carlos Rama, Carlos Real de Azúa —sin embargo todavía católico— reivindicaba su derecho a sentir nostalgia por un pasado anterior a ella, no invocaba las huellas de la España conquistadora bajo el signo de la cruz y la espada, sino "la gloria de una mañana en el campo sin límites" tal como la evocaba el texto entusiasta de más de un viajero inglés, para concluir que la suya era en puridad nostalgia de un "mundo natural" (180) en que no hallaba sorprendente la presencia de esos viajeros que eran algo más que viajeros.

La historia uruguaya, aunque también marcada por momentos de crisis violenta, tiene así una continuidad que falta a la argentina, y que se refleja en la de partidos políticos que nacieron como séquitos caudillescos en la primera mitad del siglo xix, y sobreviven aún hoy, metamorfoseados en máquinas políticas en el marco del primer *welfare state* del Nuevo Mundo. Si la fábula del Rip van Winkle uruguayo, que se durmió a comienzos de la década de 1870 en medio de la guerra civil desencadenada por Aparicio contra el presidente Batlle y se despertó a comienzos de la centuria siguiente en medio de otra guerra civil desencadenada por otro Aparicio contra otro presidente Batlle no puede continuarse hasta hoy es porque hoy no hay ya ningún Aparicio que desafíe a todavía otro presidente Batlle, hijo de un presidente Batlle que fue a su vez sobrino de ese presidente José Batlle y Ordóñez que —tras desbaratar en 1904 la rebelión de Aparicio Saravia— dio su nombre a la corriente política bajo cuyo signo la Tierra Purpúrea se metamorfoseó en la Suiza de América, y fue por su parte hijo del general y presidente Lorenzo Batlle, que en 1872 debió pactar la paz con Timoteo Aparicio.

Esa continuidad, que se refleja desde luego en algo más que la presencia de dinastías políticas que quiebran la barrera de los siglos (si el batllismo uruguayo se diferencia de otros populismos por un sentido del Estado que suele faltar en éstos, es porque es una mutación del que antes de ser el partido de la reforma social había sido ya por décadas el partido del Estado) no hubiera sido posible si las metamorfosis vividas por los partidos en una historia más que centenaria no se hubieran dado dentro de una franja de alternativas no demasiado distantes unas de otras.

Se ha señalado ya la ausencia en el Uruguay de la que se identifica con la herencia ideológica y religiosa del Antiguo Régimen. Allí como en la Argentina, las querellas de la secularización, centrales a la historia política de tantas naciones hispanoamericanas, desde México hasta Chile, tuvieron un papel muy marginal, pero, al revés de la Argentina, ello no ocurrió porque el ímpetu secularizador fuese menos vigoroso que en otras partes, sino porque lo que se invocaba contra él era menos la lealtad a la fe recibida que la necesidad de respetar los sentimientos de quienes se apegaban a ella: precisamente en este punto el gran rival blanco de Batlle, Luis Alberto de Herrera, prefería definirse no como creyente sino como "respetuoso", y difícilmente hubiera podido ir más lejos quien, como gustaría luego de recordar, en su infancia había aprendido a santificar los domingos en "la capilla inglesa de la calle Treinta y Tres", de la mano de una *nanny* igualmente inglesa.

Esa continuidad era la de una experiencia histórica que, porque había estado abierta desde el comienzo a los vientos del mundo, seguía siendo capaz de incorporar los aportes más exóticos a una tradición política que no por ello dejaba de ser inconfundiblemente vernácula: así la iniciativa del fundador del batllismo que parecía llevar al extremo la tendencia a copiar las últimas novedades ultramarinas, y que buscaba introducir en el Uruguay el ejecutivo colegiado de origen suizo, volcaba en ese inesperado molde institucional un rasgo inveterado del orden político uruguayo, que se había hecho imposible perpetuar en el suyo originario. En efecto, la paz de abril de 1872, al entregar el gobierno de un cierto número de distritos rurales a jefes del partido blanco, había establecido una frontera interna que a comienzos del siglo siguiente se había consolidado hasta tal punto que a los ojos de algunos el país tenía ahora dos capitales, una en Montevideo y otra en el campamento de Saravia; cuando la guerra civil de 1904 puso fin a esa situación cada vez menos tolerable, se hizo necesario encontrar un nuevo lugar en las instituciones del estado para un partido cuyos adictos (que, como nadie dudaba, eran medio país) le tributaban una lealtad reiteradamente probada en los campos de batalla; el colegiado pudo parecer entonces un instrumento que podría aclimatar en el terreno de la democracia de sufragio universal y del estado de bienestar a un Estado organizado durante la era de guerras civiles como un condominio de los partidos rivales.

Se entiende que, desde que esa constelación que había guiado la entera trayectoria histórica uruguaya entró en lenta pero irrefrenable disolución, el sentimiento que ésta inspira sea una cada vez más desolada nostalgia de un pasado mejor que el presente, de la que participan aún quienes están convencidos de no compartirla. Ayer, cuando el Uruguay atravesó su propia experiencia de estado terrorista, en el perfil de la sociedad que los administradores del terror se proclamaban decididos a implantar a sangre y fuego no era imposible reconocer más de un rasgo de la añorada por sus víctimas, y hoy, en el marco de la renacida democracia, la opción electoral de izquierda que se ofrece cada vez más exitosamente como alternativa a las de los partidos tradicionales promete un futuro en que cuesta aun menos trabajo reconocer al pasado en que esa sociedad había florecido.

En la Argentina, se ha señalado ya, la relación con la etapa que dejó como legado la modernidad es mucho más problemática. ¿Por qué la visión de la Argentina como nación nacida moderna es demasiado artificiosa para sostener una que lo sea menos? Sin duda, cuando Mitre describe a los primeros pobladores del Plata como "más que aventureros, verdaderos inmigrantes", "reclutados en las clases y los lugares más adelantados de la España", y dotados de muy "otras luces" que los conquistadores del Perú, "cuyo más grande caudillo no sabía ni escribir su nombre" (*Historia...* 10-1), la estilización es evidente. Y, si es indiscutible que la colonización de la futura Argentina difería de la del Perú, que "implantada sobre un imperio conquistado y explotando una raza dominada, se imponía como el feudalismo europeo" (*Historia...* 6), la presentación de los hijos del mestizaje como "el nervio de la colonia" de cuyo seno surgían "los historiadores de la colonia, los gobernantes destinados a regirla, los ciudadanos del embrionario municipio" es fruto de una estilización aun más violenta.

Ello no autoriza a concluir que la peculiaridad que Mitre estiliza sobre las líneas de una "democracia genial" sea puramente imaginaria. He aquí un comentario mucho menos entusiasta, pero quizá más pertinente, acerca de ella: es de Hipólito Vieytes, uno de los introductores en el Plata de esa nueva ciencia que es la economía política, y data de 1802. Vieytes quiere indagar por qué el trigo cultivado en Buenos Aires cuesta más del doble que en Chile, y descubre de inmediato que ello se debe a los salarios también más altos de los jornaleros, y que la razón para estos últimos es que en Chile no deben "vestirse necesariamente con géneros de fábricas muy distantes", como "nuestras gentes pobres [que] se surten de los lienzos de Cochabamba, y de las bayetas del Cuzco" ¡Cuánto más "ricos y felices" serían los labradores de Buenos Aires —concluye Vieytes— si "a ejemplo de aquellas gentes industriosas [...] las mujeres y sus pequeños hijos en lugar de no hacer uso alguno de sus manos, las convirtiesen a la rueca, al torno y al telar"! (152-3). Pero la "vergonzosa ociosidad" de la familia campesina no ha de desaparecer, y ese estilo de vida marcado a la vez por el más extremo primitivismo y por el claro predominio de una economía de mercado, que precede ya a la apertura al comercio mundial, ha de perfilarse aun más acusadamente apenas éste irrumpa en el Río de la Plata, cuando ese mismo primitivismo contribuirá a que el crecimiento se concentre en torno al vínculo externo; un cuarto de siglo después del comentario de Vieytes las exportaciones *per cápita* de la provincia de Buenos Aires aproximadamente quintuplican las del Reino Unido; otros veinticinco años y sus exportaciones permitirán a las provincias argentinas importar de Lancashire no menos de cuarenta yardas anuales de tela de algodón blanca y lisa por habitante (Halperin Donghi 11-3).

Un crecimiento económico que avanza sobre la base de una incontenible prosperidad exportadora puede introducir en un marco productivo que sigue siendo extremadamente tosco pautas de consumo cada vez más complejas: en pocas décadas la campaña de Buenos Aires, en que la mayoría de los pobladores eran "de pata en el suelo" y era casi desconocido el pan de trigo, se puebla de zapaterías, atahonas y panaderías. Las consecuencias son a veces curiosas: en un discurso al que Mitre dará respuesta con el suyo, Sarmiento celebra que en Chivilcoy —una villa del oeste de Buenos Aires— la afición a las novedades tecnológicas supere a todo lo que se conoce en los Estados Unidos; si "la máquina de coser hace resonar su dulce *tric trac*" en la villa, es porque "las damas de Chivilcoy no han tenido tiempo de aprender a coser con el método antiguo" (563). ¿Esos avances permiten deducir los de la "democracia genial" que según Mitre anidaba en los instintos colectivos de los colonizadores del Plata, y sólo esperaba su oportunidad para florecer? No hay razón para que los unos se acompañen necesariamente de los otros: al cabo, fue la presencia de la ingente población esclava la que hizo de esa otra región de floreciente economía exportadora, el sur de los Estados Unidos, una tan ávida consumidora de vajilla de loza inglesa.

Pero todo sugiere que las pautas de una *deferential society* estaban notablemente ausentes de la que estaba arraigando en el marco de la expansión de la economía exportadora: los viajeros europeos no cesan de lamentar la insolencia de una plebe que no parece saber cuál debiera ser su lugar, y por su parte las tan reveladoras memorias de Electo Urquizo, ese emigrante tucumano que hizo fortuna en la campaña del oeste bonaerense, reconstruyen toda una sociedad cuyo perfil es modificado tan incesantemente por el dinamismo de la economía que no alcanza a consolidar las firmes fronteras internas que había conocido y sufrido en su provincia nativa, en que no se habían terminado de borrar los rasgos de la colonial sociedad de castas. Detrás de todo ello está la prosperidad exportadora, que permite a Urquizo multiplicar los ejemplos de rápidos cambios de fortuna para edificación de sus hijos, a quienes incita a conservar en la prosperidad las virtudes que a él le permitieron conquistarla desde la pobreza.

Ese estilo de vida tan abierto a los avances del siglo, en el que sin embargo es posible aún reconocer el acuñado cuando la civilización pastoril avanzaba, según la enérgica metáfora de Mitre, "en cuatro patas", es el que éste celebra en su discurso de Chivilcoy, que —sin duda sin saberlo— da respuesta a las quejas de Vieytes: ahora la comparación con Chile sirve para vindicar la concentración en la ganadería, que ha asegurado más prosperidad a Buenos Aires y mayor bienestar a sus habitantes que su más diversificada economía a los del país trasandino.

Siete años antes, volviendo la mirada del presente al futuro, Mitre proyectaba ya el curso de la historia argentina sobre líneas paralelas a las de la uruguaya: como el Uruguay, para integrarse plenamente en la modernidad, para ocupar un lugar de primera fila entre las naciones modernas, la Argentina sólo necesita dejarse vivir. Corre el año de 1861; a la espera de ser elegido —por un unánime colegio electoral— primer presidente constitucional del país unificado, Mitre ocupa el poder nacional tras de haber derrotado al ejército federal al frente de la guardia nacional de su provincia. Ese momento en que retrospectivamente parece que el país estuviese cruzando el umbral de su historia moderna él lo ve de modo del todo distinto: la Argentina —asegura— ha realizado ya progresos mucho más sólidos y decisivos de lo que sus conciudadanos advierten, hasta tal punto que, con menos de un tercio de la población, tiene ya rentas más altas que la Inglaterra de la *glorious revolution*. Y apoyándose en los avances ya realizados, se cree autorizado a anunciarles la buena nueva de "que dentro de ciento ochenta y cinco años podrán ser tanto y más que lo que es la Inglaterra en nuestros días" ("El capital inglés" 446).

Pero esta desaforada profecía sugiere ya la razón por la cual el paralelo con el Uruguay no podría ser llevado demasiado lejos. En efecto, no sólo el presente uruguayo de 1861 no invita a comparaciones tan halagadoras como ésta (los progresos de Buenos Aires han sido posibles porque sólo muy episódicamente su territorio ha sido visitado por la guerra, cuyos retornos periódicos a lo largo de cuatro décadas frustraron otras tantas reconstrucciones de la economía ganadera oriental, que a comienzos del siglo XIX había parecido destinada a un porvenir más brillante que la porteña); el futuro las autoriza aun menos. Montevideo podía aspirar a rivalizar con Buenos Aires como nexo regional con ultramar mientras los ríos del sistema del Plata siguieran ofreciendo la más eficaz red de comunicaciones para la región; el ingreso en la era del ferrocarril, al permitir la incorporación más plena de la masa continental a la economía exportadora, daba a la rival mejor implantada en esa masa una ventaja que nada podría ya modificar.

A partir de ahora se bifurcan más claramente los rumbos de las dos naciones del Plata. Si la relación del Uruguay con la modernidad es menos problemática que la de la Argentina, ello se debe menos a que el nacimiento de lo que terminaría por perfilarse como la nación uruguaya se dio en el marco de un imperio que estaba ya buscando su camino hacia la modernidad, sino que los avances de ésta iban a ser allí menos vertiginosos y por eso mismo menos disruptivos que en la otra orilla del Plata. Así, en su menudo territorio el ingreso en la era del ferrocarril no pudo marcar el punto de partida para la instalación de una sociedad agricultora en el que Sarmiento, apenas exagerando, había llamado el desierto, y por otra parte la tierra oriental, en la que bajo una más delgada capa de humus que en la pampa húmeda el esqueleto pétreo afloraba en las cuchillas que dominaban el paisaje, se prestaba menos que la de ésta tanto a las ramas más lucrativas de la explotación ganadera como al cultivo cerealero. No era sorprendente que las innovaciones llegasen tarde al Uruguay; sólo en 1913 el mayor saladero del Cerro se metamorfoseó en frigorífico, y aun a mediados del siglo XX, cuando en la Argentina el camión disputaba al ferrocarril el transporte del ganado, en el Uruguay podía aún verse a los troperos que arreaban sus reses bordeando los modernos caminos que llevaban a Montevideo.

En suma, el Uruguay seguía siendo un pequeño país que podría realizar plenamente su destino con sólo cultivar su jardín, y bajo el signo del batllismo lo iba a hacer admirablemente; la Argentina estaba condenada de antemano a sufrir una gravísima decepción si descubría que el suyo no era trasformarse en una de las primeras naciones del planeta. Sarmiento había sido tan deslumbrado como otros visitantes hispanoamericanos por los Estados Unidos, pero la distancia entre el brillo de esa advenediza gran potencia en vertiginoso ascenso y la oscuridad en que yace su propio país, lejos de deprimirlo como a tantos de éstos, extremó las ambiciones que acariciaba para su Argentina; la conclusión que le inspiró ese espectáculo extraño y grandioso no podía ser en efecto más estimulante: "seamos los Estados Unidos". La promesa de que la grandeza está a su alcance será el argumento esgrimido por los padres fundadores de la Argentina moderna para persuadir a sus compatriotas a tomar decididamente el camino del progreso. Porque para cosechar todos los beneficios de éste no bastaría con dejarse vivir: una nación a la que se atribuye un millón de habitantes desperdigados en el desierto (hasta el momento nadie los ha contado), cuyos medios de transporte terrestre son la carreta y la galera, y que debe aún crearse una estructura estatal, necesita abocarse a un deliberado proceso de construcción nacional para alcanzar los "grandes destinos" que el futuro le tiene reservados.

Y, puesto que un plan de construcción nacional para la Argentina supone un agente que toma a su cargo tanto su formulación como su implementación, la decisión de introducirlo supone trazar una nueva frontera al interior de la sociedad argentina, que separa a quienes han asumido la tarea de fundarla de nuevo de quienes se transforman en los objetos de ese ambicioso proyecto de ingeniería social. Este corolario sin embargo inescapable de la decisión de planear el futuro no va a ser tematizado por quienes toman a su cargo hacerlo, pero ello no les impide articular los argumentos justificativos para su ambición de guiar a la nación en una etapa que ha de significar para ella un nuevo nacimiento; y en todos esos argumentos se refleja, aunque de modo en cada caso distinto, la problemática relación que todos ellos mantienen con la democracia en avance.

Las ambigüedades que caracterizan a esa relación tienen su raíz primera en la experiencia revolucionaria y pos-revolucionaria argentina, que hacía difícil ver en la democracia una aspiración para el futuro cuando era ya un dato de la realidad presente. También en este aspecto Echeverría había comenzado por compartir las perspectivas del renacimiento liberal hispanoamericano, cuando hizo de "democracia" una de las tres "palabras simbólicas" del credo de la Nueva Generación, pero las peculiaridades de la experiencia argentina se reflejaron ya entonces en su profunda desconfianza frente al sufragio universal, que en la década siguiente haría aun más explícita al denunciar como un error fatal de los enemigos de Rosas haber otorgado "el sufragio y la lanza al proletario".

Esas ambigüedades iban a desplegarse más explícitamente a partir del desenlace reaccionario de las revoluciones europeas de 1848; ahora Juan Bautista Alberdi no creía necesario ocultar que celebraba como un legado positivo de la tiranía de Rosas la domesticación de las masas populares antes tan levantiscas, de las que no era por lo tanto necesario temer que vinieran a perturbar el proceso de construcción nacional prescripto en sus *Bases*. Mientras Alberdi encomendaba la dirección de ese proceso a un monarca con máscara republicana, que debía poner su autoridad al servicio del programa de inserción plena en la economía atlántica que, por fortuna, las clases propietarias antes tan misoneístas habían terminado por descubrir que estaba en sus intereses, Sarmiento, quien todavía veía en la democracia una aspiración a la vez que un destino, tras presentar la conquista del sufragio universal en Francia (que lúcidamente anticipaba que la marea contrarrevolucionaria no habría de anular) como el signo de que la era abierta por las convulsiones de 1848 sería la del triunfo del principio de soberanía popular, concluía que —para que éste no trajera consigo el de la barbarie— era imprescindible adoptar un programa que, al combinar alfabetización y reforma agraria, a más de educar al nuevo soberano le daría motivos para no sentirse marginado de la sociedad que le tocaría gobernar. Pero también para él era obvio que durante la minoridad de ese soberano alguien debía educarlo y gobernar en su nombre, y no había duda de quien a su juicio debía ser ese alguien: desde luego el propio Sarmiento.

Para Mitre el problema no se daba en términos tan dramáticos: la Argentina, que había nacido moderna, había nacido también democrática, y mientras proseguía sus casi automáticos avances económicos a un ritmo cada vez más acelerado, sólo le faltaba dotar de estructura institucional a esa democracia hacia la que sus instintos le habían permitido hasta entonces avanzar a ciegas. Pero si ello asignaba a quienes dirigían ese proceso un papel más modesto que a quienes debían tomar a cargo una tarea análoga en el marco de las propuestas de Sarmiento y Alberdi, la escisión entre grupo dirigente y masas populares se mantenía.

La etapa abierta en 1862 iba a avanzar sobre líneas más cercanas a las previstas por Mitre que a las propuestas por Sarmiento o Alberdi: mientras la economía apenas necesitaba del estímulo del poder político para expandirse a un ritmo cada vez más rápido, y la sociedad cambiaba aun más vertiginosamente su perfil en medio de un alud inmigratorio sin paralelo en el planeta, la oligarquía gobernante que había tomado a su cargo guiar el esfuerzo por hacer de la Argentina un rincón de Europa concentraba sus esfuerzos en la construcción del estado. Pero, ¿cuál debía ser el perfil de ese estado? En cuanto a esto gravitaba fuertemente el contexto local y europeo propio del momento en que esa tarea fue asumida: el local hacía aparecer particularmente urgente que ese estado lograse hacerse obedecer sin repudiar abiertamente (como lo había hecho Rosas) las pautas del constitucionalismo liberal, mientras la lección de una Europa en que, luego del reflujo de la marea revolucionaria de 1848, los regímenes liberales sólo sobrevivían penosamente en algunos rincones, y la democracia parecía condenada a un prolongado eclipse, invitaba a no extremar las ambiciones de cambio; aunque Inglaterra y Estados Unidos se mostraban inmunes a esa deriva, ello no parecía sino dar razón a Alberdi cuando sostenía que para funcionar sin tropiezos la maquinaria del régimen representativo y liberal requería de maquinistas anglosajones.

En suma, si la meta seguía siendo la democracia liberal, para llegar a ella era preciso que el recién inaugurado régimen constitucional asumiese un perfil fuertemente autoritario, y resistiese cualquier tentación de usar esa autoridad para modificar profundamente en sentido democrático el equilibrio social existente. En este punto Mitre iba a alcanzar, por un camino opuesto, conclusiones análogas a las de Alberdi; puesto que la Argentina había nacido moderna, democrática y liberal, el liberalismo era en ella el único conservadurismo posible, pero ese liberalismo no podía ser sino conservador. Sólo Sarmiento se resignaba mal a reconciliarse con el orden social existente, pero si iba a considerar siempre una derrota no haber logrado instalar en las pampas una sociedad de agricultores independientes y prósperos, también es cierto que se dio por derrotado sin librar batalla.

Concentró en cambio sus esfuerzos en la educación popular, en la que alcanzó una victoria más completa de lo que él mismo estaba dispuesto a reconocer al final de su vida, en parte porque logró que la entera élite gobernante, y tras ella la sociedad argentina en su conjunto, asumieran ese objetivo como propio, y gracias a ello el crecimiento del aparato educativo mantuvo su ímpetu luego de su muerte, permitiendo que a comienzos del siglo XX la Argentina pudiese enorgullecerse de tener dos maestros por cada soldado.

Como se ve, si la élite gobernante concentraba sus esfuerzos en la construcción del Estado, no renunciaba a hacer de ese Estado un instrumento de trasformación social y cultural. A la vez concebía el objetivo de esa trasformación como la implantación en un marco inhóspito de una civilización moldeada sobre el ejemplo de la europea, y ello hace comprensible que un grupo gobernante que tenía una posición muy clara en favor de la corriente secularizadora, que pese a todos los contrastes continuaba avanzando en la Europa católica, dedicase firmes esfuerzos a dotar de mayor vigor a la estructura eclesiástica, que —duramente golpeada por la crisis revolucionaria y posrevolucionaria— hallaba cada vez más difícil encuadrar la vida religiosa de una población y una sociedad en vertiginoso crecimiento: así, desde la presidencia Sarmiento iba a dar un apoyo entusiasta a la creación de seminarios destinados a la formación de personal eclesiástico nativo (DiStefano 324 y ss.). Y José Hernández, que compartía con Sarmiento la militancia masónica, iba a acuñar la fórmula para ese programa bifronte en el verso de *Martín Fierro* en que inventariaba lo que el estado debía dar a las masas argentinas: "escuela, iglesia y derechos".

Es que quienes habían tomado por tarea la incorporación de la Argentina a la civilización liberal y capitalista estaban convencidos de que la distancia que debían cubrir para ello era demasiado vasta para renunciar a la colaboración que podía provenir de otros cuadrantes, y ello explica también que su disposición a convivir con la Iglesia —excepcional en las corrientes liberales hispanoamericanas— se acompañara de una indulgencia también excepcional frente a las tendencias revolucionarias que desbordaban los límites del liberalismo (como lo iba a comprobar con dolor el representante de Francia, cuando su pedido de un castigo ejemplar para Alexis Peyret, orador en un banquete conmemorativo de la Comuna, fue rechazado como absurdo por el ministro de Relaciones Exteriores, que no podía entender que se discutiera el derecho de ese ejemplar alto funcionario, que había sabido ganarse el respeto universal en su país de adopción, a elegir libremente las compañías que prefiriese para almorzar).

Esa relativa tolerancia reflejaba una serenidad frente a los desafíos ideológicos que se apoyaba en el éxito de la transformación emprendida desde mediados del siglo XIX. En 1929 la Argentina había adquirido muchos de los rasgos exteriores de una nación moderna: en automóviles, teléfonos, piezas postales o periódicos por habitante superaba al Reino Unido y a Francia. No sólo en la pampa y el litoral había surgido una vigorosa clase media urbana, sino que también —aun en ausencia de la reforma agraria que Sarmiento había juzgado indispensable— en las cuencas cerealeras que pesaban cada vez más en la economía exportadora, una significativa proporción de los agricultores había alcanzado niveles de clase media. Por añadidura, en el marco de un sistema constitucional que desde 1862, pese a varias tentativas revolucionarias, había funcionado con la precisión de un mecanismo de relojería, a partir de 1912 el país había pasado a ser gobernado por los elegidos del sufragio universal: por un camino menos rectilíneo que el preconizado por Alberdi, la Argentina parecía estar alcanzando la meta que los padres fundadores le habían fijado.

Pero si era ésa una conclusión ampliamente compartida (sólo retrospectivamente la noción de que la promesa de bienestar para las masas implícita en el proyecto de los padres fundadores había sido una burla cruel iba a encontrar eco más allá de ciertos grupos marginales), la implantación del sufragio universal había creado otras causas de tensión y discordia. Llegado el momento de proclamar la emancipación del soberano, se hizo evidente que la clave que Sarmiento había propuesto para la etapa dejada atrás no hacía justicia a la complejidad —a la ambigüedad también— de los lazos que unían a la oligarquía gobernante, que se reivindicaba heredera de los padres fundadores y albacea de su legado, y la masa de sus gobernados. No se trataba tan sólo de que éstos le reprocharan haberse interesado menos en su misión pedagógica que en la defensa de su monopolio del poder y en el goce de las ventajas que derivaban de él. Acaso más grave era que, en esa etapa que Alberdi había bautizado de la república posible y proclamado preparatoria de una futura república por fin verdadera, habían convivido dos criterios de legitimidad, uno por así decirlo esotérico, que la justificaba como una etapa necesaria en la conquista de una modernidad, uno de cuyos rasgos debía a ser la instauración de una auténtica democracia, y uno exotérico, para el cual esa autenticidad era ya una exigencia del presente, que quienes gobernaban estaban desde luego lejos de satisfacer.

Las consecuencias pudieron descubrirse apenas la práctica honrada del sufragio universal emancipó al pueblo soberano; y apenas éste reveló que sus prioridades no eran las que sus maestros habían esperado, la tensión entre esos dos criterios no pudo ya ser contenida. Esto no hubiera debido ser demasiado alarmante: un capítulo de la historia nacional se estaba cerrando, y era del todo normal que en el que estaba a punto de abrirse se perfilasen alternativas nuevas que debían dar lugar a nuevas coincidencias y discrepancias.

Pero iba a intervenir ahora algo mucho más grave que esa inevitable disolución de un consenso basado en un malentendido. Si las cifras de 1929 siguen tan vivas en la memoria colectiva es porque marcaron el punto a partir del cual iba a detenerse el avance triunfal prometido por los padres fundadores. Precisamente en ese año el orden económico mundial que había hecho de la Argentina la hija favorita de una Providencia que no era sino otro nombre para la Mano Invisible entró en misterioso derrumbe, y un país súbitamente huérfano se descubrió desde entonces condenado a emprender una azarosa segunda navegación por mares desconocidos, que incitaba a mirar al futuro con más temor que esperanza.

En esa nueva coyuntura era otro aspecto del proyecto de los padres fundadores el que se tornaba problemático: éstos habían propuesto a los argentinos tomar un cierto rumbo, y habían avalado esa propuesta con una promesa, que aunque formulada por cada uno de ellos en términos distintos (ser los Estados Unidos, ocupar en el mundo del siglo XXI el lugar que Gran Bretaña ocupaba en el XIX...) era en todos ellos de progresos que habían de prolongarse indefinidamente hasta donde podía llegar la mirada extendida hacia el futuro. Luego de tres cuartos de siglo a lo largo de los cuales había venido cumpliéndose con creces, la promesa se revelaba de pronto vacía, y a partir de entonces iban a ser cada vez más los argentinos que comenzarían a sentirse estafados por quienes habían aprendido a venerar como padres de la patria.

Sacando fuerza de ese nuevo temple colectivo, iban a multiplicarse las impugnaciones del rumbo que desde el ingreso en la era constitucional había tomado la Argentina. La primera en ser formulada lo fue en nombre del catolicismo militantemente antimoderno que había aflorado ya a fines de la década de 1920; ella retomaba —marcándola con opuestos signos valorativos— la visión del primer liberalismo hispanoamericano: en la Argentina como en el Perú la entrada en la modernidad había venido a cerrar la edad de oro abierta por la conquista castellana.

Pero era fácil reconocer a lo que se presentaba como una invitación a abjurar de una modernidad importada en nombre de una previa y más auténtica tradición autóctona como una toma de posición asumida en el marco de esa modernidad misma; baste considerar que esa invitación se autorizaba en la obra y la figura de Jacques Maritain, en cuyo *Antimoderne* encontraron los militantes de un catolicismo que se quería integral los argumentos que no se cansarían de invocar por décadas. Si esos argumentos de reciente importación eran más pertinentes a la coyuntura argentina de lo que podía parecer a primera vista, era porque los vínculos de continuidad entre la iglesia que a partir del tardío siglo XIX participó en la plasmación de la Argentina moderna y la arraigada en la etapa colonial eran menos sólidos de lo que sus nuevos apologistas sostenían: no sólo la creación de un clero nativo había tenido éxito sobre todo en reclutar hijos de la gran ola inmigratoria (los ocupantes de los obispados que comenzaban a multiplicarse sobre el territorio habían nacido con notable frecuencia en prolíficas familias inmigradas a las cuencas cerealeras de la pampa desde el norte italiano) sino ya antes de ello la iglesia de la Argentina independiente prefería autorizarse en el tanto más prestigioso pasado ultramarino de la catolicidad: es significativo que tanto la catedral de La Plata, la ciudad que —creada de la nada para servir de capital a la provincia de Buenos Aires— debía presentar el puro perfil de un país acuñado en el troquel de la modernidad, como la basílica erigida a partir de 1894 en el santuario nacional de Luján fueran construidas en estilo gótico. Y todavía en la década de 1930, cuando ya la arquitectura de los edificios civiles de la capital recurría frecuentemente al "estilo colonial", los edificios parroquiales multiplicados por la enérgica acción del cardenal Copello, arzobispo de Buenos Aires, preferían atenerse a un estilo longobardo que —aunque al parecer totalmente desconocido en sus supuestas tierras de origen— no dejaba por eso de ofrecer de nuevo testimonio acerca de cuál era el pasado al cual esa iglesia en plena expansión prefería vincularse.

En otro aspecto también esa supuesta vuelta al pasado premoderno prometía resolver dilemas que se daban en el marco de la modernidad: el integralismo católico se proclamaba en efecto capaz de superar el que había llevado a la crisis a la experiencia democrática abierta por la reforma de la ley electoral en 1912. Como se ha sugerido ya, las consecuencias que alcanzó esa reforma produjeron una decepción creciente en la clase política que, esperando haber completado con éxito la doble tarea histórica de poner las bases económicas y sociales de una democracia moderna y de "educar al soberano" que esa democracia debía elevar al trono, había confiado en que éste demostraría ahora su madurez confirmándola en el manejo de la cosa pública. No iba a ocurrir así, sin embargo; por el contrario, bajo la guía de un dirigente formado en la escuela de la vieja política facciosa, que supo reinventarse como el apóstol y conductor de una nueva república de la virtud, el nuevo soberano fue desalojándola sin prisa pero sin pausa de una fortaleza institucional tras otra. No ha de sorprender demasiado que cuando esa Unión Cívica Radical cuyo creciente peso electoral estaba a punto de trasformarla, como quería su máximo caudillo, en la expresión electoral de la Patria misma, se reveló totalmente impotente para afrontar los inesperados desafíos de la crisis de 1929, sus adversarios hasta la víspera acorralados respondieran promoviendo la quiebra del orden institucional que habían antes celebrado como su aporte quizá más valioso.

Pero, contra lo que habían esperado, ni el fracaso de su gestión de gobierno ni la pérdida del poder lograron arrebatar al partido derrocado la lealtad de su séquito popular. Se abría así una crisis de la democracia que iba a prolongarse por más de medio siglo, y a lo largo de toda ella tanto las élites que cuando no ocupaban formalmente el poder aspiraban a que quienes lo ejercían desde el gobierno lo pusieran al servicio de su propia agenda, cuanto el pueblo que sólo intermitente y condicionadamente ejercía esa soberanía de la que el criterio de legitimidad aún nominalmente vigente seguía proclamándolo titular, buscaban por igual a sus responsables en la etapa de construcción de la Argentina moderna.

Puesto que quienes se lanzaban a esa búsqueda de responsables, cuando se desplegaron por fin en pleno las consecuencias de la ambigua relación que los padres fundadores habían establecido con la democracia, se identificaban con una u otra de las alternativas frente a las cuales esos padres fundadores habían eludido optar, aunque iban a coincidir en denunciarlos como responsables de los males presentes, lo harían por razones opuestas: mientras los unos los acusaban de haber depositado una fe literalmente ciega en la capacidad del pueblo de gobernarse a sí mismo, los otros les reprochaban haberla fingido cínicamente para cubrir con una espuria legitimidad el que ejercían en su propio provecho.

Hubo sin duda una excepción a esa unilateralidad en la crítica, y la ofreció el peronismo, que esperaba haber resuelto el dilema mediante la creación desde el Estado de un movimiento de masas dispuesto a apoyar las políticas de quienes lo habían promovido desde el poder; pero si su crítica del pasado integraba los dos argumentos opuestos, al mismo tiempo los despojaba de sus aristas más filosas; como notó finamente Peter Winn, al dejar de lado el nutrido memorial de agravios que contra el legado de los padres fundadores había levantado el revisionismo histórico, prefiriéndole la protesta de Martín Fierro, el peronismo había mostrado una reveladora preferencia por un grito de rebeldía que no había recusado ninguno de los puntos centrales en ese legado.

La falta de mordiente que la crítica del pasado articulada por el peronismo ocultaba bajo su lenguaje truculento tenía su razón de ser: la condena que desde 1929 había recaído sobre la etapa consagrada a construir las bases de un país moderno le reprochaba sobre todo no haber sabido forjar una nación capaz de seguir prosperando y progresando en el marco mundial tan diferente que emergió de la crisis abierta en ese año, y el peronismo estaba convencido de que era precisamente eso lo que la Argentina estaba logrando bajo su guía. No fue ésta la única ocasión en que la esperanza (que se revelaría finalmente ilusoria) de que el país se preparaba a retomar la marcha ascendente brutalmente interrumpida en 1929 inspiraba una visión más indulgente de la etapa previa a esa fecha fatídica.

Ello se pudo advertir en particular en cuanto a la gestión económica de la que Alberdi había anticipado como república posible, y que a partir de 1930 iba a ser cada vez más frecuentemente condenada —desde los grandes movimientos populares pero también a veces desde los muy minoritarios de derecha autoritaria— por los servicios que habría prestado a la incorporación a la órbita del imperialismo en avance, invocando argumentos aprendidos de Lenin, de Haya de la Torre o aun de Ramiro de Maeztu. Pero apenas una visión más optimista del futuro sugería que quizá se había exagerado el peso negativo de ese legado, la recusación de la validez permanente de la fórmula de crecimiento económico que tan eficaz se había revelado hasta 1929 no impedía reconocer y valorar la creación bajo su signo de una tupida red de transportes y de un mercado nacional sólidamente unificado, en cuya ausencia el país no hubiera podido encarar con probabilidades de éxito, como estaba seguro de estar haciéndolo, su ingreso en la era industrial: así ocurrió durante la breve primavera económica del peronismo, y de nuevo en la del desarrollismo.

No tiene nada de sorprendente que, cuando la promesa de este último se reveló también ella vacía, y no pareció quedar abierto para la Argentina otro camino que la incorporación ya sin reticencia alguna a un orden mundial que se sabía de antemano mucho menos acogedor que el vigente en el tardío siglo XIX, se hiciera de pronto incomprensible que hasta la víspera hubieran arreciado las críticas más amargas a una anterior incorporación, que por largas décadas había permitido a la Argentina alcanzar uno de los ritmos de crecimiento más altos del planeta. Es a primera vista más sorprendente que los signos cada vez más abrumadores de que esa segunda incorporación, lejos de devolver a la Argentina a su rumbo ascendente la estaba hundiendo en una crisis más profunda que todas las conocidas en el pasado, no invitaran a dirigir de nuevo una mirada escéptica a la etapa de construcción del país moderno. Pero, vistas las cosas más de cerca, esa reacción es comprensible: a los ojos de quienes la sufren, la calamidad que hoy soporta la Argentina pone por primera vez en riesgo algo más que su prometido futuro de grandeza; ahora es la entera herencia institucional y material de esa etapa la que parece al borde de disolverse en el aire, y ello hace que por primera vez se aprecie plenamente todo lo que se perdería en ese legado.

Porque en la presente crisis todo está en riesgo, incluido el Estado que hizo por primera vez de la Argentina una nación unificada. Lo señaló hace unas semanas Beatriz Sarlo, y su diagnóstico ha suscitado desde entonces vastos ecos en los rincones más variados: el aparato institucional descrito en la constitución es hoy el botín que se disputan poderes provinciales comparables a los que Juan Manuel de Rosas había buscado —finalmente sin éxito— domesticar por el terror en la era preconstitucional.

Pero no es ésta la dimensión de la crisis que más preocupa a quienes la sufren: lo es en cambio el paralelo derrumbe de un perfil de sociedad que en la promesa de los padres fundadores ese Estado debía construir, y que —como se ve ahora— había logrado hacerlo en mucha mayor medida de lo que hasta la víspera se había estado dispuesto a reconocer. Y, puesto que la institución celebrada hoy más que ninguna otra como el instrumento que hizo posible esa hazaña es la escuela, la "defensa de la escuela de Sarmiento", que hasta ayer fue una bandera para ser esgrimida en los combates que dividieron a la sociedad argentina, es ahora una causa sin adversarios, pero lo es porque no se ve ya en la escuela un canal para el avance de la secularización, ni un medio para el disciplinamiento de las clases populares, sino la constructora por excelencia de la sociedad cuyo perfil está hoy terminando de deshilacharse. Para los más afortunados miembros de las clases medias, que pueden aferrarse todavía a una frágil plataforma sitiada en un mar de miseria, como para los menos afortunados que se debaten ya en ese mar sin orillas, la escuela de la que son hijos o nietos puede aún ofrecer una promesa de salvación para sus propios hijos, mientras quienes han sido acostumbrados por la larga rutina de la miseria a consagrar toda su atención a la cada vez más difícil batalla por la supervivencia cotidiana agradecen sobre todo a esa misma escuela que atenúe para sus hijos los estragos del hambre.

Sin duda Sarmiento hubiera encontrado difícil reconocer su proyecto en la escuela cuyos defensores ponen bajo su advocación. Es que la "defensa de la escuela de Sarmiento" estiliza el legado de la etapa de construcción de la Argentina moderna sobre líneas que hacen posible integrarlo sin estridencias en una unificadora memoria retrospectiva de todos los pasados que contribuyeron a construir lo que el presente está destruyendo, tal como lo viene haciendo también para una etapa más reciente la señora Hilda González de Duhalde cuando —cosechando un beneplácito mucho más amplio de lo que hace sólo unos años se hubiera creído posible— proclama inspirar su acción en un "evismo" que recoge únicamente la dimensión asistencial del rico y contradictorio legado de Eva Perón.

Es entonces la conciencia de todo lo que el presente está deshilachando la que unifica retrospectivamente un curso histórico que fue vivido como constantemente conflictivo, y hace que la Argentina pueda reconciliarse consigo misma en el duelo por un pasado que a todos había dado algo que está hoy en riesgo de perderse para siempre. Pero es sólo la durísima coyuntura actual la que ha hecho posible ese acercamiento en el temple con que la Argentina y el Uruguay se vuelven a sus respectivos pasados; y es muy poco probable que, cualquiera sea el desenlace de la crisis que golpea a ambos países del Plata, ese acercamiento haya de perdurar una vez que ella sea dejada atrás.

BIBLIOGRAFÍA

Cartas pastorales del Ilustrísimo y Reverendísimo Señor D. Fr. Joseph de San Alberto. Madrid, 1793.

Di Stefano, Roberto y Loris Zanatta (Eds.). *Historia de la Iglesia argentina desde la Conquista hasta fines del siglo XX.* Buenos Aires: Grijalbo-Mondadori, 2000.

Halperin Donghi, Tulio. *Guerra y finanzas en los orígenes del Estado argentino (1791-1850).* Buenos Aires: Editorial de Belgrano, 1982.

Mitre, Bartolomé. "Discurso de Chivilcoy, 25/X/1968". *Proyecto y construcción de una nación (1846-1880).* Tulio Halperin Donghi. Buenos Aires: Ariel, 1995. 576.

_____ *Historia de Belgrano y de la independencia argentina.* 5ta edición. Buenos Aires: Biblioteca de *La Nación*, 1902.

_____ "El capital inglés". *Proyecto y construcción de una nación (1846-1880).* Tulio Halperin Donghi. Buenos Aires: Ariel, 1995. 446

Real de Azúa, Carlos. "Fin de una polémica". *Escritos*. Montevideo: ARCA, 1987. 180.

Sarmiento, Domingo F. "Chivilcoy programa". *Proyecto y construcción de una nación (1846-1880)*. Tulio Halperin Donghi. Buenos Aires: Ariel, 1995. 563.

_____ *Facundo: civilización y barbarie*. Madrid: Alianza, 1970.

_____ *Recuerdos de provincia*. Buenos Aires: Troquel, 1964.

Urquizo, Electo. *Memorias de un pobre diablo*. P. Meinrado Hux, recopilación, ordenamiento, introducción y notas. Buenos Aires: Ediciones Culturales Argentinas, 1983.

Vedia y Mitre, Mariano de. *El manuscrito de Mitre sobre Artigas*. Buenos Aires: La Facultad, 1937.

Vieytes, Juan Hipólito. "Industria". *Antecedentes económicos de la Revolución de Mayo*. Buenos Aires: Raigal, 1956. 149-55.

La religión de los modernos

Bolívar Echeverría

> *Si se les preguntase por el sentido de esa actividad sin reposo, que no se contenta jamás con lo alcanzado, ... dirían (supuesto que supiesen dar una respuesta) que para ellos el negocio, con su incesante trabajo, "es indispensable para su vida".*
>
> Max Weber

En los tiempos que corren, en los que el ascenso de la barbarie parece aún detenible, pocas cosas resultan más urgentes que la defensa del laicismo. Los efectos del fracaso de la política practicada por la modernidad establecida son cada vez más evidentes, y el principal de ellos, el que conocemos como "renacimiento de los fundamentalismos" se extiende no sólo por las regiones poco modernizadas del planeta sino también y con igual fuerza en los centros mismos de la vida moderna. El fracaso de esta modernidad establecida ha terminado por encaminar a las sociedades transformadas por ella hacia un abandono desilusionado de aquello que debió haber sido la línea principal del proyecto profundo de la modernidad —un proyecto que, mistificado y todo, era en cierto modo reconocible en la práctica política de esa modernidad. Me refiero al laicismo, es decir, a una tendencia que trae consigo la modernidad profunda y que consiste en sustituir la actualización religiosa de lo político por una actualización política de lo político.

¿Qué quiero decir con esto?

Si algo distingue al animal humano del resto de los animales es su carácter político; la necesidad en que está de ejercer la libertad, la capacidad que sólo él tiene de darle forma, figura, identidad, a la socialidad de su vida, esto es, al conjunto de relaciones sociales de convivencia que lo constituyen como sujeto comunitario. Y si algo debía distinguir al animal político moderno del animal político "natural" o arcaico era su modo de ejercer esa libertad; un modo nuevo, emancipado. Ya entrado el segundo milenio de la historia occidental, el revolucionamiento técnico de las fuerzas productivas le brindó al animal humano o político la oportunidad de desatar esa libertad, de emancipar esa capacidad de definirse autónomamente, puesto que una y otra sólo habían podido cumplirse hasta entonces a través de la auto-negación y el auto-sacrificio. Dar forma a la propia socialidad, darse identidad a sí mismo; efectuar, realizar o actualizar la condición de animal político ha implicado para el ser humano, durante toda la "historia de la escasez", de la que hablaba Jean-Paul Sartre, la necesidad de hacerlo a través de la interiorización de un pacto mágico con lo otro, con lo no-humano o supra-humano. Un pacto destinado a conjurar la amenaza de aniquilamiento que eso otro tendría hecho a lo humano y que podría cumplirse en cualquier momento mediante un descenso catastrófico de la productividad del trabajo. Se trata de una interiorización que afecta a la constitución misma de las relaciones que ligan o interconectan a los individuos sociales entre sí, una interiorización que se hace efectiva bajo la forma de una estrategia de autorrepresión y autodisciplina que debe ser obedecida necesariamente por toda realización de lo político, por toda construcción de relaciones sociales de convivencia, es decir, por toda producción de formas, figuras e identidades para la socialidad humana. Esta realización de lo político, una realización que se cumple, sin duda, pero que lo hace paradójicamente sólo a través de la negación y el sacrificio de su autonomía, sólo mediante la sujeción a un pacto metafísico con lo otro, sólo a través del respeto a una normatividad que es percibida como "revelada" e incuestionable, es lo que conocemos como la realización propiamente religiosa de lo político, como la actualización religiosa de esa facultad del ser humano de ejercer su libertad, de darle una forma a su socialidad.

Romper con la historia de lo político efectuado como un re-ligar o re-conectar a los individuos sociales en nombre de un dios; abrir una historia nueva en la que lo político pueda al fin afirmarse autónomamente, sin recurrir al amparo de ese dios — de ese garante metafísico del pacto mágico entre la comunidad y lo otro, entre lo humano y lo extra- o sobre-humano—, esta es la posibilidad que se abre ante el ser humano con el advenimiento de la modernidad en el segundo milenio de la historia occidental y cuyo aprovechamiento conocemos como el proyecto del laicismo.

Se trata, sin embargo, de una ruptura histórica, de un re-comienzo histórico que, como la modernidad misma, no ha podido cumplirse de manera decidida y unívoca sino sólo tortuosa y ambiguamente, como puede verse en el hecho de que lo mismo el laicismo que la modernidad sean todavía ahora, casi mil años después de su primer esbozo, el objeto de enconadas disputas no sólo acerca de su necesidad y conveniencia sino, incluso, acerca de lo que ellos mismos son o pueden ser. Porque prescindir de dios en la política, como lo pretende el laicismo, implica prescindir de una entidad que sólo puede esfumarse en presencia de la abundancia. Si Dios existe en política es en calidad de contraparte de la escasez económica absoluta, y esta escasez, así lo ha mostrado y muestra cíclicamente la historia del capitalismo —que no sobreviviría sin ella—, es una realidad que, como Voltaire decía de Dios, cuando no está ahí, "resulta conveniente inventarla". La escasez absoluta, la que retira el derecho a la vida a todas las capas más bajas de la población mundial, es, desde hace siglos ya, una escasez artificial; es la condición más básica de la reproducción de la riqueza social en forma de capital, y es así lo primero que esta reproducción reproduce. La escasez no es el resultado de un fracaso del capitalismo, sino todo lo contrario, el resultado de su triunfo.

"Si Dios no existe, todo está permitido." Sin Dios, el orden de lo humano tiene que venirse abajo: porque, entonces, ¿en razón de qué el lobo humano debería detenerse ante la posibilidad de sacarle provecho a su capacidad de destruir o someter al prójimo? Dostoievsky ratifica con esta frase de uno de sus personajes lo que Nietzsche había dicho a tráves del iluminado, ese personaje al que recurre en su *Ciencia risueña*, cuando afirmaba la centralidad de la significación "Dios" en medio del lenguaje humano y de la construcción misma del pensamiento humano. "Dios ha muerto", dice ahí, "y nosotros lo hemos matado". Y, sin Dios, el mundo humano es como el planeta Tierra que se hubiese soltado del Sol. "¿Hacia dónde se mueve ahora? ¿Hacia dónde nos movemos nosotros? ¿No estamos en una caída sin fin? ¿Vamos hacia atrás, hacia un lado, hacia adelante, hacia todos los lados? ¿Hay todavía un arriba y un abajo? ¿No erramos como a través de una nada infinita?"

Al escandalizarse de esta manera ante el hecho de un mundo humano privado de Dios, Dostoievsky en la ficción y Nietzsche en la semi-ficción daban por bueno un anuncio pregonado en todas las direcciones por la modernidad capitalista; el anuncio de que ella había matado efectivamente a Dios y de que su laicismo, el laicismo liberal, había logrado efectivamente prescindir de Dios en el arreglo de los asuntos públicos y políticos de la sociedad humana.

La separación de las "dos espadas" o los "dos poderes" emanados de la voluntad divina —una separación que fue promovida originalmente por una autoridad religiosa (el Papa Gelasio, a finales del siglo V) para rescatar la autonomía de la primera, la espada eclesiástica, respecto de la segunda, la espada imperial— es una conquista de la que se ufana el estado liberal sobre todo a partir del siglo XVIII. A la inversa de la escena original, en esta ocasión se trataba de rescatar la autonomía de la espada civil de su tradicional sujeción a la espada clerical, de rescatar al mundo de los asuntos humanos, mundanos y terrenales de su sujeción a la esfera de los asuntos sobrehumanos, extra-mundanos y celestiales. La conquista del laicismo por parte de la política liberal —que se inició ya con la Reforma protestante para completarse apenas en el Siglo de las Luces— consistió en la creación de un aparato estatal puramente funcional, ajeno a toda filiación religiosa e indiferente a todo conjunto de valoraciones morales; tolerante de cualquier toma de partido en política y depurado de toda tendencia, llamémosle "ideológica", que no sea la tendencia abstracta a la defensa del mínimo de los derechos que corresponden a la dignidad humana, en el caso de todos los seres humanos por igual. En la instauración de un mecanismo institucional, de un dispositivo o una estructura que sería un continente absolutamente neutral frente a todo contenido posible.

"Matar a Dios" había consistido, simple y llanamente, de acuerdo al laicismo liberal de la modernidad capitalista, en hacer a un lado a las viejas entidades metafísicas en la resolución de los asuntos de la vida pública.

La alarma que tanto inquietó a un Dostoievsky o a un Nietzsche no fue una emoción compartida por todos los espíritus críticos del siglo XIX. Por ejemplo, Marx y sus seguidores en la crítica socialista del laicismo liberal se resistieron a dar por bueno el anuncio que la modernidad ensoberbecida hacía de la muerte de Dios. Desconfiaban en general de los anuncios provenientes de la economía capitalista y su influencia "progresista", emancipadora o racionalizadora, en la esfera política; pero en este caso lo hacían convencidos por la experiencia cotidiana de la vida social moderna, y sobre todo por la que de ella tenían los trabajadores, la "clase proletaria". Y esta experiencia no era la de un mundo carente de sentido, errando a la deriva sin la presencia ordenadora de Dios. Era más bien, por el contrario, la experiencia de un mundo que sí tenía un sentido y que sí avanzaba con rumbo, pero cuyo sentido consistía en volver invivible la vida humana y cuyo rumbo era claramente la catástrofe, la barbarie.

Marx mira con ironía, cuando no con burla, la pretensión del laicismo liberal de haber inaugurado una nueva forma para lo político; una política en la que autonomía de lo humano se encontraría asegurada contra la religiosidad. Se trata, para Marx, de una pretensión ilusoria. En efecto, según él, lo que la modernidad capitalista ha hecho con Dios no es propiamente matarlo sino sólo cambiarle su base de sustentación.

El laicismo liberal combina de manera curiosa la ingenuidad con el cinismo

Es ingenuo porque piensa que la separación del estado respecto de la religiosidad puede alcanzarse mediante la construcción de un muro protector; mediante la instauración de un dispositivo institucional capaz de eliminar la contaminación de la política por parte de la religión; porque imagina un aparato estatal que podría permanecer puro a través del uso que hagan de él sujetos imbuídos de religiosidad; en general, es ingenuo porque cree que puede haber estructuras vacías, que un continente puede ser neutral e indiferente respecto de su contenido. Y es al mismo tiempo cínico porque condena la política que se somete a una religiosidad arcaica, pero lo hace desde la práctica de una política que se encuentra también sometida a una religiosidad, sólo que a una religiosidad moderna; es cínico, porque, desde el ejercicio de un privilegio ideológico, afirma con descaro que el laicismo consiste en no privilegiar ideología alguna.

¿A qué religiosidad se refiere Marx cuando habla de una "religiosidad moderna"?

Un fuerte aire polémico sopla en el famoso parágrafo de su obra *El Capital* dedicado a examinar "el fetichismo de la mercancía y su secreto". Marx rebate ahí el "iluminismo" propio de la sociedad civil capitalista, su autoafirmación como una sociedad que habría "desencantado el mundo" (como lo dirá más tarde Max Weber), que prescindiría de todo recurso a la magia, a la vigencia de fuerzas oscuras o irracionales, en sus afanes lo mismo por incrementar la productividad del trabajo que por perfeccionar el ordenamiento institucional de la vida pública. Descalifica la mirada prepotente de esta sociedad sobre las otras, las pre-modernas o "primitivas", desautoriza sus pretensiones de una autonomía que la pondría por encima de ellas. *De te fabula narratur*, le dice, y le muestra que si las sociedades arcaicas no pueden sobrevivir sin el uso de objetos dotados de una eficiencia sobre-natural, sin el empleo de fetiches, ella tampoco puede hacerlo; que, para reproducirse como asamblea de individuos, ella necesita también la intervención de un tipo de objetos de eficiencia sobre-natural, de unos fetiches de nuevo tipo que son precisamente los objetos mercantiles, las mercancías.

Hay que observar aquí que el uso que hace Marx del término "fetichismo" no es un uso figurado. Implica más bien una ampliación del concepto de magia en virtud de la cual, junto con la magia arcaica, ardiente o sagrada, coexistiría una magia moderna, fría o profana. Según Marx, los modernos no sólo "se parecen" a los arcaicos, no sólo actúan "como si" se sirvieran de la magia, sin hacerlo en verdad, sino que real y efectivamente comparten con ellos la necesidad de intruducir, como eje de su vida y de su mundo, la presencia sutil y cotidiana de una entidad metafísica determinante. La mercancía no "se parece" a un fetiche arcaico, ella es también un fetiche, sólo que un fetiche moderno, sin el carácter sagrado que en el primero es prueba de un justificación genuina.

Definidos por su calidad de propietarios privados de la riqueza social, es decir, por su calidad de productores, vendedores-compradores y consumidores privados de los "bienes terrenales", los individuos singulares en la modernidad capitalista no están en capacidad de armar o construir por sí solos una sociedad propiamente humana o política, una polis. Prohibida su definición como miembros de una comunidad concreta, erradicada ésta de la vida económica, son individuos que se encuentran necesariamente, pese a que su consistencia es esencialmente social, en una condición básica de a-socialidad, de ausencia de redes de interacción interindividuales, una condición que es, en principio, insalvable. Las "relaciones sociales" que de todas maneras mantienen entre sí, la "socialidad" efectiva que los incluye como socios de empresas de todo tipo en la sociedad civil, no son relaciones ni es una socialidad puestas por ellos mismos en términos de interioridad y reciprocidad concreta, sino relaciones derivadas o reflejas que traducen a los términos del comportamiento humano el comportamiento social de las cosas, la "socialidad" de los objetos mercantiles, de las mercancías intercambiándose unas por otras. La socialidad en la modernidad capitalista es una socialidad que se constituye bajo el modo de la enajenación.

La mercancías son fetiches porque tienen una capacidad mágica, del mismo orden que la de los fetiches arcaicos, que les permite alcanzar por medios sobrenaturales o sin intervención humana un efecto que resulta imposible alcanzar por medios naturales o humanos, en las condiciones puestas por la economía capitalista; una eficiencia mágica que les permite inducir en el comportamiento de los propietarios privados una socialidad que de otra manera no existiría; que les permite introducir "relaciones sociales" allí donde no tendrían por qué existir. Las mercancías son los fetiches modernos, dotados de esta capacidad mágica de poner orden en el caos de la sociedad civil; y lo son porque están habitadas por una fuerza sobrehumana; porque en ellas mora y desde ellas actúa una "deidad profana", valga la expresión, a la que Marx identifica como "el valor económico inmerso en el proceso de su autovalorización"; el valor que se alimenta de la explotación del plusvalor producido por los trabajadores.

Si se miran las "situaciones límite" de la vida política en la modernidad capitalista, en ellas, las funciones del legislador, el estadista y el juez máximos terminan siempre por recaer en la entidad que se conoce como la "mano oculta del mercado", es decir, en la acción automática del mundo de los fetiches mercantiles. Es ella, la "mano oculta del mercado", la que posee "la perspectiva más profunda" y la que tiene por tanto "la última palabra". Es ella la que "sabe" lo que más le conviene a la sociedad y la que termina por conducirla, a veces en contra de "ciertas veleidades" y a costa de "ciertos sacrificios", por el mejor camino.

La vida cotidiana en la modernidad capitalista se basa en una confianza ciega: en la fe en que la acumulación del capital, la dinámica de autoincrementación del valor económico abstracto, sirviéndose de la "mano oculta del mercado", re-ligará a todos los propietarios privados, producirá una socialidad para los individuos sociales —que de otra manera (se supone) carecen de ella— y le imprimirá a ésta la forma mínima necesaria (la de una comunidad nacional, por ejemplo) para que esos individuos-propietarios busquen el bienestar sobre la vía del progreso.

El motor primero que mueve la "mano oculta del mercado" y que genera esa "sabiduría" según la cual se conducen los destinos de la vida social en la modernidad capitalista se esconde en un "sujeto cósico", como lo llama Marx, de voluntad ciega —ciega ante la racionalidad concreta de las comunidades humanas— pero implacable: el sujeto-capital, el valor económico de las mercancías y el dinero capitalista, que está siempre en proceso de "acumularse". Confiar en la "mano oculta del mercado" como la conductora última de la vida social implica creer en un dios, en una entidad meta-política, ajena a la autarquía y a la autonomía de los seres humanos, que detenta sin embargo la capacidad de instaurar para ellos una socialidad política, de darle a ésta una forma y de guiarla por la historia.

El ateísmo de la sociedad civil capitalista resulta ser así, en verdad, un seudo-ateísmo, puesto que implica una "religiosidad profana" fundada en el "fetichismo de la mercancía capitalista". El des-encantamiento desacralizador del mundo ha sido acompañado por un proceso inverso, el de su re-encantamiento frío o económico. En el lugar que antes ocupaba Dios se ha instalado el valor que se auto-valoriza.

Puede decirse, por ello, que la práctica del laicismo liberal ha traído consigo la destrucción de la comunidad humana como "polis" religiosa, es decir, como *ecclesia*, como asamblea de creyentes que desconfía de su capacidad de autogestión y resuelve los asuntos públicos, a través de la moralidad privada, mediante la aplicación de una verdad revelada en el texto de su fe. Pero no lo ha hecho para reivindicar una polis "política", por decirlo así, una ciudad que actualice su capacidad autónoma de gobernarse, sino para reconstruir la comunidad humana nuevamente como *ecclesia*, sólo que esta vez como una *ecclesia* silente, que a más de desconfiar de su propia capacidad política, prescinde incluso del texto de su fe, que debería sustituirla, puesto que presupone que la sabiduría de ese texto se encuentra quintaesenciada y objetivada en el carácter mercantil "por naturaleza" de la marcha de las cosas. Es una *ecclesia* cuyos fieles, para ser tales, no requieren otra cosa que aceptar en la práctica que es suficiente interpretar y obedecer adecuadamente en cada caso el sentido de esa marcha de las cosas para que los asuntos públicos resuelvan sus problemas por sí solos.

La religiosidad arcaica, abiertamente teocrática, centrada en un dios mágico y personificado, de presencia idolátrica, evidente para todos, fue sustituida en la modernidad capitalista por una religiosidad ilustrada, crípticamente teocrática, centrada en un dios práctico e impersonal, de presencia puramente supuesta, funcional, sólo perceptible por cada quien en la interioridad de su propia sintonía con la marcha de los negocios. De una *ecclesia* aglutinada por una mitología compartida se pasó a una *ecclesia* supuesta en torno a un prejuicio compartido. Por ello decía Engels de los reformadores protestantes del siglo XVI, que eliminaron al clérigo del fuero externo, público, del conjunto de los fieles, sólo para restaurarlo en el fuero interno: implantaron un "clérigo privado" en cada uno de los fieles, un "clérigo íntimo".

De acuerdo a la crítica de Marx, el laicismo liberal es así, en verdad, un pseudo-laicismo. No cumple con la necesidad de asegurar la autonomía de lo humano mediante la separaración de lo civil respecto de lo eclesiástico, sino por el contrario, se vuelve contra esa necesidad al hacer que lo civil interiorice una forma quintaesenciada de lo eclesiástico.

El laicismo consistiría, en verdad, en una transformación de la presencia efectiva de lo político en la vida concreta de las sociedades humanas; consistiría en el paso de la actualización religiosa o auto-negada de lo político a su actualización autónoma o propiamente política. Por ello, al laicismo no habría que verlo como una conquista terminada y una característica del Estado liberal moderno sino más bien como un movimiento de resistencia, como una lucha permanente contra la tendencia "natural" o arcaica a actualizar lo político por la vía de la religión; una tendencia que debió haber desaparecido con la abundancia y la emancipación, en cuya posibilidad real se basa el proyecto profundo de la modernidad, pero que no sólo perdura en su modo tradicional, como tendencia a sustituír la política con la religión, sino que incluso ha adoptado un modo nuevo en la versión establecida de la modernidad, esto es, en la modernidad capitalista: la tendencia a permear de religiosidad a la política.

TRES COROLARIOS PUEDEN DERIVARSE DE LA APROXIMACIÓN CRÍTICA DE MARX A LA RELIGIÓN DE LOS MODERNOS

El primero es evidente: no toda política aparentemente laica es necesariamente una política anti-eclesiástica; el laicismo liberal, por ejemplo, no elimina la presencia de lo eclesiástico en la política sino que sólo la susituye por otra diferente. La ética protestante puede pasar perfectamente por una ética laica, como lo demostró Max Weber. El Dios y la *ecclesia* de los "santos visibles" tienden a ser ellos mismo invisibles, virtuales, confundirse con su eficacia pura, pero ello no quita el hecho de que están ahí, de que "existen" en la vida social.

El segundo corolario es más escondido: no toda política aparentemente eclesiástica es necesariamente anti-laica. Puede haber, en efecto, coyunturas históricas en las que determinadas políticas de religiosidad arcaica se encaminen en la dirección de un laicismo real, de una autonomización efectiva de la política —es decir, vayan en sentido contrario al del fundamentalismo—, pero lo hagan por la vía indirecta de una resistencia ante el pseudo-laicismo y la religiosidad moderna de la política. Se trata de una estrategia que pasa en esas comunidades por la persistencia en la defensa de lo suyo, de su religiosidad arcaica; pero de una religiosidad que, debido a una coyuntura histórica en sí misma enrevesada, está ahí como sustituto y en representación de la meta verdadera de esas comunidades como entidades políticas que fueran capaces de auto-modernizarse.

El tercer corolario tiene que ver con el hecho de que el dios de los modernos, el valor que se autovaloriza, un dios que no tiene otra vigencia ni otro poder que los que le vienen del sometimiento de la vida social al dominio de la modernidad capitalista, es un dios que debe respetar el hecho histórico concreto de que este sometimiento de la vida social, aunque es una realidad dominante, no es un sometimiento absoluto. El dios profano de los modernos debe por ello coexistir junto con los distintos dioses sagrados y sus innumerables metamorfosis; dioses que siguen vigentes y poderosos en la medida en que las sociedades que los veneran no han sido aún modernizadas estructuralmente. La política que obedece a la religiosidad moderna tiene que arreglárselas en medio de las políticas que obedecen aún a las sobrevivencias de la religiosidad arcaica.

Habría que concluir, por ello, que ninguna situación es peor para la afirmación de un laicismo auténtico que aquella en la que el dios de los modernos entra en contubernio con los dioses arcaicos, a los que recicla y pone a su servicio mediante concertaciones y acomodos. Puede decirse que la afirmación de la autonomía humana de lo político, es decir, la resistencia al dominio de su versión religiosa, resulta más difícil de cumplirse mientras mejor es el arreglo mediante el cual la religiosidad moderna, profana o "atea" somete a la religiosidad tradicional, sagrada o "creyente".

Ningún rasgo de la vida contemporánea es más expresivo de la catástrofe civilizatoria en la que nos encontramos que el fortalecimiento acelerado que se observa en nuestros días de la parte que le corresponde a lo arcaico en este contubernio entre las dos religiosidades.

Se trata de un contubernio que ha acompañado a la modernidad a lo largo de su historia. Primero fue el intento de la Iglesia Católica, que reformó su religiosidad arcaica en el Concilio de Trento, de integrar y funcionalizar en su provecho a la naciente religiosidad moderna del capital. Un intento, conducido por la Compañía de Jesús, que fracasó después de todo un siglo de imponer su proyecto de vida social en la Europa mediterránea y en América. Pero después fue ya el contubernio decisivo, el que resultó de la necesidad en que se vio la religiosidad moderna del capital, que es de por sí imperceptible y virtual, de adoptar un cuerpo visible a fin de promover de mejor manera la acumulación capitalista en medio de poblaciones humanas reacias a abandonar su fetichismo arcaico a cambio de casi nada. Fue el contubernio que dotó de una presencia perceptible y nombrable a la comunidad abstracta de los propietarios privados agrupados en torno de la mercancía capitalista, a la *ecclesia* moderna; que le otorgó la figura concreta de una comunidad nacional. La *ecclesia* moderna en figura de nación, dotada de un "rostro humano", ha sido el resultado de la subordinación de la religiosidad arcaica a la moderna. Las patrias, con sus altares y sus símbolos, vinieron a saciar la sed de identidad que sobrevive en la sociedad humana en medio de la modernidad "realmente existente"; una modernidad que, aun siendo dominante, no ha logrado afirmarse como exclusiva y extinguir de una vez por todas esos "vestigios pre-modernos".

La patria nacional ha sido la figura que adoptó ese contubernio de las dos religiosidades hasta antes de la Guerra Fría, durante toda la época en que, para funcionar mejor, la acumulación del capital debió repartirse a escala mundial en núcleos o conglomerados parciales de capital, identificados territorialmente a lo ancho del planeta.

Cuando en esa época, los conflictos internos de la acumulación del capital debían dirimirse en una readecuación del mercado mundial, ésta implicaba necesariamente una re-afirmación de re-constitución de las identidades nacionales. El nacionalismo de guerra o nacionalismo virulento replanteaba entonces la validez de ese contubernio entre religiosidades, removiendo y reavivando para ello las heces de la religiosidad arcaica —como sucedió de manera paradigmática con la religiosidad de la *volksgemeinschaft* nacionalsocialista en Alemania— y provocando así caídas intermitentes de las sociedades nacionales en el estado de barbarie.

Pero los tiempos que vivimos actualmente ya no son los del siglo xx; todo parece indicar que son tiempos post-nacionales. Ciertos momentos constitutivos de la acumulación del capital a escala mundial, respondiendo a su manera a la planetarización creciente de las fuerzas productivas, se han "globalizado" y han comenzado a prescindir en gran medida de la mediación territorial, esto es, de la parcelación de esa acumulación en los viejos cotos, cerrados y delimitados por las fronteras "nacionales". Las patrias nacionales se encuentran en un proceso de re-definición de sí mismas, dirigido a dar cuenta de esta transformación en la base que sustenta sus respectivas soberanías. Muchos de los recursos del nacionalismo territorialista —comenzando por ciertas palancas de la política económica— se han vuelto obsoletos e inadecuados y deben ser reconvertidos y reciclados, cuando no simplemente desechados.

La *ecclesia*-nación —la apariencia de comunidad concreta que adopta la comunidad abstracta de los propietarios privados— no podía escapar a la acción de esta redefinición práctica de las soberanías estatales. La simbiosis de las dos religiosidades que la constituyen se encuentra en un período de crisis de recomposición. Los términos del contubernio en el que la religiosidad arcaica se somete al dominio de la moderna parecen estar ahora en proceso de negociación en el seno de la sociedad. La *ecclesia*-nación parece estar en camino de ser sustituida por otra entidad igualmente híbrida en la que la religiosidad concreta que es reciclada por la religiosidad abstracta no será ya la que se encuentra en las comunidades locales, identificadas territorial y étnicamente, sino la religiosidad que está en las grandes comunidades civilizatorias, que se identifican más que nada por su mayor o menor afinidad con la modernidad capitalista establecida. Esta sustitución de la vieja *ecclesia*-nación por una *ecclesia*-"cultura" o una *ecclesia*-civilización se volvió evidente hace poco en la identificación que se hizo del Otro-enemigo en la nueva guerra mundial, la cuarta, que parece haberse desatado con motivo del acto terrorista del 11 de setiembre en Nueva York. El Otro-enemigo contra el que el "Mundo Occidental" ha entrado en guerra es un Otro que se deja adivinar a través de la entidad abstracta T (el "Terrorismo") o de la entidad aun más abstracta M (el "Mal"), que han sido puestas en calidad de enemigo manifiesto. El Otro-enemigo se muestra así como el Otro No-occidental, el que no pertenece ni parece estar dispuesto a pertenecer a la comunidad sagrada que se reconoce en una sola identidad; la que combina, en dosificación diversa, los rasgos substanciales de lo cristiano, lo europeo, lo capitalista y lo moderno.

Estos son los nuevos datos de la situación en la que tiene que darse actualmente la afirmación del laicismo en las sociedades occidentales. Es una afirmación que está ligada íntimamente al reconocimiento de que es indispensable, dado el completo fracaso de la modernidad capitalista, volver sobre el proyecto profundo de la misma y aventurarse en la construcción de una modernidad diferente, una modernidad poscapitalista. La afirmación actual del laicismo requiere volver sobre la frase de Kant acerca de "qué es la Ilustración", pero corrigiéndola de acuerdo a la experiencia. Se trata, sin duda, como ella dice, de "salir de la renuncia autoimpuesta a la propia autonomía" ("*Ausgang des Menschen aus seiner selbstverschuldeten Unmündigkeit*"), de "tener el valor de emplear el entendimiento propio sin la dirección de otro". Pero se trata, diríamos ahora, de hacerlo con desconfianza, conscientes de que la dirección de ese "otro" puede emanar no sólo de una iglesia, sino también de un "otro" que se impone "desde las cosas mismas", en tanto que cosas que están "hechas a imagen y semejanza" del capital.

Mariátegui, Benjamin, Chaplin

John Kraniauskas
Birkbeck College, University of London

En 1928, el mismo año en que se estrena la primera película con banda sonora producida en Hollywood, se estrena también *El circo* de Chaplin. Para entonces Chaplin no era solamente una figura clave del entretenimiento fordista de masas y la imaginación internacional popular, sino también considerado un *auteur*, famoso por imponer su control total sobre los contenidos audio-visuales y dramáticos de su obra (su terca resistencia al sonido sincronizado, por ejemplo, era un uso deliberado del anacronismo tecnológico, no sólo como poderoso principio de composición, sino también como forma de resistencia al proceso de "hollywoodización" verbal desde la perspectiva de una *mimética vernácula general*). A comienzos de 1929, la película se estrena en Berlín. En febrero, Walter Benjamin ya había escrito un pequeño ensayo sobre Chaplin —"Chaplin en retroperspectiva", publicado en *Die literarische Welt*— tomando el estreno como su oportunidad: "*El circo*", declara en su primera frase, "es la primera producción del arte cinemático que es también producto de la vejez" (222). El cine, parece sugerir, estaba en proceso de transformarse en una forma cultural histórica: había cobrado vida. Y claro, para entonces esta historia ya se estaba globalizando.

Algunos meses antes, en octubre 1928, la revista vanguardista limeña *Amauta* ya había publicado una reacción similar —es decir, totalizante— a la obra de Chaplin, en el momento del estreno de *El circo* en Perú: "Esquema de una explicación de Chaplin" de José Carlos Mariátegui. En contraste con Benjamin (quien parece proponer una aproximación inmanente a todo un *corpus* cinemático), Mariátegui comienza su ensayo de manera más convencional, como retrato político de los tiempos en curso. "El tema de Chaplin", declara, es tan importante para "cualquier explicación de nuestra época" (67) como lo sería el de cualquier estadista contemporáneo. Sus ejemplos, como Chaplin, son británicos: Lloyd George y Ramsey MacDonald. Pero enseguida, Mariátegui adopta otra perspectiva. Primero, porque en el terreno de la formas culturales "Carlitos" tiene significación histórico-mundial (el vagabundo, en otras palabras, es significativo desde la perspectiva del Comunismo); y segundo, porque aunque en ningún momento el ensayo se refiere directamente a Perú, provee a Mariátegui con la oportunidad de experimentar brevemente con nuevas formas de pensar su modernidad, libre de las demandas de su relevancia política inmediata. En esos momentos, el problema de la subjetivización mítica es particularmente importante para Mariátegui (para tomar distancia del positivismo), como lo es también pensar la idea del desarrollo histórico desde una perspectiva materialista (que, a la inversa, requiere de una aproximación al positivismo).

En su libro *La agonía de Mariátegui* Alberto Flores Galindo lo describe como un sujeto dividido y desarraigado, con la sensibilidad romántica "de un hombre de frontera" (377). Refiriéndose particularmente al Mariátegui pos-1924, es decir, después de su regreso de Europa, esta frontera reúne y divide espacios definidos de manera geo-cultural: se trata de "[l]a experiencia europea y la experiencia peruana". Pero es cuestión de temporalidades también: el tiempo fabril, el tiempo sacro (de la iglesia) y, en palabras de Flores Galindo, "el tiempo cíclico y tradicional de los habitantes de la amazonía" (375), sin olvidarse de su re-ordenamiento jerárquico según pautas desarrollistas —aparente aquí, incluso, en las referencias de Flores Galindo al "atraso" y su de-socialización del tiempo "tradicional". Perú, nos muestra Flores Galindo, estaba experimentando procesos rápidos de modernización y re-formación estatal capitalista, es decir, una reterritorialización de la nación según nuevas lógicas: un emergente mercado nacional, la mercantilización, "los ferrocarriles y carretas, el correo y el telégrafo" (376), como también la organización de las fuerzas policíacas durante el gobierno de Leguía (1919-1930), incluyendo el establecimiento de toda una red de informantes, el "soplonaje" (396) —tendencias todas que simultáneamente extienden y centralizan los aparatos estatales. Perú es una unidad compleja y contradictoria, que incluye y excluye (que es una inclusión negativa). La "agonía" de Mariátegui es su existencia en la encrucijada de estos tiempos históricos co-existentes y sobrecodificados en relaciones de conflicto, y que se percibe en términos desarrollistas como *la no-contemporaneidad de lo contemporáneo*. En otras palabras, el pensamiento de Mariátegui emerge de la experiencia de lo que se concibe en la tradición del marxismo político (que pasa también por Lenin, Gramsci y Althusser) como "desarrollo desigual". En verdad, más que nada, Mariátegui era un marxista cultural o "literario", dedicando una parte substancial de su obra a la literatura o a "temas internacionales". Pero entre 1926 y 1928 escribe la increíble cantidad de ciento veinticuatro artículos sobre Perú y su configuración histórica (376). Su artículo sobre Chaplin, que no menciona a Perú, se escribe en este período.

La experiencia que Mariátegui tiene de Chaplin es tanto nacional como internacional. Sus fronteras geo-culturales residen ahora entre un Perú en transformación acelerada, como hemos visto, un EE.UU. imperial emergente, por un lado, y un imperialismo europeo más y más residual, por el otro. Esta dimensión internacional es particularmente importante porque establece una simultaneidad con el interés de Benjamin hacia Chaplin producido por el *tiempo de exhibición* cinemático de *El circo* —sugiriendo, además, la existencia de un modernismo transnacional legible a nivel tanto nacional como internacional, particular como general. Las condiciones de existencia de este modernismo transcultural compartido por Mariátegui y Benjamin son por lo menos tres. Primero, como sugiere aquel en su *Siete ensayos de interpretación de la realidad peruana*, un capitalismo internacional en vías de hegemonización por el capital corporativo y la fuerza militar estadounidense, que se refleja en Europa y América Latina como "americanismo". Las tecnologías de producción y consumo masivos son clave aquí, particularmente para el cine en cuanto institución social. Los escritos fineseculares de Martí y Rodó tocan este poder fordista emergente *pre*-Hollywood. De hecho, Rodó se refiere a ella con el nombre de otra ciudad "de masas" estadounidense: Chicago —un nombre con el cual Martí también tropieza. Pero en muy poco tiempo tanto el cine como Hollywood serían constitutivos del "amercanismo" en Europa y América Latina— por ejemplo, como el gran 'otro' de las vanguardias. Por su parte, como observan Mariátegui y Benjamin, Chaplin resiste el emergente sistema de los grandes *studios* desde adentro y es puesto bajo vigilancia continua por el FBI. Segundo, el movimiento comunista internacional institucionaliza una contra-esfera pública, produciendo e imponiendo modelos de producción y consumo en sus territorios, forjando identidades proletarias internacionalizadas como los nuevos sujetos de la libertad. En esos tiempos, el movimiento obrero alemán era, todavía, uno de los más grandes y mejor organizados en el mundo, y la organización del tiempo libre una de sus actividades más importantes. El fascismo había llegado al poder en Italia. En Perú, mientras tanto, el movimiento comunista estaba en vías de formación, y Mariátegui era una de sus figuras definitorias —aunque en conflicto abierto con ciertas posiciones de la Internacional Comunista. El significado de Chaplin era también tema de debate continuo en este ambiente internacional. Tercero, el cine en sí. Atravesando las experiencias contemporáneas tanto del capital como del trabajo —es decir, del fordismo (o "americanismo") y del comunismo— el cine comparte las tecnologías de la maquinofactura que enfrentan y conforman a la clase obrera en lo que Flores Galindo llama "el tiempo fabril". Según Miriam Hansen, el cine era "el horizonte discursivo singular más expansivo en que se reflejaban, se rechazaban o se negaban, se transfiguraban o se negociaban los efectos de la modernidad... donde una gran variedad de grupos buscaban acomodarse al impacto traumático de la modernización" (365-6). Aunque se refiere principalmente a la experiencia alemana, Hansen concibe al cine como un producto industrial de entretenimiento masivo internacional. Y al producir tanta risa (un tema muy próximo a los corazones de Mariátegui y Benjamin) Chaplin era fundamental en su configuración afectiva.

La verdad es que el ensayo de Benjamin no desarrolla su argumento inicial, prefiriendo más bien comentar las opiniones del crítico surrealista Philippe Soupault, quien se limita a señalar que Chaplin era el primer compositor del arte cinemático. Su párrafo final, sin embargo, está lleno de ideas, algunas de las cuales Benjamin desarrollará, y también abandonará, en sus intercambios sobre Chaplin con Brecht y Adorno mientras armaba su obra sobre los pasajes de París y se aproximaba al marxismo (y, por eso, indirectamente, a Mariátegui). Primero, sugiere que el arte de Chaplin logra evocar "la resonancia no-interrumpida, aunque altamente diferenciada, que existe *entre* naciones" (223, énfasis mío). En otras palabras, el cine, y más particularmente las películas de Chaplin, toca a la experiencia internacional —una idea que comparte con Mariátegui. Segundo, ilumina el significado en el cine del público en cuanto crítico o experto, una idea brechtiana que re-emerge en su conocido ensayo "La obra de arte en la época de su reproductibilidad técnica". Tercero, y en relación con los dos puntos previos, insiste en que "Chaplin apela tanto a la emoción más internacional como a la emoción más revolucionaria de las masas: su risa" (224). Esta es una idea que Benjamin también comparte con Mariátegui, y quizás con Brecht. Por su parte, sin embargo, Adorno criticará ferozmente tanto la segunda como la tercera idea de Benjamin.

La correspondencia entre Benjamin y Adorno sobre "La obra de arte..." sugiere que algunas de las ideas presentes en su ensayo de 1928 sobre Chaplin fueron desarrolladas allí en la primera versión alemana de 1936, solamente para ser borradas después en la tercera versión definitiva, en la que se basan las traducciones inglesa y española. Sin embargo, la segunda versión francesa, aunque la menos política (aquí la presencia de Horkheimer fue fundamental), conserva su huella. Aquí está la traducción al inglés de un párrafo importante, hecha por Howard Caygill en su libro *Walter Benjamin: The Colour of Experience*:

> When one considers what dangerous tensions have been created in the masses by technological development and its consequences —tensions that in their critical stages adopt a psychotic character— one soon realizes that this same technical development has created the possibility of a psychical inoculation against such mass psychoses through certain films, in which the forced development of sadistic fantasies or masochistic delusions hinder their natural and dangerous emergence in the masses. Collective laughter presents the timely and healing escape from such psychosis. (Caygill, 113 [versión alemana, 462])[1]

Si el fascismo moviliza a la contemplación aurática como guerra, la risa en el cine se transforma en su contrario: la politización del arte. Después de mencionar ciertos ejemplos del cine burlesco y de Disney, la traducción francesa concluye: "C'est ici que se situe la figure historique de Chaplin" (732 [versión alemana, 462]). Esto significa que, en las películas de Chaplin, la risa está conectada con la mímesis. "Lo que hay de nuevo en los gestos de Chaplin", señala Benjamin en notas escritas durante la composición de "La obra de arte...", es que "despedaza los movimientos de la expresión humana en una serie de las más pequeñas inervaciones. Cada uno de sus movimientos está compuesto de una serie de pedazos de moción: uno puede enfocarse en su manera de caminar, cómo maneja su bastón o toca su sombrero —es siempre la misma secuencia espasmódica de los más pequeños movimientos que elevan la ley de la secuencia de imágenes a la de la acción motora humana" (citado en Buck-Morss, 269-70). Como insiste Susan Buck-Morss, Benjamin está describiendo la mímesis chaplinesca de la producción fabril. Y aquí, finalmente, Benjamin describe al payaso en su libro sobre Baudelaire: "En la actuación del payaso hay una obvia referencia a la economía. Con sus movimientos bruscos imita tanto a las máquinas que empujan al material como al *boom* económico que empuja a las mercancías" (53). Desde esta perspectiva, reírse del payaso Chaplin es una "inoculación", una liberación catártica de la disciplina laboral "psicótica" impuesta por la máquinofactura; es decir, de la experiencia de la clase trabajadora como capital variable. Su cuerpo espasmódico imita y huye. Es la risa mimética la que fundamenta la idea de Benjamin de que, con el cine, el público se transforma en críticos del arte expertos: la clase obrera vive la relación entre cuerpo y tecnología que se experimenta en el cine. Igualmente, esta experiencia vivencial es lo que hace del cine un *avance* sobre todas las otras formas culturales.

Adorno, por su parte, invierte la teoría benjaminiana del payaso, declarando la calidad mimética de la risa cinemática misma: "está lleno del peor sadismo burgués", dice (123). Para él, la grandeza de Chaplin es más difícil, y más negativa. Esto es porque sus películas revelan que, de hecho, la risa expresa la subordinación al capital, celebrando la violencia hacia el otro inherente a la lucha por la existencia bajo su mando. Aquí, es la risa la que es "psicótica". Claramente, las críticas de Adorno tuvieron un efecto importante sobre Benjamin porque cambió su texto original. Los estudios culturales, se podría aventurar —es decir, su gesto crítico originario— emergen en un intento de rescatar a la experiencia de la ideología, el trabajo del capital, la risa de la psicosis, Benjamin (y Chaplin) de Adorno —para perderse un poco después porque, como casi siempre, Adorno había visto algo: la astucia del capital.

Adorniana o benjaminiana, esta risa emerge del tiempo fabril moderno mencionado por Flores Galindo, ya internacionalizada en las películas de Chaplin. Mariátegui, sin embargo, lee a Chaplin desde la representación y no desde la mímesis. Quizás porque a él le interesan esos otros tiempos sobrecodificados y sus sujetos políticos. De hecho, Mariátegui lee a Chaplin en relación a la historia del capitalismo, sus orígenes y su desarrollo. En verdad, "Esquema de una explicación de Chaplin" es una lectura de dos películas de Chaplin: *Los buscadores de oro* de 1925 y *El circo*. El ensayo forma parte del tercer volumen de sus *Obras completas*, *El alma matinal*, cuyos contenidos fueron establecidos por Mariátegui antes de fallecer. El volumen también incluye sus ensayos sobre la cultura italiana (el resultado de su estadía en Italia por orden del Estado peruano), sobre novelas de James Joyce, Romain Rolland y la novela de la guerra, y sus ensayos sobre una variedad de temas, siendo quizas el más conocido "El hombre y el mito".

Mariátegui hace una lectura mítica de *Los buscadores de oro*. Y claro, tal lugar —el del mito— es el lugar de otro encuentro entre Mariátegui y Benjamin que pasa por el pensamiento de George Sorel. La interpretación que hace Mariátegui del contenido mítico de la película, sin embargo, no trata la constitución cuasi-religiosa y pasional del sujeto revolucionario que da sentido al mundo desacralizado, sino más bien los orígenes míticos del capitalismo, el mito del oro, del cual incluso el capital industrial y financiero no pueden deshacerse: "El oro no ha cesado de insidiar su cuerpo y alma" (68), escribe. Y este es la razón por la cual "el descubrimiento de América está... fundamentalmente ligado a su historia" —es decir, señala, a la historia del capital.

Efectivamente, con Chaplin ("anti-burgués por excelencia") Mariátegui re-describe el mito burgués de la acumulación originaria como drama bohemio. Según Marx, el mito de la llamada acumulación originaria sugiere que el capital viene al mundo ya hecho, apareciendo o adquirido en la forma de riqueza, el atributo del burgués *toujours déjà* presente a la espera de que lo ponga a trabajar en su provecho. En contraste, Marx muestra la violencia real y constitutiva del capital como relación social detrás del mito. Por su parte, Chaplin se queda en el terreno del mito burgués. Pero sólo, como muestra Mariátegui, para transgredirlo: de manera Arltiana (otro contemporáneo), el vagabundo se hará rico a través del no-trabajo y la aventura amorosa —tomará el oro, y después... se irá. El cuerpo de Chaplin siempre está trabajando (Benjamin) pero al mismo tiempo —como los héroes de Arlt— resiste la subsunción y mercantilización al fugarse.

La lectura que hace Mariátegui de *El circo* es extraordinaria... por su ausencia. Ignora al texto fílmico y, más bien, aprovecha la oportunidad para trazar una historia del payaso como especie, del cual Chaplin es el ejemplo culminante en ese momento, cuando el circo —entretenimiento y espectáculo que contiene las semillas del cine ("es movimiento de imágenes")— es transformado por la tecnología en comedia de payasadas (*slapstick*) en el cine. Habiendo ya atacado a "los guardianes del orden estético" al sugerir que Chaplin es uno de los mejores novelistas contemporáneos, Mariátegui muestra otra vez su sensibilidad a la historia del desarrollo tecnológico en la cultura en cuanto medio.

Como lo han subrayado tanto Flores Galindo como Oscar Terán, Mariátegui, con Bauer y Gramsci, ha hecho de la forma-nación el objeto de la teoría marxista contra el grano de nociones fabricadas por la Internacional —como "el semi-colonialismo"— en el contexto de intentos de pensar el desarrollo desigual de manera histórica y política. Y al hacerlo, creo, empieza a reflexionar sobre sujetos rurales subalternizados y a transformarlos, primero, en sujetos nacionales y, segundo, en potenciales sujetos de la libertad comunista. En otras palabras, *indianiza* la historia mundial más allá del capital. Algo de esto se encuentra en su *Siete ensayos...*, que se publica el mismo año que su texto sobre Chaplin.

En este sentido, quizás, las reflexiones de Mariátegui sobre Chaplin pueden leerse como un experimento para pensar el desarrollo histórico (que liga "la libertad" con "el progreso") desde el interior de una de sus modalidades paradigmáticas —aquí, en diálogo (paródico, quisiera pensar) con el evolucionismo darwiniano aplicado al payaso como especie (que recuerda el interés de Benjamin en las fisonomías y tipos sociales como el *flâneur*). Como se sabe de sobra, el desarrollo de las especies tiene para Darwin su aspecto espacial y su aspecto temporal: desde el punto de vista de la "distribución geográfica", una especie se diferencia a través del espacio (por ejemplo, el espacio de las pampas); y, desde el punto de vista temporal (que es el más importante), un especie se diferencia en la *evolución* en el tiempo. En su "Esquema de una explicación de Chaplin", Mariátegui lee la emergencia del payaso Chaplin *a través del espacio Imperial, en tiempo capitalista*; es decir, desde el mundo mediterráneo de sus orígenes, pasando por Gran Bretaña, a los EE.UU. Escribe, por ejemplo, que: "el *clown* inglés representa el máximo grado de evolución del payaso. Está lo más lejos posible de esos payasos muy viciosos, excesivos, estridentes, mediterráneos... Es un mimo elegante, mesurado, matemático..." (72). Pero Chaplin, continúa: "ha ingresado a la historia en un instante en que el eje del capitalismo se desplazaba sordamente de la Gran Bretaña a Norteamérica. El desequilibrio de la maquinaria británica [fue] registrado tempranamente por su espíritu ultrasensible... Su genio ha sentido la atracción de la nueva metrópoli..." (73). Aunque, incluso en los EE.UU., Chaplin es incontenible, y su excedente bohemio es "sindicado de bolchevismo, entre los neo-cuáqueros de la finanza y la industria yanqui" (47).

Mariátegui, Benjamin y Chaplin, entonces, entre el tiempo desarrollista fabril y otros tiempos.

Nota

[1] 'Cuando se consideran las tensiones peligrosas producidas en las masas por el desarrollo tecnológico y sus consecuencias —tensiones que en sus etapas críticas adoptan un carácter psicótico— uno rápidamente se da cuenta de que este mismo desarrollo técnico ha creado la posibilidad de una inoculación psíquica contra tal psicosis de masas a través de ciertas películas, en las cuales el desarrollo forzado de fantasías sádicas o de delusiones masoquistas inhiben su emergencia natural y peligrosa en las masas. La risa colectiva presenta el escape oportuno y curativo de tales psicosis'.

BIBLIOGRAFÍA

Adorno, Theodor. "Letters to Walter Benjamin". *Aesthetics and Politics.* Ernst Bloch et. al. Londres: Verso, 1980.
Benjamin, Walter. "Chaplin in Retrospect". *Selected Writings 2 (1927-1934).* Cambridge: Harvard University Press, 1999. 222.
_____ "The Work of Art in the Age of Mechanical Reproduction". *Illuminations.* Londres: Fontana/Collins, 1979.
_____ "L'oeuvre d'art à l'époque de sa reproduction mécanisée". *Gesammelte Schriften* I/2. Frankfurt: Suhrkamp, 1991.
_____ "Das Kuntswerk im Zeitalter seiner technischen Reproduzierbarkeit". *Gesammelte Schriften* I/2. Frankfurt: Suhrkamp, 1991.
Buck-Morss, Susan. *The Dialectics of Seeing: Walter Benjamin and the Arcades Project.* Cambridge, MA: The MIT Press, 1989.
Caygill, Howard. *Walter Benjamin: The Colour of Experience.* Londres: Routledge, 1998.
Flores Galindo, Alberto. *La agonía de Mariátegui. Obras completas II.* Lima: Fundación Andina/SUR, 1994.
Hansen, Miriam. "America, Paris, the Alps: Kracauer (and Benjamin) on Cinema and Modernity". *Cinema and the Invention of Modern Life.* Leo Charney y Vanessa R. Svhwartz, eds. Berkeley: University of California Press, 1995.
Mariátegui, José Carlos. "Esquema de una explicación de Chaplin". *El alma matinal.* Lima: Biblioteca Amauta, 1979. 67.
_____ "El hombre y el mito". *El alma matinal.* Lima: Biblioteca Amauta, 1979.
_____ *Siete ensayos de interpretación de la realidad peruana.* Lima: Biblioteca Amauta, 1978.
The Circus. Charles Chaplin Productions. Farmington Hills, MI: First National Exhibitors Circuit, 1928.
The Gold Rush. Charles Chaplin, Dir. EE.UU., 1925.

Milagros y modernidad

Francine Masiello
University of California at Berkeley

> Creer y temer van muy cerca
> Juntos pero no revueltos
> Luisa Futoransky

En los últimos tiempos se ha vuelto imposible ignorar las discusiones acerca del fundamentalismo religioso y las creencias pre-modernas. Para algunos, estas tendencias significan un desafío al capital globalizado. Para otros, estos cambios permiten una resistencia al campo de la razón, el reclamo por una lectura alternativa de los orígenes, otras fuentes para autoafirmarse. Aunque vista con suspicacia, esta vuelta a la fe se mantiene viva y propone otra constitución de lo social que lime el filo posmoderno. Esto puede rastrearse en las manifestaciones de la cultura popular, es recogido como tema en la literatura y en el cine; sostiene un núcleo de fantasía que otorga significado a las comunidades marginadas. A la vez, es la apoyatura del proyecto neoliberal.

1.
Con el fin de plantear la pregunta sobre la fe y el poder de la representación, permítanme comenzar con algunos ejemplos del cine. Quizá ustedes recuerden la película colombiana de 1993 *La estrategia del caracol*, en la que el director Sergio Cabrera centra su atención en el desalojo de inquilinos de un barrio de Bogotá. Mientras los hombres traman una estrategia para sabotear a los dueños, las mujeres, por casualidad, ven a la Virgen. "El Señor no quiere que me vaya de esta casa", afirma una de las mujeres. La Epifanía avala los derechos de los inquilinos; también, el dilema de los desalojados otorga a la Epifanía un significado socio-político que, en otras circunstancias, no hubiera tenido. Tan importante como esto es el hecho de que las mujeres asuman una autoridad crítica y entablen una discusión con los hombres acerca de las tácticas para resistir a los dueños. El director Cabrera apunta hacia la significación política del milagro como forma de resistir desde abajo, de poner la fe al servicio del activismo popular. De hecho, la película concluye con el desmantelamiento de la casa desde adentro como resultado del trabajo subversivo de los inquilinos. Gloriosamente, y al final, se escucha un grito de venganza popular, "Ahí tienen su hijodeputa casa." Debería ser obvio que cuando los seguidores de la Virgen toman la calle, el poder del grupo excede tanto los circuitos de la política tradicional como los circuitos establecidos de la fe. Un drama de reconocimiento otorga nueva identidad a las masas.

Aquí, el filme nos pide que reflexionemos sobre la cuestión de la organización colectiva. ¿Cuáles son los principios que aseguran la definición del grupo? ¿Cuáles son las bases en las que se asienta la congregación social? Y finalmente, ¿puede un orden social estar basado en la fe, en lo milagroso? Emilio de Ípola ha escrito que las identidades sociales colectivas responden tanto a situaciones de amenaza como de creencia (1977, 66). En otras palabras, la negatividad y la afirmación organizan las prácticas del grupo. La fe provee las bases para una identidad propia que resiste la ley del Estado.

Embebido en estas escenas de fe, se produce un intercambio dinámico entre las políticas de las marcas visibles e invisibles en la vida metropolitana. Esta tensión entre lo observable y lo escondido no sólo plantea el reconocimiento de la Virgen sino que, en otra instancia, nos permite entender la línea que separa al ciudadano del delincuente, al Estado y sus figuras marginales. Se ha dicho que, bajo el neoliberalismo prevalece la máscara, avanza el tropo de la identidad equivocada, errónea o perdida. Si esta formación del Estado presenta y defiende una agenda multicultural con sus conexiones con múltiples formas de enmascarar y de nombrar, esto indica que para la participación social, hay que llevar disfraz. También sugiere que el Estado es el máximo impostor. Este tropo ha cobrado nueva fuerza en años recientes.

Consideremos, por ejemplo, los reclamos que en Argentina realiza el movimiento de trabajadores travestis que, bajo la convocatoria de Carlos Lohana Berkins, se ha hecho conocido como "Ciudadanía Travesti". El movimiento insiste en que la trasgresión de los trabajadores sexuales cuyo cambio de identidad se realiza en pos de una ganancia, no es muy diferente de las posturas del Estado neoliberal que constantemente altera su identidad para promover una agenda cuyo objetivo son las ganancias a través del mercado. La máscara le permite al Estado manipular sujetos para darles la identidad de ciudadanos completos, para otorgarles uniformidad y, por lo tanto, volverles transparentes. Y, desde el lugar de la sociedad civil, el juego de los sujetos visibles e invisibles —de hecho, el tropo de la máscara— protege a los ciudadanos de la vigilancia y les permite ser desafiantes. Volveré a las manifestaciones políticas de lo visible y lo invisible en la segunda mitad de este ensayo; por ahora me interesa particularmente el modo en que el binarismo se ejerce en torno a la "aparición". En el filme de Cabrera, el milagro funciona como un significante vacío que congrega personas, que inspira a la multitud a confiar en su propia autoridad.[1]

2.

Aun así, con el avance de la lógica del mercado, la advocación a lo sagrado en la literatura y en el cine se vuelve menos romántica y promete pocas posibilidades de redención. Una novela, recientemente llevada al cine, plantea el asunto de la fe, no tanto como resistencia social, sino como parte del proyecto básico del neoliberalismo en sí. Me refiero a *La virgen de los sicarios* (1994). Ambientado en el mundo del tráfico de drogas en Medellín, en medio de iglesias donde innumerables vírgenes cobijan tanto a delincuentes como a creyentes, este breve texto y la película que sigue tratan de mundos en conflicto que nunca encuentran una sincronización definitiva. Vallejo enfatiza la decadencia urbana de un mundo pos-laboral. Aquí la cuestión ética ha sido descartada; más bien, se trata de una sociedad en la cual las operaciones de la memoria han fallado, se destaca un espacio social en el cual la comprensión entre generaciones ha llegado a un *impasse*. Se explora este fracaso en los alrededores de Medellín, en los altibajos de las colinas de la ciudad que ofrecen, como telón de fondo, una imagen visual para recordar los desfases zigzagueantes de la fe que contrastan con una sociedad que ha perdido toda esperanza. Sin el optimismo del cineasta Sergio Cabrera, Fernando Vallejo nos lleva al borde de la crisis del neoliberalismo.

La película y la novela abren con una denuncia de la violencia urbana. Los excesos de la agresión se hacen notar en todas partes: en las calles, entre el lumpen e incluso en un mundo de clase media donde pocas personas trabajan para sobrevivir. En este ambiente, se vive por medio del robo o los privilegios de la herencia y en este sentido, el pueblo hace eco de los privilegios reclamados por el estado, el primer ladrón y propietario de las riquezas nacionales. La ética se pone en crisis, entonces, no sólo por la presencia de los jóvenes asesinos sino también por la figura del intelectual, un hombre que no trabaja y explota a aquellos jóvenes encontrados en Medellín. Con un futuro vacío para los delincuentes y, para el intelectual, un pasado que evoca la bancarrota de la nostalgia, todos los personajes representados en la obra de Vallejo atestiguan un presente estático sin esperanza de un proyecto comunitario.

Los lenguajes discordantes son testigos de este fracaso, pero el fracaso también se advierte en la representación de lo sagrado. Como se indica en el título, *La virgen de los sicarios* ofrece una promesa religiosa. Sin embargo, las imágenes de la Virgen en la capilla anuncian una fe bastardeada, con escaso sentido de comunidad y, ciertamente, sin un futuro a la vista. Así, los jóvenes utilizan los últimos bancos de atrás de la iglesia para traficar drogas y fumar marihuana Pero las evocaciones de la Virgen que acompañan al intelectual también sirven para mostrar la obsesión de un coleccionista; es decir, sus relatos sobre la Virgen son más importantes que la Epifanía o la redención.

Aquí la experiencia religiosa es muy diferente de la que se mostraba en el filme de Cabrera. Lejos de establecer una comunidad de creyentes, o una protesta contra la autoridad central, los íconos religiosos consienten el gusto de un coleccionista y casi se rozan con lo *kitsch*. Nos ubican en un mundo cuyo opuesto es el del consumidor. De hecho, el intelectual y los jóvenes que lo acompañan a visitar los santuarios de la virgen observan una suerte de obra de arte en proceso, acumulan detalles enciclopédicos sobre una ciudad en decadencia. Para el intelectual, entonces, la imagen de la Virgen sirve para retener el recuerdo de una época pasada, para retrotraerse a un tiempo en el que la fe ejercía un poder sobre los ciudadanos de Medellín. El rastreo de la Virgen se convierte en un *memento mori*, evidenciando la persistencia del deseo por el pasado en medio de un presente sin esperanzas. Claramente, la imagen importa más que el compromiso sagrado; como una alegoría de un deseo actual, trabaja a través de operaciones de sustitución y analogía en las que una imagen puede ser intercambiada por otra, hasta el infinito.

Celeste Olalquiaga en *Megalopolis* (1992) ha nombrado los diferentes registros de lo *kitsch* que atraviesan el mundo religioso mediante los íconos y las reliquias. Para ella, lo *kitsch* marca una sobrevivencia del sueño de trascender la modernidad; se trata de una ruina, una sobra de una etapa previa que designa el sentido fracasado de toda esperanza. Con respecto al texto de Vallejo, los sitios sagrados ofrecen fragmentos de significado, recuerdan al espectador la imposibilidad de encontrar un pasado unitario que dé sentido a la sociedad colombiana de hoy. Lo *kitsch*, explica Olalquiaga, cancela una realidad totalizante a favor de una serie de lecturas parciales, pasa desde la experiencia de la continuidad a una cadena de expresiones caóticas (94). De esta manera, se pierde la especificidad de la experiencia religiosa y señala un momento de intercambio de imágenes que se acerca al tipo de intercambio que domina el libre mercado. Vallejo así nos deja con una situación en la cual se defiende el poder de quien sea capaz de construir una ficción para sobrevivir en la actualidad o como él dice: "La humanidad necesita para vivir mitos y mentiras" (17).

3.

En el filme argentino *La ciénaga* (Dir. Lucrecia Martel, 2001), los personajes también persiguen una imagen de la Virgen, pero ninguno logra verla. Este episodio clave está situado en medio de una historia sobre la crisis de un sistema de creencias y la ausencia de estrategias significativas que pudieran otorgarle al neoliberalismo una base en la razón. Un gran éxito cuando se estrenó el año pasado, *La ciénaga* explora los modos de narrar el fracaso del capitalismo en Argentina y la búsqueda de algún acontecimiento significativo que pueda encender una chispa de fe. Ambientada en Salta, cerca del límite con Bolivia, la película reduce el curso del capital global a un malestar débil y local pero con una *frontera* siempre a la vista para recordar el fracaso en casa. Este es un filme en el que el deseo está en todas partes, pero su satisfacción erótica está notablemente ausente; en el que las historias de vida son decadentes y la familia en bloque expone sus fisuras, sus defectos. En este contexto, toda acción carece de importancia, se reduce a la nada; abundan los cuerpos heridos y mutilados. La crisis real en *La ciénaga*, entonces, es la falta de significado y la ausencia de un proyecto simbólico que pueda conjugar forma e imagen.

Desde la primera escena, en la que se arrastran las reposeras por el patio sin un propósito a la vista, una sensación de vacío impregna el filme. No hay símbolos que puedan deducirse de estas imágenes, no hay una finalidad en las acciones de los personajes ni manera de aliviar el aburrimiento. Sólo cuando los actores oyen que la Virgen ha aparecido en un costado de un tanque de agua, se ponen en movimiento —aunque de una manera letárgica— para investigar lo que pasa. Pero una vez allí, nadie ve ninguna imagen. La mancha en el tanque de agua no es siquiera un significante vacío. No hay una comunidad reunida; no se espera ningún cruce entre política y milagro.

En *La ciénaga* se ingresa en un mundo gobernado por obra del azar. Los acontecimientos fortuitos y la conversación trivial dominan el filme, al tiempo que se evita la historia. No hay pasado; no hay futuro; no hay un marco nacional viable que pueda proporcionar un contexto para el sentido. Y donde podría esperarse encontrar una conexión entre el deseo y la imagen (al menos una imagen de la Virgen), sólo se obtiene una visión vacía. Se abandonan la razón y la esperanza y, en cambio, todos los hechos parecen azarosos. Así, el filme empieza y termina con una serie de accidentes: al principio, por causa del consumo de alcohol, Mecha se desploma en el patio; en el cierre, se produce la caída fatal del niño Luciano de una escalerita. Nada puede ser justificado; tampoco ayuda la aparición de la Virgen para alentar la esperanza. Ningún milagro redentor es capaz de prometer una vida nueva; ni siquiera las pequeñas rebeldías de los personajes despiertan una conciencia de cambio.

La naturaleza también es cómplice. La humedad representada en el filme podría sugerir metáforas de nacimiento y resurrección pero, en realidad, es el propio curso de la naturaleza hacia la decadencia lo que conduce a un lugar donde nada florece ni tolera la posibilidad de la vida, donde toda noción de espacio es confusa, incluso los límites entre norte y sur, entre Bolivia y Argentina, entre Buenos Aires y las ciudades del interior. Toda comparación se pierde en *La ciénaga*.

El filme de Martel expone los límites de la representación como un proceso nacional y local. La amnesia colectiva de los personajes, la falta de significados profundos detrás de las formas significantes, el conflicto entre la imagen vacía y el deseo, simplemente suceden. De todos modos, podemos hacer una lectura retrospectiva del filme para reflexionar sobre lo que sucede hoy en día. Podría parecer que, en el filme, no hay *un afuera* de la globalización ni del neoliberalismo que nos rodea; aun así, el escenario local de Salta fracasa en sostener una vida interior posible. Desde la posición ventajosa del presente, nos lleva a pensar en un Estado neoliberal que se desliza a través de un cenagal de representaciones cambiantes sin alcanzar demasiado significado. Las instancias del filme apuntan a señalar hacia una modernidad dominada por fragmentos de pensamiento incompleto. En la búsqueda de un significado que supere el olvido social, nos encontramos con un conjunto de máscaras móviles en el que una opaca experiencia privada ahoga la capacidad unificadora del Estado. Finalmente, tanto el poder como el potencial de coherencia han sido vaciados de sus significados previos. El fracaso de la representación nos veda la posibilidad de pensar en un futuro. Pero para hablar del campo de los milagros y su fracaso en la representación, hay que pensar también en el Estado argentino actual y las creencias premodernas que el mismo despierta.

Argentina es un país cuyos intelectuales han intentado, notablemente, asignar significado al pasado, consolidar una tradición nacional para luego desafiarla. Curiosamente, la reciente crisis monetaria ha provocado un dramático cambio de pensamiento, ha dotado a los ciudadanos de distintos grados de conciencia y ha producido una extraña semejanza con las prácticas de devoción religiosa. En este retorno a un lógica preinstitucional, fuera de las líneas rectoras de la modernidad, con frecuencia encontramos desesperación y, otras veces, una fuente de esperanza.

Desde el lado popular, pensar en el renovado interés en la Difunta Correa, cuyo sepulcro y santuarios recibieron, el año pasado, más de 600.000 visitantes; el permanente culto a San Cayetano, el patrono de los trabajadores que —como ha expresado Beatriz Sarlo— ofrece una mayor oportunidad para ayudar a encontrar empleo que cualquier gesto oficial de un ministro de trabajo; el tratamiento reverencial otorgado al cantante cuartetero Rodrigo y al sitio del accidente que le costó la vida, donde sus seguidores van a rogarle favores. Todas estas manifestaciones certifican esta poderosa corriente. A la distancia podríamos decir que estos ejemplos sirven para sentimentalizar la experiencia mientras que permiten a los fieles probar su suerte en la rueda de la fortuna; pero también permiten alentar la esperanza de acceder a algún tipo de significado. No es casual que este tipo de devoción popular emerja en un momento en que la antigua religión del Estado ha sucumbido también al pensamiento mágico.

Alguien podría considerar esta última disposición de la fe como una especie de *kitsch* del nuevo milenio, pero existe otro modo de leerla que evoca metáforas de la modernidad neoliberal. Nos recuerda que el paquete completo de la globalización está destinado a ser conducido por la fe, por *creencias*, y por una suerte de vudú económico en el que la aparición de la Virgen parece un hecho menor. Judith Butler nos explica recientemente que lo que en el caso de Antígona puede parecer un acto de transgresión, en realidad no es una política de pureza oposicional sino lo que ella denomina una política de lo "escandalosamente impuro" (*Antigone's...* 5). No es que Antígona, criminalmente, haya desafiado al Estado, sino que, de hecho, participa de su lógica. En el caso de los milagros de nuestros días y la superchería que quisiera coordinar aquí, la práctica de la magia aflora a ambos lados de la divisoria que separa el Estado de sus ciudadanos. En particular, estos milagros surgen en torno a las inversiones de fe asociadas a cuestiones de dinero.

La crisis financiera del último año no sólo ha originado un nuevo vocabulario para definir las creencias actuales, sino que también ha impulsado una nueva fe con respecto a las formas simbólicas. No se trata sólo de que *crédito* y *creencias* compartan una raíz común, sino que el lenguaje de la confianza fiduciaria y la *redención* caen también dentro del marco cristiano. Esto es hoy aún más interesante cuando, a pesar de la invisibilidad de las garantías económicas, se pretende mantener el milagro del intercambio económico. *Pesificación, dolarización, lecops, patacones, patacones serie A* y *patacones serie B, patacones educativos* y también el fenómeno de los *patacones truchos*, o el bono falsificado que se suponía que pasara como dinero: ésta es la suma de expresiones de una congregación impulsada por devociones semanales. A su vez, estas expresiones producen una nueva relación del adentro y el afuera, un cruce de superficies y profundidades; cruzan las líneas que separan la realidad de la ficción, los asuntos concretos y las quimeras. Inclusive, el fenómeno del *arbolito* —el cambista de la calle que vende pesos por dólares, o viceversa— ha encontrado una nueva congregación entre la comunidad travestida que dice que es más fácil pasar dólares a pesos que insistir que un hombre pase por mujer. En un vertiginoso cruce de símbolos, hasta el McDonald's ha inventado el "patacombo", en honor al bono denominado Patacón. Y, en un ámbito mucho más serio, se ha producido otro cambio: lo que una vez fue definido como *el pueblo* ahora es, simplemente, *la multitud* (Pienso, desde luego, en Hardt y Negri).

Esculpiendo milagros, el nombre de una nueva revista antiglobalización de Buenos Aires, señala, desde el título mismo, el reino mágico en el que se mueve ahora; obviamente sin los beneficios que la corporación Disney podría ofrecer. La revista captura la tendencia hacia un nuevo sistema metafórico que ha llegado a dominar la vida social. De *ajuste* a *convertibilidad*, de *convertibilidad* a *reciclaje*, de *transparencia* a *redenciones*, un vocabulario extraño sostiene los últimos ritos del neoliberalismo, proveyendo, junto con las apariciones sagradas, una palabra que ciegue los ojos de los videntes. Este nuevo léxico trae a la memoria el deseo del público de tener evidencias materiales de la fe pero, al expresarse a través de un sistema de sustituciones, por lo general resulta más emparentado con las pruebas que a menudo reivindican la aparición de la Virgen.

Después de la era de la *plata dulce* bajo Martínez de Hoz, se buscó afanosamente la fortaleza del dinero constante o, lo que Tulio Halperin-Donghi —usando el término del Instituto di Tella— ha descripto como *"la plata fresca"*. Como si, frente a tanto escándalo, el dinero real fuera cosa de fideos, como si el único comestible deseado fuera la pasta con respaldo dólar. Las monedas posteriores asumieron el aura de las apariciones, demandando inversiones de fe y una confianza en la redención que, dado el estado de las finanzas nacionales, son verdaderamente contra-intuitivas. Frente a esto, salen estrategias de intercambio mediante las cuales, el público se esfuerza por alcanzar lo tangible. Domina, entonces, el trueque.

Un sector del mundo del arte ha propuesto un interesante vale de intercambio. Roberto Jacoby, director de la revista de arte *Ramona* y partidario de las artes visuales en su vena más juguetona y vanguardista, introdujo el proyecto Venus, un sistema de intercambio de servicios en el mundo del arte, para suscriptores voluntarios. El dinero de Venus es un pagaré que compromete al trueque de diversas actividades en el mundo de la cultura. Jacoby lo llama "una moneda de deseo", con la cual intenta crear una micro-sociedad en la que belleza y deseo se reconozcan como valores de cambio. Jacoby dice al respecto:

> La crisis económica terminal de la Argentina, la supervivencia de los funcionarios culturales de la dictadura militar en puestos clave, la ineptitud y la corrupción de buena parte de los funcionarios, no han logrado todavía aplastar los impulsos creativos de la sociedad civil. Por el contrario, la vida cultural es efervescente aún en medio de la gran pobreza y dificultades.
>
> El desarrollo de esta nueva moneda del deseo se ha encontrado con una situación muy favorable ya que la moneda estatal se encuentra en crisis. Las provincias emiten sus propias monedas que coexisten con la moneda oficial.
>
> La contracción económica ha producido lo que los economistas llaman "astringencia" y los intercambios se restringen. En forma espontánea, los sectores más pobres de la población emiten sus propios vales para realizar intercambios horizontales de servicios y bienes.
>
> Una micro-sociedad a nombre del arte es un objetivo posible.

La moneda Venus asume muchas formas: es tanto un bono impreso como una transferencia electrónica; puede ser singular y personalizada o abstracta y general. Sobre todo, el dinero de Venus provoca un enfrentamiento entre las monedas ficticias del Estado y las creencias populares que defienden una comunidad alternativa.

La relación entre las metáforas de fe (crédito, por ejemplo) y las metáforas de la circulación de moneda (transparencia, convertibilidad) nos lleva al centro del debate sobre la función del arte en tiempos de crisis. En efecto, hace que cuestionemos qué clase de fe se necesita para sostener un aparato discursivo y, al mismo tiempo, para sostener un proyecto de libre mercado. Algunos textos literarios han anticipado esta interrelación, haciendo un inventario de la fe ciega del público en la religión del dinero. Ofrece el salto lógico para pasar de *la plata fresca* a las fantasías de la *plata quemada*.

En su novela de 1997, Ricardo Piglia anticipó estas cuestiones al señalar nuestro apetito por el dinero. Así, en *Plata quemada*, nos lleva hacia la materialidad de los billetes robados, señalando todo el tiempo el contraste entre la visibilidad de los papeles bancarios y las vagas abstracciones de la fe que el mismo dinero produce. Ni incorpóreos ni alejados de un referente concreto, los dólares que aparecen en *Plata quemada* nos recuerdan las formas materiales de la moneda de intercambio. Más importante aún: estos billetes señalan la relación entre signo y deseo.

Desde luego, con el tema de la plata robada y la droga, Piglia arma una metáfora sobre nuestros hábitos de adicción: la adicción social al dinero y la adicción personal a la droga. En la novela, la forma material de hambre de dinero es necesaria para sostener el corpus textual; también el hambre de droga ordena los cuerpos de los delincuentes. De esta manera, Piglia logra tejer los distintos niveles de deseo que llevan a todos a un punto de intercambio material de signos y al mismo tiempo nos obliga a pensar en el carácter ilusorio del valor social marcado por este intercambio.

Plata quemada se centra en el dilema neoliberal de nuestros días a la vez que expone los mitos y deseos que rodean la moneda que usamos. Así como la ficción es una ficha que se vende, se cambia y luego se consume, el mundo del dinero provoca dramas parecidos con respecto a la circulación y el tráfico de la fe. El dinero, como ficha de intercambio, depende de nuestra fe en los símbolos; sostiene también el lenguaje y la trama e incita a la adicción crónica. Como si anticipara la crisis actual de la Argentina, Piglia juega con el mundo de las creencias a la vez que exalta la fe en la ficción como algo que se propaga tanto desde el Estado como en su contra.[2]

Adhiriéndose a diferentes poéticas, otros escritores del Cono Sur también han anticipado la actual crisis en América Latina. Por ejemplo, Cristina Peri Rossi en *La última noche de Dostoievski* (1992), vuelve a pensar la asociación entre dinero y arte tal como surge en los hábitos del juego de azar. Se pregunta si la fe en la representación es el único paso necesario en la rueda de la fortuna. El juego en el casino, en el que se centra la novela, nos lleva al caso límite de la fe y la nada; su única realidad son los números que sostienen una lógica de compraventa, en la que se pone a prueba las fronteras entre la fe y la trampa, entre la fantasía y el estatuto de lo real. La novela de Peri Rossi nos acerca al dilema neoliberal al cuestionar cómo se pueden representar formas puras de intercambio cuando no hay nada detrás del trueque. Como quiera que sea, el asunto es que el juego de la fe culmina cuando aceptamos *la ficción:* y aquí entra la gran esperanza depositada en la ficción literaria y en el arte. Al creer en el poder del arte, se pone en marcha un método que pertenece al efecto mágico del neoliberalismo (en tanto éste esconde la verdad de las cosas y propone un mundo de simulacros sin base en lo real); pero al mismo tiempo, el arte —lo que pertenece al imaginario libre, no sujeto a las leyes del Estado, simultáneamente se resiste a su orden y propone nuevas verdades.[3]

Cierro con un tercer ejemplo. Mientras proliferan en América Latina múltiples ficciones sobre la fe en el dinero y la confianza (y desconfianza) en el poder de cambio que el mismo dinero ofrece, también ha surgido un nuevo elenco de obras literarias dedicadas al mundo del trabajo, con el trabajo como objeto de fe. No me refiero necesariamente a los escritores que han sido herederos de cierto realismo social (en la tradición de Roberto Arlt o Manuel Rojas) sino a los que toman el mundo laboral como pretexto para reflexionar sobre la construcción de las creencias, los hábitos de resistencia del obrero, la fe en la compensación por el trabajo, la subjetividad construída bajo la promesa del dinero redentor. Estos temas están en auge; ver no más *La villa* de César Aira, *Boca de lobo* de Sergio Chefjec, o *La extinción*, el estudio de Martín Caparrós sobre un mundo de trabajo perdido que ya no volverá más a la

Argentina. Pero quiero referirme aunque sea brevemente a *La mano de obra* (2002), la nueva novela de Diamela Eltit. Siempre anticipando con feroz inteligencia los dramas del neoliberalismo, Eltit ha dedicado gran parte de su obra literaria a metaforizar el mercado. Este libro reciente trata con toda seriedad aquel espacio que es el centro de conflicto popular en el esquema del mercado neoliberal, el espacio donde la polis pone a prueba su confianza y fe en la ficción del dinero. Me refiero al espacio público definido por el supermercado. El super, como Diamela lo llama, es el centro de angustia de toda la comunidad, para los que no pueden comprar por falta de dinero, para los viejos que frecuentan el supermercado como para ver pasar el tiempo antes de morir, para la multitud que insiste en su derecho de comer y roba, hurta, hace violencia para adquirir un pedazo de pan y, por supuesto, para los obreros que han encontrado trabajo allí. Más que nada, en la novela de Eltit, el supermercado es una fuente de *trabajo* y la novela se narra desde la perspectiva de los empleados bajo contrato allí. La gradual desocupación de cada uno de los personajes corresponde a un gran juego estético en la novela con el cual Eltit maneja las cuestiones de fe que cada uno expresa. Desprovistos del dinero que corresponde a un trabajo realizado, desprovistos del derecho de participar en el espacio público representado por el lugar del trabajo, los obreros de todas maneras siguen cumpliendo con su tarea como si estuvieran recibiendo un salario. Gabriel, por ejemplo, un muchacho que empaquetaba la mercadería del super hasta convertir los productos embolsados en espectáculos cercanos al arte, trabaja sin pago y vive de las propinas que la clientela le puede proporcionar. Pero una vez despachado de este trabajo humilde y marginal en sí, Gabriel va a su casa donde sigue ensayando las diferentes maneras de envolver paquetes imaginarios. La memoria del mundo laboral le imprime costumbres certeras, le constituye la posibilidad de pensar en su obra en el contexto de la producción de arte, de definirse como performancista aun sin el espacio teatral que le fue otorgado por el supermercado. Entonces es la fe en el arte lo que reemplaza la fe en el dinero. *La mano de obra* propone otras versiones de la fe que obsesionan a todos aunque ninguna tenga la posibilidad de asegurarse un futuro. Insiste, así, en la ceguera de todos frente a la caída del mundo laboral y frente a la ausencia de un estado protector que beneficie al pueblo. Entonces enfrentamos una paradoja: es la fe-sin-fe lo que motiva a los descreídos en su afán de seguir creyendo.

    En términos generales, entonces, este doble movimiento expone lo que ha estado oculto y provoca dudas acerca de lo que vemos. Así, frente a un mercado supersaturado de signos vacíos y de poca promesa para quienes viven en su entorno, se ve un travestismo de identidades. Frente a la mistificación de valores sin futuro, cada uno va con su verdad a cuestas. Actualmente, los movimientos sociales intentan develar el engaño federal, además de examinar el dilema de la crisis en la Argentina. Más que nada, exponen una crisis de vaciamiento detrás del campo de las representaciones. Los actos de los escraches, el proyecto del grupo HIJOS, los cacerolazos espontáneos, las asambleas callejeras, las marchas de los piqueteros corresponden sin duda a un deseo mayor de producir sonidos donde hubo silencio, de ventilar las falsas creencias que se han insuflado en los pulmones de la nación, de liberar de los corrales de la cultura un nuevo arte con el fin de pensar las avenidas de acceso a la democracia posible. Tenemos mucho que reflexionar sobre la crisis actual en la que el Estado sostiene la ilusión de milagros futuros mientras los ciudadanos descubren sus mentiras y, luego, desarrollan sus propias ficciones a falta de otra promesa. Del mundo virtual de cheques y tarjetas de plástico, de patacones y lecops, de un pueblo sin confianza en la representación de la verdad a través de los políticos elegidos, se despierta una sed de creer, una sed que no se puede saciar por los medios habituales. En efecto, en la teología del nombrar que impulsa tanto debate, estamos obligados a preguntarnos acerca de nuestra fe en el futuro y del futuro de nuestra fe.

Traducción: Clara Klimovsky

Notas

[1] Ver, en este contexto, el libro de Roland Barthes, *Mythologies*, donde explica que las artes ocultas y la astrología permiten al sector popular controlar un aspecto del régimen simbólico en términos propios.

[2] La obsesión por el valor de intercambio de las monedas ocupa una larga tradición en la literatura argentina desde Arlt y Borges hasta Piglia. Después de la publicación de *Plata quemada*, Piglia otra vez intentó acercarse a la cuestión de las monedas, la falsificación y el deseo en un cuento breve, "Pequeño proyecto de una ciudad futura", *Ramona* 19-20 (diciembre 2001): 5-7.

[3] Muchos escritores se han referido al poder de la magia para desafiar las leyes del estado. Al construir otro orden de fe (que se basa en el poder del arte), se logra reclamar el valor de la experiencia privada y resistir, al mismo tiempo, el orden de simulacros propuesto por el estado. No sorprende, entonces, el énfasis en la lectura de las cartas o la astrología o las ciencias ocultas que se ha visto en autoras como Olga Orozco. Estas tendencias se han renovado en la literatura de los últimos años.

BIBLIOGRAFÍA

Barthes, Roland. *Mythologies*. Annette Lavers, trad. New York: Hill and Wang, 1972.
Butler, Judith. *Antigone's Claim*. New York: Columbia University Press, 2000.
Cabrera, Sergio, Dir. *La estrategia del caracol*. Columbia Tristar, Colombia, 1993.
Chejfec, Sergio. *Boca de lobo*. Buenos Aires: Alfaguara, 2000.
Eltit, Diamela. *Mano de obra*. Santiago de Chile: Planeta, 2002.
Ípola, Emilio de. *Las cosas de creer*. Buenos Aires: Ariel, 1997.
Jacoby, Roberto. "¿Qué es el Proyecto Venus?" www.proyectovenus.com
La virgen de los sicarios. Dir. Bonbet Schroeder. Hollywood, Paramount, 2002.
Martel, Lucrecia. *La Ciénaga*. Argentina, 2001.
Olalquiaga, Celeste. *Megalopolis: Contemporary Cultural Sensibilities*. Minneapolis: University of Minnesota Press, 1992.
Peri Rossi, Cristina. *La última noche de Dostoievski*. Madrid: Mondadori España, 1992.
Piglia, Ricardo. *Plata quemada*. Buenos Aires: Planeta, 1997.
_____ "Pequeño proyecto de una ciudad futura". *Ramona* 19-20 (diciembre 2001).
Vallejo, Fernando. *La virgen de los sicarios*. Santafe de Bogotá: Editorial Santillana, 1994.

III. Imágenes de la modernidad

Fray Mocho, un cronista de los márgenes

Adriana Rodríguez Pérsico
Universidad de Buenos Aires
CONICET

El fin del siglo XIX conoce el pasaje de la cultura de élites a la cultura de masas. En este contexto, en 1898 comienza a publicarse en Buenos Aires la revista semanal *Caras y caretas*, que ensaya un nuevo tipo de periodismo destinado a un público en formación. Con humor y un oído que le permite incorporar registros, tonos y acentos de la oralidad, su fundador, José S. Alvarez —más conocido por el seudónimo de Fray Mocho— imagina escenas de la vida cotidiana que interpretan criollos y extranjeros. Estos rápidos perfiles se integran a la serie de fotos comentadas de *La vida de los ladrones célebres de Buenos Aires y su manera de robar* (1887), a los retratos de hampones incluidos en *Memorias de un vigilante* (1897) y a las breves historias gauchas de *Un viaje al país de los matreros* (1897).

Los títulos de las secciones y las notas explicitan tanto el espectro temático cuanto los principios y la organización de una escritura: "Siluetas metropolitanas", "Antaño y ogaño", "Recuerdos de Entre Ríos", "Callejera", "Crónicas Sudamericanas", "Episodios Policiales". Bajo su mirada estereoscópica caen grupos sociales y clases emergentes —desde inmigrantes hasta rastacueros— que se juntan con anacrónicos y orgullosos criollos; marginales que involucran a atorrantes, vagabundos y ladrones; gauchos malos como Calandria o Juan Moreira; personajes de la historia americana, como el general Artigas, y de la historia local a través de anécdotas protagonizadas por Sarmiento, Mitre o Roca.

El cronista, que oscila entre la adhesión y el desagrado frente a la modernidad, se entusiasma a menudo con los avances tecnológicos. En "Instantáneas metropolitanas", Nemesio Machuca —otro seudónimo de José S. Alvarez[1]— informa, deslumbrado, sobre el kinetoscopio.[2] El atorrante, uno de sus personajes favoritos, inventa un arma curiosa —la ametralladora silforama— que dispara balas e imágenes.[3] Un capítulo de *El mar austral* (1898) —cuyo subtítulo es *Croquis fueguinos*— se llama así. Esta idea de la crónica como instantánea, de "fotografía en movimiento", se reitera en el sistema de nominación: "croquis", "bocetos", "pinceladas", "siluetas", "aguafuerte", "reflejos". La construcción de escenas elementales que se yuxtaponen hace que la crónica se acerque al montaje cinematográfico. La mirada enfoca como si fuera el lente de una cámara y registra, con voluntad de abarcar todo, tanto los objetos y los sujetos más disímiles como los espacios opuestos. Recorta pero no busca el detalle sino lo general, con el fin de montar las escenas sobre un par de elementos que tipifica y remata en suave burla. El "cinematógrafo criollo" —como designa el narrador a *Un viaje al país de los matreros*— cierra con la despedida del cronista y Ño Ciriaco:

"volvía la espalda a la región maravillosa que, como un cinematógrafo, había desplegado ante mi vista los cuadros más hermosos de su vida apacible y misteriosa" (283).

En su biografía de Fray Mocho, Ernesto Morales cita una carta de Roberto Payró que resume las posiciones de los coetáneos. A partir de ese momento y por décadas, el escritor asentará su lugar en los dominios del costumbrismo:[4]

> Dibujando y manejando el color como Ud. lo hace, queda su *País de los matreros* como un documento, como uno de esos grabados que fijan la característica de una época, y a los que recurren pintores y escritores para inspirarse y saturarse en su espíritu. Si sus gauchos hablan o se mueven, son *ellos mismos*, no pueden confundirse con nadie, tienen personalidad y carácter hasta en sus detalles más mínimos, porque Ud. deja poco a la sugestión, y haciendo obra acabada, presenta sus tipos de cuerpo entero, con todos sus rasgos principales, y anima sus cuadros con un soplo de la misma naturaleza. (45-6)[5]

Alineada en el criollismo o en la modernidad, la matriz de la producción textual es la crónica, un género adecuado al pulso nervioso de esos años puesto que, como afirma José Martí en el *Prólogo al Poema del Niágara,* han pasado los tiempos de las obras monumentales. Por esa época, la prensa porteña cuenta con colaboradores célebres, como el mismo Martí o Rubén Darío, que acercan a los lectores burgueses las actualidades extranjeras a través de las columnas de *La Nación*. En cierto sentido, Fray Mocho escribe el reverso de los retratos malditos de *Los raros*: en vez de artistas, encontramos individuos del pueblo; nombres de modestos oficios sustituyen a los apellidos descollantes; el hereje Lautréamont o el divino Verlaine ceden el primer plano al mercader italiano de embutidos, al lechero vasco o a la sirvienta española.

En su libro sobre el discurso criollista, Adolfo Prieto consigna las cifras impresionantes que tiraba, cada semana, la revista; el suceso se debía, en gran medida, a las intervenciones de Fray Mocho.[6] ¿Por qué es tan eficaz su prosa?, ¿por qué recogió el éxito contemporáneo y la gracia perdura cien años después? Quiero recordar aquí la opinión de Jesús Martín Barbero: "No podemos entonces pensar hoy lo popular actuante al margen del proceso histórico de constitución de lo masivo: el acceso de las masas a su visibilidad y presencia social, y de la masificación en que históricamente ese proceso se materializa" (10). En el inestable campo cultural argentino, el proceso en que lo popular se articula con lo masivo se perfila en las últimas décadas del siglo XIX. ¿De qué está hecho este entramado en la obra de Fray Mocho? Yo diría que se da en la combinación de varios factores: 1- la suma de retazos de varios géneros (la picaresca, la biografía popular, el costumbrismo, las fisiologías, el relato de casos policiales); 2- la adopción de una posición de escritura que se hace cómplice, ante todo, del lector y, luego, de los personajes; 3- esta posición implica una profunda ambigüedad que abarca las esferas de lo moral, lo político y lo ideológico. La complicidad y la ambigüedad afirman su función constructiva. Con excepción de alguna biografía gaucha, los textos no emiten juicios de valor; por el contrario, insisten en que sólo se trata de poner en movimiento estratagemas para la supervivencia, de acomodarse a las nuevas reglas; 4- el cruce de temporalidades, cuestión que supone que la modernidad va de la mano con la tradición. Si la primera aporta tópicos urbanos y técnicas provenientes del cine, la tradición acerca leyendas de la patria chica y encuadra, en paisajes rurales, a personajes que participan de la memoria colectiva.

El entretejido de estos rasgos convierte a Fray Mocho en un escritor que usa la crónica para hacer visibles los restos que dejan los procesos de modernización. En la ciudad, los márgenes encarnan en una galería de pícaros casi simpáticos y delincuentes no muy crueles; en el campo, despliegan una serie de cuadros donde se retoma, con variantes importantes, el ideologema de la dicotomía civilización-barbarie. Ambos espacios corresponden a sus obras más conocidas: *Memorias de un vigilante* y *Un viaje al país de los matreros*.

Memorias de un vigilante combina estrategias discursivas de larga tradición —como el recurso a un yo ficticio que narra sus memorias— y modelos literarios, acumulando características de varios géneros populares. Acude, ante todo, al tópico de la gratuidad de la escritura; su tiempo es el dedicado al ocio. En lugar del testimonio y la denuncia, la finalidad consiste en dar a publicidad las propias experiencias. Un segundo sentido convierte a la memoria en instrumento humano que compensa las falencias de los métodos de control: "[...] unos a los otros se van enseñando el mal hombre —cuya filiación, nombre y costumbres, si no se inscriben en un registro, quedan sin embargo grabadas en la memoria de quienes no lo olvidarán jamás y serán capaces de encontrarlo más tarde, aunque se transforme en pulga" (*Memorias..* 77).

La primera parte adopta la forma de un relato de aprendizaje que empieza con el nacimiento del héroe, sigue su infancia desolada, la separación de los padres por penurias económicas, las transformaciones —de gaucho pobre a soldado de frontera y a policía en la ciudad— y culmina con el apogeo del ascenso profesional y la consolidación de una familia. Obviamente, el esquema coincide con el que preside la novela picaresca española del siglo XVII. Fabio Carrizo es un Lázaro entrerriano que hace carrera en Buenos Aires. El capítulo titulado "De paria a ciudadano" explica la evolución del personaje al tiempo que condensa los logros en la obtención de los derechos cívicos.[7] Antes se opera otra metamorfosis, a partir del momento en el que el joven carrero es apresado en una leva por carecer de papeleta.[8] Por instantes, resuenan ecos del género gauchesco mientras la víctima se erige en portavoz del grupo:

> El hecho es que cada vez que se ve una chaquetilla de infantería puesta sobre un pantalón particular, un sable golpeando sin gracias las canillas de un compadrito y un kepí con vivos colorados jineteando sobre una chasca enmarañada y estribando en los cachetes por medio del barbijo roñoso, el alma se subleva: uno recuerda los primeros dolores y las primeras humillaciones, y, por las dudas, pela el machete, para vengar, si no los agravios de uno, los de aquellos que más tarde han recorrido el áspero sendero. (*Memorias...* 30)

En la estructura de la picaresca engarza esta segunda matriz que desarrolla la biografía popular de una buena parte de la literatura argentina, tal como la consignan desde *Facundo* hasta *Martín Fierro*.[9] Hace tiempo escribí que en el relato que hace Sarmiento de las biografías de caudillos hay un acontecimiento que quiebra las vidas y precipita a los sujetos en la carrera del crimen: los caudillos desertan del ejército o reniegan de la familia. El choque entre el individuo y las instituciones, sean estatales o de otro tipo, resulta crucial en la configuración de la subjetividad (véase *Un huracán...*). Si el ejército es, para Martín Fierro, fuente de humillaciones y desgracias, el caso de Fabio Carrizo muestra el lado positivo —y en este punto, da una vuelta al género, inscribiendo en él la coyuntura socio-política— porque funciona como primer maestro: "Allí, en las filas, aprendí a leer y a escribir, supe lo que era orden y limpieza, me enseñaron a respetar y a exigir que me respetaran, y bajo los ojos vigilantes de los jefes y oficiales se operó la transformación del gaucho bravío y montaraz" (*Memorias...* 31). El batallón oficia de hogar y de escuela al punto que el protagonista adquiere el nombre junto con el rango; en la cúspide de su trayectoria, será el "cabo Fabio Carrizo".

La cárcel también educa. Pero, contra el riesgo de multiplicar pedagogos y enseñanzas honestas, *Memorias de un vigilante* hilvana situaciones ejemplares que angostan o, por lo menos, tornan ambiguo el carácter benéfico de las instituciones, puesto que, a veces, la educación sirve para delinquir. Fabio cuenta la historia de un ladrón que, a fuerza de leer, logra imitar modismos y argumentaciones leguleyas con los que vela su origen compadrito. En otras palabras, el sujeto se vale de los conocimientos adquiridos para fingir lo que no es. Irrumpe aquí el tópico finisecular de la simulación, que manipula también "el pillo extranjero" toda vez que "adopta la forma necesaria para cada una de sus empresas oscuras y malignas" (*Memorias...* 84). El saber permite el transformismo y afina la astucia para el ocultamiento, hasta que el ojo experto del investigador descubre la farsa.

La llegada a la ciudad produce otros cambios: en la vida del sujeto, cuando entra en la policía, y en la valoración de las normas sociales, cuando introduce la figura de Regnier, un Virgilio loco. Con eclecticismo y jocosidad, el texto reivindica aprendizajes oblicuos; el memorialista destaca dos maestros peculiares que lo guían en Buenos Aires; mientras el sargento Servando Gómez, también provinciano, lo instruye en la profesión, Regnier, "el hombre providencial" que ilumina el camino del narrador —como el ciego lo hace con Lázaro— es, en realidad, "un atorrante de levita" (*Memorias...* 57) que cada tanto se recluye en el manicomio, por voluntad propia. Fray Mocho ama esta figura, a la que dota de espíritu libertario y generosidad. Sus atorrantes comparten con *dandies* y anarquistas las protestas contra las apariencias sociales y la vida desacralizada de las urbes modernas; son perseguidores de ideales y de sentidos vitales.[10]

La segunda parte de *Memorias de un vigilante*, "Mundo lunfardo", pergeña una tipología que facilita la identificación de los delincuentes. Sabemos que el auge de los modelos cognitivos —que proveen ciencias como la psiquiatría, la embriología o la paleontología— coincide con formas de control de la población mediante registros policiales, archivos fotográficos criminales y retratos hablados, el examen de huellas digitales y el empleo del método antropométrico. El memorialista critica las políticas estatales que aprecian algunos adelantos modernos y desdeñan otros que cumplen la tarea de vigilar la sociedad:

> Aquí nos hemos ocupado del adoquinado y rectificación de calles, de formación de paseos, de obras de higiene convencional y de todo aquello que luce a primera vista; pero respecto a organización social, a medios de conocernos y controlar nuestros actos todos los convecinos, vivimos como en tiempo del coloniaje. (*Memorias...* 76)

El narrador se quiere traductor de una jerga —explica por ejemplo, qué es *embroquen* o *darle el esquinazo*— e introductor de tretas y artimañas de los malvivientes: "Penetrar en la vida de un pícaro, aquí en Buenos Aires, o mejor dicho, en lo que en el lenguaje de ladrones y gente maleante se llama *mundo lunfardo*, es tan difícil como escribir en el aire" (*Memorias...* 75). Las memorias toman, en este momento, las sendas de la investigación mientras el detective recorre las calles en busca del delito.

Los modos de elaborar la oralidad interpelan con fuerza al lector. Los personajes se autojustifican en el curso de la conversación o del monólogo. Los protagonistas son *pícaros* o *pillos,* criollos o extranjeros, sobre los que el policía arroja una mirada comprensiva y, en algunos casos, aleccionadora, porque, para la justicia literaria, es mayor falta la avaricia que la estafa.[11] A veces, el delito se acerca al territorio estético, tal como muestra "El arte es sublime", que detalla el trabajo del "limpiador de bolsillos" o punguista. El capítulo termina con una escena en el Café de Cassoulet, lugar de encuentro del hampa, un tugurio en el que policía y ladrón comparten la mesa. La escena metaforiza la posición de enunciación; pone en escena una política de la escritura que se constituye en torno al principio de complicidad y ambigüedad. El lector casi aprueba, cuando por ejemplo, el estafador justifica su engaño apelando al sentimiento nacional: "¿qué va a hacer uno cuando ve un *tano* —napolitano— que a fuerza de no comer junta unos marengos, y lo primero que hace es largarse a su tierra?... ¡Quitárselos!" (*Memorias...* 116).

En el momento en que el Estado alienta biopolíticas destinadas a frenar posibles desórdenes de las multitudes, Fray Mocho desarma la constelación que iguala crimen, ideología e inmigración; cuestiona, a través de la broma y, con frecuencia, de la moraleja popular,[12] el estereotipo, diseñado por médicos higienistas y criminólogos, del inmigrante peligroso, loco y portador de enfermedades. Por ello, resulta curioso que Francisco de Veyga, profesor de medicina legal de la Universidad de Buenos Aires desde 1895 y propulsor de los estudios psiquiátricos y criminológicos —junto con Ramos Mejía e Ingenieros— haya celebrado el aporte de las *Memorias* al estudio del hampa, en una carta que prologa la edición de 1920.[13]

Encarnación americana de Eugenio Sue, el vigilante Fabio Carrizo desovilla, en "Los misterios de Buenos Aires", una colección de experiencias obtenidas en sus incursiones por la ciudad oculta. Me interesa subrayar una diferencia: sus delincuentes no se parecen a los monstruos morales o genéticos que circulan por otros textos contemporáneos —como los de Ramos Mejía, Cambaceres o las ficciones médico-policiales del naturalismo. El carácter deforme de la ciudad se debe a la confusión reinante, a las mezclas no étnicas sino éticas, a la disolución de las fronteras entre el bien y el mal. La ciudad sepulta la individualidad en el anonimato del número:

> Mi permanencia en el delicado servicio que tenía a su cargo el sargento Gómez, fue la mejor escuela de la vida a cuyas aulas yo pudiera concurrir, y en ella aprendí a conocer este Buenos Aires bello y monstruoso, esta reunión informe de vicios y virtudes, de grandezas y de miserias. (*Memorias...* 143)

El corazón del misterio urbano está en esa falta de separación. Pero lo que en la ciudad se confunde, se distingue en el campo, más precisamente, en los pajonales entrerrianos de *Un viaje al país de los matreros* cuya geografía indica al viajero que ha llegado adonde la civilización no llega aún, sino como un débil resplandor; que está en el desierto, en fin, pero no en el de la pampa llana y noble –donde el hombre es franco, leal, sin dobleces como el suelo que habita–, sino en otro, áspero y difícil– donde cada paso es un peligro que le acecha y cuyo morador ha tomado como característica de su ser moral, la cautela, el disimulo y la rastrería. (*Un viaje* 216)

Georg Simmel dice que el paisaje es "una figura espiritual" (*Filosofía...* 184). El paisaje se recorta de la naturaleza cuando constituye una unidad —que configura el espectador— con sentido en sí misma; el sentimiento del paisaje amalgama los elementos dispersos y corresponde a un paisaje específico, "se ha entrelazado indisolublemente con el surgimiento de su unidad formal" (*Filosofía...* 185). El paisaje es creado por un acto que mira y un acto que siente. Pregunta Simmel:

¿No debería ser uno y lo mismo el sentimiento del paisaje y la unidad visual del paisaje, sólo que considerado desde dos lados? ¿No deberían ser ambos el único medio, sólo que expresable doblemente, en virtud del cual el alma que reflexiona lleva a cabo precisamente el paisaje, este paisaje respectivamente determinado, a partir de aquella sucesión de trazos? (*Filosofía...* 183)

Podríamos extender las reflexiones del filósofo, que prefiere los paisajes culturales. En José S. Alvarez, los paisajes, urbanos o campesinos, lucen como eslabones que el cronista ordena en una sintaxis coherente.[14] Esta vez, el narrador no es el provinciano en Buenos Aires sino el reportero de un diario porteño que va al interior en busca de aventuras y de una identidad. En otras palabras, el viaje puede ser leído como camino de regreso hacia una identidad colectiva que arraiga en una geografía primigenia. El cronista rescata al habitante de las tierras altas porque en él encuentra "de cuerpo entero al gaucho de mi tierra, noble y generoso, al que ha hecho la patria con esfuerzo altivo" (*Un viaje...* 227). Algunos rasgos premodernos toman las dimensiones de virtudes antiguas; ciertos rastros de una nobleza heredada operan como barrera de contención frente al "mercantilismo moderno" que domina en las ciudades.[15] La ley consuetudinaria rige en ese espacio. El texto pinta un mundo sometido a normas basadas en las costumbres que imponen solidaridad con el fugitivo y discreción en el hablar; en los pajonales, no se pregunta el nombre ni se indaga el pasado del forastero.[16] Las reglas del mundo arcaico son tan claras que no queda el mínimo resquicio para el simulacro.

Presentes ya en *Memorias de un vigilante*, retornan, en la descripción del espacio rural, un par de elementos —el cinematógrafo y el misterio— cuya articulación otorga al acto de escribir la tarea de escudriñar en lo que pasa desapercibido.[17] Cuando el misterio —o el enigma de la identidad— es la chispa que enciende la máquina literaria, escribir se vuelve sinónimo de experimentar; sólo aquel que ha vivido ciertas aventuras, —uso la palabra con el sentido excepcional que le da Simmel— las puede volcar como pedagogía nacional.[18] El viaje intenta explorar la aventura de una identidad a la que el periodista se aproxima mediante la inmersión en esa otra cara de la realidad nacional.

Entre las experiencias que la configuran, la violencia ocupa un lugar fundamental. El gaucho viejo —que devela los códigos del desierto— juzga, implacable: "Ño Ciriaco decía que allí, en las tierras bajas, no había hospitalidad ni familia, que el hombre era una fiera, y no me costaba trabajo creer en su afirmación: el aislamiento, indudablemente, embrutece" (*Un viaje...* 227). La geografía primitiva del pajonal admite una división de clases que manifiesta, al mismo tiempo, la exclusión moral: los hombres de las tierras altas son los poseedores mientras que los desheredados asientan en las tierras bajas. La violencia es el correlato de un sistema premoderno y hasta antimoderno, que se materializa, por ejemplo, en la ausencia de alambrados.[19] La violencia, que se apodera de muchas páginas, evoca los tonos hiperbólicos de Echeverría. Si la tradición se construye en el armado de una genealogía literaria, "El matadero" resulta el intertexto obligado de "La carneada".

Fray Mocho se apropia de otro tópico de la cultura popular a través de una dicotomía que confronta dos tipos de conocimiento. En los pajonales, se prueban los saberes de la ciudad y del desierto. En una de las escasas referencias a la frenología, el narrador anota: "¡Qué fisonomías las que se encuentran, qué caras lombrosianas, qué miradas torvas, qué cabezas deformes!" (*Un viaje...* 238), aunque cree percibir, al lado de estas cabezas criminales, otras nobles y serenas. Ño Ciriaco lo saca del error narrando la vida infame de Juan Yacaré. La frenología entra en colisión con el contenido del dicho popular que aconseja cuidarse de las aguas mansas; la historia del gaucho malo pone en cuestión los conocimientos librescos, que se muestran inútiles en el desierto, mientras aleja a la prosa del determinismo vigente: "Desde entonces dudo un poco de las teorías criminales de nuestros sabios del día, y creo que los hombres se conocen por los hechos" (*Un viaje...* 239).

Para terminar, quisiera detenerme en "La Muerte de Juan Moreira", un "episodio policial" publicado en 1903.[20] Creo que el texto plasma, en apretada síntesis, la política estética de Fray Mocho; se expresa, ante todo, en la elección de una forma literaria en la que la anécdota, contada en tonos que mezclan, en dosis certeras, la nostalgia y la ironía, deja traslucir conflictos sociales, políticos o culturales más amplios. La versión, que firma Fabio Carrizo, abre una brecha con el libro de Eduardo Gutiérrez a quien acusa de empobrecer la imagen del frustrado caudillo: "tal como lo presentó Gutiérrez, la trayectoria de su vida se empequeñece, resultando su figura gallarda vestida con un traje inadecuado y estrecho" ("La muerte..." 296). El cronista corrige la biografía y le recrimina haber transformado al gaucho altanero en compadrito, para consumo del público ciudadano.[21] La fuente es el mismo Andrés Chirino, ya envejecido. El "matador" de Moreira —al que nunca se llama "asesino"— revisa los hechos lejanos: el destino de la mujer y los hijos, la descripción física del gaucho; explica, incluso, el nacimiento del personaje de Cocoliche que José Podestá incorporó a la pantomima. La narración de la muerte redimensiona los acontecimientos de modo que ablanda el carácter heroico del final. Al mismo tiempo, empalidece el mito del coraje gaucho cuando, respondiendo al comentario del periodista, el sargento aclara: "Yo le pegué como pude porque no lo hacía sino por cumplir con mi deber, pero la situación de mis heridas prueban lo contrario" ("La muerte..." 302). El relato extingue las pasiones y desliza significaciones hacia el material gráfico. Las fotos que ilustran el texto —en especial, las que muestran el cráneo del matrero y la mano sin dedos del policía— cierran el marco de una época que se despide con el siglo.

Notas

[1] Barcia señala como seudónimos seguros: Fabio Carrizo, Nemesio Machuca y Stick, y como posibles: Sargento Pita, Figarillo, Escalpo, Fray Ojitos, Gamin, Florito, Juvencio López, Pincheira, Pancho Largo, Santos Vega, Seguismundo, Casto Polilla, Gavroche. En la nota 7, de la página16, dice sobre el seudónimo de Fray Mocho. "El mismo Álvarez explicó a Payró: Probablemente lo de 'Fraile' vendría de que era un si es no es socarrón y solapado (...) Lo de 'Mocho', si es que no tiene alguna otra explicación etimológica o folklórica, se referiría a mi cara un tanto acarnerada según dicen... entre otros mi espejo. Más tarde adopté el mote como seudónimo periodístico, muy tranquilamente, porque no he sido ni seré carnero de Panurgo y porque tengo demasiada punta para ser 'Mocho'". Roberto J. Payró. "Fray Mocho" en *La Nación*, 24 de agosto de 1903. Recogido en *Siluetas*. Buenos Aires, Anaconda, 1931 y en *Evocaciones de un porteño viejo*. Buenos Aires, Quetzal editora, 1952. Pedro Luis Barcia (compilación y estudio). *Fray Mocho desconocido*. Buenos Aires, Ediciones del Mar de Solís, 1979.

[2] "¿Sabe usted lo que es el kinetoscopio? ¿Cómo no lo ha de saber? Es el último invento de Edison, del célebre electricista yanqui que, según afirman, tiene manía de no comer cebolla. Aquí, en Buenos Aires tenemos uno ahora, y la verdad es que asombra por el ingenio maravilloso que ha presidido su formación.¡Es la fotografía en movimiento!" (*Obras Completas* TI, 61).

[3] El inventor loco dice al periodista: " ¡Vean!... ¡Ese es mi último invento... la gran ametralladora silforama! Dando vuelta a la manivela A, aparecen las vistas y salen tiros". El artículo aparece en *Caras y Caretas*, Año III, N° 90, 23 de junio de 1900. Incluido en Barcia 222.

[4] Incluso Adolfo Prieto, a pesar del uso de comillas, lee en esa línea: "Nada más 'argentino' que los diálogos inventados por Fray Mocho, el director de la revista; nada más transparente, al mismo tiempo, a los conflictos de situación padecidos por las viejas familias 'criollas' que buscaban insertarse en las mallas de la sociedad moderna, ni más compasivamente permeable a la presencia inevitable de los 'gringos'. Nada tan gracioso sobre la dudosa moralidad de los tiempos revueltos en que se construía la nueva Argentina, ni tan insobornablemente optimista sobre los largos plazos del futuro. Diálogos para ser leídos en voz alta. Horizonte acústico y caja de resonancia en que los vastos sectores de la naciente clase media urbana debían, íntimamente, reconocerse" (Prieto 41).

[5] Dice Payró en otro pasaje: "¿Qué más exotismo —como que es el de mañana— que nuestras moribundas costumbres, los tipos, los sentimientos, las pasiones de la raza intermedia, original y genuina que desaparece bajo las oleadas de la inmigración extranjera?" (citado por Morales 45).

[6] Sobre las impresionantes cifras que vendía *Caras y Caretas*, informa Prieto respecto del número que comenta el atentado anarquista que le costara la vida a Humberto I de Italia (97, 11 de agosto de 1900): "tuvo una tirada de 70.000 ejemplares de 100 páginas ilustradas con 700 grabados, el doble de la tirada que los editores habían calculado. La cantidad de copias, sin embargo, no fue suficiente para satisfacer la demanda, y los editores anticiparon que debido a los costos y a la complejidad del proceso de impresión no habría una segunda edición" (41). Por otra parte, consigna una lista de las publicaciones anarquistas que circulaban en el país. El número dedicado al Centenario, de 400 páginas ilustradas, llegó a 201.150 copias. Téngase en cuenta que hacia 1910, Buenos Aires tenía una población de 1.306.000 habitantes.

[7] "Fui soldado y me hice hombre", afirma Fabio Carrizo (*Memorias...* 31).

[8] La metamorfosis ocupa el capítulo "De oruga a mariposa".

[9] Sobre el tema, véase Ludmer.

[10] Merecen destacarse las crónicas dedicadas al análisis del "atorrantismo", definido por el cronista como una enfermedad que afecta a cualquier clase social. De hecho, muchos de sus atorrantes, los "desertores de la vida", son librepensadores, extranjeros, ricos y cultos que eligen la libertad del vagabundeo. Véanse, por ejemplo: "Los atorrantes" (incluye fotografías

que pertenecen al médico Francisco de Veyga) y "Buenos Aires misterioso. Los potentados harapientos".

[11] Así lo ponen en escena los episodios "No le salvó ser ministro" o " Al revuelo" en los que un cura y un almacenero, ávidos amantes del dinero, son víctimas de sendos cuentos del tío.

[12] Me refiero a un modo de argumentación que otorga razón al dicho "el que roba a un ladrón tiene cien años de perdón". Este tipo de razón literaria es frecuente en la prosa de Fray Mocho.

[13] Cuando estudia el nacimiento de la antropología criminal, Jorge Salessi cita un fragmento de Veyga en donde explica la "cuestión social": "Porque el crimen anarquista, hay que decirlo de una vez por todas, no es sino una forma de delincuencia vulgar que ha tomado ribetes de grandeza por razón de las circunstancias del momento. La delincuencia política que en nombre del anarquismo se ejecuta, es una derivación de la criminalidad ordinaria, una válvula de escape... Las formas ulteriores son diferentes, pero el germen ordinario es el mismo. Atacar el conjunto de la más criminal, he ahí la táctica segura a seguirse" (127). El texto se publica en los Anales del Departamento Nacional de Higiene en 1897 y se titula "Anarquismo y anarquistas. Estudio de antropología criminal". Concluye Salessi: "Este es el discurso del higienismo, ahora aplicado a una sociología y una criminología que transformó a todas las clases bajas en sospechosas de albergar el germen ordinario que las transformaba en 'masa criminal'".

[14] Además de refugio de marginales y deudores de la justicia, el desierto es lugar de acción de los inclasificables. Un personaje, al que sólo se lo denomina con el nombre del Aguará –y que acaba siendo un antiguo compañero de colegio– hace el puente entre los dos espacios: vive en el pajonal de la caza de la nutria, el ñandú y la garza; despilfarra, luego, el dinero ganado en la ciudad donde se transforma en consumidor voraz de libros de Pierre Loti, de perfumes franceses y de amores cortesanos.

[15] El espíritu moderno es sinónimo de cálculo, dice Simmel mientras vincula la economía monetaria que impone la lógica de las equivalencias y la racionalidad que domina a los sujetos en las ciudades. Véase: "Las grandes urbes...".

[16] Comenta el periodista: "Y el viejo gaucho me miró como diciendo: 'esto no es nuevo para mí; ¿quién no ha sido medio matrero en su tiempo?'" (*Un viaje...* 230).

[17] Dice Fabio Carrizo en *Memorias de un vigilante*: "Yo penetré el movimiento de los hombres en sus calles estrechas, las pasiones que encierran los palacios y los conventillos, los intereses que juegan diariamente desde la Bolsa a los mercados" (145). Y más abajo: "Todo lo que ví y aprendí en mi larga y penosa ascensión, todo desfilará en las páginas de estas Memorias" (146).

[18] La aventura se recorta nítidamente de la vida cotidiana, se percibe como unidad en sí misma. Véase Simmel: "La aventura".

[19] "La carneada" es, desde la óptica del cronista, tema para la pintura nacional (223). Fray Mocho retoma líneas del romanticismo estético que veía en el paisaje americano una fuente de inspiración para el arte nacional aún en ciernes. Recordemos las reflexiones que hace Sarmiento respecto del tema en el *Facundo*. El alambrado representaba un signo de progreso, además de límite de propiedad.

[20] *Caras y Caretas*, Buenos Aires, año VI, n° 235, 4 de abril de 1903. Incluido en P. Barcia (295-303).

[21] Dice la crónica: "De sus referencias, resulta que la personalidad de Moreira fue contrahecha por su apologista, pues eran sus lineamientos los de cualquiera de nuestros gauchos levantiscos y altaneros y no esos del compadrito orillero que le dieron carta de ciudadanía entre el público metropolitano, para quien es extranjera la gente de nuestras campañas" ("La muerte..." 296).

BIBLIOGRAFÍA

Álvarez, José S. (Fray Mocho). *Memorias de un vigilante*. Madrid: Hyspamérica, 1985.
_____*Un viaje al país de los matreros. Obra completa*. T. I. Buenos Aires, Schapire, 1961.
_____ *Obras Completas*. 2. vol. Buenos Aires: Schapire, 1971.
_____ "La muerte de Juan Moreira". Pedro Luis Barcia. *Fray Mocho desconocido*. Buenos Aires: Ediciones del Mar de Solís, 1979. 295-303.
_____ "Buenos Aires misterioso. Los potentados harapientos". *Caras y Caretas* V/193 (Buenos Aires, 1902).
_____ "Instantáneas metropolitanas". *Caras y caretas* III/90 (Buenos Aires, 1900).
_____ "Los atorrantes". *Caras y Caretas* III/113 (Buenos Aires, 1900).
Barcia, Pedro Luis. *Fray Mocho desconocido*. Buenos Aires: Ediciones del Mar de Solís, 1979.
Ludmer, Josefina. *El género gauchesco. Un tratado sobre la patria*. Buenos Aires: Sudamericana, 1988.
Martín-Barbero, Jesús. *De los medios a las mediaciones*. Barcelona: Gustavo Gili, 1993.
Morales, Ernesto. *Fray Mocho*. Buenos Aires: Emecé, 1948.
Payró, Roberto J. "Fray Mocho". *La Nación* (Buenos Aires, 24 agosto 1903); recogido en *Siluetas*. Buenos Aires: Anaconda, 1931 y en *Evocaciones de un porteño viejo*. Buenos Aires: Quetzal editora, 1952.
Prieto, Adolfo. *El discurso criollista en la formación de la Argentina moderna*. Buenos Aires: Sudamericana, 1988.
Rodríguez Pérsico, Adriana. *Un huracán llamado progreso. Utopía y autobiografía en Sarmiento y Alberdi*. Washington: OEA, INTERAMER, 1992.
Salessi, Jorge. *Médicos, maleantes y maricas: higiene, criminología y homosexualidad en la construcción de la nación argentina (Buenos Aires, 1871-1914)*. Rosario: Beatriz Viterbo, 1995.
Simmel, Georg. "Filosofía del paisaje". *El individuo y la libertad. Ensayos de crítica de la cultura*. Barcelona: Península, 1986. 175-86.
_____ "Las grandes urbes y la vida del espíritu". *El individuo y la libertad. Ensayos de crítica de la cultura*. Barcelona: Península, 1986. 247-61.
_____ "La aventura". *Sobre la aventura. Ensayos filosóficos*. Barcelona: Península, 1988. 11-26.

Género y modernidad

Sylvia Molloy

Si bien el género es categoría crítica dentro de los estudios culturales latinoamericanos, su *status* y su funcionalidad, como instrumento de análisis, siguen siendo inciertos. No quiero sugerir que esa incertidumbre obedece a presuntas diferencias psicoculturales nacionales que explicarían cómo el género se construye diferentemente, o recibe valorización diversa, "aquí" y "allá", o en el Sur y en el Norte, o en español/portugués y en inglés. Creo más bien que la reticencia a aceptar el género como categoría crítica tiene que ver con la consabida desconfianza de América Latina con respecto a construcciones críticas del primer mundo y mucho con una interpretación reduccionista de la categoría "género". No me voy a detener en la primera sino para señalar dos cosas. Primero, que en la larga historia de las relaciones críticas entre América Latina y el primer mundo, la desconfianza nunca ha impedido el traslado, la mímesis paródica, el *patchwork*, la divergencia creadora. A pesar de que, crítica y literariamente, América Latina se constituye a través de la traducción, el género, como categoría de análisis, no se enriquece con ese traslado renovador: se traduce en cambio de manera limitada, adjudicándosele una funcionalidad concreta, más que nada representativa o informativa. Los estudios de género se restringen, en buena parte de los casos, a ejercicios de archivo (antologías de literatura escrita por mujeres, o por *gays*, o por lesbianas) o estudios temáticos (mujer, homosexual, caudillo), o estudios sociohistóricos. Este reduccionismo se observa, por añadidura, en la constitución del público que convoca estos ejercicios: basta ver, por ejemplo en LASA, o en congresos sobre estudios latinoamericanos, la asistencia mayormente femenina de los paneles de género, como si el género sólo pasara por la mujer.

Ya he propuesto la necesidad de usar el género como categoría dinámica y relacional, no como categoría estancada, para hacer lecturas no simplemente *en* el género sino *desde* el género ("La cuestión..."). Esa necesidad es tanto más crucial cuanto que el género, lejos de ser una perspectiva crítica anacrónica desde donde leer el pasado, está muy presente, como preocupación, en los comienzos mismos de la modernidad latinoamericana, es parte constitutiva de los debates sobre nación y ciudadanía. No me refiero simplemente a la presencia, a veces obsesiva, del género en discursos médicos, legales, pedagógicos, criminológicos de fines del siglo xix y principios del xx, aunque estos discursos son, de por sí, reveladores. Me refiero también a debates que se dan en literatura, a textos de la modernidad que hacen del género la base de su reflexión: pongamos *De sobremesa* de José Asunción Silva, pongamos el ensayo sobre Walt Whitman de José Martí. El presente trabajo tiene el propósito de ejemplificar esa lectura desde el género para analizar un par de escenas críticas, por así llamarlas, de los años veinte, escenas donde el cruce de la inestable modernidad latinoamericana con el género abre la posibilidad de una reflexión renovadamente productiva.

1. Primera escena: Regionalismo y masculinidad

La llamada "novela de la tierra" ha pasado a ocupar un ingrato rol precursor, en el sentido menos generoso del término. Entre los muchos defensores de este estrecho criterio, recuerdo el juicio de Vargas Llosa, para quien *La vorágine* de Rivera (como *Doña Bárbara* de Gallegos, o *Don Segundo Sombra* de Güiraldes) es meramente un texto que viene antes, que significa "históricamente, un paso adelante" pero que nada tiene que ver con "el cambio cualitativo que sufre la ficción latinoamericana desde la posguerra". Antes bien, ese cambio cualitativo (entre cuyos gestores Vargas Llosa, desde luego, se incluye) hace "retroceder al siglo diecinueve a la narración de los años veinte y treinta" (130-131). Decididamente, la "novela de la tierra", para Vargas Llosa, no es novela moderna.

Una lectura de *La vorágine* desde el género permite desarmar la clausura taxonómica que se ha ido tejiendo alrededor del texto y leerla no como resabio del siglo xix, ni como novela de reivindicación social, ni menos como celebración de una autoctonía privilegiada; leerla en cambio dentro de una modernidad latinoamericana cuyas contradicciones la novela eficazmente capta y cifra en una crisis de representación de la masculinidad. En ese sentido, podría decirse que todas las "novelas de la tierra" adolecen de formas de esa crisis de representación que resuelven de maneras diversas: *Don Segundo Sombra* mediante la exaltación de una virilidad anacrónica con el fin de replantear y presentar como programa nacional (cuando no nacionalista) una fraternidad masculina heroico-sentimental sin fisuras; *Doña Bárbara* dando una nueva vuelta de tuerca al cansado tópico de civilización y barbarie, vertido en términos de género (civilización/masculina, barbarie/femenina) y de escritura. Pero *La vorágine* (cronológicamente anterior a las otras dos novelas) acusa esa crisis de manera más compleja, llamativa y notablemente no propone solución. Mientras que *Don Segundo* culmina en el triunfo de una paideia homosocial, *La vorágine* culmina en disolución: al héroe y a su débil hijo recién nacido (podríamos traducir: a cierta ilusión de una masculinidad fuerte y procreadora) se los traga la selva.

Del protagonista de Rivera, Arturo Cova, se sabe, por su propia declaración, que tiene "la costumbre de fingir" (13). Si bien se refiere a su conducta amorosa, la frase es aplicable a toda su actuación: Cova concibe su vida como *performance* y el mundo entero en términos teatrales. Cada uno de sus gestos está sobredeterminado, marca una pausa en el texto por su acusado histrionismo. Cova responde "con voz enérgica" (7), habla "en tono despectivo" (9), declara "jactancioso" (9). Si ríe, lo hace "con carcajada eficaz" (21), si pregunta, es "con voz convulsa" (67), si hiere, es "con risotadas de sarcasmo" (75). Respondiendo a un requisito de masculinidad que Cova, deficiente, nunca cumple, la gestualidad se vuelve gesticulación, cae en el exceso y la afectación. Cova, el poeta, cuya fantasía es escribir la aventura de la selva para leerla en voz alta, a su regreso a la ciudad letrada, ante un cenáculo de sedentarios colegas — haciendo la representación de la virilidad heroica — se ve reducido a la reiteración de una masculinidad retórica, funcionalmente ineficaz. Acaso el mejor ejemplo se da cuando un jefe de gendarmería, borracho, ofende a su compañera. Altivo, Cova "lo degrad[a] de un salivazo" (9) pero luego remata su hazaña con un recurso insólito: "con esguince colérico le zafé a Alicia uno de sus zapatos y lanzando al hombre contra el tabique, lo acometí a golpes de tacón en el rostro y en la cabeza" (9). El rebuscado recurso del tacón femenino como arma (no es exactamente lo que se tiene más a mano), desmiente la hipermasculinidad impostada de Cova, revelando una curiosa confusión de género.

No deja de ser irónico que la eficacia que por fin reconocen en Cova los hombres con los cuales se interna en la selva —"¿Por qué no me llevaban a las faenas? ¿Imaginarían que era menos hombre que ellos? Quizás me aventajaban en destreza, pero nunca en audacia y en fogosidad" (28) —sea el aprovechamiento de su pose viril—. En el espacio de la selva, que de mítica y ahistórica ha pasado a ser locus de explotación moderna —capitales extranjeros, disputas internacionales, caucheros explotados— la masculinidad histriónica de Cova adquiere inesperada productividad: Cova también "trabaja". Por orden de sus compañeros, quienes por fin le descubren una utilidad, Cova seduce y a la vez engaña al capitalista extranjero, copula estratégicamente con la poderosa y muy exótica Madona Zoraida Azam. El débil donjuanismo de que ha hecho alarde se vuelve, en la práctica, forzada servidumbre, abyecto deber: "le mordí la mejilla, una sola vez, porque en mis dientes quedó un saborcillo de vaselina y polvos de arroz" (121). Cova, podría decirse, ejerce su risible hombría *pro patria*.

La vorágine sin duda puede relacionarse con la narrativa regional de los años veinte. Pero ese agrupamiento, justificable por más de una razón, responde sobre todo a ideologías de lo nacional (o lo continental) que excluyen, salvo en contadísimos casos,[1] una reflexión crítica sobre el género. De hecho, sólo excluyendo esa reflexión puede leerse *La vorágine* como lo hace, por ejemplo, Leonidas Morales, imponiéndole un progresismo ideológico, viéndola como la transformación de un "maquillado personaje romántico-naturalista" en "héroe mítico, de perfil remoto, profundamente americano" (151). Notablemente, estas lecturas regenerativas y saludables, además de descuidar la perspectiva del género, desatienden en *La vorágine* la importancia de la enfermedad, de lo que podría llamarse, de hecho, la enfermedad de género. Considerada *trastorno* o *desvío* en el texto, se manifiesta como una disfunción histérica —recuérdese la escena del zapato— que refuerza la crisis de representación.

Propongo que sería provechoso incluir *La vorágine* en otra circulación textual a partir del género, acaso menos evidente pero igualmente provechosa, considerarla dentro de otras provisorias genealogías. Relacionarla, pongamos por caso, con *De sobremesa* de Silva, donde se plantea otro caso de masculinidad insatisfecha, causa (o efecto) de otra enfermedad nerviosa. Leerla a la luz de Charcot, digamos, y no del mondonovismo. O leerla junto con *Pasión y muerte del cura Deusto*, del chileno Augusto D'Halmar, también publicada en 1924, donde la preocupación por el género, y por formas disidentes de la sexualidad, pasa a primer plano. O —acaso más interesante— leerla con *La última niebla* o *Las islas nuevas* de María Luisa Bombal, donde la reiteración de una masculinidad mecánica queda definitivamente perturbada por la manifestación de una sexualidad femenina nueva, disruptiva. Desde luego tal lectura no pretende suplantar las otras lecturas; sí pretende complicarlas, añadir una dimensión más al texto.

2. Segunda escena: Colonia, claustro y clóset

En general, las élites latinoamericanas se dividen en dos sectores diferenciados, uno anticlerical y mercantil, cosmopolita, que mira lo urbano, el otro provinciano, católico, que mira al campo. El rescate de la colonia española, como una suerte de pasado ahistórico atesorado por una memoria colectiva criolla, es algo así como ese *surannée* de la poesía baudelaireana que analiza tan elocuentemente Walter Benjamin. Suele ser juzgado por la crítica, no desacertadamente, como gesto de resistencia a la modernidad: pasatista, conservador, *godo*. Fundamenta la mayoría de los nacionalismos católicos de América Latina, y se recurre a esa tradición colonial (construcción ideológica como cualquier otra) como defensa contra un liberalismo cosmopolita y descreido. Baste recordar *El solar de la raza* de Manuel Gálvez o *La gloria de Don Ramiro* de Enrique Larreta, para citar a dos argentinos. O citar la admonición de otro argentino, Emilio Becher, acaso más vehemente porque él mismo era producto de una inmigración no hispana:

> Todo debe pues inclinarnos a defender el grupo nacional contra las invasiones disolventes, afirmando nuestra improvisada sociedad sobre el cimiento de una sólida tradición. El cosmopolitismo llegó a tener entre nosotros, por un instante, el aspecto de una filosofía humanitaria y aun deslumbró las inteligencias incautas por su prestigio de utopía practicable. Creyóse que la anarquía de las razas era la imagen de la sociedad futura y que el idioma del porvenir sería la lengua de Babel. Pronto nos hemos decepcionado de tan peligrosos errores. Como el arrepentido de la parábola, volvemos al viejo hogar de la patria que abandonáramos, un día de aventura imprudente, por la piara internacionalista. (*Amigos y maestros de mi juventud* 37)

Dentro de esa línea recuperativa, que produce una literatura ya casticista y/o xenófoba, ya costumbrista y amable, suele situarse (en la segunda categoría) a Teresa de la Parra. A primera vista la clasificación no es enteramente desacertada, si se piensa en el libro por el que en general se la conoce, *Memorias de Mamá Blanca*; si se tiene en cuenta su pertenencia a la aristocracia venezolana; y si se atienden sus propias declaraciones, sin duda marcadas por su clase:

> ¿Quién de nosotros no ha vivido un poco en la Colonia gracias a tal amigo, tal pariente o tal vieja sirvienta milagrosamente inadaptados al presente? En lo que me concierne debo decir que casi toda mi infancia fue colonial [...]. Buena o mala influencia, no lo sé, esos vestigios coloniales junto a los cuales me formé están llenos de encanto en mi recuerdo y lo mismo en Caracas que aquí en Bogotá, que en el resto de América ellos constituyen para mí la más pura forma de la patria. (491)

Sin embargo colocar a Teresa de la Parra simplemente (y no complicadamente) dentro de la línea recuperativa y conservadora es ignorar el uso particular que hace de lo colonial, de ciertos aspectos de lo colonial, y su empleo estratégico del tropo cuando se lo combina con una reflexión sobre el género.

La noción de *inadaptación* ("inadaptados al presente") propone ya una clave de lectura, remite a un *leit-motiv* de la obra de Parra y sobre todo de su correspondencia, lo que ella llama *el sentirse mal entre la gente*, sentimiento que comparte, dice, con otras mujeres y en especial con Lydia Cabrera.[2] Desajuste no ya de clase sino de género y, en particular, resistencia ante la imposición por parte del moderno estado nación de una única heteronormatividad reproductiva, el sentirse mal de Parra se consuela con una colonia fabulada y signada por lo femenino: "Desnuda de política, de prensa, de guerras, de industrias y de negocios es la larga vacación de los hombres y el reinado sin crónica ni cronistas de las mujeres" (490). Parra busca alianza con la inadaptación de ciertas mujeres de la colonia a quienes se afilia con evidente simpatía, aquellas mujeres "que acorraladas por los prejuicios y por la vulgaridad ambiente, aun sin ser devotas se volvieron hacia el misticismo y se fueron al convento; eran amantes del silencio las eternas sedientas de vida interior y, aunque parezca contradictorio, las precursoras del moderno ideal feminista" (493). Es el modelo Sor Juana. "En el convento —escribe Parra— se podía vivir impunemente entre el silencio y los libros" (495). Y desde luego entre otras mujeres.

La comunidad femenina, esa "comunidad uniforme y un poco misteriosa" (490), es tema frecuente en Parra, expresado ya en ficción —la importancia del *female bonding* tanto en *Ifigenia* como en *Memorias*— ya en su correspondencia con Lydia Cabrera, donde a menudo surge la idea de una confianza entre mujeres y, lo que es más, de una comunidad de mujeres no reproductiva, una sororidad no sujeta a una ley patriarcal que se desdeña.[3] La colonia y dentro de ella el claustro, es lugar privilegiado para pensar una comunidad femenina ajena a esa ley, y es, además, lugar de resistencia. A la ideología conservadora se superpone aquí una ideología de género —cómo pensar el amor entre mujeres— que, por transgresiva, no osa pronunciar su nombre. El claustro es lugar de secreto, de lo no decible, del homoerotismo tácito.

Leído así, lo colonial en Teresa de la Parra, menos refugio nostálgico que resistencia estratégica, menos pensamiento antimodernista que pensamiento utópico, excede el marco benigno del costumbrismo pasatista que se le suele adjudicar y que la emparentaría, digamos, con un Ricardo Palma. En cambio permite relacionarla con otros textos que también recurren a remotos espacios claustrales. Pienso por un lado en Amado Nervo, quien también acude a la colonia, y en quien el uso de lo claustral, sobre todo en *El bachiller* y en *Místicas*, se vuelve espacio de inestables transacciones de género. Pero pienso también, insólitamente, si se quiere, en *La condesa sangrienta* de Alejandra Pizarnik, donde el claustro femenino, no sólo lugar de transacciones de género sino lugar de violencia, es, a la vez, lugar de revelación homosexual.

Con estos ejemplos he querido resaltar el uso productivo de la categoría de género como instrumento crítico, no sólo para proponer nuevos agrupamientos y modos de lectura sino para desautomatizar categorías críticas que, por hábito, prescinden de él.

Notas

[1] Uno de ellos es el agudo ensayo de Doris Sommer, "El género deconstruido: Cómo releer el canon a partir de *La vorágine*", en Ordóñez Villa, 465-488. Descarto desde luego menciones no críticas del género tales como las de Antonio Curcio Altamar: "Un sentimiento másculo

cela la pavura del hombre en pleno uso de su ser. Entonces sólo ve la tierra que cumple con su eterno proceso genésico, el hálito del fermento, el marasmo de la procreación" (125).

[2] "Pienso durante un rato en la felicidad del hedonismo y del ideal epicúreo del que puedo gozar en lo que me queda de vida, sobre todo al lado de Lydia cuyas circunstancias como a mí se lo permiten. Como yo se siente mal entre la gente y encuentra su bienestar en la independencia y soledad". Diario inédito. Entrada del Martes 21 enero, 1936.

[3] Curiosamente, en una de sus cartas a Cabrera, comenta Parra un pasaje leído en *Das Spektrum Europas* (1928) de Keyserling, que lee en traducción francesa:

[H]ablando de Francia, en el análisis Espectral, país que juzga Keyserling el único donde el amor no está en bancarrota, habla del *amazonismo* ... que se está preparando para el porvenir como reacción contra la tiranía ancestral del hombre, la tiranía y la vulgaridad, diríamos nosotras pensando en los de nuestras tierras. Opina, más o menos, que las mujeres no amorosas vivirán indiferentes al hombre, las amorosas "auront des amies". De donde saldrá la sumisión de los hombres y una especie de régimen matriarcal (*C*, 175).

Lo curioso es que Parra interpreta este pasaje de manera positiva, y no negativamente como lo hace Keyserling, profeta de catástrofes. De nuevo, es darle una vuelta de tuerca a un pensamiento conservador para postular una utopía.

BIBLIOGRAFÍA

Curcio Altamar, Antonio. "La novela terrígena". *La vorágine: textos críticos*. Montserrat Ordoñez Vila, ed. Bogotá: Alianza Editorial Colombiana, 1987. 121-134.

Gálvez, Manuel. *Amigos y maestros de mi juventud*. Buenos Aires: Hachette, 1961.

Hiriart, Rosario. *Cartas a Lydia Cabrera. (Correspondencia inédita de Gabriela Mistral y Teresa de la Parra)*. Madrid: Ediciones Torremozas, 1988.

Molloy, Sylvia. "La cuestión del género: propuestas olvidadas y desafíos críticos". *Revista Iberoamericana* 193 (2000): 815-820.

Morales, Leonidas. "*La vorágine*: Un viaje al país de los muertos". *La vorágine: textos críticos*. Montserrat Ordoñez Vila, ed. Bogotá: Alianza Editorial Colombiana, 1987. 149-168.

Ordoñez Vila, Montserrat, ed. *La vorágine: textos críticos*. Bogotá: Alianza Editorial Colombiana, 1987.

Parra, Teresa de la. *Obra*. Selección, estudio crítico y cronología de Velia Bosch. Caracas: Biblioteca Ayacucho, 1982.

_____. *Diario inédito*. Sala de Manuscritos. Biblioteca Nacional de Caracas, Venezuela.

Rivera, José Eustasio. *La vorágine*. México: Porrúa, 1978.

Sommer, Doris, "El género deconstruido: cómo releer el canon a partir de *La vorágine*". *La vorágine: textos críticos*. Montserrat Ordoñez Vila, ed. Bogotá: Alianza Editorial Colombiana, 1987. 465-489.

Vargas Llosa, Mario. "En torno a la nueva novela latinoamericana". *Río Piedras* 1 (Universidad de Puerto Rico, 1972): 130-131.

San Francisco/Los Andes: los viajes encontrados del muralismo de Diego Rivera

Javier Sanjinés C.
University of Michigan

Nacido en los años veinte, el muralismo mexicano, uno de los acontecimientos artísticos más significativos del siglo xx, resurge en el arte mural norteamericano de los años treinta, y, posteriormente, en el muralismo boliviano ligado a la revolución nacional de 1952. El muralismo aparece en México en el momento en que este país experimenta el fuerte proceso cultural pos-revolucionario que es parte de la búsqueda de la identidad nacional y de una forma artística capaz de poner el arte al servicio de las élites necesitadas de consolidar su poder. Pero este muralismo, particularmente el de Diego Rivera y el del estilo visual que este ensayo estudiará bajo el apelativo de "riveresco", tiene también otra historia que, a mi juicio, es más radical e interesante que la que acostumbramos a reconocerle cuando lo identificamos exclusivamente con el proceso mexicano de la búsqueda de la identidad nacional. Me refiero aquí a la fuerza revolucionaria que Rivera otorga a la pintura mural de izquierda del San Francisco de los años treinta. Es la historia de la evidencia visual de un lenguaje artístico de disenso político más radical que el que presenta en el México pos-revolucionario, y que, en mi criterio, no se reproduce ni se renueva en el "viaje" del muralismo mexicano a la Bolivia revolucionaria de los años cincuenta. Me parece que, a diferencia de la mirada radical expresada en los murales de San Francisco de los años treinta, los murales de la revolución nacional boliviana, realizados en 1957, son mucho más conservadores porque hacen suyo el punto de vista de las nuevas élites que emplean el mestizaje como discurso oficial de la identidad nacional. Por ello, la historia que aquí cuento es la del viaje del muralismo mexicano en dos direcciones opuestas que, a su vez, promueve dos propuestas cognoscitivas encontradas. Por "viaje al norte" me refiero al sentido estético-político radical que Diego Rivera imprime, durante su primera estadía en San Francisco, en 1930, a la pintura mural de esta región de los Estados Unidos. El "viaje al sur", a la zona andina, es mucho más conservador porque contribuye a consolidar la integración nacional que las nuevas élites andinas promueven a través del diálogo entre la tradición indigenista local y la estética más cosmopolita del muralismo.

Al participar del esfuerzo de reconstrucción de la ciudad de San Francisco después del terremoto de 1906, la pintura mural norteamericana aparece aproximadamente quince años antes de la Gran Depresión de 1929, sirviendo al patronato corporativo de la gran industria como medio de expresión de su conciencia cívica. Así, esta primera pintura mural se acomoda a las demandas del capitalismo benefactor, del llamado "welfare capitalism".

Como intentaré explicar en este trabajo, el "viaje al norte" del muralismo mexicano crea un lenguaje visual de disenso político y social —una frontera de la modernidad— que cuestiona el propio desarrollo industrial norteamericano. En efecto, y como nos revela el trabajo crítico de Anthony W. Lee (1999), los murales de Diego Rivera permiten a importantes pintores de izquierda de los años treinta ubicarse críticamente en el espacio público abierto por las ambiciones de poderosas figuras ligadas al sector industrial. Puesto que la llegada de Diego Rivera a San Francisco marca el comienzo de un debate en torno a la relación entre la pintura mural, los sectores de izquierda y el público en general, los murales de San Francisco, aceptados por unos y rechazados por otros, dieron al público una asombrosa evidencia visual de disenso político. Esta visualización, a la que Anthony W. Lee da el nombre de "riveresca" (xix), de incómodas asociaciones de composición y estilo, permitió a pintores de izquierda expresar en los famosos paneles de Coit Towers una estética que enfatiza las partes, los fragmentos, por sobre la unidad de composición de los frescos. Con la influencia de Diego Rivera, el mural como arte público abandona su origen decorativo. Anthony W. Lee entiende por "decorativa" la lectura ordenada, unificada, de la realidad, en la cual se privilegia la visión homogénea de las cosas que, además, responde simbólicamente al diseño urbano que propone el capitalismo (9). De este modo, pensar decorativamente lleva a crear murales como los de la Exposición Internacional de Panamá del Pacífico, de 1915, donde templos y pabellones griegos aparecen sobre colinas protegidas por genios andróginos de gran musculatura. La muestra ordenada de composición y estilo que presentan en ese mismo año Maynard Dixon con su "Hope of the City", y Edward Mitchell con "On a Road of a Thousand Wonders", está lejos de expresar el "estar aquí" de San Francisco, marcado por la compleja realidad de una sociedad en la que las minorías étnicas son ya importantes; por el contrario, los murales de Dixon y de Mitchell representan la esperanza citadina de los sectores altos de la sociedad de San Francisco que, alejada de la realidad, busca el "ser allá" europeo expresado por imágenes neoclásicas que unen el eterno orden jerárquico con los deseos de patrones y mecenas.[1]

Es este visualizar "decorativo", ajeno a la mirada irónica desestabilizadora del sentido, que me permite observar críticamente el otro viaje del muralismo mexicano, esta vez al sur. Muy diferente de los murales que Diego Rivera pinta en San Francisco, Detroit y Nueva York, el muralismo mexicano no genera el mismo disenso crítico en la zona andina. En efecto, los muralistas bolivianos no se hacen eco del radicalismo "riveresco" de los pintores de izquierda del San Francisco de los años treinta. Por el contrario, resalta en los murales bolivianos la retórica pseudo revolucionaria que promueve la ideología oficial del "nacionalismo revolucionario".

El movimiento popular de 1952 buscaba integrar la modernización, la industrialización y la construcción de un Estado-nación fuerte, organizador de la vida política, económica y cultural del país. Sin embargo, en los hechos este intento modernizador dio como resultado un débil Estado patrimonialista, alejado de las masas que lo constituyeron. Por ello, los murales bolivianos responden a una modernidad conflictiva, muy diferente, por supuesto, del esfuerzo empresarial burgués que patrocina los murales del norte. El muralismo boliviano, menos radical que el modelo "riveresco" del norte, no pretende reconstruir la diversidad compleja de lo local. Alejado del "pensamiento de frontera"(*Local Histories...*) que se ubica en los límites de la modernidad, queda sumido en el proceso trunco, inconcluso, de la única modernidad que conoce: la revolución nacional.

Puesto que este análisis parte de los murales de Diego Rivera, sería conveniente detenernos en el momento inicial, en el primer "momento visual" que sus murales abren, para, en seguida, compararlo con el estilo "riveresco" más radical, que posteriormente adquiere y que genera un acalorado debate.

Entre 1922 y 1923, Diego Rivera pinta su mural "La Creación" (Figura 1), en la Escuela Nacional Preparatoria. Esta primera comisión gubernamental, bajo encargo

Figura 1. "La creación". Reproducción del libro de Leonard Folgarait, *Mural Painting and Social Revolution in Mexico, 1920-1940.* Cambridge University Press, 1998.

de José Vasconcelos, el entonces Secretario de Educación de Álvaro Obregón, es fundamental para Rivera porque lo pone en contacto con la realidad mexicana, después de largos años de estadía en Francia. La Escuela Nacional Preparatoria, el más importante instituto de educación secundaria de México, era el lugar donde se formaban los intelectuales y los futuros líderes políticos del Estado mexicano. El edificio principal data de mediados del siglo dieciocho. A esta construcción de estilo barroco se le añade, entre 1902 y 1910, el Anfiteatro Bolívar, un auditorio para las artes escénicas. No es una mera casualidad que a tan importante espacio se le quiera dar una decoración acorde con su propósito de promover el pensamiento mexicano. Tal parece la intención de Vasconcelos al encargarle a Diego Rivera la tarea de pintar un mural en la pared del fondo del auditorio.

"La Creación", el primer mural de Rivera, está pintado en encausto y pan de oro. Un nicho arqueado en el fondo de la pared contiene un órgano, también pintado. La pared más amplia y más cercana tiene la forma de un arco. Una faja estrecha, horizontal y curvilínea, conecta los dos largos paneles verticales, que Rivera aprovecha agrupando figuras en ambos lados. La composición, racional y sistémica, conecta ambos paneles por medio de un semicírculo, cuyo centro proyecta tres rayos de luz que rematan en manos que señalan las figuras de ambos paneles y la figura central del nicho arqueado. Las nueve figuras de la izquierda y las once de la derecha ascienden hacia la parte alta de los paneles, curvándose ligeramente al llegar a la faja que los conecta.

Quiero detenerme aquí en las figuras de la mujer y del hombre que se hallan sentados en la parte más baja del panel, a la izquierda y a la derecha. Ambas son figuras desnudas que contrastan con las otras que aparecen vestidas. La desnudez es aquí un símbolo de la incultura, de la falta de iluminación; así, pareciera que esta mujer (Figura 2) y este hombre tuvieran que aprender de las otras figuras que representan a las artes y virtudes: la música, la danza, el canto, la comedia, la fábula,

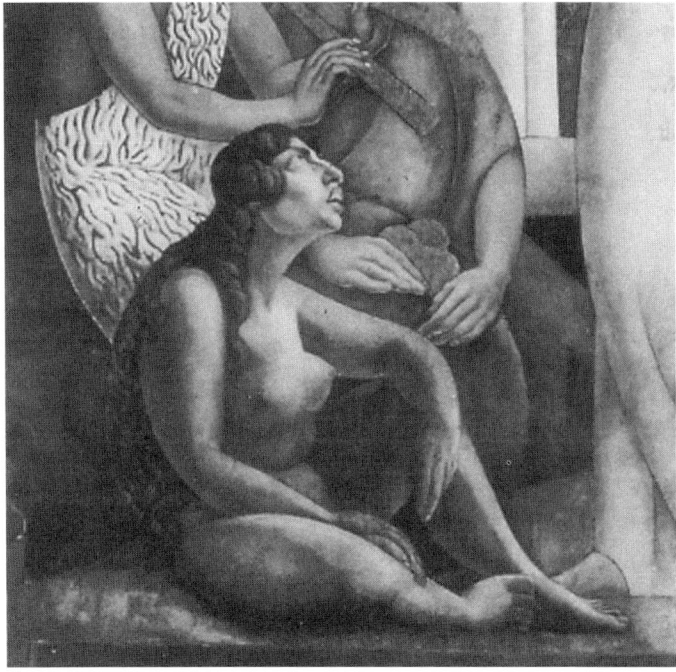

Figura 2. Detalle de "La creación". Reproducción del libro de Leonard Folgarait, *Mural Painting and Social Revolution in Mexico, 1920-1940*. Cambridge University Press, 1998.

la poesía erótica, la tragedia, el conocimiento, la ciencia, la tradición, la caridad, la esperanza, la sabiduría, la prudencia, la justicia, la fuerza, la continencia. Las figuras desnudas son los progenitores del México moderno, seres en estado de completa vaciedad, pero en proceso de ser transformados por el conocimiento occidental representado por las otras figuras, cuya contextura mestiza viene a ser lo que Vasconcelos entiende por "raza cósmica".[2] Rivera contrasta el primitivismo y la bestialidad del rostro de la mujer desnuda con la belleza de las otras figuras. A punto de ser sometida a una cirugía plástica y espiritual que le permita mejorar sus rasgos y su esencia, la mujer desnuda debe ascender en la "escala" humana, buscando el amor cristiano, la sabiduría y la belleza. Este movimiento de ascenso está claramente expresado en la estructura vertical de las figuras, al igual que en la mirada fija en lo alto, casi mística, de la mujer desnuda. Esta mujer, animalizada por su falta de refinamiento —su carácter primitivo está marcado por la mandíbula y los dientes sobresalientes— es una esponja humana dispuesta a empaparse del conocimiento occidental. Puesto que no puede alcanzar el estadio superior sin la mediación de las otras figuras, el mural no deja más alternativa que reconocer que el Occidente es la única llave para la construcción del futuro.

Inspirado en la flora y fauna de México, Rivera pintó el nicho del centro. Tomando escenas de la selva rousseauniana, trazó la figura masculina del fondo, con los brazos extendidos, sujetos a los tubos del órgano. Es necesario observar aquí el juego de estilos que aparece en el mural. Rivera pone en diálogo los frescos renacentistas con las expresiones vanguardistas que había frecuentado en sus años de estudio en Europa. En efecto, "La Creación" parece un fresco italiano renacentista que articula, sin embargo, temas vanguardistas, fundamentalmente cubistas, que parecieran estar en desacuerdo con el estilo del mural. Fijémonos, por ejemplo, en el cuerpo de la mujer desnuda, particularmente en el contorno de sus piernas y brazos, en su estómago y en sus senos. Cada línea es el segmento de un arco. Un seno es un círculo que vemos de frente; el otro es un cono que aparece a mayor distancia. El resultado final, sin embargo, es la síntesis de contrarios, estilística e ideológicamente resueltos para ofrecer una visión unificada, reduccionista de la realidad, y, por tanto, bastante problemática. Parecería que Rivera se empeña en señalar diferencias que luego resuelve a través de la conexión ficticia de elementos. Así, la unidad se impone al conflicto generado por las partes.

Esta visualización es problemática porque asume la transformación de lo primitivo —lo bárbaro, lo no civilizado— por medio de las artes y de las virtudes cristianas. Se trata de un procedimiento lógico de conocimiento que mira desde el "afuera" de Occidente, y que desdibuja y bestializa lo local. Este proceso externo, tan diferente a la forma en que el propio Rivera posteriormente diseña sus murales de San Francisco, tiene una lógica conocida: es la síntesis del presente, un momento de reflexión contemplativa, metafísica, que pretende hacer del bárbaro, del Otro, una identidad maleable y plenamente asimilable al proyecto de construcción nacional. Se trata de un proceso evolutivo que transforma al mexicano en otro. Se puede llamar a esta metamorfosis de varias maneras: armonía, asimilación, iniciación, raza cósmica en construcción; sin embargo, detrás de los apelativos sublimantes se halla agazapado el hecho colonial que pretende transformar la alteridad (*el* indio) en un valor nacional (*lo* indio) (*Filosofía...*). Se trata, pues, de un imaginario que, desde la Colonia, se impone sobre artistas e intelectuales, obligándolos a que integren diseños epistemológicos occidentales a sus propias historias locales. De este modo, aunque Rivera y Vasconcelos "negocien" un lugar de enunciación y de visualización diferente del paradigma tradicional que ubica el conocimiento en Europa, reflexionando el tema nacional desde la periferia americana (la raza cósmica), ambos se hallan, sin embargo, dentro de una epistemología de la modernidad (la mirada metafísica) incapaz de eliminar el racismo como matriz de lo nacional.

Menciono la raza cósmica porque este tema le fue encomendado a Rivera por José Vasconcelos. Esta "negociación" entre el ensayo y la pintura permite al mural de Rivera desplazar lo figurativo hacia lo narrado. Podemos así "leer" la pintura de Rivera como una narración iniciática de incorporación de lo indio a la cultura nacional. "La Creación" es un mural que muestra figuras alegóricas con atributos que no tienen referencia de tiempo ni de cultura. Resalta aquí el "salto del espíritu" que pedía Vasconcelos a partir de la "secular preparación y depuración de elementos [raciales] que se transmiten y se combinan desde los comienzos de la Historia" (19). En esta "depuración de elementos" el indio no tiene otra puerta abierta que la de la cultura moderna. Puesto que "los tipos bajos de la especie serán absorbidos por el tipo superior" (32), la raza cósmica se funda en la superación moral y estética. Este evolucionismo *sui generis*, fundado en el triunfo de la belleza occidental y del amor cristiano, se aparta del darwinismo social. Así, el "ser allá" renacentista de Vasconcelos parece dominar el campo de visualización del mural de Rivera.

Concluida en marzo de 1923, "La Creación" había cumplido con su función performativa. Era el momento en que las élites pos-revolucionarias podían expresar sus opiniones libremente, y lo hacían en apoyo de la cultura, lo que era, al mismo tiempo, apoyar al gobierno que la representaba. En tal sentido, podría incluso decirse que el mural pertenecía más al patrón que la encargaba, que al propio artista. El beneplácito del público culto que recibe "La Creación" como un bonito decorado, es también indicativo de que los tiempos violentos de la revolución mexicana habían pasado, y que la hora de su representación gratificante había llegado.[3]

En noviembre de 1930, siete años después de haber concluido "La Creación", Rivera viaja a San Francisco recomendado por el escultor Ralph Stackpole, uno de sus ardientes admiradores, para pintar dos murales. Stackpole había persuadido a William Gerstle, presidente de la Comisión de Arte de San Francisco, de contratar a Rivera para que pinte un pequeño mural en la Escuela de Bellas Artes de esta ciudad. Un intento anterior de llevar al muralista mexicano a los Estados Unidos había fracasado porque el Departamento de Estado le había negado la visa de ingreso por su participación activa en el movimiento "Manos afuera de Nicaragua", que apoyaba a Augusto César Sandino. Pero en 1930, tanto la amistad de Rivera con el embajador Morrow, como su expulsión del Partido Comunista Mexicano, le ayudan a obtener el visado.

Aclimatado al ambiente cultural de San Francisco, Rivera se mueve con gran soltura y astucia. Da conferencias en español y francés; se pone en contacto con diversos grupos de la izquierda norteamericana, y se enfrenta a los críticos que persisten en el intento de valorar en el arte únicamente el equilibrio y la armonía de la composición. Vemos, pues, que la llegada de Rivera a los Estados Unidos estuvo lejos de pasar inadvertida por la crítica cultural conservadora de principios de los años treinta.

San Francisco era en esos años una rica ciudad comercial, con una nueva clase empresarial que comenzaba a mostrar interés y sensibilidad por el arte, con artistas plásticos que se empeñaban en lograr resultados parecidos a los que se habían conseguido en México durante la década del veinte. Tanto Maynard Dixon, como Ray Boynton, dos de los más importantes pintores californianos del momento, viajan a México en busca de esa visión unitaria y homogénea que aquí llamamos "decorativa".[4] Para ambos, la pintura mural debía ser una forma que glorificase los éxitos económicos obtenidos. En otras palabras, el muralimo debía adornar el moderno espacio público símbolo del nuevo orden social y político capitalista que estaba en proceso de consolidación. Es claro que estas ideas estéticas eran funcionales a las necesidades de una burguesía dispuesta a financiar el desarrollo de la cultura de San Francisco. Terry Smith define como "modernismo de Estado corporativo" (*Making the Modern...*) esta manera de adecuar el arte a las limitaciones impuestas por los arquitectos y a las demandas de los empresarios benefactores. Rivera ingresa en este ambiente artístico.

Y durante su corta estadía de menos de un año, pinta dos murales, "Allegory of California" (Figura 3) y "Making of a Fresco" (Figura 4), con los cuales revoluciona su propia pintura mural y da lugar a fuertes controversias.

Pintado en una pared alta de la Bolsa de Valores del Pacífico, "Allegory of California" muestra la figura de una mujer de mirada fija que, con los robustos brazos extendidos, sostiene los productos naturales de la tierra californiana. Un lado del mural está dedicado a la riqueza mineral, el otro a la agricultura. La parte alta parece simbolizar el desarrollo industrial, mientras que en el centro las figuras de los trabajadores sirven al propósito de describir diferentes facetas del desarrollo social de California: mineros que taladran la roca, profesionales de clase media concentrados en su trabajo, jóvenes que juegan con aeroplanos.

"Allegory of California" es un mural enigmático, lleno de sorpresas, y exige, pues, que lo analicemos con más detalle. Una serie de figuras humanas están dispuestas a lo largo de las dos escaleras que ascienden en zigzag. Si avanzamos de abajo hacia arriba, el mural nos lleva de figura en figura sin que logremos darle unidad y significado. Observemos primero la parte izquierda del mural, debajo del primer escalón, donde las figuras de los dos mineros miran hacia arriba, en dirección de la enorme mano de la mujer que sostiene la tierra gris de la mina. En la mitad del segundo escalón aparece una franja estrecha de tierra que divide en dos la parte baja del mural. En esta franja crece un pequeño y escuálido eucalipto mecido por el viento, y aparecen tres hombres, cada uno en diferente pose. Aquí aparecen también dos figuras centrales: un niño y un hombre. Las manos de estas figuras, unas activas y otras pasivas, y sus expresiones, adusta la del hombre y soñadora la del niño, son claramente contrastantes. Al final de la segunda escalera se encuentran las figuras de un profesional y de un obrero mirándose uno al otro. Por encima de ellos, llegamos finalmente a la inmensa figura de la mujer,

Figura 3. "Allegory of California". Reproducción del libro de Anthony W. Lee, *Painting on the Left. Diego Rivera, Radical Politics and San Francisco's Public Murals.* University of California Press, 1999.

Figura 4. "Making of a Fresco". Reproducción del libro de Anthony W. Lee, *Painting on the Left. Diego Rivera, Radical Politics and San Francisco's Public Murals.* University of California Press, 1999.

cuyos pesados hombros marcan el final de la escalera. Sus ojos azules fijos y su brillante collar de trigo quedan casi a la altura de la mirada del observador. La tersa redondez de esta mujer contrasta con las líneas que sobresalen detrás de ella, donde un entramado de grúas, mástiles y sogas conforma un cuadro industrial congestionado.

El mural suscitó interpretaciones críticas dominadas, en su gran mayoría, por el criterio de que, en realidad, era bastante sencillo. La mujer representaría la figura heroica de California, la madre bondadosa que reparte oro, fruta y granos. California y sus abundantes riquezas se ofrecían para todos. Pero, sin el genio de sus hijos, toda esta riqueza no sería más que materia muerta. El trabajo humano que permite transformar la materia en productos sería aquello que engrandece la vida del hombre.

La reiterativa afirmación de que "Allegory of California" es un mural simple, me lleva a pensar que es exactamente lo contrario: no un "soberbio tapiz decorativo", sino una composición enigmática que no ofrece una visión unitaria, sino que, por el contrario, fragmenta la realidad y genera el conflicto. En efecto, la crítica menciona figuras y actividades, pero no logra dar una convincente explicación de su significado. Hagamos entonces el camino opuesto. Si nos ubicamos en la parte alta de la escalera y miramos de arriba hacia abajo, las figuras humanas y los otros elementos de la naturaleza se vuelven fragmentos caleidoscópicos, aparentemente inconexos, que no se articulan como una representación feliz de la riqueza natural de California. El patético tocón de árbol, por ejemplo, no puede significar la ilimitada riqueza forestal de esta región; el oro californiano que los mineros afanosamente buscan estaba ya agotado en el momento en que Rivera pinta el mural, quedando como símbolo de una riqueza perdida; las únicas riquezas naturales verdaderas son frutas y otros vegetales que la mujer ofrece con una mirada inexpresiva, sin la alegría ni la emotividad que la crítica le otorga.

Para analizar la función de la enigmática figura femenina de "Allegory of California", me parece importante hacer ahora un corte en este "viaje al norte" y comparar la mirada compleja de "Allegory of California" con la manera unívoca y simplificadora con que los murales bolivianos de la revolución nacional presentan a la mujer. En otras palabras, me parece que "Allegory of California" tiene una propuesta cognoscitiva enteramente distinta de "Educación y lucha de clases" (Figura 5), mural

Figura 5. Edgar Alandia Pantoja, "Educación y lucha de clases". La Paz, Museo de la Revolución Nacional, 1957.

que Miguel Alandia Pantoja, el principal muralista boliviano de la revolución nacional, pinta en 1957, cinco años después de la revolución.

Vistos superficialmente, "Allegory of California" y "Educación y lucha de clases" tienen un sentido parecido. En el mural de Alandia Pantoja, campesinos, indígenas y mineros con los brazos levantados en un acto de rebeldía incuestionable, dirigen la mirada a la mujer del pueblo, que sujeta en los brazos un libro abierto. La función de esta figura es clara: representa a la reforma educativa, una de las tres principales medidas de la revolución de 1952, junto a la reforma agraria y a la nacionalización de las minas. Sin embargo, si nos fijamos con mayor cuidado, vemos que el sentido de este mural se aproxima al de "La Creación", el primer mural de Diego Rivera, donde el pintor mexicano resolvía el tema del indio incorporándolo al proyecto nacional mestizo. En efecto, la tradición indigenista y la influencia del muralismo mexicano dieron lugar al muralismo boliviano. Es esta búsqueda de la nacionalidad integrada que me parece harto conflictiva, tanto en los primeros murales de Rivera, como en estos murales bolivianos posteriores a la revolución nacional. Hay, pues, una notable diferencia entre "La Creación" y "Educación y lucha de clases" y los murales pintados por Diego Rivera en San Francisco. Mientras los primeros murales de Rivera y los murales revolucionarios de Alandia Pantoja se acomodan a los respectivos sistemas políticos y sociales dominantes, hecho que les da la unidad de sentido que simplifica las cosas y esconde conflictos étnicos y sociales profundos, los murales de Rivera en San Francisco crean el estilo "riveresco", un estilo cuestionador que rechaza la univocidad del significado. Comparemos, nuevamente, las figuras femeninas de "Allegory of California" y de "Educación y lucha de clases".

Si a través del procedimiento que al principio del ensayo denominamos "decorativo", en "Educación y lucha de clases" la mujer del pueblo aparece reuniendo mediante el recurso del libro abierto a las distintas figuras en un todo que les da unidad y significado, en "Allegory of California" la función de la figura femenina es muy distinta. Aquí las diversas figuras y actividades aparecen gobernadas por la mujer que ofrece su cuerpo en señal de riqueza y prosperidad; sin embargo, el rol de esta mujer no es suficientemente claro. A diferencia de la figura femenina del mural revolucionario de Alandia Pantoja —Diego Rivera dijo que Alandia Pantoja era el más claro ejemplo de que el movimiento muralista era un instrumento de expresión de los creadores junto a su pueblo[5]— la mujer de "Allegory of California", con los hombros desproporcionadamente anchos y las manos que alcanzan puntos inverosímiles, parece un elemento más de este mural repleto de personajes, pero no el elemento central que da sentido a la composición. Podría decirse que se ha "colado" en el mural, ubicándose algo incómodamente entre las figuras de adelante y los símbolos de la industria que aparecen detrás. En tal sentido, y contrastando con la ubicación estratégica de la mujer del mural de Alandia Pantoja, la de "Allegory of California" es un signo incongruente con su supuesta misión alegorizadora. Su presencia muestra, paradójicamente, la imposibilidad de dotar de unidad temática a la poblada superficie del mural.

En "Educación y lucha de clases" la figura de la mujer da unidad y sentido al mural. Apoyado por el Estado y su política de integración de la raza indo-mestiza, el muralismo boliviano promocionó la idea nacionalista de integrar al indio al proyecto de construcción nacional. Así, el muralismo fue una expresión más de la política estatal de incorporación del indio a la modernidad. Queda por ver, sin embargo, si el movimiento epistemológico integrador de lo nacional dentro de lo universal es tan revolucionario y liberador como los muralistas creían.

Uno de los graves problemas del muralismo revolucionario es el deseo, sin duda bien intencionado, de visualizar lo indio dejando de lado al propio indio. Encuentro muy discutible esta posición cognoscitiva que marca tanto los primeros murales de Rivera, como los de Alandia Pantoja. En efecto, esta apropiación del "afuera" cognoscitivo occidental, de la influencia del pensar y del visualizar europeo, escamotea la presencia real del Otro, del indígena de carne y hueso. Se trata de un modo de pensar territorial que concibe la nación como una totalidad excluyente del indígena, cuyo pensar/actuar queda neutralizado y completamente marginado del sistema de pensamiento oficial. La idea de que lo universal explica lo local, de que el "afuera" permite buscar el "adentro" y darle significado, que sólo podemos descubrir nuestro "adentro" desde el "afuera" occidental y europeo, lleva a plantear posturas homogenizadoras, unitarias, harto conflictivas. Una de tales posturas, cultivada por los procesos estéticos de la modernidad, es el mestizaje que aparece en los murales de Alandia Pantoja. El libro abierto que la mujer tiene entre las manos, es una especie de brújula que orienta las energías indígenas en dirección de la cultura letrada que salvará al indio de la ignorancia y lo transformará en el Calibán mestizo y culto. El mural busca inconscientemente esa homogeneidad idealizada, guardiana de la cultura y de la civilización, herencia europea que nos obliga a descubrirnos desde el "afuera" epistemológico que simplifica peligrosamente lo local. Por ello, y a pesar de la fuerza estética del muralismo mexicano en su viaje al sur, la visión idealizada de "Educación y lucha de clases", tan diferente del estilo "riveresco" de los murales del norte, desdibuja, con su mirada mestizante, la memoria del oprobio, del colonialismo interno no superado.

En "Lucha del pueblo por su liberación" (Figura 6), el otro mural que Alandia Pantoja pinta en el Museo de la Revolución Nacional, el cóndor que cobija bajo sus enormes alas a campesinos y mineros, es la figura central. Por encima del cóndor —

Figura 6. Edgar Alandia Pantoja, "Lucha del pueblo por su liberación".
La Paz, Museo de la Revolución Nacional, 1957.

el cóndor es un símbolo patrio y está ubicado en la parte alta del escudo nacional—aparece la figura de un hombre esquelético que atraviesa una compleja construcción de núcleos atómicos con la cabeza vuelta hacia atrás; por debajo, este cóndor de mirada feroz aplasta una serpiente, dándole al mural un giro ideológico que, como veremos a continuación, modifica el sentido figurativo del símbolo patrio. En efecto, tengo la impresión de que el mural plantea la relación entre lo ideológico-discursivo y lo figurativo de un modo tal que se espera que el observador privilegie lo primero sobre lo segundo. En otras palabras, Alandia Pantoja se sirve del cóndor para darle al símbolo patrio un giro "discursivo" que lo aleja de su sentido tradicional, porque ahora el cóndor sólo parece proteger a los sectores populares involucrados en el proceso revolucionario. De acuerdo con el modo en que el mural "narra" la historia y organiza el conocimiento de lo social, el cóndor no es más la figura representativa de la nación toda, sino el "añadido discursivo" que modifica su imagen previa y que obliga a "leerla" de una manera diferente, ahora ideologizada por el discurso nacionalista revolucionario.

Enfatizo acá la relación entre lo "figurativo" —lo inmediato, lo visual, lo intuitivo, lo no verbal— y lo "discursivo" —lo mediado, lo ideologizado, lo verbal— porque creo que esta relación también se da en el juego político entre "nación" y "revolución" que las nuevas élites emplean después de la Revolución de 1952. En el fondo, no hay contenido válido que quede fuera del control de las élites y de su modo de organizar el juego del poder. Si las masas ingresan en la historia de un modo espontáneo y desordenado, ese caos deber ser rápidamente organizado y controlado por las élites, quienes le dan una "forma" moderada y una estructura racional.

¿Cómo se reproduce este juego ideológico en el mural? Me parece importante enfatizar una vez más el modo en que queda modificada la figura del cóndor. Al introducirse el discurso nacionalista revolucionario en la imagen, el símbolo deja de ser la representación de la Bolivia total. En el mural de Alandia Pantoja, el cóndor abandona las alturas andinas y baja para cobijar a los mineros y a los campesinos, y para aplastar a la serpiente del imperialismo. Como vemos, Alandia Pantoja le da al símbolo el cariz populista antiimperialista que organiza la historia desde la perspectiva homogenizadora de los sectores mestizo-criollos en el poder. La lógica que gobierna la composición del mural de Alandia Pantoja es muy diferente del estilo "riveresco" que observáramos en "Allegory of California", y éste, tan ajeno a la unidad de composición de los murales de Alandia Pantoja, también caracteriza a "Making of a Fresco" (Figura 7), el segundo mural que Diego Rivera pinta en San Francisco.

Apuntando a la apertura de sentido, "Making of a Fresco" transgrede la lógica decorativa. Nuevamente, aparece la falta de

Figura 7. "Library". Reproducción del libro de Anthony W. Lee, *Painting on the Left. Diego Rivera, Radical Politics and San Francisco's Public Murals.* University of California Press, 1999.

unidad visual que se le había objetado. En efecto, la crítica nota que no hay una perspectiva clara que organice el mural. Observa, además, que "Making of a Fresco" está plasmado en una serie de imágenes que no presentan el mundo industrial de una manera ordenada y con un sentido unificado. Es claro que, como los mecenas afirman extrañados, las imágenes no tienen el orden que hubieran esperado, tratándose de la representación del mundo industrial norteamericano. El ejército laboral que organiza diariamente las líneas de montaje ha sido reemplazado por un arbitrario diseño tripartito de partes inconexas, las figuras frontales son las más "reales", las más humanas, las figuras del fondo son todas ornamentales, pero si bien lo decorativo se mantiene, ha perdido su sentido y ha sido enviado atrás, al fondo del mural. Observemos, por ejemplo, la extraña figura del trabajador del panel central que está siendo construido. No es el obrero industrial que la lógica decorativa nos hubiera mostrado; por el contrario, parece un maniquí triste que ha perdido el sentido de la vida. No está al servicio del movimiento industrial organizado, ni es la fuerza que lo sostiene. Su función decorativa se ha vuelto problemática porque ha perdido todo el lenguaje sígnico de la política. No es ni "blue-collar", ni proletario.

¿Qué se puede decir de las figuras frontales? Los trabajadores están disperdigados; sus actividades no tienen mayor relación entre sí. El punto de vista es cambiante y está gobernado por el vistazo más que por la mirada.[6] Efectivamente, uno de los aspectos más interesantes de este mural falto de perspectiva —a diferencia de los dos murales de Alandia Pantoja— es que todas las figuras miran hacia abajo, en sentido opuesto a la mirada del espectador. La fuerza del mural estaría abajo, gobernada por la gravedad, donde los anónimos operadores de máquina y los patrones que estudian un plan, son personajes silenciosos que no comunican ningun mensaje.

La lógica del vistazo se impone en "Making of a Fresco" porque la fuerza dispersa del mural obliga a estudiarlo como un ejercicio de constante focalización y refocalización. De este modo, estamos obligados a cambiar de mirada, concentrándonos en unas figuras para luego abandonarlas por otras; a recoger pistas de significado que inmediatamente dejamos para pensar en otras. ¿Qué hacen, por ejemplo, los pintores? ¿Están terminando de pintar al obrero del panel central, o comenzando con el cielo raso? El tema tampoco parece ser la pintura de un mural, sino, más bien, la construcción de un andamio para el mural. Ahí, sentado en la mitad del andamio, está Diego Rivera, mostrándonos irreverentemente su trasero. ¿Cómo se atrevía ese recién llegado al medio norteamericano a burlarse de sus mecenas y del aparato industrial que representaban?

A diferencia de la lectura que Miguel Alandia Pantoja hacía del arte mural mexicano en el viaje imaginario al sur del continente, el viaje al norte que dio como resultado "Allegory of California" y "Making of a Fresco", generaba una lectura mucho más interesante. Era la apertura de una "contra-esfera pública" que Diego Rivera alentaba con sus dos murales. Si Boynton y Stackpole fueron los artistas conservadores que viajaron a México antes de que Rivera llegara a San Francisco en 1930, los pintores radicales Víctor Arnautoff y Bernard Zakheim también hicieron, y con mejores resultados, ese peregrinaje a la tierra natal de Diego Rivera.

Combinando la práctica mural con la política y la poesía, estos pintores imprimían un nuevo rumbo al muralismo de San Francisco. Arnautoff y Zakheim fueron los primeros en insistir que "Making of a Fresco" debía ser analizado dentro de los grupos de izquierda. Con la partida de Diego Rivera a mediados de 1931, ambos pintores radicales ocuparon el lugar vacío, desplazando rápidamente a Boynton, Stackpole y Dixon.

Interesa conocer el lugar desde el cual Arnautoff y Zakheim visualizan su política estética.[7] Ambos eran inmigrantes de la Europa del Este destrozada por la Guerra; ambos habían participado activamente en las guerras civiles producidas por las revueltas populares del nuevo siglo; ambos llegaban a San Francisco con conciencias étnicas profundamente arraigadas. Poco adaptados para convivir con la bohemia del momento y para satisfacer los deseos de mecenas excéntricos e incultos, Arnautoff y Zakheim encuentran en el muralismo de Diego Rivera la fuerza necesaria para desarrollar una propuesta estética radical durante la década de 1930.

El trayecto recorrido por estos pintores es fascinante. Nacido en Ucrania en 1896, hijo de un pastor de la Iglesia ortodoxa rusa, Arnautoff rompe con su familia y, después de alistarse en un regimiento italiano en Latvia, se incorpora al Ejército Rojo en 1917. Deja Rusia en 1922 para supervisar la caballería de un guerrero de Manchuria. Al llegar a California en 1925 se ubica dentro de los grupos de la izquierda radical de San Francisco. Contemporáneo de Arnautoff, Zakheim pertenece a una familia tradicional judía de Varsovia. Se independiza pronto y se inscribe en la Academia de Arte de Varsovia. En 1918 se alista en el ejército, combate en Polonia y en la Primera Guerra Mundial. En 1920 emigra a los Estados Unidos en busca de un clima político menos violento que le permita desarrollar sus ideas socialistas.

Interesa retener la condición étnica marginal de Arnautoff y de Zakheim. Lejos del Partido Comunista y frecuentando otras organizaciones radicales de San Francisco, los dos generan el punto de vista estético-político del "estar aquí" que se aparta de las propuestas políticas de identificación con lo nacional. Un judío y un ruso desplazados entendían muy bien el sentido descentrado de la pintura de Diego Rivera, a quien habían conocido en México. Rivera se sirve de ambos para ponerse en contacto con los grupos radicales de San Francisco. Su fina intuición le permite darse cuenta rápidamente de que con Arnautoff y Zakheim nacía un círculo de muralistas que expandiría sus ideas. Sabía también que Arnautoff y Zakheim, habían superado el "ser allá" decorativo del francófilo Boynton y del erudito Stackpole.

Ambos inmigrantes conciben el programa de Coit Towers, el más grande proyecto mural del país. Esta torre construida entre 1932 y 1933, cuando Diego Rivera ya había dejado San Francisco, fue muy cotizada por los muralistas. Quiero tomar el ejemplo de uno de los murales de Coit Towers, "Library", de Bernard Zakheim, para mostrar la influencia del estilo "riveresco" en la izquierda radical de San Francisco.

"Library" se divide en dos mitades que corresponden, más o menos, al modo en que Rivera divide sus murales de San Francisco. En el lado derecho, Zakheim se presta la estrutura zigzageante de "Allegory of California". En claro contraste, el lado izquierdo tiene la estructura horizontal del andamio de "Making of a Fresco". Con estos contrastes, no es posible una mirada unificada. En efecto, ni los libros del fondo, ni la lectura como tema central del mural, permiten al observador un mensaje integrado. Prevalecen las relaciones asimétricas. La izquierda está cruzada por líneas horizontales y verticales, mientras que la derecha es un conjunto de diagonales que dan una fuerte sensación de claustrofobia. Las figuras de la izquierda, que nos miran de frente, pueden distinguirse con cierto detalle; las de la derecha, en cambio, son figuras brumosas sumidas en la lectura de periódicos. Y aunque el fondo, ocupado por los libros, da una cierta idea de unidad, la parte frontal con su profusión de periódicos, la luz particularmente brillante sobre la cara del ciego que lee en braille, la extraña disposición de las cabezas de quienes leen los periódicos, la desdice. El mural no da una sensación de coherencia, armonía ni unidad.

El lenguaje visual del radicalismo se asienta en San Francisco, enfatizando los detalles y los fragmentos por sobre la unidad compositiva. Así el mural se aproxima al pastiche, a la recolección inarmónica de fragmentos, de figuras y de acontecimientos dispares. Hay en ello algo de la rebeldía constructivista de los años veinte que proyecta una visión política del arte poco familiar y, por lo mismo, renovadora. En efecto, el muralismo de Zakheim exige una serie inconexa de posiciones visuales que conflictúan la mirada del observador. La lógica del vistazo se agudiza. Tal vez deberíamos comenzar con la lectura del mural de izquierda a derecha, o concentrarnos primero en algún motivo dominante ¿Deberíamos mirarlo de cerca o de lejos, ir de lado a lado, o de arriba hacia abajo? Por cierto que ninguno de estos procedimientos permite darle al mural unidad y sentido. En realidad, el mural no narra, ni alegoriza ningún tema relacionado con la ciudad de San Francisco. Tampoco puede ser leído "entre líneas", como ocurre con el muralismo boliviano, donde lo figurativo queda supeditado a la "narrativa" de la revolución nacional. En "Library" no hay sentido textual. Esto al margen de su contenido iconográfico que muestra "casualmente" literatura de izquierda y símbolos de la subcultura judeo-marxista de San Francisco. Por cierto que el desorden visual hace difícil esta lectura y, quizás, innecesaria.

La fuerza de esta propuesta duró sólo una década. Sin embargo, el hecho de que los murales de Coit Tower fueran pintados y discutidos ampliamente es en sí un acontecimiento nada desdeñable. En torno a ellos se reunió el disenso de la clase obrera durante los años treinta. Con el tiempo, y en la medida en que fue creciendo la intolerancia de la derecha, la izquierda comenzó a perder las esperanzas de transformar los murales públicos, patrocinados con fondos federales, en medios de activismo político. Así, el nexo surgido entre los murales, los sectores de la izquierda y el público, fue debilitándose hasta disolverse en 1940. Dos años después, el muralismo alternativo había desaparecido. Ingresados los Estados Unidos en la Segunda Guerra Mundial, el intenso fervor nacionalista y la necesidad de un imaginario acorde con el intransigente patriotismo, ahogaron toda posibilidad de disenso de las minorías. Poco a poco, los murales de Coit Tower fueron desapareciendo, algunos blanqueados clandestinamente, otros repintados, a fin de devolverle a San Francisco su viejo rostro.

Si hay algo que los murales de Coit Tower y de la revolución boliviana tienen en común, es haber sido destruidos o "silenciados" oficialmente. Por eso, sería apropiado concluir señalando que el muralismo terminó siendo una producción incierta en cuanto a sus significados; una creación trunca y fantasmagórica, cercenada por el autoritarismo, en el caso del muralismo boliviano, y por el fervor nacionalista, incapaz de tolerar una estética alternativa, en el caso de San Francisco. Pero el común destino trágico de estos murales no altera el hecho de que los de Coit Towers y los de la revolución boliviana son claramente contrastantes. En los murales de Alandia Pantoja predomina la armonía que también aparece en "La Creación", el primer mural de Diego Rivera. En los murales de Coit Towers la lógica es diferente porque el énfasis está en las partes y no en la unidad de sentido. De este modo, los murales de Coit Towers inauguran un orden visual transgresor que, a diferencia de los murales bolivianos, se aparta de la relación estrecha con el discurso y la ideología de las élites dominantes. Disímiles y encontrados son, pues, los viajes aquí explorados cuyo punto de inicio es la pintura de Diego Rivera.

Notas

[1] Para el estudio de las diferencias geoculturales entre el "estar aquí" y el "ser allá", ver Mignolo 2000.
[2] Ver su ensayo sobre el mestizaje en Vasconcelos 1948 [1928].
[3] Para un análisis más extenso de los primeros murales de Rivera, ver Folgarait 1998.
[4] El análisis de estos primeros murales californianos se halla en Lee 1999.
[5] Ver el artículo de Irene Herner 1991.
[6] Las diferencias entre el vistazo y la mirada están teorizadas en Bryson 1988.
[7] La discusión de estos pintores de la izquierda de San Francisco está en Lee 1999.

Bibliografía

Bryson, Norman. "The Gaze in the Expanded Field". *Vision and Visuality: Discussions in Contemporary Culture.* Hal Foster, ed. Seattle: Bay, 1988.

Dussel, Enrique. *Filosofía de la Liberación.* México: EDICOL, 1977.

Folgarait, Leonard. *Mural Painting and Social Revolution in Mexico 1920-1940.* Cambridge: Cambridge University Press, 1998.

Herner, Irene. "Los muralistas mexicanos". *Nexos* 160 (1991).

Lee, Anthony W. *Painting on the Left: Diego Rivera, Radical Politics, and San Francisco's Public Murals.* Berkeley/Los Angeles: University of California Press, 1999.

Mignolo, Walter. *Local Histories/Global Designs: Coloniality, Subaltern Knowledges, and Border Thinking.* Princeton: Princeton University Press, 2000.

Smith, Terry. *Making the Modern: Industry, Art, and Design in America.* Chicago: University of Chicago Press, 1993.

Vasconcelos, José. *La raza cósmica.* [1928] Buenos Aires: Espasa-Calpe Argentina S.A., 1948.

Globalización y nostalgia: *Buena Vista Social Club*

Román de la Campa
SUNY-Stony Brook

Este trabajo forma parte de un estudio sobre la nostalgia cultural en el contorno del nacionalismo cubano, tanto en la isla como en la diáspora, particularmente a partir de 1989.[1] Se observa a partir de ese momento un entorno indefinido entre el ocaso del imaginario socialista y el brote de un capitalismo incipiente pero altamente equívoco; todo ello impulsado considerablemente por la dolarización parcial de la economía nacional en Cuba. Desde entonces se puede observar también en la isla una búsqueda nostálgica de las raíces culturales que antes solo se nutría en el exilio miamense, en este caso una mirada hacia la época anterior al 59 como horizonte perdido, o al menos maltratado. Esto se constata claramente en las dos películas finales de Tomás Gutiérrez Alea, sin duda uno de los artistas más influyentes del período revolucionario cubano.[2] Me refiero a *Fresa y Chocolate* y *Guantanamera*, ambas dirigidas con la colaboración de Juan Carlos Tabío a mediados de la década de los noventa.

El primero de estos filmes, quizá el más conocido, conduce a pensar sobre la mediación de la gramática y el amor en la cultura nacional. Parte de un encuentro entre un joven revolucionario, militante y homofóbico, y un artista homosexual. David, campesino con ambición de escritor, becado en la Universidad de La Habana, conoce a Diego, artista, gay, habanero, disidente y perseguido, al igual que patriota y sabedor de la cultura burguesa, tanto cubana como occidental. La dirección de Gutiérrez Alea coquetea por un rato con la posibilidad de una escena seductora entre estos dos personajes, pero abandona prontamente la idea. El tratamiento limitado del tema gay en este filme, muy discutido por la crítica, pasa rápidamente a otro plano menos observado: la preocupación por el futuro del lenguaje nacional y la transmisión de valores culturales anteriores a la Revolución. Lo que queda entre David y Diego no es una amistad platónica, sino toda una reorientación en torno a la cultura nacional. David no solo encuentra un lector atento a los errores gramaticales y los temas trillados que plagaban su escritura, también descubre el amor con una santera, ex-militante y ex-prostituta, íntima amiga de Diego. Los tres caen en la lista negra del régimen, pero pasan las tardes juntos en la relativa felicidad de un estar más allá de las consignas políticas, explorando la oculta belleza de una Habana casi en ruinas, insinuando un nacionalismo cultural distinto, que se busca en el pasado de la república.

Guantanamera, último filme de Gutiérrez Alea (también co-dirigido con Tabío), convida a una reflexión inesperada sobre la ópera y la zafra en el contorno cultural cubano, particularmente en la zona oriental del país. Fallecen dos personajes, primero una cantante de ópera, distinguida señora de Santiago de Cuba cuya familia desea enterrarla en La Habana; y luego un anciano, negro y anónimo, también del oriente de la república, a quien nadie reclama. Impulsado por la incapacidad burocrática y la escasez de gasolina, el filme nos invita a seguir los pormenores del transporte de ambos cadáveres hacia La Habana. Van de provincia en provincia en el mismo féretro, justamente el rumbo de todas las peregrinaciones fundacionales cubanas, es decir, el camino de Santiago hacia La Habana, el mismo que Severo Sarduy marcara con *De donde son los cantantes*, siguiendo el paso conocido de la guerra de independencia y la revolución del 59. Todo ello alcanza una dimensión plenamente tragicómica cuando los dos cadáveres quedan confundidos en uno de los múltiples relevos entre provincias. Finalmente, los entierran en el cementerio Colón de La Habana sin poner en claro la identidad de cada uno. El juego interno de la película no puede ser más simbólico; quedan intercambiadas, ignoradas y sepultadas dos de las matrices que dieron vida a la cultura republicana: la fuerza laboral del negro olvidado y el refinamiento aburguesado de la casta blanca provinciana.

Esta investigación inicial también me llevó a una lectura más detenida de la visita del papa Juan Pablo II a la isla en el año 98, ocasión que consagró el retorno triunfante de la voz del Vaticano al escenario nacional cubano, a pesar de que el protestantismo y las religiones afrocubanas quizá constituyan una mayoría de practicantes actualmente. Importaría observar más detenidamente las dimensiones culturales de este conocido evento, las cuales quedaron traspuestas ante la especulación política que derivó del mismo, pero no me voy a detener ante ese complejo espectáculo en esta ocasión, sino en otra manifestación reciente y de mayor relieve aun.[3] Me refiero a la aparición del filme *Buena Vista Social Club* (BVSC), ya que propone dimensiones mucho más amplias, digamos globales, del tema de la nostalgia cultural cubana, debido al éxito que este ha tenido en el mundo entero desde 1999.[4]

BUENA VISTA SOCIAL CLUB

¿Cómo explicar el éxito global de BVSC? Se calcula que en términos de ventas e interés publicitario, no hay disco, filme u obra artística comparable en la historia cultural cubana. El premio *Grammy* del 97, otorgado al *CD* que lleva el mismo título, no fue sino el primer indicio de un acontecimiento destinado a reclamar la atención del mundo a partir del 99 con el estreno del filme. Los nombramientos y premios internacionales que éste ha recibido ya suman unos treinta, entre ellos el de finalista en la categoría de mejor documental para el Oscar.[5] La cinta cinematográfica también ha motivado más de una centena de reseñas en Europa, Estados Unidos y América Latina, todas ellas extraordinariamente laudatorias, aunque en su mayor parte solo atestiguan una sensación de encanto que nunca llega a dilucidarse por completo.[6]

Actualmente hay docenas de páginas *web* dedicadas a BVSC en diversos idiomas, cada cual con múltiples referencias visuales, musicales y textuales —casetes, *CD*s, filmes, libros, fotos, y *DVD*s— toda una industria de productos derivados entre sí, en muchos casos de contenido idéntico.[7] Pero más que una muestra de historia musical, o un filme sobre una orquesta, BVSC circula por las redes de producción informática como la articulación más dinámica, y hasta futurista, de la cultura nacional cubana. Cabe preguntarse si hay una forma de acercarse a un fenómeno tan súbito y de tal magnitud, es decir, si existe una estética o política cultural capaz de apreciar sus complejidades culturales, artísticas y comerciales, tanto en el contorno nacional como en el transnacional.

La crítica dedicada a este fenómeno masmediático, en su mayor parte, ha insistido en la celebración de lo obvio. No hay duda de que la actuación de grandes intérpretes de la tradición musical cubana, entre ellos Compay Segundo, Ibrahim Ferrer y Omara Portuondo, provee muchos aspectos de interés humano y calidad artística a la cinta musical, al igual que al documental. También se observa prominentemente una escenografía de calles y edificios de una Habana descascarada o desteñida, esa irresistible estética del derrumbe que tanto intriga al director cinematográfico Wim Wenders. Y luego, o mejor dicho, sobre todo, se registra ese ambiguo pero inagotable deseo de ver, oír y sentir la Cuba actual, impulso tácito que se trasluce por todo el proyecto de BVSC.

Hay, sin embargo, otros aspectos menos atendidos hasta ahora. Uno de ellos apunta hacia las diversas e imprecisas huellas sobre la historia del proyecto que suple Ry Cooder, productor musical; esa voz opaca que se deja escuchar en varios momentos clave del filme para darle cierto trasfondo narrativo a la sucesión de imágenes y canciones. Otra pista prometedora se halla en los estrechos vínculos entre el *CD* y el filme, al igual que entre Cooder y Wenders. Amigos y colaboradores desde los ochenta en conocidas películas como *Paris, Texas* y *Wigs of Desire* ambos pertenecen a la generación nacida justo después de la Segunda Guerra Mundial. De esa primera época del *rock* histórico proviene el innegable antecedente de un documental basado en el éxito de un gran disco; me refiero a *Sargent Pepper's Lonely Hearts Club Band*. Pero la deuda de ambos realizadores con los sesenta también parece ceñir dos impulsos aparentemente contrarios: un interés de vanguardia por el arte y la cultura mundial que marca toda la carrera musical de Cooder y la cinematografía de Wenders, al igual que una profunda inquietud, hasta ahora inexplorada por la crítica, por la preservación de valores artísticos que hoy parecen desertados o arriesgados por la globalización masmediática de la salsa, el rap y sus correspondientes industrias de música y videos.[8]

No creo que las intenciones de los creadores agoten el sentido de sus obras; de hecho, con el tiempo tienden a desprenderse de las mismas, como bien observa la historia literaria del inaudito Quijote concertado por Borges en nombre de Pierre Menard. Pero tampoco me sumo al horizonte interpretativo de lectores o consumidores que pretenden esquivar sin más la compleja gestión del creador y su contorno social. Se pierde mucho con tales encierros. Nótese que el éxito del proyecto BVSC, aún después de los premios recogidos por el disco y el filme, sigue siendo un profundo misterio para ambos realizadores. Hasta la fecha, Wenders y Cooder han rehusado ahondar sobre el sentido artístico o cultural que se pueda derivar del producto final, limitándose a señalar que todo se debe a la autenticidad de los cantantes cubanos, al poder trascendental de la música criolla, o al valor intrínseco que tiene esta tradición para la época actual.[9] Pero esta postura, prudente y quizá admirable en cierto sentido, podría también parecer algo ingenua. No hay duda de que la deferencia a la sabiduría innata y a los artistas locales confirma una sensibilidad apreciable hacia la otredad cubana, tema central del proyecto. Pero también corre el riesgo de congelar la historia musical cubana en un pasado inmutable y ceñir indefinidamente la crítica que merece BVSC al aplauso de un feliz accidente, como si no hubiera diseños artísticos y empresariales de por medio, como si la confluencia de miradas —de Cooder, Wenders y de interlocutores locales menos celebrados— no confiriera otra *performance* que también deja huellas dignas de análisis y comentario.

El relato del documental hace de Cooder todo un protagonista, a veces con tanto o más relieve que la ciudad de La Habana y las voces de los músicos. Éste no sólo organizó la puesta en escena del eje musical que articula la película, también participó activamente en su edición final, e introdujo a la trama su historia personal, incluyendo a su hijo. Wenders, por su parte, ha declarado que si bien no tenía una idea muy concreta de lo que iba a hacer en Cuba, no le importaba, puesto que se sintió inmediatamente contagiado por el entusiasmo y el sentido de aventura que Cooder ponía en el proyecto.[10] Cooder nunca sospechó que su hallazgo de una vieja tradición musical cubana pudiera cobrar tanta vigencia en el plano internacional, y Wenders reitera no saber a ciencia cierta si su producto final es un filme, un "musi-documental," u otra versión de las crónicas de viajes que orientan su cine desde de los años setenta. El conocido director parece esquivar toda referencia a los videos musicales, quizá porque esa nueva forma, tan popularizada, contiene riesgos seductores para un artista receloso de la cultura global. No obstante, no perdió la oportunidad de llevar la nueva tecnología de video —*minicam* y digitalización— a BVSC. Podría decirse que su narrativa fílmica sobrepasa las dimensiones de muchos videos comerciales pero tampoco se aleja por completo de los mismos. Digamos que combina la historia del éxito comercial del *CD* que precede al filme con el hallazgo de algo perdido, con un viaje a una semilla musical aparentemente olvidada por Cuba misma, y por el mundo. Y luego queda la participación propiamente cubana en este proyecto global más allá de los músicos y cantantes que protagonizan la historia filmada. ¿Qué papel juega Cuba en la producción artística y comercial de BVSC?

Estas exploraciones motivan las próximas páginas. Se trata de un intento de desatar una meditación más crítica en torno a BVSC, particularmente entre los diversos relatos que encierran sus diversas tramas, abordándolos desde varios ángulos implícitos no solo en la confección artística de sus realizadores, sino también en la cultura cubana y el contorno que tanto lo ha celebrado.

La ficción poscolonial

Se podría postular que BVSC tropieza con algo que buscaba intuitivamente: la oportunidad de introducir el son cubano al contorno global, de sondear una suerte de redescubrimiento del valor de la música romántica para mitigar el daño al plano afectivo que puede producir la crasa comercialización de la cultura contemporánea. La música impulsa la introspección, el viaje de regreso, una mirada implícita a la relación entre la afectividad y la razón. Varios relatos internos conducen a esta lectura, aunque no todos en la misma dirección. Uno de ellos atañe a la compañía británica World Records, la cual invita a Cooder a ir a Cuba en el 96 con un grupo de músicos de Mali y otros países de África Occidental. La idea inicial era reunir a los invitados con varios intérpretes de música guajira cubana en una especie de descarga o *jam session* en La Habana, y luego observar los resultados. Nick Gold, director of World Records, concibió el plan con Cooder, según las declaraciones que éste provee en el filme y en varias entrevistas.[11] No abundan los datos al respecto, pero lo que hay permite entrever el bosquejo de una especie de experimento etnomusical guiado por un diseño de gestación comercial, es decir, un intento de regenerar el poder constitutivo de las fuentes musicales cubanas. Si éstas provienen de una mezcla de impulsos africanos y campesinos, ¿qué pasaría si se reemplaza la africanidad criolla con otra de procedencia directamente africana? El propósito inicial, se deduce, no era llevar la música cubana como tal a la escena global, sino reproducir la fórmula que la engendró alterando la procedencia del componente africano. Pero se intuye aún más, puesto que se trata de un momento en que la salsa se ha globalizado y la posición de Cuba para entrar en la producción y el *marketing* de su propia tradición musical era, y sigue siendo, débil. Podría decirse que estamos ante un proyecto que busca llevar la transculturación al plano de la ingeniería videomusical, o concertar un eje de producción más transnacional para el son.

Se sabe que Cooder acudió a la cita en La Habana pero los músicos africanos invitados no lo lograron. Permanecieron en París por diversos motivos. A partir de ese contratiempo surge el plan alternativo que poco a poco va definiendo el proyecto final: grabar músicos y cantantes cubanos de antaño, figuras estelares que van apareciendo casi fortuitamente. Pero la gestación ideada inicialmente contiene otros matices dignos de atención. La idea de World Records pudo haber sido una mera intuición creativa, una especulación comercial, o una combinación de ambos impulsos, pero también sugiere una suerte de ficción poscolonial, destinada a conjugar creativamente tradiciones del llamado tercer mundo, en términos de alternativa o resistencia cultural dentro del capitalismo posmoderno.

Hay, sin embargo, otro relato interno al proyecto que sugiere una dimensión más local. Se trata del testimonio de Juan de Marcos González, en muchos sentidos el protagonista oculto, tanto del filme como del *CD*. Su participación se puede rastrear de una entrevista que sólo aparece en el *DVD* de BVSC. Joven, bilingüe, negro, empresario, director musical, y de larga historia con World Records y Nick Gold, Juan de Marcos conocía o había trabajado con todos los músicos que aparecen en BVSC antes del viaje de Ry Cooder en el 96. Su actuación, apenas visible en el filme, incluye el papel de intérprete —lingüístico y musical— entre Cooder y los músicos cubanos. Tenía, además, su propia orquesta, "Afro-Cuban All Stars", y su propio *CD* con World Records titulado "*A toda Cuba le gusta*", grabado junto al de Cooder en el 97, con muchos de los mismos músicos. Desde la perspectiva de este otro relato omitido del filme, se deduce que la trama protagonizada por Cooder es una autobiografía ficcionalizada que cuenta con la complicidad de Juan de Marcos y la institucionalidad cubana, sin duda motivada por el éxito internacional que prometía el proyecto con la participación del músico norteamericano y el director alemán. La dimensión testimonial de Cooder constituye una apuesta creativa confirmada en el acierto comercial posterior. No hay duda de que ha abierto muchas puertas a músicos cubanos en los mercados culturales de países capitalistas. Queda, sin embargo, la duda de si el éxito global del filme se hubiera sostenido con un protagonista como Juan de Marcos González o si buena parte de él depende de la ficción en torno a Ry Cooder.

Las modernidades truncas cobran un nuevo valor en el creciente mercado de producción afectiva, puesto que la ficción poscolonial no descarta el pasado moderno o pre-moderno, ni los territorios anteriormente relegados al margen de la gran modernidad; al contrario, los transporta íntegros al futuro posmoderno, permitiendo que el anacronismo no sólo se haga rentable, sino que prometa una especie de política de resistencia promovida por el mismo orden global. La Cuba musical de los treinta, cuarenta y cincuenta queda así imprecisamente citada al mismo tiempo que las ruinas físicas de La Habana de los noventa. Por otra parte, la ingeniería original de BVSC cobra otro relieve en el plano de los mercados globales de música: convocar una fusión alternativa de ritmos afro-caribeños inspirados por la virtuosidad vocal e instrumental de otra época y orientarlos a competir afectiva y comercialmente en el mercado de la producción en masa de ritmos masificados como el rap, la salsa, o hasta la timba local.

Con el hallazgo de grandes intérpretes cubanos de antaño, aparentemente olvidados en su propio contorno nacional, se abandona el proyecto de regenerar o reinventar la música cubana. No obstante, queda latente la idea de redescubrirla desde una perspectiva global, es decir, de aquilatar su nuevo valor de resistencia o alteridad en el creciente mercado global de la subjetividad afectiva. Entre los recuerdos narrados por Cooder se escucha que su primer viaje a Cuba había ocurrido en los años setenta. Había escuchado varios discos de esta música en Estados Unidos y quería conocerla más de cerca. Aparentemente el viaje fue un éxito, pero en aquel momento "no sabía qué hacer al respecto", de lo cual se puede inferir que no tenía todavía los medios para armar un proyecto comercial de alta envergadura. En el 96, su segundo viaje, ya contaba con mucha más experiencia musical, presupuesto y todo un equipo de trabajo proveído por World Records.

Pero hay un recuerdo especial que enlaza significativamente estos dos momentos. De regreso a Cuba, al oír la melodía que brotaba de la guitarra de Barbarito Torres, Cooder descubre que ese sonido era el que le había llamado la atención veinte años antes. Era el toque arábigo del laúd lo que siempre le había fascinado entre todos los sonidos del son cubano. Nótese que la predilección por la música y los instrumentos orientales caracterizan la carrera musical de Cooder,[12] sin duda inspirada por su interés en la etnomusicología. Entre los setenta y los noventa Cooder lleva a cabo experimentos con músicos de África, Japón, India, Siberia y Hawaii, antes de su retorno a Cuba. Esto explica el manejo de la *slide guitar* hawaiana que marca su participación como músico en la orquesta de BVSC, al igual que la importancia, a veces preponderante, de los instrumentos musicales —origen histórico, rigor de aprendizaje, magia sonora— a través del filme. Si bien la autobiografía de cada músico o cantante constituye una buena parte de la filmación, la atención explícita a sus instrumentos a veces la subordina. El tres de Elíades Ochoa Bustamante y el piano de Rubén González, por ejemplo, a ratos parecen protagonizar sus propios relatos, y las voces de los cantantes se escuchan como instrumentos que sobreviven fuera de sus respectivos cuerpos. Nótese también que la actuación de Joachim, el hijo de Ry Cooder, responde directamente a esta fascinación por la génesis musicológica. Éste toca un tambor udú, de procedencia nigeriana, fundamentalmente ajeno a la música cubana.

Hay, sin embargo, toda una escena muy coreografiada, casi mística, que recoge la voz introspectiva de Ry Cooder a orillas del mar en las afueras de La Habana. Se trata de un trío improvisado por Joachim Cooder, Orlando López Cachaito y Amadito Valdés. Es sin duda el momento más significativo del relato personal de Ry Cooder que organiza la filmación. Reclinado en una cómoda silla, fumando lentamente un sabroso puro, reflexiona sobre el éxito de su proyecto en Cuba, mientras observa a su hijo tocando el udú con los maestros cubanos de contrabajo y percusión en el trasfondo. La ficción poscolonial encuentra ahí su momento más introspectivo ya que el retorno de Cooder a Cuba en los noventa parece suscitarle un nuevo horizonte ontológico: su voz y su mirada de pronto atisban una dimensión de trascendencia en un lugar donde el futuro es totalmente incierto, o donde no parece haber pasado el tiempo, un contorno que revitaliza el sentido de sus peregrinaciones musicales por África, Asia y las Américas con la sabiduría de las tradiciones populares fuera de su propio tiempo.

Podría añadirse otro aspecto de interés en esta importante escena. Me refiero al toque hemingwayesco que nutre la relación entre Cooder y su hijo, una transferencia de masculinidad ritualizada, puesto que se trata de un viaje al trópico sin mujeres para la familia Cooder. Joachim no solo toca un instrumento aparentemente exótico; su cuerpo juvenil, el único del trío, también marca el compás de un ritmo cuyo sentido profundo sólo él, o su padre, parecen intuir. Cuba, observa Joachim en la siguiente escena, es la Meca de la percusión, pero nunca deja de haber baches o vacíos que su propio tambor no puede suplir, sonidos que según su padre "corresponderían a una orquesta extraña de los sesenta que nunca existió".[13] Nótese que ese rejuego hemigwayesco conlleva su propia ambivalencia hacia el imaginario del izquierdismo masculino que ha sostenido el capital simbólico de la Revolución Cubana.[14] Se intuye, claro está, que este imaginario se vuelve un poco más juguetón en los noventa, y que la relación entre Ry y Joachim podría verse a partir de una teoría del macho débil, que se sabe en crisis pero busca todavía alimentar cierta nostalgia en torno al heroísmo mitológico de la masculinidad revolucionaria. El patrimonio que recibe Joachim es más afectivo e introspectivo, pero sin llegar a perder la memoria del tambor y la motocicleta.

Ángeles y espectros

La mirada fílmica de Wim Wenders siempre se ha caracterizado por la presencia de ángeles y otros tipos de personajes que viven "fuera del tiempo" pero que son capaces de retornar o reaparecer intermitentemente. Casi todas sus películas, entre ellas *Paris, Texas*, *Until the End of the World*, *Wings of Desire*, *Faraway So Close*, y *Lisbon Story*, sondean la dislocación temporal desde diferentes lugares y perspectivas. La más conocida y exitosa antes de BVSC ha sido *Wings of Desire* de 1987, cuyo título original, "El cielo sobre Berlín", recoge más claramente su interés por esa capital. El éxito de la película reclamó una versión norteamericana que se estrenó en el 98 con el título de *City of Angels*, tomando por referencia la ciudad de Los Ángeles. Wenders se acerca a estas urbes con una visión oblicua. Sus ángeles y otros personajes andan, casi siempre, a la deriva por el mundo, atestiguando la profundidad de deseos incumplidos, una historia inagotable cuyo archivo, podría decirse, data desde el comienzo de la humanidad. Su filme sobre Lisboa convoca un encuentro que nunca se cumple entre un director de cine y su especialista de sonido para un proyecto destinado a permanecer frustrado. Sin embargo, cada cual concluye su trabajo independientemente, permitiendo de tal modo reflexionar sobre la pureza de la imagen cinematográfica en su época silente, al igual que sobre las infinitas posibilidades de una dimensión sonora que solo depende de sí misma. Los personajes de Wenders no son solo testigos del deseo, sino también de la inconsolable soledad de Dios. A veces se paran en altos edificios con una mirada omnímoda, a veces se desviven por el mero deseo de sacar colores interesantes de una vida incierta. En *Wings of Desire*, por ejemplo, el personaje Daniel quiere hacerse mortal solamente para ver el color rojo. No son ángeles bellos, ni querubines, sino seres mortales, en muchos casos envejecidos o marcados por el tiempo. No pueden cambiar nada, pero acompañan, dan esperanza y son capaces de enamorarse de la gente. Habitan un cine no tanto impulsado por la trama o la acción, sino por los resquicios del ser, la ontología, y la duda sobre donde, o cuando, comienza el tiempo y termina el espacio.[15]

La realización fantasmática no es un tema nuevo para el cine, la literatura y otras artes, pero ha alcanzado una vigencia inesperada recientemente. Jacques Derrida, uno de los filósofos más influyentes de las últimas décadas, postula que el intelectual necesario hoy día no es el que se ríe de los fantasmas presuntuosamente, sino el que sabe hablarles, o hacer que hablen. En su conocido libro *Specters of Marx,* traza la historia de la modernidad partiendo de tres momentos claves articulados desde una concepción fantasmática: la dramaturgia de Shakespeare, el pensamiento político-filosófico de Marx, y el régimen masmediático global de hoy. Observa que cada uno anuncia el síntoma de una disyunción interna a la cultura de su época: Hamlet y la precaria modernidad del siglo XVII, Marx y los espectros del comunismo del XIX, y la fantasmagoría implícita a nuestra época, la cual ha visto decretado el fin de todo —historia, ideologías, cultura— dejando atrás solamente un espejismo triunfal de mercados sin textos sociales. Derrida afirma que la filosofía espectral es la única respuesta a una época que se considera a sí misma "fuera del tiempo", y que ello también exige una estética del duelo, la invocación y el encantamiento artístico, que oscilará indefinidamente entre la memoria y el deseo. Queda por verse si ello solamente implica el lamento de valores perdidos, o si también invoca la reaparición de promesas incumplidas.

En BVSC el lirismo etéreo de Wenders gira hacia La Habana, con un trasfondo final neoyorquino que no se puede perder de vista completamente. Los personajes de otro tiempo han retornado, aparecen como del aire, en este caso acompañados de calles, edificios y automóviles que distancian e invitan al mismo tiempo, testigos de infinitas combinaciones de verdes, azules y rosados que desvelan y enhebran los sentidos simultáneamente. No es un mundo surrealista, sino posrealista, o espectral, que prefiere no decidirse entre el pasado y el futuro. Ibrahim Ferrer sale como de la nada, lo encontraron en Regla un día y en menos de veinticuatro horas ya estaba grabando en los estudios del Egrem. Compay Segundo aparece otro día en Marianao, trajeado y montado en un convertible, con la pretensión de buscar el viejo club, sabiendo que en realidad no importa encontrarlo. Omara Portuondo camina por las calles canturreando con sus vecinas, recordando la lírica y marcando el paso de otra sensibilidad. Rubén González se coloca ante la cámara sosteniendo una foto suya de hace más de medio siglo, por si hace falta confirmar el milagro de su reaparición entre los incrédulos. Amadito Valdés entra en la pantalla como la personificación de un motivo etéreo que se ha sustentado estrictamente con la teoría de la percusión. Y hasta la misma entrada en La Habana de Ry y Joachim Cooder es toda una aparición: paseando en una moto con *sidecar*, vieja pero juguetona, portan sonrisas profundamente conscientes del valor estético del anacronismo.

Las escenas finales en Nueva York —Carnegie Hall, Times Square, Empire State— permiten diversas lecturas. Wenders se distancia aquí un poco más del libreto dominado por el CD de Cooder. La actuación estelar de los músicos en una Cuba espectral pasa de pronto a la eléctrica monumentalidad de Nueva York, dando a entender que los grandes intérpretes del son han encontrado el destino final de la aprobación —una peregrinación triunfal a la gran megalópolis. Pero esta mirada contiene implicaciones que el filme parece dejar en el aire. El asombro ante los rascacielos y otras zonas turísticas obligatorias por parte de los músicos sostiene esa mirada añeja de testigos de otra época, pero su paseo por las calles de Manhattan pierde algo del encanto de seres fuera del tiempo que tenían en Cuba y que aún preservaban en el teatro Carnegie Hall. De pronto se palpa la avanzada edad de muchos de ellos, su memoria se vuelve más precaria, y el meneo juvenil de sus cuerpos en el teatro da paso a un cancaneo septuagenario. Se quiebra la burbuja en las calles de Manhattan, esa otra capital de la salsa con sus propios mercados y exigencias quizá imprevistos por Wenders y Cooder.

El concierto en Nueva York marca un éxito equívoco por sus posibilidades implícitas, muy distinto al de Amsterdam, donde se celebra el primer viaje del grupo al exterior, del cual salen algunas tomas al comienzo del filme. No hay duda que Europa viene descubriendo la salsa en las últimas décadas, pero todavía carece del código referencial de Nueva York, cuya iconografía actual remite tanto o más a la salsa que a los rascacielos. La urbe norteamericana, ya profundamente latina también, recibe a estos músicos sin asombro por el sonido que traen. Su marco de recepción de música caribeña (no solo cubana) nutre toda una industria estética que la incorpora a la cultura del baile, esa comunicación gestual entre cuerpos de todas las edades que nunca aparece en BVSC. En ese sentido el viaje a Nueva York agrieta la mirada nostálgica de BVSC. Los cuerpos envejecidos de los cantantes parecen perderse en una urbe veloz, juvenil, rodeada de otros intérpretes estelares del son, viejos y jóvenes —digamos Celia Cruz y Mark Anthony, por ejemplo— que tampoco aparecen en el filme, ni siquiera como citas de un mapa monumental.

La fisicalidad neoyorquina desordena la ambigüedad que nutría la nostalgia en torno a una Cuba possocialista, cuyas posibilidades como objeto sublime del nuevo turismo exótico quedan bellamente expuestas en este filme. Se complica el encanto desde ese momento. Las últimas tomas que cierran el filme retornan a La Habana, pero ya es otra, más dinámica, más política, más dentro del tiempo. En cierto sentido ha cobrado más rapidez, más presente: un joven gira un barril incendiado como si fuera un trompo, otro se pasea en bicicleta con toda la cara repleta de anillos, portando una joyería como si fuera una máscara, o un tatuaje metálico.

LA NAVE DEL OLVIDO

El contorno de la subjetividad humana ha pasado al centro de los diseños comerciales, acercando aún más la estética a la producción de capital. Se ha expandido extraordinariamente el *marketing* del *affect*, aquello que Raymond Williams llamara "estructura de sentimientos" en un afán de precisar la constitución subjetiva del ser para las ciencias humanas. Toda esa gama de sensaciones, deseos, ondas y estados espirituales ahora participa activamente en el imaginario del capitalismo global. La mirada académica apenas resiste. Podría decirse que la ontología, aquella rama de la filosofía que se encargaba de estudiar el ser, ahora incorpora una industria de imaginarios que desdobla constantemente esos espacios de la subjetividad, facilitando la expansión del *affect* transnacional por medio de la red informática y de la tecnología videomusical. El interés por ciertos aspectos de las culturas del antiguo tercer mundo —telenovelas, instrumentos, ritmos musicales, prácticas religiosas— no proviene solamente de la curiosidad antropológica, o del multiculturalismo solidario, sino también del auge súbito que ha cobrado el comercio global de sentimientos, zona en cierto modo definida por la producción cultural posmoderna y la ficción poscolonial.

Este nuevo contorno, o nueva estética si se quiere, a veces convoca elementos contradictorios a las identidades nacionales, como se puede observar con la creciente importancia de la música latina en Estados Unidos, la cual no solo acompaña la expansión del español y la presencia latinoamericana en este país, sino que hasta propone una relación con el cuerpo distinta a la que ha sostenido la cultura anglosajona históricamente. Pero al mismo tiempo esta contradicción obtiene valor de novedad en el plano ontológico comercializado, puesto que le insinúa al ciudadano la ventaja de una exploración más aventurada en el ámbito de la otredad, entendida ahora como territorio de la subjetividad global. Todo se vuelve materia posible para nuevos productos, siempre y cuando parta de un montaje de relatos visuales y un imaginario profundamente afectivo.

En BVSC se ven calles, edificios y autos de La Habana en estado avanzado de deterioro, pero casi nada de la vida humana que le corresponde: Cuba y su cotidianidad han desaparecido. Solo permanecen las ruinas escogidas por Wenders consignadas por una estética del derrumbe que de algún modo compagina con la romántica dulzura de los sonidos musicales orquestados por Cooder. Se adquiere la sensación de que estamos ante un país que pertenece a otro tiempo, que sus cuerpos y sus voces significativas viven fuera del tiempo y que su cultura sostiene una afectividad que está más allá del tiempo. Aparece así un son asincrónico, liberado de sus contornos espacio-temporales, capaz de proveer toda una serie de retos equívocos a la contemporaneidad: borrar la distancia entre la edad de los artistas y el momento originario de esa música, sostener la energía vocal e instrumental de los intérpretes por más de medio siglo, y llevar el rigor de instrumentos musicales, la santería y la fertilidad sexual que revelan diversos personajes, a una unión indistinta de impulsos afectivos. Una realidad añeja pero virtual.

BVSC provee un ejemplo singular de esta estética. Tomando a Cuba como trasfondo, se postula la recuperación de un pasado sentimentalizado cuya relación con la fisicalidad del presente parece prescindible. No hay referencias a ritmos nuevos, ni cubanos jóvenes, ni historia musical reciente. La Trova, Los Van Van, Irakere, NG la Banda, el rock, los debates en torno a la salsa, la tradición de cantautores, no existen o no importan. No se explica que el olvido de esos viejos cubanos remite precisamente a esta historia de gustos y disgustos locales. El relato interno del filme infiere que no hay vida musical fuera de los sonidos de antaño y que éstos están a punto de extinguirse. Se anuncia así un nuevo tipo de protagonista o *broker* cultural que, de cierta manera, recuerda al personaje central de *Los pasos perdidos* de Alejo Carpentier, aunque la gesta recuperativa en este caso no proviene de un musicólogo cínico y frustrado sino de un logrado *broker* musical capaz de hibridizar creativamente el viaje y la confección de nuevos productos.

Podría argüirse que BVSC está dirigida a un público fundamentalmente no cubano. Ello quizá explique la proyección de una Cuba cuyos sonidos remitan exclusivamente a los treinta, cuarenta y algo de los cincuenta. Pero, ¿por qué omitir la época revolucionaria, es decir, todo el período desde los sesenta?[16] El filme parece evadir las implicaciones políticas de esta borradura y sin embargo se vale de ella para nutrir la trama del abandono de los valores musicales de antaño. Se sugiere ligeramente en varias escenas que los músicos y cantantes encontrados por las calles ya no tenían vida profesional en Cuba. Luego se reitera la misma anécdota por medio de testimonios autobiográficos que parecen transformar a los músicos en objetos de estudio antropológico. Cada hablante hace escasas referencias a su vida en la época pre-revolucionaria, que para casi todos significó un período duro pero formativo. En cuanto a la época posterior al 59, cada uno confirma que ha sido para ellos de menos riesgos en términos de supervivencia, pero también de menos posibilidades profesionales.

Para la estética global el pasado de las modernidades truncas no exige un mapa diferencial de sus roces con el capitalismo y el socialismo. Se da a entender que la historia cubana se puede soslayar sin mayores riesgos comerciales, debido a que ésta no goza de suficiente acceso al mercado global. El éxito internacional del filme y el *CD* lo confirma. Un público vasto y extraordinariamente diverso —europeo, latino, norteamericano— parece descubrir el objeto de un viejo deseo reprimido en la presentación de una Cuba sin presente. ¿Será el sonido de un romanticismo perdido, el ritmo de un internacionalismo utópico, o simplemente la música cubana de los treinta y los cuarenta? No urge escoger, puesto que el filme parece apostar que la nostalgia cultural cobra coherencia en el terreno de una ambigüedad cuyos pormenores son inaprensibles, o que remiten a una historia cuya relación con el presente se ha vuelto inconmensurable. Se buscan testigos afectivos de una promesa incumplida, o espectros de una época que se creía perdida, y se han encontrado en Cuba. Al sacar del olvido esas grandes figuras que andan desatendidas por las calles de la Habana se invoca un nuevo mesianismo que entiende la "salvación" desde una fórmula aparentemente irresistible y por ende sublime: éxito comercial y nostalgia cultural, otredad racial y celebración global.

La industria del *affect* advierte el valor de relatos musicales contemplativos como BVSC. Algo análogo ha ocurrido con el renacimiento del bolero que se ha adueñado de la carrera de Luis Miguel, entre otros. Podría decirse que la cultura musical norteamericana contiene sus propios paralelos, ya que el *rock* de los cincuenta y los sesenta mantiene su público, aunque nunca totalmente aislado de las promociones subsiguientes, ni de sus relaciones con la escena más contemporánea. Habría que observar, sin embargo, que la música popular del Caribe también resiste el aislamiento cronológico. No le son ajenos los movimientos corporales de antaño, ni presume que todo meneo anterior deba ser obsoleto. Al contrario, suele integrar los sonidos y cuerpos añejos con más cariño que el *rock*, o el *hip-hop*, por ejemplo.[17] La calidad vocal e instrumental del son, al igual que la dulce lentitud de los sonidos y cuerpos de BVSC, quizá sugieran un contraste con la fisicalidad agresiva del *rap* y ciertas formas de la salsa, pero no debe olvidarse que la rumba, el mambo, el guaguancó, y muchos otros ritmos bailables, también se han nutrido de la misma tradición musical. En ese sentido, Cooder y Wenders, rockeros de otra época, creyendo necesario alejarse del ruido y la velocidad, expelen de la pantalla los cuerpos jóvenes que bailan y también consumen el son de hoy. Nótese que las tomas del concierto en el Carnegie Hall de Nueva York recurren repetidas veces a la canción "Candela", cuyo ritmo se aleja bastante de la suavidad romántica, y que el público apenas se contenía en sus asientos.

¿Cómo distinguir la tradición de la comercialización y la vulgarización cultural? La defensa del arte y la cultura es un impulso urgente pero equívoco, que responde a múltiples inquietudes artísticas e ideológicas no siempre alineadas en formas predecibles. En parte ha sido ocasionado por el desafío de la globalización a los imaginarios nacionales y a la cultura moderna que los albergaba, y aún más concretamente, remite a la expansión masmediática que ha transformado súbitamente lo que se entiende por cultura, incluso los gustos, la educación, y hasta las disciplinas dedicadas a su estudio. Como se puede observar en el caso de BVSC, es un impulso que también responde a imaginarios transnacionales de gran escala, con proyectos fundados en una estética capaz de gestar un encanto sublime, exótico y contradictorio. Sublime, por desear un objeto cuya relación con el tiempo actual sólo puede ser inconmensurable; exótico, por la ficción poscolonial que nutre su utopía afectiva; y contradictorio, porque el valor cultural a fin de cuentas sólo puede ser redescubierto en el plano del mercado global. Obviamente, este filme también confirma que la cultura cubana constituye un *locus* ideal para esta puesta en escena, por su gran historia musical, por su contorno de ontologías límites, y por el espacio que ella ocupa dentro de la mitología nacional e internacional de resistencia.

Notas

[1] Abordo más a fondo algunos aspectos constitutivos de esa nostalgia en un reciente libro titulado *Cuba On My Mind: Journeys to a Severed Nation*. En este ensayo busco llevar el tema a un contexto más global.
[2] Tomás Gutiérrez Alea falleció en 1996 a los 67 años.
[3] El libro ya mencionado contiene una lectura detenida del pentecostalismo posmoderno que encierra esta visita.
[4] Este ensayo se originó en abril del año 2000 con motivo de la conferencia especial del Instituto de Humanidades de la Universidad de Stony Brook, New York, en conmemoración de nuestro colega Michael Sprinker, recién fallecido. Agradezco las conversaciones sostenidas en esa ocasión con Perry Anderson sobre el fenómeno de BVSC, al igual que la oportunidad de escuchar una sugerente presentación de Julio Ramos sobre el mismo tema en Birbeck College, Londres, en junio de ese mismo año. Quisiera igualmente reconocer las conversaciones sostenidas en La Habana en junio de 2001 con el crítico de cine cubano Rufo Caballero, al igual que el manuscrito de su próximo ensayo sobre BVSC. Quedo finalmente agradecido por los datos que me ofreció el antropólogo Peter Wade, de la Universidad de Manchester, Inglaterra, en noviembre de ese año.
[5] Para una lista detallada de premios, véase: http://us.imdb.com/Tawards?0186508
[6] Hay pocos trabajos que abordan el fenómeno BVSC desde perspectivas amplias y sopesadas, véase entre ellos: Davis, Chanan y Guillermoprieto. Para una discusión amplia y sugerente, ver también la mesa redonda "Buena Vista Social Club y la cultura musical cubana".
[7] Un ejemplo sería la página http://www.vaionet100.com/en/links/buena_e.html. Ella sola contiene más de cien links. Otras notables son: http://www.pbs.org/whatson/press/summer/buenavista.htm y http://www.bvsocialclub.com

[8] En una entrevista con Peter Kemper, Cooder ha declarado que la música rap, para él, equivale a decir "no voy a ser una persona, de verdad me siento como un arma. Es como decir, voy a hacer desaparecer todas las cualidades humanas, la magia que puedan tener, y las voy a reducir hasta que solo tengan un elemento, algo así como el plomo o el carbón" ("Music needs..."). Wenders ha declarado su preferencia por la música de los sesenta. No conocía la música cubana antes de que Cooder le propusiera el proyecto. Al oír el disco por primera vez creyó que era una orquesta de jóvenes cubanos. Véase "The Heavens over Havana...".

[9] Cooder provee un resumen de la importancia de BVSC en los siguientes términos: "La gente que toca una gran música. ¿Qué los provoca a hacerlo? En esta época del consumerismo, qué nos llega de la gente que ha crecido fuera del sistema global mundial" (Adams, traducción mía).

[10] Véase "Foreword" de Wim Wenders a *The Companion Book...* 11-15, al igual que "Behind the Scenes...".

[11] Véanse las dos secciones sobre Cooder en *The Companion Book...* (94-5 y 117-22). Una de ellas recoge y amplifica su propia declaración en el filme. Véase también Gamba donde se encuentra una breve discusión del interés de Cooder en la etnomusicología.

[12] Entre los proyectos internacionales más conocidos de Cooder se encuentran los que realizó con Ali Farka Toure, de Mali, y Vishwa Mohan Bhatt, de la India. Véase Gehr.

[13] Véase la sección dedicada a Joachim Cooder en *The Companion Book...* (92).

[14] La puesta en escena de la masculinidad revolucionaria se observa también en la primera escena del film que expone solo una de las fotografías históricas (Che, Fidel, Hemingway, pesquería) de Alberto Korda. El *DVD* de BVSC contiene varias escenas complementarias que fueron editadas.

[15] La reseña de Rober Ebert sobre *Wings of Desire* presenta varias sugerencias valiosas.

[16] Redondeo aquí un poco las fechas. Es consabido que la Revolución Cubana toma el poder en 1959.

[17] Para una mirada incisiva sobre la música y la cultura neoyorquina actual, véase Flores, 2000.

BIBLIOGRAFÍA

A toda Cuba le gusta. Afro-Cuban All Stars. World Records, 1997.

Adams, Sam. "Cuba, Cooder and the Club". http://www.cpen.com/articles/061799/ae.movie.cooder.shtml

"Behind the Scenes with Director Wim Wenders", www.bvsocialclub.com/production.html

Buena Vista Social Club. Dir. Win Wenders. Santa Mónica, California: Artisan, 1999.

"*Buena Vista Social Club* y la cultura musical cubana". *Revista Teuss* 22-3 (2000).

Campa, Román de la. *Cuba On My Mind: Journeys to a Severed Nations*. Londres: Verso, 2000.

Chanan, Michael. "Play It Again or Old-time Cuba Music on the Screen". *New Left Review* 238 (London, 1999).

Davis, Darien J. "Buena Vista Social Club". *The American Historical Review* 105/2 (Washington, 2000): 657-9.

Derrida, Jacques. *Specters of Marx*. London: Routledge, 1994.

Ebert, Roger. *Wings of Desire*. www.goethe.de/uk/mon/archiv/ewenders/ewings/htm

Flores, Juan. *From Bomba to Hip-Hop: Puerto Rican Culture and Latino Identity*. New York: Columbia University Press, 2000.

Fresa y Chocolate. Dir. Tomás Gutiérrez Alea y Juan Carlos Tabio. California: Miramax Film, 1995.

Gamba, Pablo. *Hora de volver al 'Buena Vista Social Club'*. www.analitica.com/va/entretenimiento/quepasa/8974530.asp

Gehr, Richard. "Havana Great Time". villagevoice.com/issues/9922/gehr.php

Guantanamera. Dir. Tomás Gutiérrez Alea y Juan Carlos Tabio. New York: Tornasol Films, 1998.

Guillermoprieto, Alma. "Cuban Hit Parade". *New York Review of Books* XLVI/1 (New York, 1999): 34-5.

"Music Needs Room to Breathe". *Buena Vista Social Club: The Companion Book to the Film*. Wim Wenders, Donala Wenders, Ry Cooder. New York: Te Neves, 2000. 117-22.

Paris, Texas. Dir. Win Wenders. New York: Ecco Press, 1984.

Sarduy, Severo. *De donde son los cantantes*. Madrid: Cátedra, 1993.

Sargent Pepper's lonely Hearts Club Band. The Beatles. Capitol Emi Records, 1967.

"The Heavens Over Havana". *Sight and Sound* 9/10 (London, 1999): 24-6.

Wings of Desire. Dir. Win Wenders. New York: Orion Classics, 1987

IV. La "frontera de cristal"

Centralidad de las fronteras. Procesos socioculturales en la frontera México-EE.UU.

José Manuel Valenzuela Arce
El Colegio de la Frontera Norte

Desde hace varias décadas se discute el concepto de "frontera" en nuestro país, especialmente para analizar los procesos socioculturales que ocurren en el espacio compartido entre México y Estados Unidos. Sin embargo, existen pocos esfuerzos sistemáticos de teorización sobre la frontera, a pesar de que en los últimos años los temas de frontera han adquirido nuevas centralidades en los debates de las teorías multiculturalistas, poscolonialistas y en los estudios culturales.

Podemos identificar algunos ejes importantes donde se establecen las metáforas y posicionamientos analíticos sobre la frontera, como la ruptura, la pérdida, la traición, el puente, el muro de contención, los intersticios, la transnacionalización o los rizomas. En este trabajo, discutimos algunos de estos acercamientos teóricos a la frontera entre México y Estados Unidos.

I. Metáforas emocionales de la frontera

La concepción de la frontera como ruptura se construye a partir del parteaguas histórico de 1848. Junto con la pérdida de la mitad del territorio, comienzan a propalarse imágenes que aluden a la *ruptura*, la *mutilación territorial*, la *herida abierta* o la *fractura*. Bajo estas imágenes subyace un sentimiento de impotencia frente a la mutilación, sentimiento que ensombreció las expectativas de la recién independizada nación mexicana.

Junto a la imagen de la *ruptura*, se desarrolló el concepto de *pérdida*, que implicaba mucho más que los territorios "vendidos" como parte de los tratados de paz de Guadalupe Hidalgo. La pérdida también aludía a una condición de incertidumbre, de temor a una posible fragmentación nacional, pues los elementos centrífugos actuaron incluso durante la guerra misma. Para la población que habitaba los territorios que quedaron en poder estadounidense y decidieron reubicarse al sur de la nueva frontera, la pérdida aludía también a los bienes y propiedades abandonadas, mientras que para quienes permanecieron en el norte representaba rupturas familiares, pérdida de la nación, subordinación cultural y religiosa y una condición social subordinada.

De esta manera, *ruptura* y *pérdida*, fueron dos elementos marcantes de la percepción que, desde México, se tenía sobre la frontera. En torno a ellos se elaboraron una gran cantidad de discursos que impregnaron las posiciones nacionalistas decimonónicas y de principios del siglo xx.

En las primeras décadas porteriores a la guerra, la percepción sobre la población mexicana que quedó al norte de la frontera fue de cercanía: era la familia ausente, o "el otro México". Prevalecía una comunidad imaginada transnacional, donde el Estado mexicano atendía los asuntos de mexicanos y mexicanas "allende el Río Bravo", mientras que estos apoyaron movimientos de resistencia mexicana, proporcionando armas o recursos económicos, como hicieron durante la intervención francesa. También ayudaron a diferentes grupos políticos durante la Revolución Mexicana, y recibieron a exilados políticos, como los hermanos Flores Magón.

Después de un largo período marcado por recurrentes vejaciones y disputas, la población mexicana abrió nuevos espacios en el escenario estadunidense. Para ello, tuvo que reeditar su propio *génesis* y renombrar el mundo incorporando muchos de los elementos lingüísticos del inglés, mediante una compleja relación de integración y resistencia frente a la cultura anglosajona dominante y frente a relaciones sociales fuertemente racistas.

A partir de las metáforas de ruptura y pérdida, se conformó el imaginario de la patria doliente que representaba la condición del país después de la derrota frente a Estados Unidos. Junto a la condición lastimera y desfalleciente, la patria devino metáfora dolorosa que no lograba resarcir las heridas. Pereciera que los soldados extranjeros continuaran corriendo por las calles mexicanas, como en las imágenes que recreó Manuel Carpio en su poema "México en 1847":

> Yo vi del norte carros polvorosos
> Y vi grandes caballos y cañones
> Y vi los formidables batallones
> Tomar trincheras y saltar los fosos.
> En las calles de México desiertas
> Vi correr los soldados extranjeros
> Vi relumbrar sus fúlgidos aceros
> Y vi las gentes pálidas y yertas
> ¡Patria infeliz! Sin Curios ni Catones,
> Ha sido tu destino lamentable:
> Leyes te dieron con sangriento sable
> Del Norte los terribles batallones.

Mexicans are a semi-civilized people

La colindancia fronteriza devino objeto de consideraciones estereotipadas que le vinculan a una condición de incontinente extranjería. Son muchas las frases que propalan estas ideas, como la que se le atribuye a Porfirio Díaz: "Pobre México, tan lejos de Dios y tan cerca de Estados Unidos".

En su *Ulises Criollo*, José Vasconcelos ofrece importantes estampas de la frontera, pues vivió los contrastes en los niveles de vida y de desarrollo entre México y Estados Unidos: "Libres de la amenaza del militar, los vecinos de Eagle Pass construían casas modernas y cómodas, mientras nosotros, en Piedras Negras, seguíamos viviendo a lo bárbaro" (64). Para muchos fronterizos la frontera era el río y se cruzaba en balsas improvisadas o, de plano, nadando. Sin embargo, las fronteras conllevan cargas emocionales, ancladas en las experiencias construidas desde las adscripciones identitarias: "El pueblo se mantuvo reservado. Ni los de Eagle Pass se aventuraron a cruzar hacia la tierra de los *greaser*. En aquella época, cuando bajaba el agua del río, en ocasión de las sequías, que estrechaban el cauce, librábanse verdaderos combates a honda entre el populacho de las villas ribereñas. El odio de raza, los recuerdos del cuarenta y siete, mantenían el rencor. Sin motivo y sólo por el grito de *greaser* o de *gringo*, solían producirse choques sangrientos" (65).

Los recreos y los juegos también eran parte de complejos procesos de socialización definidos desde los desencuentros culturales entre mexicanos y estadounidenses: "Los recreos degeneraban a menudo en batallas campales...pero el encuentro de grupos rivales provocaba peleas a pedradas. La lucha enconábase si por azar predominaba en alguno de los bandos el elemento de una sola raza, ya mexicanos o bien *yankees*" (69).

Vaconcelos también conoció el papel de la escuela como elemento reproductor de la desigualdad social y cultural, la confrontación de perspectivas estereotipadas y las disputas por las representaciones colectivas, especialmente si se discutía la historia de Texas, o la guerra entre México y Estados Unidos:

> Los mexicanos del curso no éramos muchos, pero sí resueltos. La independencia de Texas y la guerra del cuarenta y siete dividían la clase en campos rivales. Al hablar de mexicanos incluyo a muchos que aún viviendo en Texas y teniendo sus padres la ciudadanía, hacían causa común conmigo por razones de sangre. Y si no hubiesen querido era lo mismo, porque los *yankees* los mantienen clasificados. Mexicanos completos no íbamos allí sino por excepción. Constantemente se recordaba a El Álamo, la matanza azteca consumada por Santa Anna, en prisioneros de guerra... Pero cuando se afirmaba en clase que cien *yankees* podían hacer correr a mil mexicanos, yo me levantaba a decir:
> —Eso no es cierto.
> Y peor me irritaba si al hablar de las costumbres de los mexicanos junto con las de los esquimales algún alumno decía:
> —*Mexicans are a semi-civilized people.* (71)

La confrontación cotidiana también puede atizar los conflictos y producir abismos entre los grupos sociales, incluso entre los niños, quienes pueden construir imaginarios de redención y de venganza, como ocurrió a Vasconcelos: "El diario choque sentimental de la escuela del otro lado me producía fiebres patrióticas y sentimentales. Me pasaba horas frente al mapa recorriendo por la mente los caminos por donde un ejército mexicano, por mí dirigido, llegaría alguna vez hasta Washington para vengar la afrenta del cuarenta y siete y reconquistar lo perdido. Y en sueños me veía atravesando nuestra aldea de regreso de la conquista al frente de una cabalgata victoriosa" (79).

Los cielos norteños desprovistos de literatura a los que alude Vasconcelos parecieran aumentar la añoranza frente a las regiones donde se concentraba el despliegue cultural criollo que él admiraba. Por ello, al viajar hacia el centro del país, pronunciaba anhelante una idea que mucho ha lastimado a la sensibilidad norteña: "Con avidez retornaba a la zona en que comienza nuestra cultura criolla" (93). Todavía más elocuente, a su regreso a la frontera, Vasconcelos afirmaba desencantado:

> Dejamos al México secular, aletargado en su encanto podrido de males que ya nadie advertía, y volvimos al otro México, el de nuestra frontera acometiva, intoxicada de un progreso que también llevaba dentro la ponzoña de la rápida decadencia que hoy palpamos. Y así, entre un pasado decrépito y un futuro ni eficaz ni nuestro, la cabeza se emborrachaba de idealismos falsos y el apetito se abría al goce indiferente, a la amenaza y, acaso, la certeza de nuestra perdición. (95-6)

No obstante, en la frontera la identidad adquiría otros significados que justifican posiciones de dignificación de la propia herencia y conmina a tomar posiciones: "En la frontera se nos había acentuado el prejuicio y el sentido de la raza; por combatida y amenazada, por débil y vencida, yo me debía a ella" (101).

El norte, a pesar de todo, no era territorio perdido. Durante mucho tiempo, la herida se mantuvo lo suficientemente abierta para reconocer el vínculo cercano, familiar y propio en *el otro lado*, que también era parte del México previo a la guerra. Por ello en 1864, Ignacio Ramírez, en "Espejos en la frontera", afirmaba en California: "¡Aquí también es la patria!" (19) y, frente a la voracidad aventurera de la fiebre del oro, y la ambición delirante que produjo, observaba la degradación humana que le subyace. Junto a ella, se expresaban también jirones de tejido social y cultural en territorios que fueron patria, aunque exclamaba: "...si esos aventureros de todas las naciones levantasen hoy su campamento, no dejarían a la bahía por corona sino basura, sólo el genio de México descubre allí una patria y la llora perdida" (19). Guillermo Prieto también trató de explicar esa nueva realidad californiana, donde una porción de México había dejado de serlo sin perder del todo la mexicanidad, pues México persistía en Estados Unidos. Por ello, consideraba: "California es cierto que ya no es México, pero es California; esto no son los Estados Unidos" (23). La fiebre del oro fue una fuerza insoslayable y convocó también a los migrantes mexicanos que se fueron y allá alimentaron la nostalgia del terruño, como destaca el relato de Prieto:

> Multitud de sinaloenses, sonorenses e individuos de la Baja California emigran día a día a California, donde el lujo, la seguridad y todos los goces los esperan; y lo sorprendente es que esos hombres ansíen por volver a nuestra patria y se consideran como desterrados en aquel país que realmente suele servir a muchos de refugio. (23)

La mexicanidad se transformó y recreó en el México de afuera, donde se construyeron nuevas marcas distintivas que no correspondían con los anclajes originales (28). Esos mexicanos crearon *atmósferas de patria* que fueron refugio y mojón cultural reconocible para muchos mexicanos al otro lado de la frontera.

La metáfora de la cicatriz ha sido ampliamente utilizada para referir la *ruptura*, el *corte* o la *herida* producida por la guerra y la mutilación territorial. Carlos Fuentes también la utiliza para reflexionar sobre las posibilidades de la frontera: "Pero esta frontera, dicen muchos entre quienes cruzan, en realidad no es una frontera sino una cicatriz. ¿Se habrá cerrado para siempre?, ¿o volverá a sangrar un día?" (380).

De la patria doliente al estereotipo del pocho

Las nuevas condiciones de vida de la población mexicana que quedó al norte de México implicaron procesos complejos de cambio y resistencia cultural. La población fronteriza del norte de México desarrolló formas culturales diferentes a las de otras regiones del país. Desafortudadamente, muchas veces estas diferencias fueron consideradas como expresiones de entreguismo cultural, de apochamiento o de pérdida de la identidad nacional.

Junto a la urbanización de núcleos poblacionales de mexicanos que se concentraban en algunas ciudades estadounidenses y la fuerza de atracción de la oferta laboral, se generaron nuevos procesos de relación entre la población mexicana de ambos lados. La migración y el crecimiento de algunas ciudades fronterizas en el norte mexicano conformaron punteos culturales y nuevas percepciones entre las poblaciones de ambos lados.

La desigualdad social entre ambos países y los diferentes niveles de vida fueron la base para el desarrollo de importantes procesos migratorios enmarcados por condiciones de racismo. Los elementos visibles que daban forma a estos desencuentros fueron adquiriendo sentido en la figura de la *traición*. La supuesta traición del chicano y del mexicano que había migrado para el norte se conformaba en rasgos conspicuos como la ostentación de la "prosperidad" económica lograda, el cambio en las costumbres derivado de la convivencia con "los gringos", los relatos (frecuentemente inventados), sobre la vida y éxitos obtenidos en el norte, la experiencia de "haber estado ahí", en el lugar odiado y anhelado donde "se barren los dólares".

De este conjunto de elementos se construyó la imagen de la traición, la cual encontró su mejor expresión en el concepto de "pocho", regionalismo sonorense proveniente de la lengua ópata, que significa corto o rabón, y que en su connotación prístina "potzico", significa cortar la hierba, arrancarla con todo y sus raíces. El pocho se convirtió en la imagen estigmatizada de una población que, supuestamente, había perdido su identidad nacional, que se había contaminado en Estados Unidos, que se había agringado, que había traicionado a los suyos, sucumbiendo ante los causantes de la mutilación, la pérdida y la herida abierta.

Esta perspectiva no sólo se aplicó a los mexicanos y chicanos en Estados Unidos. El "apochamiento" también alcanzó a los residentes de la frontera norte, cuya colindancia con *el otro lado*, y las intensas interacciones cotidianas que ahí ocurren los convertían en potenciales "entreguistas", igualmente apochados que los chicanos. Como ellos, muchos migrantes que regresaron a sus lugares de origen portaban las marcas-estigmas que los identificaban con las construcciones estereotipadas sobre "los pochos", en la lengua, el vestuario, o las costumbres.

En uno de sus viajes, Amado Nervo describe su impresión al arribar al suelo norteño y confirmar que el idioma es la patria, "una patria impalpable y divina que nos sigue a todas partes" y convoca "atmósferas de los nuestros". Viajando por los antiguos territorios mexicanos, descubre que un par de palabras castellanas le significan el jirón de patria que le resta. A partir de esta certeza refrendada en los encuentros previstos o fortuitos con el idioma español, Nervo concluye: "Los confines de una nación no están allí donde la geografía política los marca, sino allí donde vibra la última palabra del idioma. Texas es una prolongación de México aún; una prolongación tenue ya, apenas visible, porque consiste en algo como leve estela de idioma nuestro" (30). Sin embargo, Nervo no aprecia adecuadamente las implicaciones de los cambios lingüísticos como elementos de integración y resistencia, y tampoco ubica de manera adecuada la nueva realidad de los mexicanos que debieron redefinir el idioma como estrategia de integración y como recurso de resistencia social y cultural. Nervo condenó estas transformaciones como formas de degradación del idioma: "En San Antonio, recorriendo las calles, sorprendo tal o cual tipo mexicano, pero tan innoble, que no me acerco, porque sé que de sus labios solo han de surgir frases patibularias, y no quiero ver profanado el armonioso tesoro de mi vieja lengua latina" (30-1).

La recreación cultural del *otro lado* ha sido uno de los ejes importantes desde los cuales se conformaron los desencuentros culturales. Las pretenciones de legitimidad jugaron un papel importante en la forma en que participamos en el reconocimiento de ese *nosotros modificado* que se recrea en *los otros que somos*. Por ello, Martín Luis Guzmán se incomodó con las formas acentuadas, atrincheradas, escenificadas o, simplemente, recreadas, de ser mexicanos y mexicanas en la frontera:

> Uno a uno los conocimos todos, no obstante que el primero hubiera podido, con creces, suplir a los demás. Todos se caracterizaban por la misma especie de minuta sobre la misma especie de mesas: en todos había el mismo culto de los colores patrios y la misma efigie del cura Hidalgo —¡porque el sólo patriotismo mexicano íntegro y absoluto es de la independencia y la bandera!—; y en todos, por supuesto, comíamos los mismos manjares sabrosísimos, tan sabrosos que por momentos resultaban de un mexicanismo excesivo o desvirtuado por interpretaciones, demasiado coloristas de nuestro color local. (42-3)

Las perspectivas estereotipadas sobre la frontera y los fronterizos también han sido reproducidas por muchos intelectuales mexicanos.[1] El antropólogo Manuel Gamio consideraba *ayankado* al espacio fronterizo y disminuidas las posibilidades patrióticas de sus habitantes. Por su parte, Agustín Yáñez, atribuía rasgos libertinos, inmorales o demonizados a sus personajes norteños. Para Yañez, el norte es un espacio corruptor de costumbres y degradador de la fe, y el norteño es cizaña perniciosa que se burla de la religión, la patria y las costumbres. En "Paso del Norte" de Juan Rulfo, el norte es esperanza ahogada en el río Bravo. Mientras que para Paz la mexicanidad del pachuco flota en el aire, sin integrarse. Sin profundizar en las condiciones sociales racistas y excluyentes de la sociedad estadounidense, Paz define al pachuco como un *clown* impasible y siniestro. En el mismo sentido Santiago Ramírez analiza las motivaciones de los mexicanos enfatizando las diferentes posiciones que asumen para negar su realidad, tales como el "afrancesamiento" o el "pochismo". Ramírez utiliza la imagen de un rascacielos junto a una casa "menor", amenazada y resquebrajada por el vecino, para explicar la relación entre Estados Unidos y México, así como el símil de la relación padre e hijo, considerando que las relaciones tensas que ocurren en la frontera obedecen a un juego de imágenes entre el mexicano y el estadounidense, por lo cual la alegría del mexicano sería sólo una falsa puesta en escena para consumo de los turistas (97).

La frontera como zona de tolerancia

Es difícil presentar el conjunto de elementos que han conformado las diversas miradas sobre la frontera mexicana desde Estados Unidos, pero es diferente la perspectiva de los estadounidenses de origen mexicano o latinoamericano a la de otros grupos étnicos estadounidenses o a las perspectivas oficiales.

Norma Klahn, investigadora estadounidense de origen fronterizo-tamaulipeco, ha analizado algunas de las representaciones que sobre México tienen autores anglosajones. Klahn destaca las perspectivas racistas en algunos trabajos pioneros, donde se establecían relaciones simbióticas entre raza, inteligencia y atributos morales, presentándose como superiores a los elementos blancos, protestantes, masculinos, puritanos. Junto a estas perspectivas, también existen posiciones construidas al margen de las perspectivas definidas desde la relación superior/inferior, como la de Graham Greene, para quien la frontera es un espacio imaginado o un *más allá* que alienta al deseo y la posibilidad de *empezar algo nuevo*, mientras que John Reed imaginó y actuó buscando un mundo sin fronteras nacionales y sin explotación.

La construcción estadunidense de la frontera ha estado plagada de estereotipos y los mexicanos son representados como "misteriosos, románticos, amantes de la diversión, relajados, pintorescamente primitivos, o por lo contrario, conspiradores, sensuales, desordenados, perezosos, violentos e incivilizados..." (Klahn, "La frontera imaginada..." 462). Las imágenes utilizadas para su representación han sido la "frontera sodomita", plagada de perversión, inmoralidad, corrupción, crueldad e hipocrecía, o la escenificación de los contrastes morales, donde el polo de la maldad se encuentra en el lado mexicano, el sitio privilegiado de las drogas, la violencia, la prostitución y el narcotráfico.

Las narraciones de los estadounidenses sobre la frontera se complementaban con las perspectivas de otras regiones de México, creando la imagen de la leyenda negra de las ciudades fronterizas, representadas como espacios de perdición, prostitución, vicio y juego. De particular relevancia resultan las imágenes recogidas por Langley sobre los imaginarios estadounidenses de la frontera mexicana, pues en ellos se expresan un conjunto de visiones estereotipadas que han definido muchas de las perspectivas dominantes en la memoria de los "americanos". Como refiere Lester D. Langley:

> La imagen de la frontera como una franja de tres mil kilómetros salpicada de pueblos del norte de México cuya única función era la provisión de burdeles, casinos y corridas de toros o carreras de galgos los domingos por la tarde para los anglosajones del otro lado, o en épocas modernas los lugares de paso para narcotraficantes, está muy grabada en la memoria de los americanos. (29)

Revisando algunos de los textos en los cuales se reproducen estos estereotipos, Langley apunta:

> Todavía leemos relatos libidinosos acerca de una región que el escritor Ovid Demaris describiera como Poso del mundo, una descripción picante de la "pecaminosa" frontera mexicana del norte, donde podía conseguirse licor durante la Prohibición y donde los libinidosos soldados americanos (la frontera tiene gran numero de bases militares) podía compensar sus diarias frustaciones en elegantes burdeles exclusivos para anglosajones... (29)

La frontera, más que un sitio de confrontación moral entre mexicanos y estadounidenses, deviene campo de intrínseca maldad, a cuyas puertas quedan los prejuicios, como en el infierno de Dante. Por ello, los estadounidenses que acuden a divertirse y solicitar favores "innombrables", no pueden ser juzgados por sus actos, pues ellos no pueden resistir al envilecido espacio fronterizo. Esta reflexión resulta pertinente a la descripción de Langley:

> Entre los mexicanos y los americanos sensibles hay una imagen de la frontera norte que permanece como una vergüenza apenas encubierta. Era tal frontera la "zona roja" o "zona de tolerancia" lo que los estudiantes de secundaria llamaban el Pueblo de los "Muchachos", donde se podía obtener el tradicional trabajo de diez minutos, o el 69 o el 41, o incluso algo sin nombre en los prostíbulos de los Estados Unidos. Para el escritor Ovid Demaris que describe la maldad prevaleciente en la cultura fronteriza (del lado mexicano), desde Matamoros hasta Tijuana, quienes se dirigían al sur para participar eran básicamente víctimas conscientes pero moralmente inocentes de todas las prostitutas, contrabandistas y estafadores del otro lado. Cuando un americano, sobre todo si era hombre, cruzaba la frontera, dejaba sus convicciones morales de su propio lado. En México, él no era responsable de la inmoralidad, el peculado y la corrupción que en su concepto constituyen la cultura mexicana. (43)

La frontera y los fronterizos han sido fuertemente estereotipados desde ambos lados de la frontera, situación que ha adquirido nuevos matices y nuevas imágenes a partir de la expansión de la *condición de frontera* en ámbitos que incluyen a espacios no fronterizos y una mayor densidad en los procesos transnacionales que posibilitan nuevas miradas sobre la vida fronteriza. No obstante, también se recrean las miradas estereotipadas sobre la frontera, especialmente a partir de los procesos migratorios y de condiciones vinculadas al narcomundo.

Con el crecimiento de la clase media mexicana y con la expansión capitalista de la Segunda Guerra Mundial, se transformó la imagen de Estados Unidos, país que nuevamente comenzó a imantar las conciencias con su progreso económico, sus altos niveles de vida y la imagen de tierra de oportunidades disponibles. Las nuevas condiciones de los sectores medios conformaron otros vínculos con lo estadounidense definidos desde el consumo, el turismo y, por supuesto, las relaciones económicas. Simultáneamente, se expandieron nuevos referentes imaginarios impulsados por las industrias culturales y otras expectativas compartidas por los jóvenes. Sobre esta base creció la idea de la frontera como puente de oportunidad, imagen asociada con la posibilidad de presumir de haber estado ahí, y en el acceso al consumo de productos del *otro lado*.

La frontera ha sido un campo poroso de atributos cambiantes. Su atenuación o atrincheramiento ha estado vinculado a las necesidades laborales estadounidenses. Con la situación económica estadounidense, la frontera se densa y amuralla, o se relaja y expande sus poros. Así, cobra forma la figura de la frontera como muro de contención en un doble sentido. Contención de los mexicanos expulsados por la pobreza y la búsqueda de mejores opciones de vida y contención de las aprehensiones de sectores estadounidenses temerosos de la estridente invasión mexicana que, desde los imaginarios del miedo alimentados por algunos grupos, se expresarían al estilo de la escena final de *Born in East L.A.*, de Cheech Marin. En otros, permanece la idea de la invasión silenciosa, la que sólo se percibe en el creciente "morenear" de los espacios estadounidenses. Estos también han sido miedos atizados por organizaciones racistas que han convertido a los migrantes en los enemigos de Estados Unidos y alertan contra su amenaza persistente, visible y expansiva.

Con el fin de la Guerra Fría, se redefinió la concepción estratégica gubernamental sobre la frontera. La frontera no es sólo un muro de regulación de la entrada de fuerza de trabajo, sino un campo estratégico de seguridad nacional. El eje de la acción es el "control sobre las fronteras" y los antagonistas de la escenificación fronteriza, desde las perspectivas oficiales y de los grupos racistas, son migrantes y narcotraficantes, lo que construye una imagen de asociación entre los migrantes y el incremento de la violencia, el consumo de drogas, las enfermedades, y los problemas económicos.

II. Ámbitos e intersticios transfronterizos

Las relaciones interétnicas en México y en Estados Unidos han sido conflictivas, principalmente por su estructuración, caracterizada por la existencia de una fuerte división sociocultural de oportunidades. Las fronteras culturales, especialmente las de carácter étnico y racial, han sido interpretadas desde perspectivas dominantes que culpan a los grupos desprovistos de poder. Los enfoques deterministas sustancializan las diferencias sociales y culturales señalando que éstas obedecen a características biológicas (o ecológicas), y por lo tanto, se postula la existencia de grupos con capacidades superiores y otros con capacidades inferiores; de esta manera, supuestas características "innatas" determinarían su posición en la estructura social. Estas posiciones fueron ampliamente utilizadas en Estados Unidos para justificar una supuesta superioridad biológica de la población de origen anglo sobre todos los grupos étnicos, especialmente los afroestadounidenses o los de origen latinoamericano, mientras que del lado mexicano también se recurrió a este tipo de posiciones para justificar una supuesta inferioridad de los pueblos indios.

Las teorías asimilacionistas y aculturalistas señalan la absorción cultural de los grupos "menos desarrollados" por los grupos o naciones dominantes, mientras que las teorías de la aculturación parten de posiciones dicotómicas entre desarrollo y subdesarrollo, donde inevitablemente existiría una ruta de asimilación de los grupos y naciones "atrasados" y una aculturación de las llamadas "minorías" por los grupos dominantes de los países desarrollados, quienes poseen mayores privilegios, reconocimiento y poder. Por su parte, la teoría plural considera que la desigualdad proviene del mantenimiento de procesos de institucionalización de culturas diferentes.

Frente a estas posiciones, se elaboró una gran cantidad de trabajos que ubican las desigualdades en la estructuración de las relaciones sociales, tal como es planteado por los estructuralistas y las teorías del colonialismo interno. Este enfoque señala las relaciones entre grupos social y culturalmente heterogéneos inscritos en esquemas impuestos por los grupos dominantes, que (re)producen las diferencias étnicas y culturales en las estructuras laborales. Desde esta perspectiva, se consideró que mexicanos y chicanos fueron un pueblo colonizado por los anglosajones en los que fueron sus propios territorios, creando un colonialismo interno que redujo la subordinación.

A partir de la década de los ochenta se elaboraron diversos trabajos académicos en los cuales se consideraron rasgos específicos en los procesos económicos, sociales y demográficos de la frontera norte mexicana.[2]

MexAmérica

En los últimos años han aparecido posiciones complejas que observan las relaciones culturales múltiples entre México y Estados Unidos. Algunas de ellas han definido a esta región como MexAmérica: región cultural que comprende desde California a Texas y los estados del norte mexicano, cuya capital es la ciudad de Los Ángeles, aunque también podría extenderse desde Chicago y Pittsburgh en Estados Unidos hasta la capital mexicana.[3]

MexAmérica es un territorio intermedio entre México y Estados Unidos, con características socioculturales específicas, tal como las define Lester D. Langley, para quien implica poblamientos específicos con características culturales cambiantes:

> No hay duda de que Los Ángeles y la ciudad de México son los centros urbanos de lo que llamo MexAmérica. Los Ángeles tiene la segunda concentración más grande de personas de origen mexicano, después de la ciudad de México. En un sentido muy real, Los Ángeles es, para el sudoeste de los Estados Unidos y la tercera parte del norte de México, lo que la ciudad de México es para el centro y sur de México: dos metrópolis inmensas donde la dinámica del progreso material choca con una tradición cultural aparentemente inalterable. Si consideramos la concentración de mexicano-americanos como un indicador geográfico, concluiremos que la frontera norteña en México no es el río Bravo, ni la alambrada de púas que separa a Arizona de Sonora, sino una línea serpenteante que pasa por el sur de California, el centro de Arizona y Nuevo México, para hundirse luego en el árido occidente de Texas hacia San Antonio y el golfo de México. La frontera sureña es más precisa: las pobladas regiones del centro de México. Al sureste de la ciudad de los aztecas se encuentra el México indio, otro mundo. El México indio presiona desde el sur para recordarle al México moderno las raíces culturales de la nación; los Estados Unidos presionan desde el norte para recordarle las realidades económicas y extraer ventajas políticas. La fuerza de estas presiones contrarias y contradictorias, sentida durante mucho tiempo al sur de la frontera, se ha desplazado hacia el norte. (18)

La descripción de Langley se construye a partir de un largo tiempo de relación con la parte mexicana de Estados Unidos, desplegando una perspectiva cuestionadora de las posiciones dominantes atravesadas por el racismo y conductas pero desde un paternalismo condescendiente, Langley reconstruye escenas ejemplares de las relaciones interculturales en Estados Unidos, cuyos elementos diferenciadores se conformaban desde los ámbitos familiares de su infancia:

> Dado que mis padres tenían una sólida ascendencia de pequeños agricultores, *messcan* se consideraba entonces un término aceptable, como el de *nigger*. *Greaser* equivalía a "negro", de modo que mis padres no eran intencionalmente despectivos. Otros antiguos vecinos podrían llamar *greaser* (grasientos) a los mexicanos, pero no mi abuelo; él les concedía por lo menos cierta dignidad —no igualdad— al llamarlos *messcans*. (15)

Al cruzar la frontera estadounidense confrontamos la perspectiva humillante sobre los migrantes mexicanos reproducida en las señales de tránsito que nos muestran a familias de mexicanos sobre los *freeways*, con los cuerpos encorvados, como fantasmas o animales que intempestivamente cruzan la carretera. Esta imágen recuerda la de los trabajadores en el campo, aquellos a quienes un senador estadounidense consideró como ideales para el trabajo agrícola por su baja estatura y sus brazos cortos y cercanos al piso. Los mexicanos que Langley recuerda son peones o figuras diminutas agachadas entre los surcos de algodón, explotables como los afroestadounidenses y caricaturizables como el propio Speedy González, el ratón acelerado caracterizado por su grito estruendoso y repetitivo: "¡Ándale!, ¡Ándale!, ¡Ándale!" que representó a los mexicanos en el imaginario anglosajón:

> Esa era su evaluación, y la del país, del valor del trabajo de los peones mexicanos en esos días. Aún ahora, después de treinta y cinco años y una educación formal en su idioma y su cultura, estas figuras diminutas, agachadas entre dos largos surcos de algodón, que arrastran grandes sacos blancos, con sus manos moviéndose incesantemente entre las blancas motas, siguen siendo seres extraños. Entonces no sabía yo nada de su origen, aunque mi padre aseguraba que eran mejores que los *niggers*. Sin embargo, afirmaba con conocimiento de causa, había que "trabajarlos como a los negros". Sólo recuerdo su cháchara acelerada y a un muchachito de rostro serio, de mi misma edad, que siempre iba delante de mí, pizcando el algodón y en ocasiones volviéndose para gritarme: "Ándale, ándale". (16)

De contornos geográficos imprecisos, la MexAmérica de Langley implica una nueva realidad política y económica de importante presencia en el comercio y los servicios estadounidenses.

> MexAmérica está redefiniendo las representaciones sobre lo "americano" y ha contribuido a la exacerbación de los temores de grupos sociales estadounidenses preocupados por la posible difuminación de "la americanidad", quienes desconfían de la educación bilingüe, la migración, la capacidad endoculturalizante de las escuelas y la persistencia cultural de estos migrantes. (21)

También el escritor fronterizo Carlos G. Vélez-Ibáñez ha desarrollado la idea de la frontera como una zona intermedia entre las naciones y destaca que: "Existen distintos nombres para esta región... las Zonas Fronterizas Españolas, el Gran Suroeste, el Gran Noroeste de México e incluso Mesoamérica del Norte. Sin importar qué nombre se le dé, para mí esta región abarca el suroeste de los Estados Unidos y el norte de México" (20). La posición de Vélez-Ibáñez es compleja y denota un amplio conocimiento del entramado sociocultural de la vida fronteriza:

> Las fronteras políticas imaginarias no definen en el presente el mosaico histórico y cultural de esta región ni de su población mexicana. En vez de suponer que la población es tan sólo otro grupo de inmigranes definidos como tales por una frontera política, el punto de vista de esta obra es que la población participa en los procesos de creación cultural, adaptación, rechazo y aceptación... todos los cuales ocurren de manera simultánea durante un largo período. (25)

MexAmérica es un concepto para el análisis de los procesos socioculturales de esta región intermedia entre México y Estados Unidos. Sin embargo, posee limitaciones al no considerar la diversidad interna que existe en los ámbitos que la conforman. Además, cada vez resulta más clara la presencia de formaciones culturales definidas por anclajes que no derivan de manera directa de la condición socio-regional, con fuerte afinidad cultural en ambos lados, como son las construidas por los grupos empresariales o por los ricos mexicanos que tienen casa en California, Florida o Nueva York, con una intensidad de relación transfronteriza independiente de que su "residencia" se encuentre en Chihuahua, Guerrero, Yucatán, o el Distrito Federal.

Transnacionalismo y transnacionalización

Uno de los enfoques teóricos con mayor potencial explicativo sobre los procesos socioculturales transfronterizos ha sido el de la transnacionalización. Desafortunadamente, muchos de los trabajos se limitan a una utilización metafórica del concepto, a una falsa idea de que estos procesos corresponden a realidades inéditas y aluden a procesos de cruce o de movimientos migratorios desprovistos de anclajes sociales estructurados y estructurantes. No obstante, existen algunos trabajos notables, entre los cuales destaca el de Michael Kearney, quien ha interpretado las relaciones transfronterizas desde perspectivas complejas que incluyen el análisis de relaciones sociales definidas desde el modo de producción y no considera a la clase social sólo como una forma de identidad, sino como "producto de posiciones en un campo de valores desigualmente repartidos". Kearney distingue los conceptos y vínculos de correspondencia entre *boundaries* (como líneas fronterizas que conforman la delimitación espacial-legal entre las naciones), y *borders* (áreas fronterizas que son espacios geográficos y culturales conformados entre dos o más naciones).[4]

Kearney considera a las ciudades fronterizas del suroeste de Estados Unidos y a la ciudad de Tijuana como espacios donde se expresa una transnacionalización cultural, económica y política del capitalismo tardío donde la migración no se limita a procesos de expulsión y recepción de trabajadores y trabajadoras, sino que implica la separación nacional de los sitios de producción y reproducción de la fuerza de trabajo y las comunidades, "transnacionalmente constituidas", trascienden los límites de poder de cada estado nacional". Por ello, la frontera deviene un sitio liminal donde se forman signos de identidad ajenos a los definidos por los estados nacionales cuyas capacidades son modificadas por los cambios en las fronteras, clasificantes en la doble acepción de clase y distinción.[5]

Otros autores, como Luis Eduardo Guarnizo y Michael Peter Smith, han realizado una importante crítica a quienes utilizan el concepto de transnacionalismo de manera poco rigurosa y sin analizar la expansión del capitalismo como condición que lo propicia. El transnacionalismo se desdibuja a partir de tres elementos principales: la globalización del capitalismo, con sus efectos desestabilizadores en los países más industrializados, la revolución tecnológica en los medios de transporte y comunicación, y las transformaciones políticas globales, como la descolonización y la universalización de los derechos humanos".[6] Según muestran estos autores, el transnacionalismo, como proceso multifacético y multilocal, no implica *per se* una expresión de resistencia popular subversiva desde abajo, ni escapar al control y la dominación del capital y el Estado-nación" (88).

Rizomas y fronteras

Las relaciones rizomáticas no se construyen en espacios intermedios delimitados por fronteras que enmarcan una tercera realidad que queda atrapada, como los *in between*, los intersticios, o los territorios de MexAmérica. El rizoma no alude a un principio y un final, ni considera su pertinencia. El rizoma se encuentra en el medio, en las mediaciones, en las conjunciones donde las cosas se sobreponen, se añaden. En los ámbitos rizomáticos, la unidad se conforma en la multiplicidad y la diversidad implica interconexiones. Los rizomas son polisignificantes. Son gramáticas abiertas, de opciones multiples, con variadas genealogías y códigos de lectura. De acuerdo con Deleuze y Guattari, el rizoma conecta un punto con otro cualquiera y activa diversas matrices de significación. El rizoma no es reductible a la unidad ni a la multiplicidad y posee direcciones cambiantes. Son "líneas en fuga o de desterritorialización" y son acentrados, no jerárquicos y no significantes.

Como el rizoma, la frontera alude a múltiples realidades complejas con fuertes variaciones regionales y múltiples centralidades. La frontera alude a ámbitos conformados en los intersticios de las realidades que la configuran. Conlleva ámbitos de conjunción, pero también elementos de disyunción, de disputa, de desencuentro o de ruptura. La conjunción se despliega como alteridad o como expansión de lo propio a través de los otros y la frontera se conforma en ámbitos múltiples de alteridad. No existe una alteridad única que explique al conjunto de percepciones, identidades y campos culturales de la frontera. Las alteridades son diferenciadas y poseen diversas intensidades y significados, mientras que la frontera, como campo de conjunción, implica la conformación de territorios culturales definidos desde ámbitos relacionales transfronterizos. Los procesos culturales fronterizos implican una constante transgresión de las demarcaciones nacionales, procesos rizomórficos mediante los cuales el afuera o el otro lado también devienen procesos interiorizados. La condición rizomórfica, sin embargo, no nos ayuda a comprender los procesos de estructuración de relaciones sociales y de poder que definen aspectos centrales de la vida fronteriza. Tampoco nos permite interpretar las asimetrías y desigualdades que la caracterizan, ni los prejuicios, los estereotipos, los estigmas, el racismo, entendido este último como representaciones que se conforman dentro de relaciones sociales definidas por divisiones socioculturales de poder y de oportunidades mediante las cuales se reproducen las desigualdades interétnicas, o intergrupales, y las relaciones sociales de explotación.

Migración y cultura

La condición de la migración como huésped y extranjero es un proceso altamente selectivo, inscrito en el sistema internacional y en el crecimiento de la integración económica global.[7] La política de inmigración debe considerar los factores de rápida internacionalización económica, la correspondiente transformación de los gobiernos nacionales y el nuevo significado de las fronteras. Estos elementos la base de conformación de la diáspora de mexicanos que salen del país en busca de mejores opciones de vida, manteniendo fuertes vínculos sociales y culturales con sus lugares de origen y conformando lo que Frank Bonilla ha señalado como comunidades diaspóricas que se identifican de acuerdo con el origen nacional, o construyendo un tercer espacio transterritorial, definido por David G. Gutiérrez como un espacio que se forma entre mundos políticos y sociales de Estados Unidos y Latinoamérica, donde muchas personas operan en los intersticios sociales y culturales de los Estados-nación a través de los cuales viajan, viven y trabajan.

Por muchos años se ha cuestionado a los migrantes, ridiculizando sus cambios culturales, considerándolos sujetos proclives a traicionar a la patria, o, de plano, esclavos en busca de nuevos amos. Esta posición fue reproducida por Salvador Novo en "Revolución y braceros", donde analizó el programa braceros, que consideraba como una entrega periódica de brazos mexicanos, "para el cultivo de campos yanquis", y se preguntaba si al finalizar el programa continuaría el "éxodo" de trabajadores mexicanos. Confrontando las motivaciones económicas y las condiciones socioculturales de los "braceros" con su propia posición, Novo trató de explicarse las razones que los llevaban a Estados Unidos:

> No puedo, sin injusticia, exigir de quienes son mis hermanos solamente en la carne, mas no en el privilegio, que sientan, como yo, el arraigo y el equilibrio en México. Ellos carecen de los instrumentos de la cultura que hacen posible y suficiente el viaje y la experiencia imaginarios. Acaba apenas de cuantificarse su analfabetismo, y empieza apenas organizadamente a combatirse. La tierra fabulosa de la moneda mágica, de la ropa barata, de las máquinas que cantan y que transportan, convoca su imaginación, en duro contraste con una realidad económica miserable. (64)

La búsqueda de mejores condiciones de vida por parte de los migrantes fue interpretada por Novo como el lastre de la servidumbre, la inercia esclavizante, la falta de aptitudes para vivir en libertad, que los conduce a buscar nuevos grilletes y otros amos. Según Novo, esta es la causa de que los campesinos y peones encasillados salgan al extranjero a buscar nuevos patrones, para complementar el reclamo de sus almas esclavizadas, no redimidas por la Revolución Mexicana, que dirigió su puntería contra los amos y los hacendados, lo que, a fin de cuentas, resultó insuficiente para liberar a los peones, quienes emigran en busca de nuevos amos. Según señala Novo, refiriéndose a la Revolución:

> Debe de haber creído que la redención, la liberación, consistiría sencillamente en la supresión de los amos. Que liquidados éstos, los esclavos ascenderían automáticamente a la categoría de hombres libres. Y eso no era más que la mitad de la tarea. Faltaba la más importante: extirpar al esclavo del alma de los campesinos. Ya ve usted que ahora que no tienen amos en México, van a buscarlos al extranjero. Purgarlos de servilismo, arraigarlos en el valor de su patria, ascenderlos a la verdadera redención, es la parte que falta de la tarea. (65)

Evidentemente, las causas de la migración han sido más complejas que las consideradas por Novo, y poco tienen que ver con la búsqueda persistente de nuevos amos que satisfagan el deseo de los migrantes de ser esclavizados en el extranjero. Tratando de explicar la compleja situación que subyace al fenómeno migratorio en el cual ha participado una quinta parte de la población mexicana en cerca de cien años, David Maciel señala algunos de los factores de expulsión:

> el acelerado crecimiento de la población (México tiene noventa y un millones de habitantes y su población se duplica cada veintiocho años); una creación de empleos errática, que no logra cubrir las necesidades laborales (la fuerza de trabajo de México ha venido aumentando más de un millón de personas por año); desempleo (el desempleo o subempleo está afectando ahora a más del 50% de la fuerza laboral total de México); las crisis económicas recurrentes (en esta década el crecimiento económico de México no ha rebasado el 2% en los mejores momentos, y ha sido de cero o de crecimiento negativo durante las etapas de depresión económica); devaluaciones y elevada inflación desde los ochenta, y una creciente disparidad entre los ricos y todos los demás sectores de la sociedad (cerca del 20% de los mexicanos ganan menos de 75 dólares por año). (21)

Junto a los procesos económicos y sociodemográficos de la migración, también se destaca su dimensión cultural, pues los migrantes han participado de manera activa tanto en la recreación cultural de las ciudades fronterizas del norte de México, como en la transformación cultural del México de afuera.

III. Procesos socioculturales de la frontera

Frente a las perspectivas lineales y unívocas que caracterizaron las conceptualizaciones sobre la frontera, resulta necesario discutir algunos de los elementos de las relaciones fronterizas y transfronterizas, como gramáticas abiertas y polisignificantes donde se articulan procesos complejos y muchas veces contradictorios, pero inscritos en relaciones de poder estructuradas y estructurantes que reproducen las condiciones de subordinación de amplios grupos sociales. A continuación trataremos de definir algunos ejes analíticos para la interpretación de los procesos socioculturales de la frontera.

Clase y enclasamiento. Una de las principales deficiencias de los trabajos sobre frontera y transnacionalismo es el olvido de las categorías de clase y enclasamiento. Pareciera que los esfuerzos por complementar los sesgos de trabajos anteriores que prestaban poca atención a los procesos culturales ha conducido al extremo opuesto. Sin embargo, hablar de los posicionamientos de clase y de procesos de enclasamiento requiere considerar las relaciones de clase como construcciones sociales que también son histórica y culturalmente definidas.[7]

Resulta necesario replantear los debates sobre migración y transnacionalismo dentro de marcos amplios definidos por las relaciones estructurantes del tardocapitalismo contemporáneo. Estas relaciones sociales y las políticas económicas impuestas por los grandes capitales en connivencia con los gobiernos nacionales, han producido acentuados procesos de polarización social, así como de expulsión y depauperación de millones de personas. El capitalismo tardío ha recreado formas de relaciones semicoloniales entre países con diferentes niveles de desarrollo: las economías y las decisiones fundamentales de política socioeconómica de los países semicoloniales, aun cuando se reconozcan como políticamente independientes, son definidas por los países imperialistas y por los grandes capitales financieros.[8]

Es importante incorporar en las perspectivas sobre transnacionalismo y globalización las dimensiones que asumen las relaciones estructurantes y de poder que ocurren en estos ámbitos mundializados, superando las posiciones que las reducen a meros campos fantasmáticos definidos desde la virtualidad, pues la mundialización incluye sistemas articulados de relaciones de producción y de intercambio.

Diversas funciones de los Estados-nación se han modificado y en otras han perdido capacidad de acción; sin embargo, no compartimos la idea de quienes ya firmaron su acta de defunción. En los nuevos escenarios mundializados y de intensificación de las relaciones neocoloniales de los países dependientes también se redefinen las funciones de los estados nacionales, que se concentran en actividades que escapan a la lógica autorregulatoria de la economía, manteniendo su papel en las relaciones de producción fundamentales, como la protección y reproducción de la estructura social. Por ello, resulta prematuro enterrar al Estado-nación.

Intersección cultural. En la frontera se conforman múltiples campos de *intersección cultural* referidos al conjunto de elementos culturales compartidos por grupos que poseen matrices culturales diferentes. El concepto de intersección cultural implica procesos socioculturales con elementos comunes y posee dos formas de expresión: el primero de ellos refiere a la intersección vertical, la cual corresponde a la estructuración de procesos jerárquicos e implica formas de relación institucionalizadas e institucionalizantes. El tipo de relación que se construye desde las intersecciones verticales es de sentido ascendente y descendente y se encuentra definida por relaciones de poder, subordinación, colonización, exclusión. La intersección cultural horizontal se construye cuando existen elementos culturales compartidos entre grupos sociales que no poseen vínculos estructurados de dominación, ni redes o formas de interacción institucionalizadas que generen relaciones de subordinación, tal como ocurre en algunos grupos juveniles, entre miembros de pueblos indígenas transfronterizos, o entre miembros de una misma clase social, que comparten elementos culturales de reconocimiento.

Vecindad. México y Estados Unidos comparten 3,100 kilómetros, por lo cual resulta inevitable incorporar la vecindad como uno de los conceptos constituyentes de las relaciones fronterizas. La frontera, como vecindad, conlleva la definición de espacios de habitabilidad de interacción intensa, donde, de acuerdo con Heidegger, el vecino es aquel que habita en la proximidad de otro y con otro.[9] La vecindad implica co-participación en campos relacionales. Sin embargo, la vecindad, como contigüidad física, no agota ni explica el conjunto de prácticas culturales que ocurren en los ámbitos fronterizos. De la misma manera, observamos procesos intensos de relación cultural transnacionalizada sin que estén referidos a la vida de frontera, como ocurre de manera especial entre los grupos y clases mexicanas de mayores ingresos.

Apropiación cultural. La apropiación cultural implica la incorporación en la estructura representativa del grupo de elementos culturales provenientes de otra matriz de sentido. El grupo se apropia de estos elementos, los hace suyos otorgándoles condiciones de legitimidad, como ha ocurrido en las relaciones fronterizas, donde las culturas de frontera se han apropiado de diversos elementos culturales del otro lado, ya sea en los campos lingüísticos, gastronómicos, o de consumo cultural.

Transculturación. Concepto con más seis décadas que refiere a procesos de doble o múltiple apropiación cultural, en el que los grupos "intercambian" elementos culturales. La transculturación se inscribe en campos de relaciones desiguales, donde frecuentemente los grupos, sectores o naciones dominantes diseñan estrategias para imponer sus modelos culturales a los grupos menos poderosos, situación que ha definido en gran parte las relaciones entre México y Estados Unidos.

Innovación o creación cultural. Proceso necesario para la vida misma. Los grupos sociales siempre se encuentran produciendo nuevos elementos culturales que responden a nuevas situaciones, o a diferentes formas de apropiarse de las condiciones antiguas. Esta dimensión refiere a la característica dinámica de los procesos culturales, a su condición procesual, no esencialista ni cristalizada.

Recreación cultural. La recreación cultural refiere a los nuevos sentidos que adquieren los productos culturales que se integran en una estructura de significados diferente a la original. Esta condición implica su resemantización y, por lo tanto, una nueva codificación. Esta situación ha sido particularmente conspicua en las variadas formas de apropiación de la simbología definitoria del perfil cultural mexicano por parte de la población chicana en Estados Unidos, donde la virgen de Guadalupe y otros símbolos patrios se inscriben en nuevos campos de sentido y de disputa sociocultural.

Resistencia cultural. La resistencia cultural se produce en relaciones sociales donde los miembros de un grupo reaccionan de manera activa frente a los intentos de otro grupos por imponerles sus propios elementos culturales. Los movimientos de resistencia cultural se caracterizan por sus posiciones antihegemónicas y anticolonizantes y se definen a través de las acciones colectivas que estos grupos realizan con el objetivo de evitar su colonización cultural por parte de los grupos con mayor poder. Entre estos se encuentran las voces que han dado forma a los llamados nuevos movimientos sociales: los movimientos étnicos, de liberación nacional, contra la opresión y explotación de clase, el feminismo, los diversos movimientos juveniles y de liberación sexual, los movimientos ecologistas, etcétera. Son los grupos que plantean formas de relación anticolonial que reaccionan frente a movimientos de sujeción o de control, al estilo de los movimientos de los auténticos coletos en México, de los grupos supremacistas en Estados Unidos, o de movimientos como *English only*, entre muchos otros.

Posiciones colonizadoras y homogeneizantes. Estas son las posiciones de los grupos dominantes o con pretensiones homogeneizantes, los cuales reaccionan contra las posiciones anticoloniales o independentistas de los grupos subalternos, de las minorías étnicas, o de los colectivos subordinados (mujeres, jóvenes, etcétera), con el fin de impedir que sus propuestas y expresiones culturales puedan *contaminarlos*. Entre estas posiciones podemos destacar la de los grupos supremacistas y racistas, las ofensivas ideológicas de los grupos en el poder contra las ideas que no les son afines, las respuestas patriarcales frente a las posiciones feministas, las reacciones de las "mayorías morales" y otros grupos conservadores contra las voces diferentes (homosexuales, partidarios de opciones de relación que no corresponden con los modelos familiares nucleares).

Interpretación. La relación de frontera establece un constante proceso de representación entre los miembros de los diferentes grupos. Esto refiere a procesos más complejos que la mera "traducción" o "co-traducción", pues la desterritorialización/ reterritorialización no solo implica procesos de traducción de la condición previa, sino que el migrante se sabe inscrito en nuevos campos de sentido y, por ello, además de recurrir a la referencia anterior, queda inscrito en el nuevo contexto social donde, de manera selectiva, intenta "interpretar" la pertinencia y nuevas opciones de los elementos culturales de su matriz original en el nuevo contexto.

Traslación cultural. La traslación cultural es la proyección y reinterpretación o transformación cultural que se realiza para hacer corresponder un elemento cultural de la nueva realidad social con otro u otros, correspondientes a otra situación. Estos procesos de translación participan como anclajes o recursos de familiarización de un nuevo contexto, usando como código interpretativo procesos más o menos similares correspondientes a situaciones diferentes.

Ámbitos o intersticios. En la frontera se expresan diversos intersticios culturales, con sus propias especificidades y se ubican en medio de otros procesos de amplitudes mayores que ocurren en la colindancia entre lo mexicano y lo estadounidense. De esta manera, los intersticios refieren a las condiciones intermedias, nepantlas, *in between*, y otros conceptos que conllevan la condición de ubicarse en el medio.

Junto con las nuevas discusiones de las ciencias sociales, las posiciones sobre la frontera se han transformado. Algunas de las perspectivas relevantes en esta discusión, es el incremento de los elementos culturales e identitarios como ámbitos marcantes de los procesos fronterizos. Otro elemento refiere a concepciones que enfatizan la diversidad de las relaciones fronterizas, donde la inter-relación no sólo ocurre entre los Estados nacionales, sino también en la participación de múltiples actores y actoras que definen la complejidad fronteriza compuesta por etnias, pueblos, demarcaciones de género y generacionales, conflictos de clase, movimientos culturales, disputa por los sentidos de la ciudadanía.

Desde esta perspectiva, consideramos la existencia de diversos ámbitos fronterizos. Estos aluden a procesos socioculturales diferenciables de otros ámbitos de la vida de frontera. Algunos de los elementos que los definen refieren a la existencia de umbrales semantizados de adscripción y diferencia frente a otros ámbitos fronterizos, pero también frente a lo que ocurre en otros espacios nacionales de México o de Estados Unidos.

Los ámbitos fronterizos permiten identificar formas culturales diversas que ocurren en la frontera y diferenciar culturas regionales que, teniendo marcadas diferencias con lo(s) estadounidense(s), también se diferencian de las culturas del centro o sur del país y nos ayudan a identificar otras formas culturales de la frontera.

También podemos identificar diversos ámbitos y procesos socioculturales transfronterizo, entre los que podemos considerar diversos movimientos culturales. Destacan por su carácter masificado los de los pachucos y los cholos, aunque recientemente estos últimos han tenido una impresionante expansión por fuera de los ámbitos transfronterizos, para configurarse como identidades de referencia sólidamente anclados en los espacios íntimos y cotidianos en el centro y sur de México o en Centroamérica.

Además de los ámbitos transfronterizos definidos por formas de relación familiar o filial, existen ámbitos económicos transfronterizos, los cuales no incluyen al conjunto de procesos económicos de la frontera, sino a aquellas empresas que poseen relaciones abigarradas con el *otro lado*. Un buen ejemplo de esta relación lo constituye la empresa maquiladora, de implantación transfronteriza. Muchas de ellas funcionan como una sola empresa atravesada por una frontera nacional, aun cuando la distancia entre la administración en el norte y la fábrica en el sur sea de solo de unos metros.

El concepto de ámbitos alude a intersticios socioculturales. De hecho, considero intercambiables ambos conceptos. Ámbitos e intersticios conllevan una presencia intermedia, no solo entre dos países, sino entre otras formas de demarcación sociocultural. De esta manera, ámbitos e intersticios aluden a una nueva mirada sobre la frontera, pues permiten incorporar la heterogeneidad que la constituye.

Inclusión/exclusión. Una característica cultural importante de la frontera refiere a la presencia de procesos de inclusión y de exclusión a partir de las identificaciones conformadas desde los ámbitos fronterizos y transfronterizos. Los primeros refieren a aspectos culturales desde los que se diferencian los procesos de frontera frente a las imágenes generalizadas de lo estadunidense y lo mexicano. De manera simultánea, desde el centro o el sur del país se conforman posiciones sobre las características de los norteños, y en el norte, éstos hacen lo mismo con otros grupos nacionales. Algo similar ocurre en la relación con los diferentes rostros de lo estadunidense.

Los ámbitos transfronterizos refieren a los procesos de intersección cultural que tienen lugar entre la población de ambos lados de la frontera, donde han ocurrido fenómenos socioculturales cuyas características producen juegos de espejos y paradojas en el contexto de la vida de la frontera y su interacción con las culturas dominantes de México y de Estados Unidos.

La frontera permite redimensionar la relación *centro/margen*, en la medida en que se conforma desde realidades donde actúa más de una centralidad, principalmente en el campo normativo nacional. Hablar desde la frontera es ubicarse en un campo que niega su centralidad, pues la frontera corresponde al límite. Un límite que es inicio y final, ruptura y continuidad, *hasta aquí*, y *más allá*. Ubicarse en la frontera obliga a posicionarse en ámbitos de convivencia con una presencia trasgresora de los límites, que se integra en diversas prácticas sociales y actúa en distintos ámbitos, intersecciones o intersticios culturales.

A diferencia de posiciones donde la frontera sobredetermina el conjunto de prácticas y representaciones de los fronterizos, debemos considerar diversos sentidos de los ámbitos e intersticios fronterizos, los cuales no siempre se definen por lo que ocurre al *otro lado*. Consideramos ámbitos e intersticios transfronterizos que se ubican entre los procesos socioculturales de ambos lados, sin que necesariamente el conjunto de ámbitos transfronterizos posea relación entre ellos. Por ejemplo, los cholos (grupos juveniles de ambos lados de la frontera), conforman redes de relaciones que no corresponden a la lógica ni a los intereses de las empresas maquiladoras, las cuales también poseen una condición transfronteriza. Sin embargo, muchos cholos y cholas trabajan en la maquila. En todo caso, el mismo ejemplo nos sirve para matizar la ausencia de relación y considerar que, en ocasiones, los diversos ámbitos fronterizos y transfronterizos pueden responder a diversas formas de articulación horizontal o subordinada. Esta idea nos permite refutar las posiciones homogeneizantes sobre la frontera, que consideran que lo estadunidense es el referente de alteridad para todos los fronterizos, así como las posiciones de quienes piensan la frontera como un espacio homogeneizado.

Las relaciones sociales conformadas desde algunas ciudades y estados del centro del país como Michoacán, Jalisco, o Zacatecas, que mantienen formas de relación intensas con sus migrantes radicados en Estados Unidos, no se encuentran definidas por la colindancia fronteriza sino por su condición transnacionalizada. En este nivel, resulta relevante recuperar la discusión sobre las comunidades transnacionales, que explican las relaciones sociales y culturales de miembros de diversos pueblos indios (especialmente oaxaqueños), cuyas redes sociales se reproducen a partir de *habitar* dos o más países. Podemos hablar de ámbitos transfronterizos y ámbitos transnacionales. Los segundos pueden tener o no incidencia en espacios transfronterizos, pero incorporan una condición no fronteriza. Un ejemplo de los primeros: algunas comunidades oaxaqueñas que mantienen relaciones transfronterizas en California y Baja California, pero también mantienen relaciones intensas y permanentes entre las comunidades de origen en Oaxaca y las que se encuentran en California o en Baja California. Algunos autores han desarrollado teóricamente este concepto de comunidades transnacionales para explicar este tipo de relaciones sociales. Así, Kearney y Carole Nagengast comparan la diáspora mixteca y otras comunidades subalternas con las comunidades transnacionales, las cuales refieren a organizaciones sociales vinculadas que se reproducen en dos o más espacios nacionales, lo cual les permite escapar al poder del Estado nacional como formador de identidades colectivas. Esta situación genera nuevas formas de relación con comunidades no nacionalistas que se están formando *sobre*, *a través* y *dentro* de sus fronteras. Por otro lado, en su estudio sobre los migrantes de Ticuani, Puebla a Nueva York, señalan que el 41% del pueblo vive en Nueva York y solo 48% en Ticuani, que El Comité para el Progreso de Ticuani, en Brooklyn, ha recolectado fondos para proyectos de obras públicas en Ticuani, y que "la tecnología de las telecomunicaciones y el transporte aéreo ha permitido a los migrantes desarrollar sus vidas en los Estados Unidos y, simultáneamente, mantener y aumentar importantes papeles sociales y políticos en su lugar de procedencia.

De la misma manera, podemos considerar a algunos pueblos y grupos indios que fueron divididos por la frontera con los tratados de Guadalupe Hidalgo, los cuales han persistido como comunidades transnacionales y transfronterizas desde hace más de ciento cincuenta años.

Como señalamos al inicio de este trabajo, la discusión sobre las fronteras posee una creciente centralidad en los estudios socioculturales. Los procesos que ocurren en la frontera México-Estados Unidos resultan de gran relevancia para la comprensión de las diversas formas en que se articulan relaciones y representaciones definidas por la incorporación de elementos de transculturación, recreación, resistencia, disputas e intersecciones culturales. La relación (trans)fronteriza entre México y Estados Unidos prefigura escenarios culturales que se despliegan en otros ámbitos de ambos países y nos permite avanzar en la búsqueda de opciones que orientan la lucha por la desconstrucción y el cuestionamiento de la discusión colonizante y excluyente, así como en la construcción de nuevos puentes culturales entre la población de ambos lados de la frontera.

Lo anterior es relevante tanto para los estudios socioculturales en México como para los que se reflejan en Estados Unidos, especialmente entre la población chicana. Por ello Pedro Castillo ha enfatizado la necesidad de analizar la historia chicana desde una perspectiva transnacional y de fronteras, pues los vínculos entre mexicanos y chicanos de ambos lados tienden a fortalecerse.[10] El reto es comprender los sentidos de la multiplicidad de "climas culturales"[11] y "gnosis fronterizas"[12] que se (re)producen dentro de la globalización.

Notas

[1] Una interpretación más detallada de los autores aquí citados se encuentra en Valenzuela Arce, "Umbrales sin fronteras".

[2] Entre ellos se encuentran González Salazar (1981), Mendoza Berrueto (1984), Marguilis y Tuirán (1986), Ojeda (1982), Tamayo y Fernández (1983).

[3] Véase Langley.

[4] Con una perspectiva diacrónica, Kearney construye la historicidad estadounidense a partir de dos fases interpretativas: la primera de ellas corresponde al Estado nación colonial (que produce relaciones coloniales y la distinción cognitiva entre colonizadores y colonizados), y la segunda al Estado (y sus fronteras) en la era del transnacionalismo.

[5] Kearney analiza la migración a partir de sus componentes espacio-temporales, proceso que implica un "desplazamiento significativo". Esta experiencia ocurre cuando se atraviesa una "frontera significativa" de un lugar a otro u otros, por un período significativo, durante el cual se produce una forma parcial o completa de integración y provoca algun cambio de identidad" (559). Kearney construye un modelo basado en la relación entre dos tríadas conceptuales: regímenes-fronteras-identidades, y clase-valor-campo. A partir de esta relación, destaca que "una frontera es por definición una demarcación que sirve para conformar la idea de Estado-nación y de otras entidades territoriales y tiene como efecto cambiar la identidad de aquellos que la atraviesan".

[6] Otra apropiación crítica del concepto de transnacionalismo, es la que realiza Robert C. Smith quien analiza las formas de vida transnacional y las nuevas formas de participación de los Estados-nación, a partir de procesos migratorios inscritos en importantes cambios sociales en los cuales participan la tecnología de las telecomunicaciones y la expansión del mercado capitalista que han modificado las relaciones entre inmigrantres y las personas que quedan en las comunidades de origen, además de incorporar el tipo de apoyo de las instituciones y las políticas de las sociedades originales y anfitriona, así como la naturaleza de las instituciones transnacionales que los inmigrantes mismos establecen o en las cuales participan. Smith distingue varios tipos de vida transnacional: el transnacional, donde la vida social llega a tener significado con referencia simultánea a dos conjuntos de estructuras sociales; la diáspora, donde los grupos sociales se autoperciben como pueblos a pesar de encontrarse dispersos y las formas de asociación e institucionales en cuya creación los estados desempeñan un papel central; y la membresía postnacional. (Dependiendo del tipo de política de los Estados para con sus ciudadanos en el extranjero, los clasifica en políticas dispóricas y políticas de circulación y repartición).

[7] Véase Valenzuela Arce, *El Color de las Sombras*.

[8] Véase Mandel, *El capitalismo tardío* (97).

[9] Citado en Derrida, *La deconstrucción*.

[10] Véase Klahn, *Las nuevas fronteras*.

[11] Véase Delgado.
[12] Conformación de las gnosis fronterizas del siglo *XXI* (Concepto de Walter Mignolo que Norma Klahn utiliza para analizar los discursos literarios de la frontera).Véase Klahn, "Travesías ...".

BIBLIOGRAFÍA

Bonilla, Frank y otros (Eds.). *Borderless Borders: U.S. Latinos, Latin Americans and the Paradox of Interdependence.* Temple: University of Philadelphia Press, 1998.

Davis, Mike. *Magical Urbanism. Latinos Reinvent U.S. Big City.* New York/London: Verso, 2000.

Delgado, Guillermo. "Las políticas del lenguaje: y los debates nacionalistas: el caso de Estados Unidos y México". *Las nuevas Fronteras del siglo XXI/New Frontiers of the 21st Century.* Norma Klahn y otros. México: La Jornada: DEMOS Desarrollo de Medios: UNAM-UAM-Difusión Cultural, 2000. 63-83.

Derrida, Jaques. *La deconstrucción de las fronteras de la filosofía. La retirada de la metáfora.* Barcelona: Paidós, 1989.

Fuentes, Carlos. *El espejo enterrado.* México: Fondo de Cultura Económica, 1992.

Gledhill, John. "El reto de la globalización: reconstrucción de identidades, formas de vida transnacionales y las ciencias sociales". *Fronteras Fragmentadas.* Gail Mummert, ed. Zamora: El Colegio de Michoacán-Centro de Investigación y Desarrollo del Estado de Michoacán, 1999. 23-54.

González Salazar, Roque. *La frontera del norte. Integración y desarrollo.* México: El Colegio de México, 1981.

Guarnizo, Luis Eduardo y Michael Peter Smith. "Las localizaciones del transnacionalismo". *Fronteras Fragmentadas.* Gail Mummert, ed. Zamora: El Colegio de Michoacán-Centro de Investigación y Desarrollo del Estado de Michoacán, 1999. 87-112.

Gutiérrez, David. "Ethnic mexicans and the transformation of 'American' Social Space: Reflections on rcent History". *Crossings. Mexican Immigration in Interdisciplinary Perspectives.* Marcelo M. Suárez-Orozco, ed. Cambridge: Harvard University-David Rockefeller Center for Latin American Studies, 1998.

Gutmann, Matthew C. "Viajes no utópicos en gringolandia: los migrantes mexicanos como pioneros de cambios culturales globales". *Fronteras Fragmentadas.* Gail Mummert, ed. Zamora: El Colegio de Michoacán-Centro de Investigación y Desarrollo del Estado de Michoacán, 1999. 573-84.

Guzmán, Martín Luis. "En San Antonio Texas". *Los hijos del desastre. Migrantes, pachucos y chicanos en la literatura mexicana.* Javier Perucho, comp. México: Verdehalago, 2000.

_____ *El águila y la serpiente.* México: Porrúa, 1995.

Kearney, Michael. "Fronteras fragmentadas, fronteras reforzadas". *Fronteras Fragmentadas.* Gail Mummert, ed. Zamora: El Colegio de Michoacán-Centro de Investigación y Desarrollo del Estado de Michoacán, 1999. 559-71.

_____ *Reconceptualizing the Peasantry. Anthropology in Global Perspective.* Boulder: Westview Press, 1996.

Klahn, Norma. "La frontera imaginada, inventada o de la geopolítica de la literatura a la nada". *Mitos en las relaciones México-Estados Unidos*. María Esther Schumacher, comp. México: FCE, 1994. 460-80.

_____ "Travesías/travesuras: Des/vinculando imaginarios culturales". *La nuevas Fronteras del siglo XXI/ New Frontiers of the 21st Century.* Norma Klahn, y otros, comps. México: La Jornada: DEMOS Desarrollo de Medios: UNAM: UAM: Difusión Cultural, 2000. 149-65.

_____ "Writing the Border: The Languages and Limits of Representation". *Common Border, Uncommon Paths. Race, Culture and National Identity in U.S.-Mexican Relations.* Jaime E. Rodríguez O. y Kathryn Vincent, eds. Wilmington: Scholarly Resources, 1997. 123-41.

Langley, Lester D. *MexAmérica: dos países, un futuro.* Eduardo L. Suárez, trad. México: FCE, 1994.

Maciel, David R., Isidro D. Ortiz y María Herrera-Sobek (Eds.). *Chicano Renaissance. Contemporary Cultural Trends.* Tucson: University of Arizona Press, 2000.

Mandel, Ernest. *El Capitalismo Tardío.* México: Era, 1972.

Marguilis, Mario y Rodolfo Tuirán. *Desarrollo y Población de la Frontera norte: el caso de Reynosa.* México: El Colegio de México, 1986.

Mendoza Berrueto, Eliseo (Coord.). *Impactos regionales de las relaciones económicas México-Estados Unidos/Regional Impacts of United States-Mexico Economic Relations.* México: El Colegio de México, 1984.

Mummert, Gail. "Fronteras fragmentadas, identidades múltiples". *Fronteras Fragmentadas.* Gail Mummert, ed. Zamora: El Colegio de Michoacán-Centro de Investigación y Desarrollo del Estado de Michoacán, 1999. 11-9.

Nervo, Amado, "El último fragmento del idioma". *El éxodo y las flores del camino.* Madrid: Aguilar, 1951 (Obras Completas I), tomado de Javier Perucho (comp.), *Los hijos del desastre. Migrantes, pachucos y chicanos en la literatura mexicana.* México: Verdehalago, 2000. 30-1.

Novo, Salvador. "Ventana. Revolución y braceros". *Los hijos del desastre. Migrantes, pachucos y chicanos en la literatura mexicana.* Javier Perucho, comp. México: Verdehalago, 2000.

Ojeda, Mario. *Administración del desarrollo de la frontera norte.* México: El Colegio de México, 1982.

Prieto, Guillermo, "Viaje a Estados Unidos". *Los hijos del desastre. Migrantes, pachucos y chicanos en la literatura mexicana.* Javier Perucho, comp. México: Verdehalago, 2000.

Ramírez, Ignacio. "Espejos en la frontera". *Los hijos del desastre. Migrantes, pachucos y chicanos en la literatura mexicana.* Javier Perucho, comp. México: Verdehalago, 2000.

_____ "1864". *¿Qué país es éste? Los Estados Unidos y los gringos vistos por escritores mexicanos de los siglos XIX y XX.* Emmanuel Carballo. México: CNCA, 1996. 81-5.

Ramírez, José Agustín. *Ciudades desiertas.* México: Alfaguara, 1997.

Ramírez, Santiago. *Psicología de sus motivaciones.* México-Barcelona-Buenos Aires: Grijalbo, 1977.

Revueltas, José. "Los hombres en el pantano". *Dormir en tierra*. México: SEP, 1986. 43-52.

Sassen, Saskia. *Guests and Aliens*. New York: The New Press, 1999 (Vol. 6).

Smith, Michael Peter y Luis Eduardo Guarnizo. *Transnationalism from Below*. New Brunswick/London: Transaction Publishers, 1998/1999.

Smith, Robert C. "Reflexiones sobre migración, el estado y la construcción, durabilidad y novedad de la vida transnacional". *Fronteras Fragmentadas*. Gail Mummert, ed. Zamora: El Colegio de Michoacán-Centro de Investigación y Desarrollo del Estado de Michoacán, 1999. 55-86.

Tamayo, Jesús y Luis Fernández. *Zonas fronterizas: México-Estados Unidos*. México: CIDE, 1983.

Valenzuela Arce, José Manuel. *Empapados de sereno: reconstrucción testimonial del movimiento urbano popular en Baja California (1928-1988)*. Tijuana: El Colegio de la Frontera Norte, 1991.

_____ (Coord.). *Decadencia y auge de las identidades: cultura nacional, identidad cultural y modernización*. México: El Colegio de la Frontera Norte Plaza y Valdés, 2000.

_____ (Coord.). *Entre la magia y la historia: tradiciones, mitos y leyendas de la frontera*. México: El Colegio de la Frontera Norte, Plaza y Valdés, 2000.

_____ "Umbrales sin fronteras", mimeo., Tijuana B.C., 2000.

_____ *El color de las sombras: chicanos, identidad y racismo*. México: El Colegio de la Fronetra Norte-Universidad Iberoamericana, Plaza y Valdés, 1997.

Vasconcelos, José. "Visiones californianas: Ensenada, San Diego, Los Ángeles, San Francisco. Los signos". *Divagaciones literarias*. México: América Latina.

_____ *Ulises Criollo*. México: Trillas, 1998.

Vélez-Ibañez, Carlos G.. *Visiones de frontera. Las culturas mexicanas del suroeste de Estados Unidos*. México: Porrúa, 1999.

Yañez, Agustín. *Al filo del agua*, México: Porrúa, 1996.

Siguiendo las huellas de María Novaro: globalización e identidades fronterizas en *Sin dejar huella*

Cynthia Steele
University of Washington, Seattle

Entre los principales directores de la "película de carretera" o road movie en México se encuentra María Novaro (n. México, D.F., 1951). Todo su cine gira en torno a mujeres solas, ya sea la adolescente abandonada por los padres guerrilleros en *Una isla rodeada de agua*; la joven madre chilanga abandonada por el compañero roquero en *Lola*, o la telefonista preocupada por su desaparecido compañero de baile —el clásico caballero al estilo del cine de la época de oro, e implícitamente figura paterna—en *Danzón*. Todas las protagonistas de Novaro se lanzan en búsqueda de una felicidad que se les ha escapado en su familia de origen, en su pareja, y en el contexto urbano finisecular, exento del apoyo comunitario tradicional. En varios casos se trata de madres solas‹como lo fue Novaro en su juventud—que finalmente logran inventar nuevas estructuras familiares, principalmente femeninas y basadas en la categoría compartida de marginal o ilegal. Así se forjan íntimas amistades entre mujeres heterosexuales de clase media u obrera con sexotrabajadoras, travestís, campesinos y vendedores del sector informal. En la última película de Novaro, *Sin dejar huella*[1] (2000), una de las dos las protagonistas ha sido abandonada por su marido y a su vez le roba y abandona al novio para emprender su viaje al sur. Aurelia deja su trabajo en una maquiladora de Ciudad Juárez y financia su viaje a Cancún robándole la cocaína a su novio narco y vendiéndola en la frontera. Ella cuenta con motivos apremiantes por pasarse a la ilegalidad. En primer lugar, como buena madre, no quiere destetar todavía a su bebé, Billy, pero se le acaba el permiso de maternidad en la maquiladora. Una mañana, de paseo con sus hijos en las orillas del Río Bravo, le da pecho a Billy y observa a un indocumentado quitándose las botas y los jeans para cruzar al otro lado, y piensa en el futuro de sus hijos. (En el *soundtrack*[2] exterminador toca el narcocorrido "Las monjitas".) En la noche, viendo la televisión con su hijo de seis años, Juanito, se entera de los asesinatos en serie de mujeres, precisamente de obreras en las maquiladoras, en la misma ciudad en que viven, Ciudad Juárez. Esa misma noche hace el contacto para vender las drogas de su novio Saúl y huir con sus hijos de la explotación y la violencia de la frontera norte. La droga la escondía Saúl, en sus visitas nocturnas a la casa de Aurelia, bajo el vestido de la novia del pastel de bodas de Aurelia y su ex-marido. Se hubiera fijado el pobre de Saúl en el novio del pastel, que había sido decapitado.

Por su parte, Ana es una intelectual española-mexicana (nacida en México, criada en España) que luego trabajó en una galería del Distrito Federal, donde "traficaban en todo. A veces es difícil que te pongan el dinero enfrente y no tomarlo". Por lo tanto se ha convertido en contrabandista, colaborando con Heraclio Chuc, un artesano yucateco, para hacer falsificaciones de antiguas estatuas mayas y venderlas al ingenuo Museo de Denver. Al comenzar la película, Ana es detenida por su antiguo antagonista y perseguidor sexual, el policía judicial Mendizábal, en posesión de una figura de cerámica, contraparte de la novia del pastel, que representa una forma alternativa de la femineidad: "la dama de Kopelché, una tejedora, figura de Jaina del período clásico maya". Cuando Mendizábal la acusa de Saqueo al Patrimonio de la Nación y le pregunta celosamente por su colaborador o "padrote" en Yucatán, Ana le responde, "Tú sabes que no me dejo padrotear por nadie. No estoy tan solita como tú te piensas. Así que nada de saqueo. Yo lo llamaría más bien artesanía fina de exportación. Y traigo divisas al país, que es lo que hay que hacer en estos tiempos globales, ¿que no, licenciado?" A continuación rompe la figura en el piso, sacándole una moneda moderna que comprueba su reciente factura.

Al no poder acusar a Ana de Saqueo al Patrimonio de la Nación, Mendizábal y su ayudante lambiscón, el Chaparrito, se las ingenian para acusarla de Suplantación de Identidad, pues Mendizábal le ha conocido tres nombres y tres pasaportes diferentes, dos mexicanos y uno español. Ante la evidente incomodidad de su jefe, el Chaparrito observa, "Así comenzó lo del hermano incómodo [del Presidente Carlos Salinas de Gortari]... con tres pasaportes". Para poder seguir el juego, Mendizábal la deja en libertad, y ella sale para Paraíso, el pueblo yucateco en que vive su cómplice, Heraclio Chuc.

Como cantan Carlos y José en otro narcocorrido, "Bolsitas de a gramo", que se toca en la radio de la camioneta, "No se lo imaginaban, eran dos grandes contrabandistas". "Me gusta esa idea mexicana", le explica Novaro al argentino Fernando Brenner, "de pasarte sin papeles al otro lado. Haciendo el paralelismo, me gusta ser un poco ilegal, en términos de transponer las fronteras, ir y venir y ver qué pasa" (Brenner).

Las dos prófugas se encuentran por casualidad en un modesto restaurante en la carretera de Tulancingo, Hidalgo, y emprenden un viaje juntas a Cancún, acompañadas por Billy, el bebé de Aurelia. Como buena madre, a Juanito Aurelia lo ha dejado con una hermana en Torreón, Coahuila, para que termine el año escolar. (En la fachada de la secundaria en que trabaja Lolis, vemos una pancarta celebrando la "Expropiación Petrolera". Se trata de la primera de muchas alusiones a la nacionalización de Cárdenas, símbolo de lo mexicano, y su nueva privatización bajo el Tratado de Libre Comercio (TLC).

Así se comienza a forjar una difícil amistad entre dos mujeres sumamente diferentes: una intelectual europea, burguesa y blanca, y una obrera norteña morena que no terminó la preparatoria. A lo largo del viaje, la directora y su hermana/guionista, Beatriz Novaro, nos brindan una serie de diálogos humorísticos que dan cuerpo a un duelo verbal, al estilo de Cary Grant y Kathryn Hepburn, pero siempre apuntando hacia las diferencias de clases sociales y de géneros sexuales. Por ejemplo, cuando Aurelia le pregunta a Ana de qué color es el auto que las persigue, ésta le contesta que no sabe de coches. "¿Y de qué sí sabes algo?" le pregunta Aurelia. "Arte prehispánico, sobre todo de arte maya del período clásico," le contesta la española. "Mmm, bien útil, me cae", responde la norteña. En otro momento, al entregarle sus lentes oscuras a Aurelia a cambio de un "vuelvealavida" en Veracruz, Ana le advierte que son Gucci. "Ah... pos, serán fuchi", le contesta Aurelia, "pero se me ven bien".

Por un lado, la nacionalidad de Ana resulta ambigua pues la actriz y su acento son españoles, aunque la protagonista le insiste a Mendizábal que, aunque nacida en España, es mexicana. Por otro, su compromiso político y capacidad de crítica social están mejor definidos que los de Aurelia. Como Novaro le explica a Brenner,

> ... quería mostrar un México muy contrastante: el sur y el norte. Y dos mujeres muy diferentes. Además, una de ellas tenía que tener más capacidad para ver a México, precisamente por no ser mexicana. Ése fue mi punto de partida, y una sensación que tengo: no me siento mexicana en la zona de Yucatán, como le pasa a muchos mexicanos, pues estamos en la región maya. Y cuando voy al DF, con mi metro ochenta, parezco una extranjera también. O sea que esa vivencia, la de ser una extranjera en mi patria, convive con mi encanto por estar en mi país.

Aunque el guión estaba escrito para una gringa, Novaro le cuenta a Brenner, que al interesarse la productora española Tornasol en la película se la convirtió en española. Últimamente el personaje de la castellana sensual se ha puesto de moda en el nuevo cine mexicano‹piénsese en *Amores perros* o *Y tu mamá también*. Pero a diferencia de estas películas masculinas, en las cuales la femme fatal española es condenada a pagar su sexualidad con la muerte, o por lo menos con el desmembramiento y el abandono, el personaje de Ana es elegante y seductora pero distante; la que disfruta de una vida sexual activa en *Sin dejar huella* no es la española sino Aurelia, la mexicana norteña. (¿Se tratará de otro estereotipo regional?)

El cine de Novaro es un cine de imágenes por excelencia. Sin embargo, al retratar la exhuberante belleza tropical de Veracruz y Yucatán, la cámara también se detiene en perros callejeros famélicos y en plumas de humo tóxico saliendo de las empresas petroquímicas. A diferencia de los jóvenes directores masculinos, que siguen la pista de los novelistas y cineastas de los sesenta y setenta, al retratar el rito de iniciación sexual del adolescente masculino a través del viaje a Acapulco —piénsese en *Y tu mamá también* o *Por la libre*— en *Sin dejar huella* se trata de dos mujeres maduras que viajan hacia el destino turístico del Siglo XXI, Cancún. Globalización, cosificación, aceptación de la "fayuca" y la transgresión como mal menor, ante la extremada pobreza y la criminalidad en plan nacional y trasnacional. "Resuelve lo de las mujeres asesinadas en Juárez", le insta Ana a su captor, el policía federal Mendizábal, "y déjame en paz".

Como todas las películas de Novaro, se trata de una *road movie*. Al preguntarle Brenner sobre el *leitmotiv* del viaje en sus películas, Novaro contesta que

> Yo siempre estoy de ida. Con sinceridad, no creo que vaya a hacer cosas muy distintas. Y tampoco me asusta. Casi todo autor es monotemático, lo disimule mejor o peor. Las historias se visten diferentes, pero cada quien tiene sus obsesiones. Y a mí me gusta construir las películas como viajes, evidentemente. Si se busca al hombre y no se lo encuentra, o si se lo encuentra pero no era el que se necesitaba y hay que huir, estoy construyendo sobre lo mismo. Como quien dice cosas muy diferentes y al mismo tiempo muy similares. (Brenner)

En las películas anteriores de Novaro, las protagonistas huían de la Ciudad de México hacia Veracruz (*Lola* y *Danzón*) o Tijuana (*El jardín del Edén*). Nos explica Novaro, "... para mí, filmar es un viaje a las fronteras... No es casualidad que mis personajes siempre partan del DF... y vayan hacia las fronteras o las costas" (Brenner).

Aquí se pretende escapar a la corrupción, violencia y explotación de la frontera norte huyendo hacia el otro extremo nacional. Sin embargo, por más lejos que lleguen de la linea norteña, por más que se inmersen en el "paraíso" tropical sureño, les resulta demasiado largo el brazo del TLC. Aunque Aurelia se haya escapado de la maquiladora y esté trabajando en el Hotel Ritz de Cancún, ahora le toca vestirse de nativa y prepararles bebidas exóticas que desacreditan lo nacional para los turistas gringos. "Un chac mol de nopal sin azúcar para los gueros", le ordena el camarero, dentro del hotel de lujo con forma de pirámide maya. (Piénsese en el Acapulco Princesa de los sesenta, con su forma de pirámide azteca.) Además, Aurelia ha cambiado su casita modesta pero decente en Juárez por un horrible fraccionamiento moderno en Cancún. Aunque sí ha conseguido su hamaca añorada, ésta ya no representa la libertad, al encontrarse colgada en un pequeño apartamento claustrofóbico y oscuro. En la parada del camión que la lleva a su trabajo, se yergan unas enormes y grotescas esculturas de conchas, las que simbólicamente no podrían estar más lejos del mar y el paraíso. Aquí y a lo largo de la película, Novaro se detiene irónicamente en los monumentos posrevolucionarios a la modernidad y a los héroes nacionales, entre ellos Felipe Carrillo Puerto y Miguel Hidalgo, pues ahora, a la luz de la historia, parecen haberse convertido en caricaturas de sí mismos.

La película también juega con el estereotipo de la persecución de autos típicas de las malas películas fronterizas de los hermanos Almada y de tanto cine Hollywoodense. "Pues mira", le explica Novaro a Brenner, "si bien siempre sentí que iba a jugar a la road-movie, no me imaginaba filmando una persecución de autos, con lo que me aburren cuando las veo en cine. Y, sin embargo, ahí estaba planeando todo: que si las llantas, que si el volante, que si el punto de vista, que si los golpes... ¡Y me divertí como una niña! Dije niña, no niño, ¿eh?" Las dos mujeres y el bebé huyen en su vieja camioneta de un Chrysler rojo con los vidrios ahumados, por lo cual no saben si se trata de los policías o los narcos. Además, a fin de cuentas, como nos demuestra la película, los dos son intercambiables. Al descubrirse el asesinato de Tiro Loco, el pistolero del cartel, el Chaparrito se apresura a avisar "al jefe" (al parecer tanto el suyo como el de los narcos), el judicial Mendizábal. (Como nos cantaban Chuchumbé: "Dicen que la iguana muerde, pero yo digo que no. Hay un hombre que sí muerde y le dicen mordelón".) Incluso cuando las mujeres logran engañar a sus perseguidores, tendiéndoles una trampa sobre un cenote y haciendo que su coche se despeñe en el agua profunda, no se sabe sobre cuál enemigo se han vengado, y cuál las habrá de seguir cazándolas después.

Llegando a Yucatán, gran parte de la seguridad de las dos está basada en la ayuda que les proporcionan personajes mayas. Primero, se esconden por un tiempo indefinido en medio de la selva, en la casa grande de una antigua hacienda abandonada que ha sido tomada por una humilde familia maya. Son autosuficientes, cuando las prófugas se marchan, el padre se niega a aceptar el dinero que le ofrecen. El destino final de Ana es un pueblo llamado Paraíso (una variante del título de su película anterior, *El jardín del Edén* (1994) donde vive el colaborador de Ana, Heraclio Chuc. "Hay miles de paraísos pueblos, playas, hoteles, cantinas, burdeles", le explica Ana amargamente, pero la experiencia de Aurelia supera a la suya. Ella también ha conocido el paraíso, le cuenta, pues trabajó en una maquiladora llamada "El Paraíso Sports Incorporated". En cuanto al Paraíso de Heraclio Chuc, las mujeres traen consigo la violencia de la frontera norte, al llegar Mendizábal y sus hombres para golpear a una anciana vecina de Chuc. En vista de la relación cálida que se desarrolla en la película entre estas dos mujeres ladinas y varios personajes mayas, no es casual que las mujeres derroten a sus enemigos ahogándolos en un cenote sagrado de los mayas antiguos —ahora usado no para sacrificar a doncellas inocentes sino para ajusticiar a los ladinos más malévolos y machistas. En cambio las dos nuevas asesinas se asustan ante las consecuencias de sus acciones. Al observar atónitas al coche rojo hundirse en el agua, Aurelia sigue apuntándole su pistola, y Ana le pregunta, "¿Alguna vez mataste a alguien, Aurelia?" "Claro que no," le contesta asustada, "Es sólo para protegernos, no vamos a matar a nadie no?" Ante su asombro, sigue hundiéndose silenciosamente el coche en el cenote, sin señal de vida alguna.

A diferencia del final de la película *Thelma y Louise*, de Ridley Scott, en que las dos mujeres prófugas, en vez de entregarse a la ley, optan por "seguir el viaje" y suicidarse, despeñándose en el Grand Canyon en su T-Bird descapotable, aquí son los perseguidores masculinos —representantes de los dos lados de la ley— que, en su último descanso, en su flamante Chrysler rojo, mueren al fondo del cenote. En cuanto a las muchas comparaciones que han hecho los críticos con Thelma y Louise, Novaro le comenta a Brenner,

> ... los gringos tienen siempre la manía de catalogar una película en función de otra yanqui. En mi medio laboral uno está hasta la coronilla de eso. Es como una cruz a cargar. Parece que no se puede filmar una película de carretera con dos protagonistas femeninas, porque ya existe Thelma y Louise. ¡El problema es que [sic] tienen que morir como ellas o la película parece peor! Y, a mi modo de ver, no es necesario un final trágico para una trama así. Ojalá haya muchas Thelmas y Louises de aventura por las carreteras, y ojalá no terminen todas despeñándose por un abismo.

En un hotel de Veracruz, Ana se larga al descubrir que el estuche floreado de cosméticos —símbolo muy femenino— que siempre lleva Aurelia está repleto de dinero. Sin embargo, sus sospechas sobre los orígenes del dinero no impiden que se lo lleve consigo. Aurelia, por su parte, entra en crisis por pensar que ha asesinado a su novio Saúl, un joven simpático, por muy narco y macho que sea. A pesar de la crisis emocional en que se ha metido Aurelia al pensar que ha matado a su novio Saúl —un joven simpático, a pesar de ser narco y un poco macho— resulta que milagrosamente se ha salvado y aparece armado en el cuarto de Aurelia, contándole una historia que no tiene nada que ver con un cenote. Este y otros vericuetos de la trama parecen un guiño a la tradición del nuevo *film noir*, como lo practican David Lynch y los hermanos Coen y David Lynch, y también al tono ligero que adopta Almodóvar frente a acontecimientos terribles.

Al escuchar pasos de botas en el pasillo, Saúl dispara, pensando que se trata de su primo que ha llegado a matarlo. Al abrir la puerta él y Aurelia se llevan la sorpresa de descubrir a un desconocido muerto —aunque los espectadores lo reconocemos como Mendizábal. Para que no se descubra el asesinato equivocado, la pareja se pone a limpiar el enorme charco de sangre, utilizando para el efecto los pañuelos de Billy. Luego tiran el pesado cadáver por la ventana. Ante las perspectivas del duro trabajo de limpieza que les espera —y quizás también ante las asociaciones de los pañuelos y la sangre con la impureza femenina y la paternidad— Saúl se escapa cuanto antes, tomando la camioneta de Aurelia. "Tú límpiamelo todo, y ahora regreso", le ordena. Rendida tras lavar sangre de piso, paredes y mantas, Aurelia le comenta a Billy, "Qué suerte tienes de ser hombre, mi hijo. Porque a nosotras siempre nos toca la limpiadera". Encima de todo, Saúl no regresa, dejando a Aurelia sin coche, novio, amiga, ni dinero. No le queda otra opción que salir a pie, cargando al bebé, siguiendo las huellas de una seguridad inefable.

Antes, en Ciudad Juárez, Saúl y Aurelia se habían peleado sobre el nombre y la paternidad del bebé. Ante la insistencia de Saúl en llamarlo Saulito, Aurelia se empeñó en señalar que su nombre es Billy y que, si Saúl saca la cuenta, comprobará que no puede ser suyo.

Si bien la relación entre los novios se rompe finalmente por una serie de objetos asociados con la femineidad, la amistad entre las dos mujeres se forja a través de una serie de intercambios de objetos femeninos. Además de compartir el auto, alternando en el rol de chofer, se intercambian objetos relacionados con su papel social femenino: la comida, el bebé, un reloj Limoge, unas lentes oscuras Gucci, y finalmente el estuche floreado de cosméticos en que Aurelia esconde el dinero que le ha robado a los narcos. Se trata de un sistema de trueque, en el que Aurelia —sin revelar su origen a Ana— usa el dinero robado para pagar el gas, el hotel y las comidas de los tres, a cambio de un lento *striptease* de los objetos de lujo de Ana. Al final resulta que Ana tampoco le ha confiado todo: mientras andaba de limosnera con Aurelia, llevaba una tarjeta de crédito que no quería usar, y aparentemente no solamente por motivos de seguridad.

Tampoco le ha revelado su verdadero nombre, como descubrimos al final, cuando aparece la llamada "Ana" en el aeropuerto de Cancún en la fecha señalada para la llegada de Juanito. Ha cambiado su uniforme de femme fatale por ropa cómoda de algodón. A Aurelia le devuelve el estuche floreado con el dinero "casi completo", y a Juanito le lleva un conjunto de música yucateca, intentando recuperar la confianza de la madre conquistando al niño.

Si bien Aurelia, la norteña, es retratada como una mujer lista y pragmática a la cual nada se le escapa, y a la cual no le impresionan los aires ni los estudios de Ana, la educación de ésta sí logra ayudar a las fugitivas. Su conocimiento del idioma maya les permite esconderse entre mayas monolingues cuando llegan a Yucatán. Además, como ya se ha mencionado, Ana tiene una capacidad de crítica social más desarrollada que Aurelia, probablemente por su propia experiencia privilegiada. Llegando a los campos tropicales de Veracruz, Aurelia, hija del desierto norteño, exclama, "!Qué verde está aquí! !Cuánta agua!" y Ana responde secamente, "Sí, demasiada". A continuación la cámara nos muestra evidencia de las inundaciones que se han anunciado antes en la radio. Tampoco está dispuesta a compartir con Aurelia la romantización nostálgica de la vida en las antiguas haciendas de Yucatán. Por otro lado, la directora no deja de señalar la hipocresía de Ana, al presumir de su ropa de lujo, mientras critica la desigualdad social y proclama su simpatía por los zapatistas. Su hombre ideal, le confiesa a Aurelia con una sonrisa sarcástica, "está metido en la Selva

Lacandona y no sale nunca". Por su parte, Aurelia le confiesa a Ana que su hombre ideal es un ícono de la otra frontera, José Guadalupe Esparza, el cantante principal del grupo norteño Bronco. O sea, resulta mucho menos complicado enamorarse de un mito que de un hombre de carne y hueso.

Ya en varias películas anteriores Novaro ha tratado el tema del hombre amado fugaz o inestable y el hombre accesible pero inmaduro. Piénsese en *Danzón*, en la que Julia busca al caballero clásico desaparecido, Carmelo, sin encontrarlo, y en cambio se enamora de un joven guapo que luego le resulta muy chico (demasiado joven para saber bailar el danzón). Terminada la aventura y la ilusión, Julia invierte el estereotipo abandonando al galán en el hotel del puerto mientras éste duerme, y regresa al DF, a su vida contenta de telefonista, madre soltera y aficionada del danzón. Como premio, misteriosamente reaparece Carmelo en el salón de baile, igual de formal, igual de caballero. En *Lola* el padre roquero de la niña resulta narcisista e inestable, mientras que el amigo adolescente de Lola, El Duende, es bueno y generoso pero no está listo para asumir el papel de compañero y padre. (Al respecto, véase la entrevista de Alejandro Medrano Platas con Novaro.)

Entre los chistes que se contaban las dos mujeres para matar el tiempo, mientras esperaban el momento de matar a sus perseguidores en el cenote, figuraba el siguiente: "¿A que no sabes lo que hacen las mujeres mientras esperan a su hombre ideal? Se casan". O se casan, o se dedican a vivir solas y juntas, en un mundo de mujeres y niños, a orillas del Paraíso en proceso de la globalización. A diferencia de la protagonista de *Lola* (1984), quien reaccionó al abandono masculino entrando en una fuerte depresión que la incapacitó para asumir la maternidad responsable, las protagonistas de las últimas tres películas de Novaro son excelentes madres y amigas, que ya no dependen de los hombres para ser felices.

Sin dejar huella se cierra con un irónico montaje de desenlaces, al ritmo jubiloso del conjunto Mono Blanco, celebrando el amor en vísperas del apocalipsis. "El mundo se va a acabar, el mundo se va a acabar, y si me vas a querer, te debes apresurar". El narcocorrido de la frontera norte ha sido reemplazado por el son jarocho de la frontera sur, igual de pícaro, cachondo y mexicano.

A Aurelia la vemos acostada en una hamaca en la playa —ahora sí al aire libre—, abrazando a su bebé y leyendo un libro. Al fondo Ana juega en los columpios con Juanito. Antes Aurelia le había comentado a Ana que su sueño era ya no trabajar en un hotel sino ser dueña de uno—aunque fuera de diez cuartos,— en una playa desierta. Al parecer su sueño se ha realizado, o se ha superado —pues no la vemos trabajando— gracias al dinero del cartel.

Después las dos mujeres posan en la playa con figuras de cartón de sus respectivos hombres ideales: el Subcomandante Marcos y José Guadalupe Esparza.

Luego Saúl, luciendo cadenas de oro, pistola y audífonos, presume de guardaespaldas del nuevo jefe de la policía judicial de Ciudad Juárez—el Chaparrito, el ayudante lambiscón del difunto Mendizábal. Al aniquilarse a los peores ejemplos de la policía y del narco, Mendizábal y Tiro Loco, las instituciones se renuevan corrompiendo más a los criminales menores.

Al artesano maya Heraclio Chuc lo vemos sonriente en una celebración cívica —¿su elección como alcalde de El Paraíso?—, rodeado de su familia y agradeciendo el reconocimiento del público maya.

Y finalmente vemos a un obrero petrolero arribar en una lancha a un campo de Pemex (Petróleos Mexicanos), la empresa nacional creada por la expropiación de Cárdenas, ahora nuevamente en el proceso de privatizarse y desnacionalizarse. El obrero le tapa un letrero de Pemex con otro de "Exell" (mezcla de Exxon y Shell: ¿excell? ¿Exhale? ¿Ex-hell?, con la concha de ésta invertida). En medio del Paraíso, sigue adelante la desnacionalización/ globalización/ colonización.

Lo que les queda a las dos protagonistas —y a todos nosotros— es la vida digna; la autosuficiencia, aunque sea ganada a través de las tretas del débil; el amor sin dependencias; las amistades construidas a través de muchísimo trabajo; y el disfrute del paraíso terrenal al punto de perderse:

> El mundo se va a acabar,
> el mundo se va a acabar,
> y si me vas a querer
> te debes apresurar.

NOTAS

[1] *Sin dejar huella* obtuvo el premio de la mejor película latinoamericana en el Festival Sundance y el premio Mayahuel a la mejor película exhibida en la versión 16 de la Muestra de Cine Mexicano de Guadalajara. En la misma muestra también recibió el premio de mejor película de la Organización Católica Internacional de Cine, al reconocer su aporte a "la relevancia de la visión femenina en el cine mexicano" (Mateos-Vega).

[2] Según nos cuenta Jorge Caballero, "... el soundtrack de Sin dejar huella contiene 14 temas variados que muestran la riqueza musical de varias latitudes de México. Es un disco que suena norteño, rumbero, costeño, rupestre y cumbianchero. Ofrece un dueto entre Juan Gabriel y Ana Gabriel en Amor aventurero; referencias al narcocorrido con los temas Bolsas de a gramo y Las monjitas, interpretados por Carlos y José, y Exterminador, respectivamente, así como Las mujeres pueden, de los incomparables Tigres del Norte. Guitarras acústicas con sabor veracruzano o las marimbas tabasqueñas están presentes en las canciones de Mono Blanco, Se acaba el mundo y El perro. De igual manera hay nostalgia con Que no quede huella y El golpe traidor, interpretadas por Bronco. Chuchumbé da el toque de hilaridad en la mezcla del compacto con La Iguana. Un Jaime López muy urbano se enfrasca en la eterna dualidad de la vida con el clásico Me siento bien, pero me siento mal. Además, el reflejo de cualquier pueblo del interior, caluroso y vivo suena en La guanábana, de Son de Madera. Disco azúcar, de Juan Formell y los Van Van, cierra con broche de oro este disco".

BIBLIOGRAFÍA

Brenner, Fernando. "Como Thelma y Louise, manito". Radar (Buenos Aires). http://www.pagina12.com.ar/2001/suple/radar/01-03/01-03-04/nota4.htm

Caballero, Jorge. "Sin dejar huella se estrenó en un mal momento, dice Perla Ciuk en carta a la distribuidora de la cinta". La Jornada 18 abril 2001. http://www/jornada.unam.mx/2001/abr01/010418/15an1ep.html

Castillo, Ana y María Socorro Tabuenca Córdova. *Border Women. Writing from La Frontera*. Minneapolis: University of Minnesota Press, 2002.

Collins, Jim, Hilary Radner y Ava Preacher Collins, eds. *Film Theory Goes to the Movies*. New York: Routledge, 1993.

Cuarón, Alfonso, dir. *Y tu mamá también.* Jorge Vergara, Prod. México: Anhelo, 2001.
Foster, David. *Mexico City in Mexican Film.* Austin: University of Texas Press, 2002.
González Iniarritu, Alejandro, dir. *Amores perros.* México: Lions Gate Films, 2001.
Griggers, Cathy. "Thelma and Louise and the Cultural Generation of the New Butch-Femme". *Film Theory Goes to the Movies.* New York: Routledge, 1993. 129-41.
Kaminsky, Amy. "Identity at the Border: Narrative Strategies in María Novaro's *El jardín del Edén* and John Sayles' *Lone Star*". Studies in Twentieth-Century Literature 25.1 (Winter 2001): 91-117.
Mateos-Vega, Mónica. "Sin dejar huella, de María Novaro, logró el Premio Mayahuel a la mejor película". La Jornada 16 marzo 2001. http://www.jornada.unam.mx/2001/mar01/010316/04an1cul.html
Medrano Platas, Alejandro. *Quince directores del cine mexicano. Entrevistas.* México: Plaza y Valdés, 1999.
Novaro, María, dir. *Una ida rodeada de agua* (Filme). México: Women Makes Movie, 1985.
_____ *Lola* (Filme). México: Cooperativa José Revueltas, Conacite, TUE, 1989.
_____ *Danzón* (Filme). México: El Milagro/IMCINE, 1994.
_____ *Sin dejar huella* (Filme). México/España: Tabasco, Altavista, Tornasol, IMCINE, TVE, 2000.
_____ *El jardín del edén.* México: Macondo/IMCINE, 1994.
Willis, Sharon. "Hardware and Hardbodies. What Do Women Want?: A Reading of Thelma and Louise". *Film Theory Goes to the Movies.* New York: Routledge, 1993. 120-28.

Género y modernidad: tres sujetos latinos en San José, California

Renato Rosaldo

Parto de la propuesta de que lo moderno es una categoría cultural que distintos sujetos manejan en formas diversas y con sentidos diferentes. La pregunta que guía y orienta toda la pesquisa es: ¿hay diferentes grados de modernidad? Intento abordar el tema del sujeto resistente o contestatario y acercarme al concepto de la modernidad a través de tres ejemplos que ilustran cómo este sujeto se hace presente tanto en el plano performativo como en el discursivo complejizando la figura tradicional del guerrero hombre, personificado por el Che Guevara o Gregorio Cortés. Hago un acercamiento a la subjetividad como juego entre dos aspectos o dimensiones que denominaré masculindad y feminidad. También me gustaría retomar y redefinir el término resistencia, término que parecería haber caído con el Muro de Berlín.

Para ilustrar el planteamiento voy a presentar como ejemplos tres sujetos latinos que se autodefinen uno como chicano, otro como mexicano y otra como chicana. Los tres residen en San José, California y son figuras de la resistencia, todos sujetos contestatarios.

El primer sujeto es el actor chicano Edward James Olmos quien protagoniza al pachuco en la película *Zoot Suit* de Luis Valdés (1981). El pachuco en esta versión es un sujeto contestatario que sabe jugar el juego del respeto. Actúa dentro de la ética del respeto exigiéndolo de otros pachucos y simultáneamente se conviete en una especie de imán que atrae represalias de las autoridades anglosajonas: policías y jueces. En términos de lenguaje su virtuosismo no tiene que ver con la correcta construcción de la narrativa sino con una agilidad enorme para el cambio de registro lingüístico: su discurso es una especie de ametralladora que va de un código del habla otro, de un nivel del discurso otro. Este paso veloz de un registro lingüístico a otro favorece a los políglotas y convierte al sujeto monolíngüe en una especie de troglodita. Olmos es pura gandalla, el estilo pachuco encarnado que se pone en evidencia no sólo en su manera de hablar sino también en su forma de vestir y de caminar. De hecho, en la celebración del vigésimo quinto aniversario del Teatro Campesiono en San José, California, Olmos afirmó haber aceptado el papel del pachuco en *Zoot Suit* porque toda su vida había hablado así, pero nunca había imaginado siquiera que se pudiera escribir así, mucho menos actuarlo en teatro. El poema de José Montoya, poeta chicano oriundo de Sacramento, que cito a continuación es un ejemplo claro de esta forma de hablar, de esta estética:

Renato Rosaldo

El Louie

Era de Fowler el vato,
carnal del Candi y el
Ponchi —Los Rodríguez—
The Westside knew 'em,
And Selma, even Gilroy.
48 Fleetline, two-tone
buenas garras and always
rucas—como la Mary y
la Helen... siempre con
liras bien afinadas
cantando La Palma, la
que andaba en el florero.

Louie hit on the idea in
those days for tailor-made
drapes, unique idea—porque
Fowler no era nada como
Los, 'ol E.P.T. Freno's
Westside was as close as
we ever got to the big time.

But we had Louie, and the
Palomar, el boogie, los
Mambos y cuatro suspiros
del' alma—y nunca faltaba
that familiar, gut-shrinking,
love-splitting, ass hole-up-
tight, bad news...

   Trucha, esos! Va 'ver
   pedo!
   Abusau, ese!
   Get Louie!

No llores, Carmen, we can
Handle 'em.

   Ese, 'on tal Jimmy?
   Horale, Louie!
   Where's Primo?
   Va 'ver vatos!
En el parking lot away from
the jura.
   Horale!
   Trais filero?
   Simon!
   Nel!
   Chale, ese!
   Oooooh, ese vato!

An Louie would come through—
melodramatic music, like in the
mono—tan tan taran!—Cruz
Diablo, El Charro Negro! Bogard
smile (his smile as deadly as
his vaisas!) He dug roles, man,
and names—like "Blackie", "Little
Louie..."

Ese, Louie...
Chale, man, call me "Diamonds!"

Y en Korea fue soldado de
levita con huevos and all the
paradoxes del soldado razo—
heroism and the stockade!

And on leave, jump boots
shainadas and ribbons, cocky
from the war, strutting to
early mass on Sunday morning.

Wow, is that 'ol Louie?

Volvamos a la película. Abre con Edward James Olmos, el pachuco de rostro delgado y bigote fino, haciendo su entrada muy estirado: lleva traje negro con pantalones de bota amplia, camisa roja y brillante, sombrero negro de ala ancha; luce una gran cadena de oro alrededor del cuello y una leontina de plata sale de su bolsillo. Está en un club nocturno en el que se presenta un grupo de danza. La coreografía es impecable. Olmos camina ante ellos y es visible para la audiencia mas no para los bailarines. Su figura es mítica, hay en él matices diabólicos, es el espíritu que anima la pachucada. Quizá podríamos afirmar que tras esta estética hipermasculina se esconde una femenina. Está muy pendiente de la moda, combina cuidadosamente los colores, lleva un traje de moda, luce cadenas de oro y plata. Obviamente, nadie, nadie se atrevería a decirle esto al pachuco, lo que en cierta forma confirma su masculinidad.

La figura extravagante del pachuco en *Zoot Suit* es redefinida, desconstruida, ¿modernizada?, once años después en la película *American Me*, otra película de Olmos, donde asistimos a la segunda encarnación del vato, quien ahora no hace su entrada en un escenario llamativo y brillante, sino en un mundo gris, opaco, oscuro. Estamos en Los Ángeles, en los años cuarenta, plena Segunda Guerra Mundial. Se oye una voz en *off* que dice: "olvídense de la guerra de ultramar, ¡la guerra es aquí!"

El tema de la película gira alrededor del famoso asesinato de Sleepy Lagoon en Los Ángles y de los motines a que dio lugar. Los pachucos mexicano-americanos fueron violentamente reprimidos por los *marines* anglo-americanos.

El Olmos que entra en la prisión es un hombre pálido, sin bigote, callado, de movimientos lentos. Lleva una camisa azul vieja y desteñida. Un *flashback* nos lleva a donde, como dice él, comenzó todo: una sala de tatuaje en el centro de Los Ángeles. A su padre le están tatuando un corazón y las palabras "por vida". Es su manera de jurar amor eterno a su novia, la futura madre de Olmos. Una voz en *off* dice: "podríamos pensar que la guerra fue aquí en Los Angeles".

De nuevo los motines, *Zoot Suit*, la Segunda Guerra Mundial. Los marineros anglosajones entran a la sala de tatuaje, le cortan el pelo al padre de Olmos, lo desnudan y le dan una golpiza. Violan a su novia, la madre de Olmos. Para la audiencia es evidente, entonces, que éste es un bastardo, el producto de una violación que nos recuerda a la Malinche. Dentro de la lógica de la película la ausencia de amor paterno explica su conducta criminal. Esta escena inicial nos posibilita hacer dos lecturas de la película: una vertical —en relación con el pasado— y otra horizontal —en relación con el presente. En relación con el pasado. Olmos dice que el pachuco no es una figura atractiva, no se trata de un héroe, no es un modelo de resistencia, se trata más bien de un ser humillado y violado. No es alguien a imitar, no sirve de modelo al presente. Olmos advierte a los vatos jóvenes que no deben imitar su papel de pachuco: éste no es un modelo de nada. En 1992 los jóvenes portaban armas de fuego y se estaban matando entre sí. Su mensaje era: nos estamos acabando en esta versión o encarnación. Olmos sigue siendo la figura masculina que porta el peso de la hombría y la dignidad. El respeto se ha convertido en su forma de vivir, no sólo lo practica sino que lo exige a sus pares. Esto se hace evidente en su forma de saludar a los demás. Tras esa superficie se esconde un volcán masculino en permanente riesgo de erupción, un hombre cuyas pasiones y violencia reprimidas están apenas ocultas y difícilmente controladas.

El segundo sujeto del que me voy a ocupar es un mexicano oriundo de Michoacán que vive en San José, California. Su nombre es Magdaleno Mora y nació en 1919. Su historia migratoria no se reduce a un solo viaje, se trata de muchos desplazamientos en uno y otro sentido realizados entre 1944 y 1963 que me fueron contados personalmente por él. En 1944 llegó a San José a trabajar en el ferrocarril, contratado como bracero para reemplazar a los trabajadores que habían ido a la guerra. En 1963 trajo a su familia a San José. Tres de sus hijos llegaron a obtener el doctorado. Esto a pesar de que Magdaleno no hablaba inglés, es más, como lo dijo él, cuando joven no podía ni siquiera leer el reloj. Su esposa era del pueblo de Tlalpajahua, Michoacán. Su madre, una curandera muy conocida en la región. Él nació en un rancho de una población cercana y trabajó en las haciendas donde, como decía su esposa al hablar de él: "No se dejaba, lo trataban con respeto". Don Magdaleno era muy serio, muy trabajador, no era nada dado al juego ni a los chistes con sus compañeros. Sus manos eran duras, de dedos gruesos debido a los duros trabajos manuales que realizaba. Es más, gracias a sus manos encallecidas y fuertes fue contratado para trabajar con el ferrocarril de *Western Pacific*. "La gente no quería venir para acá. Yo ni sabía lo que era la guerra. Decían —yo lo oí— '¿Quién quiere ir a Estados Unidos con los gastos pagados?'". Su autoridad como narrador procedía de su extraordinaria memoria. Sus narraciones eran ricas en detalles, fechas, formas de pago, nombres de lugares. Un verdadero modelo de memoria y de oralidad. Su tono era serio, de pocas palabras y mucha dignidad. Otro modelo de masculinidad tipo Olmos. O quizá más bien al contrario: es Olmos quien vive su masculinidad dentro del patrón de Mora, pero le añade cierta extravagancia y el permanente cambio de registro lingüístico en su discurso. El estilo de Mora se inscribe más dentro del modelo de *American Me*. El heroismo de Magdaleno Mora es calmo y persistente, se trata de una solitaria lucha por la supervivencia, es un modelo de fortaleza y sufrimiento no demasiado diferente al de las silenciosas luchas femeninas de sufrimiento permanente, de vidas martirizadas que evocan historias de peregrinajes.

Lo que este análisis exige es que el lector o el escucha amplíe, o de hecho proporcione, el dolor subestimado o nunca mencionado que está tras las manos deformadas por la artritis, las heridas de los accidentes de trabajo, el hambre, las privaciones. Magdaleno Mora, al hacer referencia a sus primeras experiencias laborales durante el período de guerra, afirma: "En 1944 había mucha discriminación. Los soldados que pasaban en los trenes nos escupían".

De nuevo en San José, California, nos encontramos con Sofía Mendoza, mujer de unos cincuenta años que sé que se autodefine como "una activista con los zapatos embarrados". Es chicana de tercera generación y habla más inglés que español. Para Sofía, "respeto" es el término clave, lo que denota una actitud más masculina que femenina. Sofía es consciente de lo que implican ciertas diferencias de género. Dice: "Cuando vas de casa en casa encuentras que nuestras gentes son inteligentes, pero no son conscientes de ello. Las mujeres suelen saber más que los hombres. Ellas son quienes se entienden con la enfermera, con los maestros y con las agencias, los padres de familia no tienen que enfrentar nada de esto, los protege su trabajo". Esta podría ser una descripción adecuada a la experiencia laboral de Magdaleno Mora.

Atribuye a la formación que su padre le dio su sentido del respeto y del papel central que este ha jugado en su vida. "Mi padre dijo que él quería ser diferente de su padre. Me dijo: 'Quiero que manifiestes tus desacuerdos, que me respetes, pero me contradigas'. También me dijo que tratara a los demás como yo quería ser tratada". Este y muchos otros detalles que relató me dieron la impresión de que Sofía Mendoza era como el hijo mayor de su padre.

Sofía fue para mí como una imagen viva del sujeto contestatario en acción pues cuando le pedí que me hablara del respeto me contó una historia, no acerca del respeto en sí, sino de cómo exigirlo:

> Tengo fama en este pueblo de ser muy peleonera. Mi padre me enseñó a ser peleonera. Me he metido con el alcalde y hasta con Reagan cuando era gobernador. Esto salió en los periódicos. No respeto ni al alcalde, ni a Reagan. Cuando llegó Reagan a una reunión, yo tenía las piernas estiradas y no las moví para que Reagn tuviera que pasar por encima de ellas. Me miró de una manera bien rara. Yo quería que me mirara para que se acordara de mí cuando le hiciera preguntas. Le pregunté: "¿Por qué empleas a prisioneros para quebrar el sindicato de los campesinos (*United Farmworkers Union* de César Chávez)?" Reagan se enojó tanto al oír mi pregunta que quebró su lápiz. Me pidió mi nombre. Yo le dije: "¡Contesta mi pregunta!" Seguimos así: tu nombre, mi pregunta, tu nombre, mi pregunta. Por fin le dije: "Me llamo Sofía Mendoza. Voy a repetir mi nombre porque sé que no lo puedes pronunciar". Luego lo deletreé. Poco tiempo después en Sacramento, en la marcha de los pobres, Reagan dijo: "Hola Sofía Mendoza". Lo hizo con repeto. Logré más exigiendo respeto que si lo hubiera insultado.

He propuesto tres que pueden ser cuatro modelos del sujeto latino contestatario. Todos en torno al concepto de respeto. Todos combinan distintas dimensiones de género entremezcladas de modo complejo. Se podría decir que el Olmos de *Zoot Suit*, el pachuco extravagante, se modernizó al convertirse en la figura de *American Me*, cuyo personaje tiene el carácter de Magdaleno Mora, el hombre de pocas palabras y mucha dignidad. Una figura rural, tal vez tradicional, o al menos pre-moderna, quiza pos-pre-moderna. Sofía Mendoza es moderna en el sentido de que habla bien claro, con mucha racionalidad pero dentro de una ética y una estética de respeto. En ella las pasiones surgen a la superficie y permiten que la mujer guerrera hable interactuando con los angloamericanos en códigos accesibles a todos, no utiliza mensajes cifrados. Parece vivir una dimensión masculina, quizá un poco arcaica.

En este breve ensayo he tratado de precisar, a través de ejemplos específicos, ciertos sentidos dentro de los cuales podríamos hablar de unas subjetividades y de algunas fronteras de la modernidad entre los latinos en Estados Unidos.

Bibliografía

American Me. Dir. Edward James Olmos. Perf. Edward James Olmos, 1992.
Zoot Suit. Dir. Luis Valdés. Perf. Edward James Olmos, 1981.

V. Moderno/posmoderno: espacios, divergencias e interrogantes

El espacio que reaparece.
Cinco breves reflexiones sobre los conceptos de "Posmodernidad" y "Globalización"

Hans Ulrich Gumbrecht

Si recuerdo correctamente, fue en la primavera sureña de 1988 cuando tuve el honor de dictar un seminario sobre "Posmodernidad" en la Pontificia Universidad Católica de Río de Janeiro y, subsecuentemente, en la Universidad de Buenos Aires. Si bien, como es obvio, mis clases se basaron en el mismo conjunto modesto de notas y reflexiones, habría sido difícil imaginar dos direcciones más divergentes para las discusiones que se produjeron en clase. Por un lado, mis estudiantes y colegas brasileños mostraron una verdadera pasión por aplicar el (por entonces muy de moda) concepto de "posmodernidad" a su propia cultura nacional y estilo de vida. Puedo recordar aún el título de una entrevista que el *Jornal do Brasil* fue muy amable en publicar: "O Brasil-Pais Posmoderno". En el otro frente (más al sur todavía), la versión bonaerense de mi seminario frecuentemente devino una trinchera en contra de lo que los participantes deben de haber experimentado como una infiltración conceptual potencialmente peligrosa. Todos estuvieron ansiosos (un poco más ansiosos de lo debido, desde mi punto de vista) por demostrar que en la Argentina no había utilidad alguna para la noción de posmodernidad y, lo que no es sorprendente, esta defensa era el envés de un entusiasmo casi ilimitado por el concepto de "modernidad".

Vista retrospectivamente, esa divergencia parece ser menos específicamente latinoamericana que sintomática de cómo los intelectuales de Occidente manejaban la noción de lo "posmoderno" hace una década y media -lo que también significa que estos rercuerdos nos ayudan a entender cómo ya no usamos el concepto hoy en día. Desde una perspectiva de 1988, las palabras "posmoderno" y "moderno" marcaban dos posibilidades alternativas de una normativa autorreferencial. Actuábamos como si realmente hubiésemos tenido que escoger entre ser modernos o ser posmodernos. Nos comportábamos como si estos conceptos complejos funcionasen como diferentes series de colores y formas del mundo de la moda. "La modernidad" tendía a a ser la moda de aquéllos que estaban convencidos de que un cierto estilo (mayormente no ortodoxo) de ser de izquierda era aún viable, mientras que aquéllos que tenían dudas acerca de la continuidad de un principio crítico unificador optaron por la posmodernidad como concepto autodescriptivo.[1]

En contraste, la "globalización", no era una noción popular hacia 1988, apenas una instancia discursiva que producía tensiones y debates. Quienes admitían que la palabra "global" ingresara en sus discursos podían ser acusados de una deplorable ingenuidad intelectual –puesto que habían revelado que aún creían en la posibilidad de aprehender abstracciones y generalizaciones en el terreno de la cultura humana, una asuncion que por entonces parecía insoportablemente desfasada. Los lectores de *La condición postmoderna*, de Jean-François Lyotard no se habrían equivocado al indicar que el término "global" era típico de aquellos grandes relatos ("grands récits") contra los cuales el filósofo francés había arrojado su propia versión del concepto "posmoderno". Y con el reproche de ingenuidad hacia aquellos infelices pocos que aún adherían a categorías "globalizantes", vino la siniestra sospecha de que ellos podrían ser promotores o incluso agentes de la "economía neoliberal", una mala palabra que todavía se sentía bastante novedosa por aquel entonces.

Hoy, apenas una década y media después, experimentamos el significado de palabras como "globalización" y "posmodernidad" entrelazadas de un modo complejo e interesante. Al mismo tiempo, los debates de las que forman parte parecen más analíticos y, en consecuencia, más concentrados que las discusiones de la década de los ochenta. Una razón para este significativo cambio semántico y pragmático podría residir en que ya no somos suficientemente optimistas como para ver en la distinción entre lo "moderno" y lo "posmoderno" la oferta a elegir colectiva e individualmente entre dos diferentes versiones de nuestro presente y nuestro futuro. Tan sólo describir este presente —que experimentamos como un escenario impuesto antes bien que elegido— y comprender su genealogía, se presenta ante nosotros como un esfuerzo abrumador. Es en nuestra pugna con esta tarea que continuamos desarrollando las nociones de "modernidad" y "posmodernidad", y es aquí donde aquéllas convergen productivamente con el concepto de "globalización". Mientras tanto, la duda respecto a si "preferimos" uno u otro de estos conceptos (para ser más preciso: si nos gustan o disgustan *a priori*) casi ha desaparecido. Por cierto, hoy en día hay sólo unos cuantos intelectuales que aprueban la globalización como un fenómeno económico o cultural –lo que, si tenemos en cuenta que el último sueño de la Ilustración fue la idea de algo así como una cultura "global", no es un desarrollo tan trivial como podría parecer a primera vista. Sin embargo, volviendo a una metáfora que he utilizado para caracterizar el estilo intelectual de 1988, uno quizá podría decir que en lugar de tratar con la autorreferencia como una moda, ahora nos dirigimos a la autorreferencia como si se tratase de un hado. Nos hemos vuelto hamletianos en relación a nuestro presente. Entonces, la función de los conceptos que podemos usar para intentar identificar este presente no tiene nada que ver con preferencias personales o políticas. En el 2002, el valor de estos conceptos depende muy estrictamente de nuestra valoración de su poder analítico.

Es el cambio epistemológico de nuestro marco situacional, entonces, lo que sugiere que la "posmodernidad" no es simplemente el período histórico (la nueva "moda") que sigue a la "modernidad" (la "moda" de la temporada anterior). La pretensión analítica más fuerte que el concepto de "posmodernidad" tiene para ofrecer consiste en la tesis según la cual —independientemente de nuestras propias preferencias o proyectos— hemos dejado atrás el llamado "proceso de la modernidad". La modernidad fue el proceso que, tras varios siglos, ha familiarizado tanto a la cultura occidental con el ritmo de sucesión en los períodos históricos en una lógica de progreso (o, a veces, en una lógica de decadencia), que este ritmo ha terminado por parecer la única forma de vivir el tiempo. Si hoy estamos comenzando a redescubrir que hay formas alternativas de vivir y estructurar el tiempo, esto nos permite entender, en primer lugar, que requerimos conceptos para la descripción de esa construcción temporal alterna y que, en segundo lugar, es posible historizar ahora las construcciones temporales dominantes previas. Probablemente no exista un historiador contemporáneo que haya alcanzado resultados más sofisticados al llevar a cabo esta tarea de historizar lo que solíamos denominar "tiempo histórico" (o "conciencia histórica") que Reinhart Kosselleck.[2]

Kosselleck identifica cuatro rasgos principlales en el cronotopo que configura la cultura occidental desde el Renacimiento hasta mediados del siglo veinte. Sobre todo, insiste en una asimetría entre la percepción del pasado como un (complejo pero siempre limitado) "espacio de experiencia" y la percepción del futuro como un (abierto) "horizonte de expectativas". Describir la relación entre el pasado y el futuro como asimétrica significa, en segundo lugar, que el futuro del tiempo histórico fue siempre y necesariamente diferente del pasado —lo que provocó que el tiempo pareciese ser un inevitable agente de cambio. Pero esto implicó también, en tercer lugar, que mientras la experiencia pasada no era completamente inútil cuando tratábamos de imaginar escenarios futuros, ésta no podía proporcionar ninguna certeza para el pronóstico del futuro. La única forma de relacionarse con el futuro, dentro del tiempo histórico, consistía en escoger entre varias hipótesis viables que se proyectaban en el futuro conforme nos internábamos en éste. Es, sobre todo, esta elección entre varios escenarios para el futuro lo que la tradición filosófica occidental ha asociado con los conceptos de "sujeto" y de "agencia del sujeto". En cuarto y último lugar, al ser un mero momento de transición entre el pasado y el futuro en el siempre cambiante flujo del tiempo histórico, el presente fue el lugar donde se suponía que debía llevarse a cabo, una y otra vez, esta elección entre diferentes escenarios. Es por eso que el concepto de "sujeto" estuvo relacionado inseparablemente al concepto especifico del presente dentro del tiempo histórico.

Ahora bien, hecha una descripción básica del tiempo histórico, y asumiendo que hemos abandonado ya esa construcción temporal, resulta posible señalar algunas características en nuestro nuevo y aún innominado cronotopo ("posmodernidad" fue sólo un primero y no muy convincente intento de bautizarlo), características que difieren de los rasgos más relevantes del "tiempo histórico". Experimento como un contraste clave en esta mirada el sentimiento de que el futuro ya no se presenta a sí mismo como un horizonte abierto a nuestros múltiples proyectos y anticipaciones. Una nueva forma de vivir el nuevo futuro es nuestro miedo a una catástrofe desconocida de dimensiones posiblemente cósmicas. Esto explica por qué no somos capaces de celebrar alegremente el traspaso del umbral hacia el tercer milenio, y a esto también se ha añadido la extraña resonancia producida por los sucesos del 11 de Septiembre de 2001. Otra modalidad nueva —no relacionada— de percibir el futuro consiste en el abandono de todo pronóstico y su reemplazo mediante el cálculo de riesgo.[3] Correlativamente, nuestro deseo de llenar el presente con recuerdos e incluso artefactos del pasado, y nuestras posibilidades técnicas para hacerlo, se han incrementado enormemente. El pasado ya no es la dimensión que "dejamos atrás" conforme nos aproximamos al futuro. Más bien, entre el futuro al que no accedemos y el pasado que no queremos dejar, el presente parece haberse convertido en un quieto y cada vez más amplio presente de simultaneidades.[4] Este presente que se expande, finalmente, ya no puede ser el habitat del tradicional sujeto occidental que tan orgullosamente ha reclamado la agencia para sí. Sin postular una relación causal, pienso que es seguro asumir una conexión entre la transformación del presente dentro del nuevo cronotopo que aparece y nuestra actual impresión de que el sujeto está "debilitándose".[5]

Por el momento (es decir, al no ser capaz todavía de llegar a conceptos genuinamente nuevos para nuestra nueva situación), propongo subsumir estas características de nuestro tiempo transformado bajo el término "des-temporalización". Si deseamos adherirnos (en una versión compleja) al concepto de "posmodernidad" en relación al nuevo mundo cultural ("cultural" en el sentido más amplio posible de la palabra), entonces podemos decir que la "des-temporalización" no es sino una de la varias dimensiones que constituyen la posmodernidad. En este párrafo, pues, me gustaría describir, muy brevemente, algunas de sus otras dimensiones. Una de ellas es la que podemos denominar "des-referencialización". Me estoy refiriendo aquí a la impresión ampliamente compartida (desde luego, no sólo entre los intelectuales) de que hemos perdido contacto con las cosas del mundo. Aun cuando no estemos viendo televisón, durante momentos cada vez más cortos, el mundo parece presentársenos "en pantalla", lo que nos da el sentimiento de que no podemos estar en contacto físico con los objetos. La "des-clasificación" (que implica el tradicional sentido sociológico de la palabra "clase") parece ser otro rasgo más del presente. Mientras las diferencias a nivel de ingresos individuales crecen exponencialmente en la actualidad, la tradicional jerarquía simbólica entre las diferentes clases sociales parece haber desaparecido hace mucho. Al mismo tiempo, esta antigua jerarquía está siendo substituida por un binarismo mucho más dramático de dimensiones verdaderamente globales. Por un lado, existe una nueva "clase media" internacional cuyo estilo de vida se hace cada vez más uniforme, a pesar de de las cada vez más asombrosas diferencias financieras. Lo que hoy distingue a un billonario de Silicon Valley de un empleado promedio en Capetown (además de sus ingresos) ya no es su gusto cultural "más alto" o "más bajo" sino la paradójica circunstancia de que el billonario podría preferir mantener su colección personal de pinturas del Renacimiento italiano a buen recaudo en un banco, mientras que el empleado puede exhibir (y disfrutar de) reproducciones de las mismas obras de arte en su apartamento. En el otro extremo del nuevo binarismo social, se ubica el creciente número de personas (estimado entre un sexto y un tercio de la población mundial) que no posee el equivalente a un número de seguridad social y se encuentra, por tanto, en peligro de desaparecer de los escenarios de nuestros sistemas políticos —y muy probablemente también del escenario de nuestra conciencia moral. Ignorar a los más pobres de los pobres, nos permite olvidar que el planeta está muy lejos de producir suficientes alimentos para la cómoda supervivencia física de todas las personas. Este fenómeno de "des-clasificación" va parejo y está indirectamente relacionado con la "des-distribución" económica. Conforme las innovaciones tecnológicas continúan haciendo más prescindible la inversión de trabajo humano, la cantidad de trabajo invertida ya no puede servir de criterio (ni siquiera de criterio básico) para la distribución de riqueza. Se ha argumentado que la creciente complacencia de la nueva clase media internacional para participar en el juego de mercado de capitales es un claro síntoma del reemplazo del trabajo (como criterio de distribución) por lo que puede ser percibido, cuando menos desde una perspectiva subjetiva, como un principio de azar. Finalmente, —"finalmente" al menos dentro de mi lista abierta de dimensiones que caracterizan a nuestro presente cultural— existe una "des-totalización". Contra la observación de que los estilos de vida se están volviendo más homogéneos dentro de la emergente clase media global, Lyotard postuló que, bajo las presentes condiciones, ningún concepto o disurso por sí solo bastaría para identificar o dar cuenta de ningún rasgo universal de la vida humana. Estamos cada vez más conscientes, y frecuentemente, cada vez más orgullosos de las diferencias locales en la forma en que vivimos nuestras vidas —y sin embargo no podemos excluir la posibilidad de que los historiadores del futuro pudieran describir nuestro presente como la era más culturalmente homogénea en la historia de la humanidad. Mientras hacemos un uso predominantemente crítico de la "globalización" como concepto para las múltiples convergencias en la configuración de la nueva clase media, los intelectuales asociamos normalmente valores positivos a la palabra "heterotopología" —ya que ésta apunta hacia diferencias culturales cuyo impacto no deseamos ver reducido.

En contraste con la más difundida noción de "globalización" que remite a una estable exportación e importación de un único estilo cultural dominante contra nuestro deseo de heterotopología (y son pocos entre nosotros quienes saben resistir a la suave tentación de identificar simplemente la globalización con la exportación e importación del "American way of life"), contra esta muy difundida —y muy trivial— comprensión de la globalización, me gustaría plantear una reflexión que combine los conceptos de "globalización", "heterotopología" y "posmodernidad". Propongo entender heterotopología como la forma de la globalización y sugiero interpretar la globalización así definida como la forma (es decir la distribución espacial) del nuevo y cada vez más amplio presente posmoderno. Ahora, si definimos la globalización como la forma de la posmodernidad, y la heterotopología como la forma de la globalización, esto significa que la globalización abre la posibilidad, para el complejo grupo de dimensiones culturales que llamamos "posmodernidad", de aparecer y articularse, en cualquier momento y en cualquier punto de la tierra, no importa cuán heterogéneos y no contiguos puedan ser estos lugares.

La posmodernidad, en el complejo sentido que he evocado brevemente, no es sólo una forma de vida en algunas ciudades occidentales de vanguardia como Nueva York, Londres o Sydney. La des-temporalización, la des-referencialización, la des-clasificación, la des-distribución y la des-totalización han aparecido simultáneamente —o pueden aparecer simultáneamente en cualquier momento— en sitios como Bogotá, Lagos, Madras, Ciudad de México o Shangai. Al mismo tiempo (y hasta en los mismos continentes o países), existen espacios que uno no asociaría fácilmente con la posmodernidad (aunque probablemente sea prematuro concluir que aquéllos "resisten" a la posmodernidad): pienso en Escandinavia, en extensas zonas del sur de los Estados Unidos o en Lisboa. Vista desde este ángulo, la posmodernidad definitivamente no es un concepto de "aplicación global" en el sentido tradicional de esta expresión. Más bien, podemos —y deberíamos— decir que la globalización, en su estructura heterotopológica, es tanto una consecuencia de la compleja condición humana que denominamos "posmodernidad" y de la forma mediante la cual la posmodernidad se articula en el espacio. Pero en lugar de abarcar un espacio continuo o de desplegar un movimiento continuo en el espacio, la posmodernidad es obviamente una condición que se produce en la discontinuidad espacial.

Ahora podemos preguntarnos si la globalización como forma de la posmodernidad y la heterotopología en tanto forma de la globalización son las razones convergentes que explican por qué la dimensión del espacio, después de varios siglos, está regresando con tanta fuerza a la epistemología en la actualidad. La modernidad, como la secuencia de períodos históricos que se inició con el Renacimiento y que parece haber llegado a su final en nuestros días, había privilegiado siempre al tiempo sobre el espacio, debido a que privilegió siempre la mente humana sobre el cuerpo humano. La priorización establecida por Descartes de la *res cogitans* sobre la *res extensa* fue sólo el momento más visible de esta tendencia dentro de la historia de la filosofía occidental, mientras que Martin Heidegger, en *Ser y Tiempo*, fue posiblemente el primer pensador occidental que criticó explícitamente este "olvido" del espacio como un ingrediente problemático de la modernidad.

Pero, ¿exactamente por qué la posmodernidad, la globalización y la heterotopología nos obligan a reconsiderar la dimensión del espacio? Existen, desde luego, muchas respuestas divergentes a esta pregunta y yo me encuentro lejos de abarcarlas todas e incluso de entender cómo esas respuestas que atisbo podrían interrelacionarse. La razón más obvia por la que la posmodernidad hace que nuestro pensamiento regrese a la dimensión del espacio consiste en que la cultura posmoderna nunca se deja mapear fácilmente. Habíamos dicho que la posmodernidad no era la continua ampliación de una forma de vida. Si por el contrario ella es la posibilidad de que esa compleja forma de vida se articule en cualquier momento y en cualquier lugar, entonces un mapeo de la postmodernidad sólo puede consistir en una secuencia de mapeos, cada uno de los cuales poseerá un diferente y altamente específico perfil distributivo. Décadas atrás, cuando todos creíamos en el escenario de una expansión continua de la forma de vida de Occidente (lo que era una utopía para algunos y una pesadilla para otros), confiábamos en la economía como una fuerza direccional detrás de este proceso, mientras que el complejo militar parecía un residuo casi grotesco de días menos civilizados. Entre tanto, hemos aprendido —y particularmente las económicamente poderosas naciones europeas lo han aprendido del modo más duro y frustrante— que el poder militar se ha convertido (quizás más que nunca) en una vigorosa precondición para cualquier agenda dentro de la política mundial. Uno podría argüir que este cambio no habría ocurrido en absoluto (o al menos que habría ocurrido de un modo menos dramático) si la globalización fuera un proceso tan continuo y previsible como lo ha sugerido el tradicional uso de la palabra. La heterotopología, en contraste, hace cualquier futuro desarrollo de las formas de vida posmodernas altamente imprevisible.

Por último, ya he tratado de explicar cómo el sentimiento de des-referencialización está convirtiendo a los objetos del mundo, incluyendo al cuerpo humano, en objetos de deseo. Pues la des-referencialización, el sentimiento de que ya no estamos "en sincronía" con los objetos del mundo (nuestros propios cuerpos incluidos), produce el deseo —a veces ardiente— de querer tocar, y querer tocar comienza a devolver su "coseidad" a las cosas con que deseamos relacionarnos. Ahora, si tomamos en consideración la intuición de base de la filosofía fenomenológica, de acuerdo a la cual el espacio es una dimensión que se despliega en torno a nuestros cuerpos, entonces entendemos que la des-referencialización está contribuyendo, también, a la reaparición del espacio, tanto a nivel existencial como epistemológico. Podría haber más de estas tres razones (y síntomas) para la reaparición del espacio en la epistemología y la cultura actuales. Por el momento, es desafío intelectual suficiente empezar a entender su mutua interacción y valorar sus posibles consecuencias en el futuro. Dicho esto, quiero enfatizar que el espacio es algo más que la dimensión sobre la que la posmodernidad nos obliga a reenfocarnos. El espacio también es (y de manera fundamental) la primera dimensión en la que la posmodernidad se articula —o, más bien, la dimensión primaria a través de la que percibimos y experimentamos la posmodernidad. Y podría estar bien que, tras siglos durante los cuales Occidente ha dado prioridad intelectual a la dimensión del tiempo, no sepamos aún cuáles nuevas (y cuáles olvidadas) formas de pensamiento este cambio del tiempo al espacio nos obligará a seguir. Quizás tendremos que aprender a rehabitar el espacio, tanto en nuestra vida diaria como en nuestra epistemología.

Notas

[1] Véase el volumen de ensayos editado por Robert Weimann y por mí: *Postmoderne: globale Differenz*, y mi próxima entrada en "Postmoderne" en: *Reallexikon der deutschen Litraturwissenschaft*.
[2] Hasta recientemente, *Future's Past* era la única colección disponible en inglés de los ensayos de Koselleck acerca de la historización del tiempo histórico. En el 2002, una antología más actualizada apareció en Stanford Press bajo el título: *The Practice of Conceptual History. Timing History, Spacing Concepts*.
[3] Véase Niklas Luhmann: *Observations on Modernity* 44-62.
[4] Véase mi ensayo: "Die Gegenwart wird (immer) breiter.
[5] Véase Gianni Vattimo/Pier Aldo Roatti (eds.): *Il pensiero debole*.

BIBLIOGRAFÍA

Gumbrecht, Hans Ulrich. "Postmoderne". *Reallexikon der deutschen literaturwissenschaft*. Sttugart, 2003.
_____ "Die Gegenwart wird(immer)breiter". *Merkur* 629/630 (2001): 769-84.
_____ y Robert Weimann. *Postmoderne: globale Differenz*. Frankfurt Main: Suhrkamp, 1991.
Koselleck, Reinhart. *Futures Past: On the Semantics of Historical Time*. Cambridge, MA: MIT Press, 1985.
Luhmann, Niklas. *Observations on Modernity*. Stanford, CA: Standford University Press, 1998.
Lyotard, Jean F. *La condición postmoderna: imforme sobre el saber*. 2a. ed. Madrid: Cátedra, 1986.
Vattimo, Gianni, Pier Aldo Rovatti y Leonardo Amoroso. *Il pensiero debole*. Milan: Feltrinelli, 1983.

Traducción de Sergio R. Franco

Políticas de la pasión: Horacio González y el desafío al relato culturalista

Jens Andermann
Birkbeck College

> "No va más
> la murga de los renegados
> no va más
> la murga sin la bendición..."
> *Patricio Rey y sus Redonditos de Ricota,*
> *"Momo sampler" (Del Cielito Records, 2001)*

Los acontecimientos argentinos de diciembre y enero —la bancarrota económica, política y moral del estado neoliberal de posdictadura y el estallido de varias y contradictorias protestas— han trazado un corte en el tiempo social y cultural que nos impone releer con renovada urgencia los relatos surgidos en sus vísperas. La aceleración del tiempo accional aumenta nuestra necesidad de desciframiento, de constatar constelaciones significantes; y es así como no puede dejar de llamar nuestra atención la coincidencia de tres de los últimos intentos por producir lecturas 'mayores' de la modernidad argentina con el final del "menemato" y su efímero reemplazo por una coalición cuyo triste logotipo (que invertía la *V* peronista) en retrospectiva parece haber adivinado ya su vertiginoso descenso final. Me refiero a *La máquina cultural*, de Beatriz Sarlo, *El cuerpo del delito*, de Josefina Ludmer, y *Restos pampeanos* (RP), de Horacio González, tres relatos críticos sobre el siglo veinte que pueden leerse, siguiendo la conocida sugerencia de Michel de Certeau, como escrituras habladas por la diferencia que ofrecen como objeto pasado, pero desde donde resurgen con fuerza los rasgos del presente.

El texto de Sarlo encuentra en la producción y demanda cultural de las capas medias urbanas (y en su figura misionaria, la maestra rural), los fundamentos para recuperar un 'proyecto de la modernidad' basado en un caudal compartido de valores cívicos. Como ha observado Gabriela Nouzeilles, esa crítica al restringir el alcance del concepto 'cultura' a prácticas relacionadas con la ciudad liberal, y en particular con un conjunto de propuestas artísticas de los años veinte y los sesenta, sacrifica precisamente aquello que tuvieron éstas últimas de 'anticultural', su voluntad 'artística' por estallar el mismo entorno del que, en la mirada de Sarlo, se vuelven emblemáticos blasones. En cambio, el texto de Ludmer teje un relato sólo a primera vista lúdico y frívolo, de una experiencia moderna que se desenvuelve en torno al delito. En lugar de la nación cívica, aquí hay una serie de constelaciones fluctuantes entre el estado y el infractor, yuxtapuesta de manera asimétrica a otra confrontación violenta entre justicia y ley. Esa asimetría estaría producida por la ausencia de límites entre estado y cultura desde la formación del estado-nación moderno por lo que Ludmer llama "la coalición del Ochenta", por lo cual el estado penetra en la sociedad civil y borra las distinciones entre lo público y lo privado. En otras palabras, la esfera cultural a la que recurre Sarlo como un recurso para reconstituir el estado, según Ludmer ya estaría desde antes y constitutivamente interpelada por ese mismo estado. A pesar de sus divergencias, no obstante, tanto Sarlo como Ludmer conciben el estado y la cultura como ámbitos no sólo adyacentes sino replegados y confundidos uno con el otro, de manera que el estado se puede 'leer' (Ludmer) o reconstituirse mediante un esfuerzo cultural (Sarlo). El libro de González, en cambio, arriba a esta contienda desde un ángulo inesperado, ya que en lugar de ficciones narrativas estudia postulaciones ensayísticas, interrogadas además a partir de una noción de *literalidad* entre la escritura y la vida. Borges, escribe González, "se enfrenta al Mito, extirpándole su pieza molar, la idea de que es posible postular una correspondencia fija y unívoca entre una forma de vida y una forma literaria" (RP 202). Es esta pieza molar, pues, ese miembro clave para poder montar de nuevo la osamenta nacional, en cuya búsqueda parte la paleontología textual de *Restos pampeanos*.

Admitamos de entrada lo desconcertante de esa propuesta, en donde reconocemos un ataque a uno de los presupuestos fundamentales de los relatos sobre la modernidad pronunciados desde el campo de los estudios culturales, tal y como se institucionalizaron en América Latina:[1] la des-ontologización de la vida como conjunto o trama de comportamientos desde ya mediados por el discurso, y no como su orilla opuesta, por lo que, en otras palabras, queda forcluída desde principios la vida como *zoë* del horizonte, de la vida como *bios*. Como se sabe, desde los ochenta las formas de repensar el trayecto de la modernidad, en Argentina se inclinaban principalmente a releer el proyecto letrado de estado-nación a la luz de su crisis contemporánea, proyectando en su lugar o en función de su renovación, a la sociedad civil como campo de prácticas heterogéneas donde se podía vislumbrar el horizonte factible de una cultura democrática.[2] La iconografía popular y campestre que había inspirado la producción crítica y estética de gran parte del siglo, fue desechada ahora a favor de terminologías contractualistas ("la gente", "los vecinos"), en el marco de un desmontaje concertado de los relatos épicos pasados. Se trataba, en suma, de expurgar las pasiones políticas que habían atormentado el 'largo siglo veinte argentino': "dentro del mito no se puede pensar", como decretaba Beatriz Sarlo.

¿Pero no será —retruca González— precisamente ese "rechazo a hablar del mito para otra cosa que no sea oponerlo a un *logos* político previamente inteligible" (RP 160), esa democrática visión de actos transparentes de comunicación, siempre y cuando el interlocutor haya pasado previamente por las mismas instancias de expurgación pasional, las que imposibilitan nombrar las condiciones sociales de producción del discurso sino como exterioridad y negatividad? ¿Es posible pensar dentro del miedo? ¿O podemos, en cambio, asumir maneras de pensar en las ruinas de una tradición escritural que supo ser épica y agonal, sin desechar de antemano la "posibilidad de que los tejidos flotantes de estas teorías desacreditadas [...] se entrelacen de otro modo y sin perder su calidad de restos, den paso a una novedosa forma de la nación libertaria"? (RP 13) El presupuesto necesario de este pensamiento en ruinas reposa en la contigüidad entre espacio y colectividad, ese vínculo fundante que Sarmiento describió como un fenómeno de transferencia, una descarga eléctrica permanente del ambiente pampeano que inhabita al organismo de su morador humano.[3]

Esta figura fisiológica, a su vez, nos remite a la ciencia física —y no a la literatura— como lugar de enunciación del vínculo fundacional de la nación. De hecho, el argumento de González se desenvuelve en dos tramos, uno que sigue la genealogía del ensayo nacional y otro que estudia el traspaso de su sustancia enigmática desde una formación de saber hacia una práctica del poder, tal y como reza el subtítulo del trabajo: "Ciencia, ensayo y política en la cultura argentina del siglo veinte". El ensayo, pues, como término medio, lugar de traspaso y transfiguración de postulados científicos en enunciados políticos: tiene razón John Kraniauskas al señalar que esta noción de cultura permanece encerrada en "la ciudad letrada y sus fantasías de poder social", ya que es la letra -aunque no como práctica artística sino como forma de conocimiento social- a la que es devuelta aquí de forma enfática un poder revelador.[4] En otras palabras, la vocación por rehabilitar la capacidad de escrituras normativas y no-ficticias para interpretar, en el doble sentido del verbo, a los oscuros deseos de la multitud, precisamente no las discute a éstas como *prácticas en la cultura*, sino como formaciones semi-removidas de un magma cultural del que ellas son a la vez oráculo y lector. González, sin embargo, no es tan ingenuo como para ignorar la alianza íntima con el estado-nación desde donde emerge la observación sociológica moderna en Argentina, y cuya normatividad de doble fondo encuentra ejemplificada en los guiños en los que un José Ingenieros se confesaba a los 'iniciados' entre sus lectores poseedor de las mismas manías y *spleens* que sus textos consignaban como pruebas inapelables de locura. La figura de la simulación, concepto clave para la psicología porteña de entresiglos, además de una herramienta de diagnóstico social era pues la auto-conciencia de un saber político, un "arte" que consistía en saber invertir los valores patologizados fuera de la academia, transformándolos en signos de libertad espiritual y elevación sobre la masa de 'hombres mediocres'.[5] El arte, en otras palabras, residía en la capacidad de elevar al rango de una teoría 'científica' la imposibilidad, en una sociedad señorial, de formular 'leyes genéricas' ya que éstas, "en la particularidad vital que expresaban [...] siempre agrietan sin remedio todo cuanto se dice en tono genérico, verificado y juicioso." (RP 29)

Al confundirse con su objeto, entonces, precisamente para confirmar la distancia que los separaba de él, los médicos argentinos —y más que ningún otro José María Ramos Mejía, el maestro de Ingenieros y autor de *Las multitudes argentinas* (1899)— se apartaban de la sobriedad de sus modelos positivistas y situaban su escritura *dentro* de la crisis de la razón que éstos habían diagnosticado en sus afueras, o también: cuya pertenencia exclusiva al *hors-texte* sólo podía garantizarse por la sobriedad del diagnóstico. En Ramos Mejía, en cambio, González destaca la correlación entre una escritura arriesgada y por momentos delirante, "destinada a pensar la desesperación del signo" (RP 40) y la capacidad de ésta por asumir la tensión radical de la multitud en tanto confluencia momentánea de deseos contradictorios a los que la tradición argentina había asignado los nombres de civilización y barbarie. La mera constatación de la afiliación positivista de esa escritura, o de su funcionalidad para una biopolítica estatal renovada, según ese argumento, estaría trivializando su inédita y arriesgada capacidad por empatizarse con una diferencia que dejara por lo tanto de ser mero objeto de observación y se conviertiese en fuente de saber y depositaria de esperanzas.

Recuperar los logros paradójicos de esta escritura requiere, según González, prestarle un "oído inocente, que se habilita intencionadamente para no escuchar, en lo que hubo de actualidad en ella[], el aullido de lo siniestro." (RP 75) El lector, sugiere, debe recorrer los textos con esa ingenuidad voluntaria que Robert Musil llamaba "sentido de posibilidad", en oposición al "sentido de realidad".[6]

De ahí que un argumento desarrollado a lo largo de *Restos pampeanos*, y que comparte y cita la urgencia de un Oscar Masotta por "arrancar de los escritores de derecha los pensamientos de orden trágico-existencial" (RP 146) como la figura del *destino*, destaca la necesidad de tomar en serio la capacidad de estos escritos por sostener, al contrario de los relatos universalistas de izquierda, una tensión sin síntesis a la vista —ya que, naturalmente, su preocupación era el dominio y no la emancipación. Lo que, según González, la gran tradición ensayística que caracteriza como "aguafuertista",[7] heredó de la ciencia novecentista (y que ésta, a su vez, había recibido del naturalismo filosófico de un Florentino Ameghino), es una noción 'transformista' (y no apenas 'determinista') del vínculo territorio-comunidad, y que aún resuena en términos como *filogenia*, *transfiguración*, o *palingenesia*. Es en ese sentido que la novedad radical de las naciones americanas corta el tiempo lineal y progresista de Occidente e invoca a sus recuerdos más arcáicos: figura del pensar que se estrecha desde Sarmiento y Hernández, quienes ya habían vinculado al gaucho argentino con las civilizaciones del Oriente pre-helénico, hasta Borges; o desde el criollo-helenismo de Lugones al latinoamericanismo barroco de Lezama Lima. Para estos modelos de 'mestizaje mito-poético', América, como lugar dotado de "potencia recipiendaria", será también el sitio 'natural' de transformación revolucionaria de la modernidad: es ésta, en la lectura de González, la manera radicalizada en que el ensayo nacional reescribió el 'mito telúrico' recibido del naturalismo decimonónico.[8] Precisamente el ímpetu de estas metáforas esperanzadas y pujantes es lo que se esfumó en las fórmulas más actuales de 'culturas de mezcla' o 'culturas híbridas':

> En [la áreas académicas] se propagó el tema de las culturas híbridas o culturas de mezcla, dotadas de alta circulación, capacidad de acción oblicua y de licuefacción polimorfa y articulable de sus contenidos. [...] Se entiende que los problemas nos desafíen con sus nuevos aspectos. Pero nada debería impedir que cuando el medio universitario se preocupa por el mismo tema afloren las consideraciones *ya* realizadas en el seno del gran debate literario del siglo. De lo contrario, los resultados de esos trabajos no se privarían de aparecer como una distraída o involuntaria mutilación de lo ya discutido antes. Y no puede ser justificativo de tales omisiones el que la lengua empleada por los neoestilos académicos deba ser distinta ahora de aquellas otras con que los antiguos debates se libraron, efervescentes, literarias y con fuertes sellos personales: Pues justamente se corre el peligro de que vayan parejas la nueva lengua tecno-académica, los estilos de vigilancia o autocontrol en la circulación de datos con la pérdida de intensidad de los conceptos. (198)

Para González, sin embargo, no es apenas el olvido de su propia gestación artística y literaria lo que hace insuficientes los nuevos modelos de crítica cultural, sino más que nada su pretendida exterioridad de los procesos de 'construcción identitaria' presuntamente desprovistos de cohesión inmanente y por tanto meros efectos de "la capacidad cohesionadora de las clases gobernantes" (RP 209).[9] Creo que el argumento aquí esgrimido se remonta principalmente a un desafío frankfurtiano al concepto de hegemonía: como es sabido, según los autores de la *Dialéctica del iluminismo* la renuncia al Mito por parte de la razón iluminadora había rescatado al sujeto de las garras del destino, sólo para someterlo, en su constitución nonádica, a las leyes de una naturaleza que no es sino la falsa objetivación de la razón misma. Al "recortar lo inconmensurable" (15)" la iluminación recae en la misma violencia mítica y totalizante que pretende haber desplazado; y no es otro, según González, el efecto del sacrificio de los términos dotados de espesor ontológico, revelados en su carácter de *construcciones* por los estudios culturales. Es decir, aquéllo que la metáfora transformista había proyectado como el resultado potencial de una lucha por arrancar y transfigurar los dados recibidos del entorno —o sea, como 'la liberación'—, en la óptica culturalista se convierte en el dado mismo, ya que cada entorno es desde ya un tejido de construcciones y negociaciones. De esa manera, sin embargo, la figura misma de 'cambio' pierde su audacidad empoderadora, y es arrojada a ese entorno exterior que Lúkacs llamó 'segunda naturaleza'.[10]

El síntoma de despersonalización, escribe Benjamin en *El origen del drama trágico alemán*, como pérdida paulatina del vínculo con las cosas que culmina en la alienación del cuerpo propio, caracteriza a aquel grado máximo de tristeza que llamamos *melancolía*. La mirada melancólica es la propia del alegorista barroco, quien sabe de lo irrevocable de la destrucción causada por el clivaje entre las cosas y su significado verdadero, para siempre enterrado debajo de la vana superficie material. Como ha sugerido Susan Buck-Morss, la lectura *urhistórica* benjaminiana del paisaje de ruinas decimonónico procede, sin embargo, de la alegoresis barroca al símbolo teológico cabalista, que reconoce al mundo material no como el receptáculo inerte de la *vanitas* mundana, sino como cargado de potencialidad mesiánica: no es otra la mirada que González propone oponérsele al desmontaje de las "leyendas revolucionarias de la nación" (RP 16) que su trabajo, por lo tanto, propone rescatar como un proyecto inconcluso. La convocatoria de figuras extraídas del "firmamento Benjamin" (RP 424) —opositor firme de toda la vida al proyecto del Frente Popular— para reconstruir un nacionalismo de izquierda, es una operación al menos problemática; lo es, a mi entender, aún más cuando reclama al antihistoricismo radical de las tesis sobre el concepto de la historia para sostener un argumento generacional por hegemonizar la narración del pasado, antes que por echar luz sobre su carga de potencialidad hacia el futuro.[11]

Las contiendas entre léxicos de izquierda y de derecha en el ciclo peronista entre 1945 y la —estrepitosamente fracasada— contraofensiva montonera de 1979, que ocupan la parte final y más extensa de *Restos pampeanos*, pueden pensarse como una puesta en práctica política de las teorías de simulación y disimulación esgrimidas por la psicología porteña de las masas. González, para pensar esas contiendas, recurre de nuevo a un concepto de origen médico, el quiasmo, figura que condensa lo agonal de sus dos registros principales: la ironía y la amenaza. Perón, sugiere siguiendo a León Rozitchner, comprendía la política como un subgénero de la estrategia, y por lo tanto usaba el lenguaje en un sentido *armamenticio* (y no apenas *instrumental*):[12] el régimen peronista tenía que recurrir a un lenguaje de extrema violencia ofensiva precisamente para poder disimular su precaria posición defensiva tanto 'hacia arriba' como 'hacia abajo'. Perón, un 'militar bastardo' que supo convertirse "en el jefe de los enemigos de su clase" (RP 325), ejercía un poder que se reproducía sobre la amenaza de retirar su cuerpo protector de la escena y desatar la violencia contenida de una clase sobre otra. Precisamente, después de la muerte del líder en 1974, *Peronismo y Socialismo* —revista editada por Juan José Hernández Arregui— pasó a llamarse *Peronismo y Liberación*, suprimiendo el nombre verdadero del propio deseo que se había vuelto impronunciable luego de la sustracción del cuerpo patriarcal del líder. El proyecto nacional-popular de "resolver la paradoja de un socialismo que no poseía *prácticas* históricas acordes con sus audaces promesas, y un peronismo carente de *nombres* que revelaran el futuro emancipado de la humanidad, pero que englobaba las prácticas que en germen conducían a la emancipación" (RP 240-41), terminaba pues en el sacrificio incondicional del nombre propio en demostración de la fidelidad y pertenencia al cuerpo popular. "Liberación", pues, se refería aquí en primer lugar al hecho mismo de haberse 'liberado' del corsé de ideas emancipatorias pero incapaces de asumirse como prácticas, para seguir sosteniendo el insólito *performance* de una *communitas* popular que pretendía ser pura práctica. De ese sacrificio, quiero sugerir, aún no se ha recuperado el trabajo de González.

De cualquier manera, el problema que *Restos pampeanos* nos indica con gran clarividencia, es esa suerte de desprecio hacia las palabras profesado por el lenguaje político argentino del siglo veinte: lenguaje que padecía una escisión permanente desde que el peronismo ocupó en los hechos un lugar que sus palabras parecían desmentir, e impulsando por lo tanto a todas las otras formaciones a reacomodarse con respecto a ese acto inicial de *toma de un lugar en un espacio donde ese lugar escaseaba*. La ocupación de la Plaza de Mayo el 17 de octubre de 1945, como profanación y reverencia al mismo tiempo del centro sagrado del estado-nación por parte de los marginados de su ciudadanía, proporcionaba el modelo de una nueva comunicación simbólica basada en la devolución del insulto ajeno: "Si el peronismo estaba dispuesto a ser socialmente revulsivo, debía demostrarlo al tomar las palabras adversas y vaciarlas como pellejos, haciéndolas idóneas para significar *otra* cosa, su propia cosa maldecida." (RP 284) Según González, ese lenguaje pertenece a la "tradición irónico-dialéctica" de izquierda, como si no hubiese una tradición análoga en las derechas (basta pensar en la tradición irónica del rosismo, que según el antiperonista Martínez Estrada era la misma que se manifestaba, monstruosamente inflada, en el nazismo y su inhabitación parasítica de los léxicos de la justicia y del bienestar). Dicho de otro modo, ¿no sería ese juego de carnavalización de la palabra adversa, que para González constituye el rasgo genuinamente 'de izquierda' del peronismo, precisamente aquél donde confluyen tanto los deseos revolucionarios como los impulsos genocidas de la multitud, su lado izquierdo y su lado derecho?

Es a esta pregunta radical, pues, que nos puede llevar *Restos pampeanos*: pregunta que, en lugar de caer en una reificación de la multitud al desvincularla conceptualmente de la masa y colocarla, por lo tanto, en un afuera romantizado de la modernidad,[13] explora los vínculos oscuros entre sus dos representaciones paradigmáticas (pensemos, por ejemplo, en la multitud heroica de *La hora de los hornos* de Fernando Solanas, y en la multitud abyecta de "La fiesta del monstruo" de Borges/Bioy). El problema del texto de González es, no obstante, que en realidad no nos lleva ahí: nos deja, como si fuera, en la antesala de esa pregunta sobre *lo pasional y a la vez abyecto* de ese sujeto multitudinario, que sin embargo nos alcanza desde los textos y autores que su libro desglosa (Ramos Mejía, Martínez Estrada, John William Cooke o, quizás habría que agregar, Osvaldo Lamborghini). Porque si bien, en tanto 'crítica de y en ruinas' de la gran tradición aguafuertista, *Restos pampeanos* abre brechas importantes en el corpus monolítico del mito nacional-popular, el potencial liberador de éstas queda finalmente forcluído —o tabuizado— ante la herida monumental de la tortura y desaparición sistemática de una juventud militante, y que provoca una suerte de contracción en torno a ese nuevo centro vacío y negativo de cohesión nacional:

> ¿Qué ganamos con disolver esos textos en una ideología de 'control biopolítico' o 'dominación burocrática del patriciado' si por esa vía nos quedamos no solo sin el horizonte nacional sino sin los ecos estremecedores de esos escritos que hacen al símbolo y al sueño de millares de que son un tímido rastro ceniciento en nuestra memoria. Desapareciendo ese texto argentino, son ellos los que desaparecen, quedan como ignotos cadáveres solitarios cuyos actos parecerán ciegos de sentido, víctimas del equívoco de haberse creído parte de un tiempo colectivo cuyo sentido había que disputar con otros hombres, sus adversarios o enemigos. (RP 423)

Al insistir, *en nombre de los desaparecidos, en lo irreductible del vínculo nacional entre el victimario y su víctima*, ese pensamiento asume una postura de crispación permanente, postura que reifica y mimifica el *rigor mortis* y no la humanidad viviente de las víctimas del terrorismo estatal. Porque el cuerpo pensante se convierte así en el cuerpo hipermasculino que debe rechazar permanentemente los impulsos provenientes desde afuera, que sólo buscan hacerlo *aflojar* y *entregar* la dignidad que esa postura cree defender: un cuerpo *resistente* (que es lo opuesto de un cuerpo *revolucionario*), modelado según el cuerpo acosado por el terror. Esa postura —cuyo 'homenaje por incorporación' me parece profundamente problemático— produce un extraño monologuismo generacional: ya que toda apertura estaría sospechosa de *traición* —de *aflojamiento*—, el proclamado carácter agonal de lo político sólo puede ser mantenido al aferrarse a toda costa a un tiempo pasado convertido así en *el tiempo* de la política, como el de los hologramas de Morel en la novela de Bioy Casares. Esa autocensura a la hora de intervenir en el presente, a no ser para constatar su irrelevancia y frivolidad, se extiende a mi parecer a la descalificación de todo accionar político que no pretendiese reencarnar tambien ese pasado/presente eterno: es sugerente, en este sentido, la ausencia total, en un texto cuya contratapa anuncia un "libro para incidir" y, aún más, un "deseo de abrir fisuras en el debate argentino", de cualquier referencia a las luchas de inmigrantes, desocupados, travestis, indígenas u ocupadores de casas en la Argentina actual. "Pequeña política", sin duda, frente a ese sujeto nacional que acaba por imponerse por encima de la multiplicidad puntual y sufrida de estas luchas, y así por suturar cualquier fisura que éstas podrían haber abierto. La nación funciona, quisiera sugerir, como aparato de captura que reintegra y echa a perder un desafío crítico por otra parte lúcido y pertinente hacia un constructivismo cultural ignorante de sus propias mitologías. A la hora de recuperar un pensamiento político capaz de intervenir en el presente, sin embargo, éste se demuestra tan impotente como aquél: siguiendo a Alejandro Kaufman, si hoy en día "uno no constituye una acción política por los ahorros",[14] a lo mejor sí habría política en saber capitalizar la caída en el crédito de la moneda de la nación, sin renunciar por eso al reclamo de la deuda que ésta dejó.

Notas

[1] En su sugerente introducción a una compilación de lo que llaman 'enfoques latinoamericanos de la nueva teoría cultural', Hermann Herlinghaus y Monika Walter han argumentado que "[l]os pensadores de la modernidad de los años ochenta y noventa son intelectuales de una actitud radicalmente cambiada. Rechazan, para su labor, el papel de creadores de identidades culturales, de portadores de utopías y de valores universales; tampoco pretenden representar a los oprimidos. Son investigadores rigurosamente desilusionados y de una eficaz modestia, que se comprenden como personas que abren espacios críticos dentro de la sociedad". Es, entonces, más o menos el conjunto de prácticas críticas aquí delimitado contra el que se vuelca la intervención crítica de González.

[2] Para una lectura reciente de las corrientes críticas predominantes después del final formal de las dictaduras militares, véase Francine Masiello, *The Art of Transition. Latin American Culture and Neoliberal Crisis* (21-51).

[3] En otro lugar del texto y apelando esta vez a una metáfora fotográfica (o, más bien, daguerreotípica), Sarmiento dice que la relación del hombre pampeano con el paisaje debe pensarse "del mismo modo que, cuando miramos fijamente el sol, nos queda por largo tiempo su disco en la retina". Véase mi capítulo "Los nombres del vacío" en *Mapas de poder. Una arqueología literaria del espacio argentino* (36-46).

[4] De hecho, la noción de praxis en González es exclusivamente libresca: "la praxis argentina es ante todo un conjunto de textos que debaten entre sí y pueden ser sometidos a una interpretación que los libere del engarce que los atrapa al artificio de la dominación (con los hombres como instrumentos, como 'obreros parcelarios del autómata central, que en ese caso sería una nación concebida como organismo de propiedad y vigilancia)." (RP 423)

[5] Véase, por ejemplo, José Ingenieros, *La simulación en la lucha por la vida* y José María Ramos Mejía, *La locura en la historia* [1895]. Para una lectura de los médicos del ochenta radicalmente distinta de aquella propuesta por González véase, además del libro citado de Ludmer, los trabajos de Gabriela Nouzeilles y Jorge Salessi, *Médicos maleantes y maricas*. Una lectura ya clásica, así como fragmentos de los textos principales de Ramos Mejía, Ingenieros, Agustín Alvarez y Carlos Octavio Bunge se encuentra en Oscar Terán, *Positivismo y nación en la Argentina*.

[6] Véase el capítulo 4 de su *Der Mann ohne Eigenschaften* (16-18).

[7] Tradición ésta que, según González, se enfrenta con la 'percepción abstracta del mundo' tal y como la habría practicado Borges. En cambio, en el rubro 'aguafuertista' González reune a escrituras que, desde distintos ángulos, trabajaron directamente sobre la materia social: Ramos Mejía, Lugones, Martínez Estrada, Viñas, Piglia (en palabras de Josefina Ludmer, anunciando hace algunos años a otro trabajo de González, un corpus "masculino y argentino"). Un corpus, además, que circunscribe siete décadas de 'empuje' por parte de un nuevo sujeto masivo que jamás fue incorporado a la hegemonía estatal.

[8] Al mismo tiempo, también es 'transformista' la política de la retórica de esta tradición 'mitopoética', ya que es precisamente el desprecio social el que, al invertirse, carga sus términos emblemáticos con una energía política y estética de la que carecen los más recientes y desencantados eslogans de la crítica cultural —incluso, y quizás especialmente, de aquella focalizada en operaciones de limpieza lingüística como en la política de 'political correctness' tan en boga en las universidades norteamericanas. Agradezco a William Rowe esta observación.

[9] Desde ya, habría que constatar que la descarga polémica que González libra contra los enfoques basados en un 'constructivismo culturalista' sobre la formación de las naciones modernas en

su carácter de 'comunidades imaginadas' (Anderson 1983) incurre frecuentemente en una simplificación injusta de éstos. La noción de 'imaginación' de Anderson y otros autores próximos a la nueva izquierda británica y francesa, de hecho no se puede reducir, como lo pretende González, a una mera 'falsa conciencia' como la que solía detectar en los discursos burgueses la crítica de la ideología: en otras palabras, una comunidad no deja de ser 'real' por haber sido 'imaginada'. En palabras de Étienne Balibar, "*every social community reproduced by the functioning of institutions is imaginary*, that is to say, it is based on the projection of individual existence into the weft of a collective narrative, on the recognition of a common name and on traditions lived as the trace of an immemorial past (even when they have been fabricated and inculcated in the recent past). But this comes down to accepting that, under certain conditions, *only* imagined communities are real" (93). Aún así, sin embargo, quedaría en pie la pregunta crítica de González sobre el lugar externo de la crítica respecto de esta 'realidad imaginada', que de hecho *no* se aparta demasiado de la relación entre el crítico de la ideología y su objeto exento de comprensión de sus propios deseos.

[10] Véase Georg Lúkacs, *Die Theorie des Romans. Ein geschichtsphilosophischer Versuch über die Formen der großen Epik.*

[11] Este uso heterodoxo de Benjamin no fuera tan problemático si González no lo haría en nombre de la fidelidad hacia la obra del pensador alemán, y contrastando el uso suyo con el "secuestro" de las categorías benjaminianas por parte de Benedict Anderson, a quien González acusa de haber "recortado frases a la manera de un lector práctico y astuto, solicitando el mundo mental de Benjamin para actuar en el típico terreno del especialista académico..." (RP 424) Más allá de que 'mundo mental' no se me ocurre como un término muy benjaminiano, el 'concepto' a cuyo secuestro se refiere González es el del 'tiempo homogéneo y vacío' del historicismo, que según Anderson también sería propio del tiempo imaginario del nacionalismo. Se me hace que ésta es apenas una transcripción fiel de la refutación que hace Benjamin del historicismo rankeano; en cambio, la noción de la nación como entidad cargada de temporalidad mesiánica que se le opone González sí es una 'recombinación astuta' del texto benjaminiano que en todo momento se refiere a la historia como una de lucha de *clases* y no discute siquiera la categoría de nación.

[12] Sobre la diferencia conceptual entre *armas* y *útiles* véase Gilles Deleuze & Félix Guattari, *Mille plateaux: capitalisme et schizophrénie II* (491-502).

[13] Esta es la tendencia peligrosa, a mi entender, si no de *Empire* de Toni Negri y Michael Hardt, al menos de muchas de sus lecturas más entusiastas.

[14] María Moreno, Reportaje a Alejandro Kaufman.

BIBLIOGRAFÍA

Andermann, Jens. "Los nombres del vacío". *Mapas de poder. Una arqueología literaria del espacio argentino.* Rosario: Beatriz Viterbo, 2000.

Balibar, Étienne. "The nation form". *Race, nation, class: ambiguous identities.* I. Wallerstein, ed. London: Verso, 1991.

Benjamin, Walter. *Ursprung des deutschen Trauerspiels,* en: id., *Gesammelte Schriften I,* 1: 319. Frankfurt: Suhrkamp, 1991.

_____ "Über den Begriff der Geschichte". *Gesammelte Schriften* I/2. Frankfurt a.M.: Suhrkamp, 1991. 691-705.

Borges, Jorge Luis y Adolfo Bioy Casares [H. Bustos Domecq]. "La fiesta del monstruo". *Marcha* (Montevideo, 1955).

Bucc-Morss, Susan. *The Dialectics of Seeing. Walter Benjamin and the Arcades Project.* Cambridge: MIT Press, 1989.

Certeau, Michel de. *L'écriture de l'historie*. París: Gallimard, 1973.
Deleuze, Gilles y Félix Guattari. *Mille plateaux: capitalismo et schizophrénie II*. París: Éditions de Minuit, 1980.
González, Horacio. *Restos pampeanos. Ciencia, ensayo y política en la cultura argentina del siglo XX*. Buenos Aires: Colihue, 1999.
Herlinghaus, Hermann y Monika Walter. "¿Modernidad periférica versus proyecto de la modernidad? Experiencias epistemológicas para una reformulación de lo 'pos' moderno desde América Latina". *Posmodernidad en la periferia: enfoques latinoamericanos de la nueva teoría cultural*. Berlín: Astrid Langer, 1994.
Horkheimer, Max y Theodor Adorno. *Dialektik der Aufklärung*. Frankfurt: Fischer, 1971.
Ingenieros, José. *La simulación en la lucha por la vida*. Buenos Aires: Meridion, 1954.
Kraniauskas, John. "Eva-Peronismo, literatura, estado". *Revista de crítica cultural*. En prensa.
La hora de los hornos. Dir. Fernando Solanas. Berkeley, California: Tricontinental Film, 1968.
Ludmer, Josefina. *El cuerpo del delito: un manual*. Buenos Aires: Perfil, 1999.
Lúkacs, Georg. *Die Theorie des Romans. Ein geschichtsphilophischer Versuch über die Formen der großen Epik*. München: DTV, 2000.
Martínez Estrada, Ezequiel. *Muerte y transfiguración de Martín Fierro; ensayo e interpretación de la vida argentina*. Buenos Aires: Centro Editor de América Latina, 1983.
Masiello, Francine. *The Art of Transition. Latin American Culture and Neoliberal Crisis*. Durham: Duke University Press, 2001.
Momo Sampler. Patricio Rey y sus Redonditos de Ricota. Del Cielito Records, Buenos Aires, 2001.
Moreno, María. "Reportaje a Alejandro Kaufman", Diario *Clarín*, 28 de
Musil, Robert. *Der Mann ohne Eigenschaften*. Neuausgabe/Frankfurt/Wien: Büchergilde Gutemberg, 1978.
Nouzellies, Gabriela. "Apocalyptic Visions: Nacional tales and Cultural Análisis in a Global Argentina", *Journal of Latin American Cultural Studies* 10/3 (2001).
_____ *Ficciones somáticas*. Rosario: Beatriz Viterbo, 1995.
Ramos Mejía, José María. *La locura en la historia*. Buenos Aires: Editorial Científica y Literaria Argentina, 1927.
_____ *Las multitudes argentinas: estudio de psicología colectiva*. Buenos Aires: Editorial de Belgrano, 1977.
Salessi, Jorge. *Médicos, maleantes y maricas*. Rosario: Beatriz Viterbo, 1995.
Sarlo, Beatriz. *La máquina cultural. Maestras traductores y vanguardistas*. Buenos Aires: Ariel, 1998.
Sarmiento, Domingo Faustino. *Facundo*. Buenos Aires: Losada, 1963.
Terán, Oscar. *Positivismo y Nación en la Argentina*. Buenos Aires: Puntosur, 1987.

Los desafíos de la modernidad intercultural y dos modos arrogantes de responderlos

Carlos Pereda

La palabra "multiculturalismo" suele hacernos pensar en varias culturas, las unas al lado de las otras, sin que entren en relación entre sí: multiculturalismo en tanto multicomunitarismo. De esta manera, nos enfrentamos con el fantasma de una monadología cultural, esa Utopía de los integristas. Cada uno se amuralla en su tradición, en su pueblo, en su noche; fragmentación social, y aislamiento. Pero si este fuera el caso, no habría ningún problema valioso, productivo, del multiculturalismo. Simplemente se dispondría de buenas razones para desechar tal Utopía. Retendré este uso de la palabra "multiculturalismo" y lo opondré a la expresión "lo intercultural"; con ella podemos designar las interrelaciones de aspectos de varias culturas en *una* sociedad, en *una* tradición.

Estas interrelaciones introducen desafíos. Como sucede en las sociedades de América Latina, esos desafíos hacen más variada y compleja la convivencia; vuelve a sus culturas, en varios sentidos, culturas híbridas.[1]

¿Por qué "en varios sentidos"? Aunque seguramente el eje de hibridez mayor de las culturas latinoamericanas lo encontramos en los traslapamientos entre las culturas indígenas y aquellas provenientes de Europa y, más recientemente, de Estados Unidos, este eje no agota el fenómeno de lo intercultural.

En esta reflexión comienzo a discutir dos modos de operar de la razón arrogante que conforman algunos de los enfrentamientos equivocados a los desafíos de lo intercultural: a los enriquecedores conflictos que introduce una cultura híbrida. Como en los otros casos en que nos topamos con la razón arrogante, la afirmación de ciertas creencias se respalda, ante todo, en el desprecio sin más de las creencias que se le oponen.

En el primero de estos modos se abusa de la analogía entre la sociedad y la familia; así, encontramos lo que llamaré la "arrogancia de las comunidades" que busca, en sentido estricto, eliminar lo intercultural abrazando la fragmentación social del multiculturalismo, del multicomunitarismo. En el segundo modo el abuso se produce respecto de la analogía entre la sociedad y los hoteles, teniendo como consecuencia la "arrogancia de los individuos" que parece reducir todo fenómeno cultural a la mera decisión de cada individuo de acuerdo a sus propios deseos e intereses, más acá de cualquier tradición, de cualquier cultura establecida.

Simplificando mucho, atendamos a ambas clases de arrogancia.

I

Lo que llamo la "arrogancia de las comunidades" suele implicar, entre otros, algunos de los siguientes postulados, o todos ellos:

Primer postulado: Postulado de la primacía de los derechos colectivos. En una sociedad, como en una familia, el todo prima sobre la parte: los derechos colectivos del grupo tienen primacía sobre los derechos individuales (por ejemplo, tienen primacía sobre la libertad de pensamiento, de expresión, de movimiento, de asociación, de religión... de cada persona). Este postulado suele tener como presupuesto la homogeneidad de la vida social en cierto grupo, e incluso su armonía.

Segundo postulado: Postulado de la equivalencia de las culturas. Así como todas las familias son valiosas, todas las culturas son igualmente valiosas. Por lo tanto, no defender su integridad conduce tarde o temprano al "genocidio cultural".

Tercer postulado: Postulado de la normatividad inmanente de cada cultura. Las exigencias normativas (morales, políticas, jurídicas...) tanto de una familia como de una cultura no poseen validez fuera de ella.

En los tres postulados hay explícitamente una defensa del multiculturalismo entendido como monadología cultural y un repudio a los traslapamientos interculturales.

Sospecho, sin embargo, que cualquiera de estos postulados es tan equivocado respecto de una sociedad como, por lo demás, de una familia. Por lo pronto, en relación con el primer postulado, hay que distinguir con la mayor claridad posible entre los *derechos* y las *políticas*. Los primeros consisten en principios que atañen a cada persona en particular y frente a cuya violación hay la posibilidad de un "amparo" legal, de reclamos individuales. Las segundas resultan de las estrategias que conciernen a la organización de una sociedad en un momento histórico, por ejemplo, bajo ciertas condiciones económicas. Formular esta distinción permite defender que mucho de los asuntos que se quieren incluir como "derechos sociales" o "derechos culturales" hay que reformularlos como parte de las "políticas sociales" o de las "políticas culturales" de una sociedad. Sin embargo, es tan equivocado no distinguir entre derechos y políticas como separarlos radicalmente. Es un error, pues, creer que podemos tener los unos sin las otras, o que no hay una constante relación entre ambos. Por ejemplo, como ha sucedido tantas veces en América Latina, disminuye mucho el valor —comenzando por el prestigio— de las normas constitucionales sin las gestiones económico-administrativas que las hacen realidad palpable.

Por otra parte, en relación con esta distinción entre derechos y políticas, tal vez valga la pena recordar que hasta hace poco nos dominaba la *mala fama del derecho*. Entre otros factores, bajo la influencia de L. Althusser —o de manuales de marxismo más o menos inspirados en él— en muchos círculos latinoamericanos de la década de los setenta, se redujo el derecho a una vana "superestructura" sólo útil para esconder las luchas y los conflictos sociales. Como contrapartida crecía por doquier el entusiasmo político, en sus variantes "reformistas" o "revolucionarias": "sí, se puede" o "propongámonos lo imposible" eran algunas de las consignas del momento. A aquellos celebrados desprestigios rápidamente le sucedió la actual *mala fama de la política*: en cualquiera de nuestros diarios —de derecha, de izquierda, de centro— no se deja de repetir (con monotonía digna de mejor causa) que hemos, por fin, descubierto que los "representantes del pueblo" en el gobierno, y hasta en la más radical oposición, son meros profesionales de la corrupción. Estas oscilaciones del juicio no son más que algunas de las tantas trampas del vértigo simplificador. Porque ni la política puede sustituir al derecho, ni éste a aquella.

La distinción entre derechos y políticas no acaba con las dificultades de este primer postulado. Pues es posible planear, y justificar, los derechos —sociales y culturales— y las políticas —sociales y culturales— de diferente manera.

Por ejemplo, derechos sociales como el de huelga o el de libertad sindical se pueden incluir como algunas de las tantas formas de los derechos de libertad de expresión y de asociación. También el derecho a una educación gratuita puede pensarse de manera análoga, en tanto su lesión faculta a cualquier persona a interponer un recurso de amparo ante la autoridad judicial. A su vez, en el caso de algunos derechos culturales se podría también asimilar el derecho de cualquier persona a mantener su lengua y costumbres al derecho de asociación: así como nadie ejerce ese derecho asociándose consigo mismo, hablar una lengua o participar en algunas costumbres requiere de un grupo. En estos casos podemos pensar a partir de un modelo estructural y, así, dar lo que podríamos llamar una interpretación "heterogénea" de los derechos sociales y culturales.

Una interpretación heterogénea puede justificar también *políticas* sociales y culturales. Por ejemplo, se razonará que a la luz de las circunstancias negativas particulares en las que viven los pueblos indígenas, debe otorgárseles bienes suplementarios. Se aceptará, así, la "discriminación inversa" o "discriminación afirmativa" como medida provisoria de restitución. Por ejemplo, frente a la corrupción y el racismo que en casi toda América Latina han caracterizado a los procesos judiciales que involucran a los pueblos indígenas podría exigirse un sistema de tribunales especiales con participación de los propios indígenas. O teniendo en cuenta que a los pueblos indígenas, a fuerza de sometimientos y despojos, se les han dejado las peores tierras y carecen de toda infraestructura técnica, se tratará de contrarrestar con abundantes privilegios estas situaciones de atroz desigualdad.

Esa no es la única interpretación de los derechos y las políticas, sociales y culturales. Por el contrario, habrá quien defienda que los derechos y las políticas, se adscriben —¿por definición?— a las identidades colectivas, sea de una familia, sea de una sociedad. De este modo, en lo que atañe a tales derechos y políticas *no* rige más un principio de la institución de la moral como es el principio de la autonomía de las personas. Este modo de pensar tales derechos y políticas responde a un modelo colectivista, a partir del cual podemos llevar a cabo una interpretación "homogénea" de los derechos y de las políticas.

Se suele favorecer esta interpretación colectivista, homogénea, calificando a ciertos aspectos de una sociedad con el adjetivo "profundo". Así, se usan expresiones como "Argentina profunda", "Brasil profundo"... En estos casos, el adjetivo "profundo" procura hacer referencia a una cultura "genuina", "homogénea", "auténtica"... que se encuentra por debajo de las falsas pero bien "visibles" realidades dominantes. Por ejemplo, Guillermo Bonfil en su importante libro *México profundo* opone una cultura indígena pura, con una identidad propia y poderosa, al *México imaginario* que procura modernizarse, y no hace otra cosa que mirar hacia fuera, a Europa y Estados Unidos. Por supuesto, Bonfil tiene razón cuando discute acerca de la discriminación y horrible miseria en que viven los pueblos indígenas. Sin embargo, en el México de hoy, para mal y para bien, no existe tal oposición —México profundo *versus* México imaginario— sino culturas híbridas en las que aspectos de la modernidad impregnan incluso los usos y costumbres más tradicionales. En México, como en el resto de América Latina, nos encontramos, pues, no con los desafíos del multicomunitarismo sino de lo intercultural. Como indica Claudio Lomnitz:

> Podemos simpatizar con los ideales de Bonfil; en lo personal, pienso que tiene razón al denunciar la importación superficial y mecánica de proyectos de desarrollo, y la desvalorización de la cultura mexicana nativa. Pero la dicotomía entre un México "profundo" o "auténtico" y un México dominante "ficticio" o "imaginario" es tan vieja y caduca como la misma ideología del México "imaginario" que critica con sobrada razón. (320)

Vayamos, pues, al segundo postulado o *postulado de la equivalencia de las culturas*. Por lo pronto, si todas las culturas son igualmente valiosas no hay opción al multiculturalismo en sentido estricto. Sin embargo, no me imagino —para citar un caso extremo— qué valor puede tener la vieja y difundida cultura de los sacrificios humanos, cultura tan renovada y "mejorada" —en el sentido de: ampliada y hecha técnicamente más efectiva— en América Latina por sus ejércitos, entre tantos ejemplos, por los militares del Cono Sur. Quizá se proteste indicando que estos ejemplos son, en realidad, caricaturas: los ejércitos de América Latina no han producido en el último siglo "culturas" sino "degeneraciones de culturas" o algo por el estilo. Seguramente. No obstante, es difícil la individualización de una cultura o de una comunidad o de una tradición. Además, ¿cómo distinguir una cultura de una cultura degenerada?, ¿con qué razones, se podría señalar que la corrupción en Brasil o en Ecuador es parte de culturas degeneradas... más que apelando a razones respaldadas en otras culturas, o en principios transculturales o, si se prefiere, universales?

Sin embargo, ¿puede hablarse con cierta claridad de esas totalidades a que, desde el multiculturalismo, se hace referencia con palabras como "cultura" y "tradición", o sólo podemos comentar aspectos o dimensiones de una cultura, de una tradición? Por lo pronto, cuando criticamos una cultura o una tradición solemos objetar uno o varios aspectos, una o varias dimensiones de ella. En cada caso es la capacidad de juicio la encargada de sopesar entre sí los varios aspectos o dimensiones para juzgar la cultura o tradición en cuestión. Así, afirmamos que una sociedad en donde la mayor parte de la población vive bajo la línea de la pobreza posee aspectos en extremo condenables. Como indica Guillermo O'Donnell:

> La situación social en América Latina es un escándalo. En 1990, el 46% vivía en la pobreza y cerca de la mitad de ellos eran indigentes carentes de recursos para satisfacer necesidades fundamentales. La cantidad de pobres es hoy mayor que a comienzos de la década del '70: en 1990 era de 195 millones, 76 millones más que en 1970. Esta cifra apabullante incluye 93 millones de indigentes, 28 millones más que en 1970. Pero el problema no radica meramente en la *pobreza*: no es menos importante el agudo aumento de la *desigualdad*. (69)

Por otra parte, también afirmamos que una sociedad en la cual los derechos civiles elementales no están protegidos también posee aspectos en extremo condenables. ¿Cuáles aspectos son *más* condenables? A preguntas como esta no se las puede responder en abstracto, de una vez para siempre: hay que juzgar de caso en caso.

No es tampoco difícil enfrentar el tercer postulado de los defensores de las identidades colectivas o *postulado de la normatividad inmanente de cada cultura* y atacar la propuesta multiculturalista, multicomunitarista, de que las exigencias normativas de una cultura no poseen ninguna validez fuera de ella. Así, según este tercer postulado, el alcance de las palabras más específicas de la institución de la moral —de cualquier nivel de abstracción— como "justicia", "autonomía", "solidaridad"... se encuentra restringido con los índices "para una cultura dada" o "para una sociedad dada" o "para un grupo dado" e incluso, quizá, "para una familia dada".

De esta manera, una acción puede ser justa o valiente sólo en relación con una cultura, o una sociedad, o un grupo, pero no en relación con otros. Según este postulado, como la institución de la moral es necesariamente interna a cada cultura o sociedad o grupo, las palabras normativas no son más que convenciones sociales. Por ejemplo, los derechos humanos no son más que convenciones con un estatuto similar a las convenciones para regular el tránsito. Así como en algunos países la norma es circular a la derecha del camino y, en otros, a la izquierda, del mismo modo tendremos que considerar, según el tercer postulado, que en algunas culturas la norma consiste en la libertad de cultos y, en otras, en quemar herejes y ateos. En ambos casos nada podrá comentar quien se encuentre fuera de esos sistemas de regulación. Sin embargo, entre las normas y valores de que podría disponer una cultura, una sociedad o un grupo se encuentra la convención de evaluarse como superior o inferior a las demás culturas, sociedades o grupos. Ahora bien, como según el tercer postulado no hay razones intercomunitarias, nadie podría argumentar en contra de esas evaluaciones y normas. No obstante, el segundo postulado formula una norma de ese tipo prohibido: la que ataña a las relaciones entre las culturas.

Sin embargo, ser contradicho por el segundo postulado (o contradecirlo) no es la dificultad mayor con que nos topamos. Curiosamente este tercer postulado suele ser una herramienta favorita de los autollamados "enemigos del etnocentrismo". Previsiblemente, esos atolondrados entusiastas, de la mano de este postulado, y contradiciéndose a sí mismos, tarde o temprano acaban en el peor etnocentrismo: en la arrogancia de las comunidades del "entre nosotros se actúa de esta manera", del "aquí los usos y costumbres son así" y punto.

Cuesta mucho encontrar buenos argumentos que nos apoyen para promover la aniquiladora retórica del "entre nosotros", tan propia de los fundamentalismos comunitaristas, esos fervorosos de cualquier Utopía integrista. Lamentablemente suele olvidarse que la última consecuencia de esa Utopía es, en la propia sociedad, *el fin de la diversidad*, incluyendo la cultural, mediante la "limpieza étnica". Porque sí, la arrogancia de las comunidades lleva consigo —explícita o implícitamente— la lamentable creencia de que los miembros de diferentes culturas no se pueden *también* reconocer entre sí en tanto animales humanos. Como si sólo tuviésemos responsabilidad como miembros de un grupo y no también *simplemente como personas*.

Hasta aquí el peligroso fetiche que suele producir la arrogancia de las identidades colectivas, su defensa del multiculturalismo y su inmunización a los desafíos de lo intercultural. Pero, ¿qué materiales podemos rescatar a partir de la crítica de ese fetiche? Por lo pronto, tenemos que aprender a evitar corregir un error con otro. En efecto, los ataques a la arrogancia de las comunidades con frecuencia presuponen un operar de la razón arrogante opuesto pero complementario: la arrogancia de los individuos.

II

En la arrogancia de las comunidades se hace una interpretación homogénea *sustantiva* de lo social. En un predecible movimiento de columpio, los ataques a este modelo colectivista suelen presuponer un modelo aditivo que, formulando propuestas atomistas, da una interpretación, aunque *abstracta*, igualmente homogénea de la sociedad. Así, en ambas arrogancias se ignoran los desafíos de lo intercultural.

A partir de la arrogancia de los individuos —una de las tantas formas de voluntarismo— *todos* los grupos sociales se constituyen como sumas de individuos iguales con relaciones tan externas entre ellos como la de establecer un contrato. Una relación externa es, por ejemplo, aquella que deja a una persona con los mismos deseos y creencias que tenía previos a la relación.

Si la arrogancia de las comunidades se articula con los tres postulados criticados, la arrogancia de los individuos suele defenderse con los siguientes postulados de los grupos aditivos:

Primer postulado. Cada persona posee intereses individuales pre-existentes al grupo que lo llevan tanto a elegirlo y adherirse a él mediante un contrato, como a respetar a éste, por razones por completo instrumentales.

Segundo postulado. Cada persona posee un espacio de derechos definido enteramente por el contrato.

Tercer postulado. Cada persona posee la capacidad de cancelar de manera unilateral el contrato y salirse del grupo.

Un ejemplo característico —y perfectamente legítimo— de grupo aditivo es aquel que conforman los huéspedes de un hotel. Un huésped tiene deseos —intereses— previos a su llegada al hotel (digamos, va a esa ciudad a hacer negocios y desea tener un lugar tranquilo para recobrarse de la jornada de trabajo). Esos deseos precondicionan otros: tener un cuarto limpio, silencioso y una estadía agradable, sabiendo que para ello el huésped tendrá que cumplir con el reglamento del hotel. Ese reglamento define el espacio de los posibles derechos del huésped *en tanto* huésped de ese hotel. (El huésped podrá exigir que le cambien todos los días de sábanas. Pero no podrá siquiera esperar que el portero le desee "con profunda sinceridad" una buena estadía, y sería inapropiado que le interesara cuán profundamente los otros huéspedes valoran el silencio, basta con que respeten el reglamento). Por su parte, si algunas expectativas articuladas por el reglamento no se cumplen (si como en cierto hotel de Puebla no cambian las sábanas todos los días y lo que el folleto del hotel denomina "lugar histórico" se reduce al hecho de que el baño está lleno de cucarachas...), o si por alguna razón el hotel no sirve más a sus deseos, el huésped podrá decidir rescindir el contrato e irse del hotel.

En muchas tradiciones liberales reiteradamente se ha defendido que *todas* las relaciones sociales legítimas, incluso que *toda* la vida social moral y políticamente justificable, se puede describir según los tres postulados de un grupo aditivo. De esta manera se supone que las relaciones en la familia, con el Estado o con las instituciones o tradiciones en que se encuentra cualquier persona, si son justificables, se dejan describir de este modo. A partir de la arrogancia de los individuos la respuesta a los desafíos de lo intercultural, como cualquier otro posible problema de la cultura, se reduce a un problema de decisión puramente individual.

Quienes, en algún sentido, defienden el concepto de identidad colectiva observarán, no sin razón, que ello es un delirio. Nacemos como miembros de familias (cualquiera sea su forma), organizaciones políticas e instituciones (cualquiera sea su forma) y culturas y tradiciones (cualquiera sea su forma). Sin esos primeros grupos de pertenencia, los animales humanos, esos animales en extremo vulnerables, no podrían convertirse en personas. Y nadie puede tener deseos e intereses pre-existentes a una familia, a una organización política como el Estado o a una tradición, como los que tiene un huésped respecto del hotel en el que se aloja. Nadie tampoco dispone de la posibilidad de "elecciones primeras" en relación con instituciones como la familia o el Estado: nadie elige su madre y su padre, ni sus hermanas y hermanos, ni su primera lengua, ni los usos y costumbres que conforman la trama normativa en la que nace.

Precisamente, es en esa trama normativa en la que conformamos y aprendemos a formular los primeros deseos, emociones y creencias, las primeras expectativas, las primeras evaluaciones. Pero esa trama normativa es ubicua y, en gran medida, implícita y difusa, nada que se parezca, ni de lejos, a un contrato.

Con el tiempo, en medio de esa trama normativa, con propósitos particulares, a partir de un descubrimiento mayor, la libertad, las personas podrán diseñar sus propios planes de vida: entre otras acciones, podrán hacer promesas y contratos. Sin embargo, la trama normativa de la tradición y de las instituciones en que crecemos no se basan en ninguna promesa o contrato sino que los precede; es anterior a cualquier procedimiento y la condición de todos ellos. La trama normativa en que nacemos no sólo es nuestra herencia normativa: es también el horizonte que nos constituye, la "materia" —moral, prudencial, legal— que hace que se cumplan promesas y contratos.

Además, la familia, las organizaciones sociales y políticas, las tradiciones en que nacimos, en la mayoría de los casos, si no las hemos abandonado muy temprano, por ejemplo, antes de la adolescencia, constituyen en gran medida el carácter para toda la vida. De ahí que la clase de oraciones que formulan grupos de pertenencia —"soy de sexo masculino", "hablo castellano", "vivo en México"...— son el trasfondo —si se quiere: la condición de posibilidad— de las oraciones que expresan intenciones, elecciones, compromisos o acciones personales. Esto es, las oraciones que expresan grupos de pertenencia, naturales o culturales, son irreductiblemente más básicas que las oraciones de elecciones como "nosotros hemos decidido transformar la democracia en México".

Forma parte de las expectativas de la mayoría de las personas que se vivirá en un hotel por un tiempo limitado, casi siempre fijado de antemano. Ello no sucede ni con las familias, ni con organizaciones sociales y políticas como las de un Estado, ni con las culturas y tradiciones. Más todavía, para un grupo numerosísimo de personas, sus familias, el Estado y las culturas en que nacieron son grupos de pertenencia *para toda la vida.* (De ahí que pensar experiencias tan dolorosas y comunes en América Latina como el exilio o la emigración a partir de conceptos como el de salida de un grupo de elección como de un hotel es no comenzar siquiera a imaginarse en qué consisten las diferencias entre esas situaciones.)

Estos son, entre otros, creo, algunos de los primeros materiales que podemos comenzar a aprender de la crítica a la arrogancia de los individuos. Si bien las identidades colectivas no son absolutas —no son las únicas identidades que importan—, constituyen una parte indudable del sistema de propiedades que somos. Pues, como los animales humanos poseen una extrema vulnerabilidad —carecen de autosuficiencia—, necesitan comenzar a conformarse en grupos de pertenencia. Hasta las libertades que con razón se aplauden a partir de un modelo aditivo —como la libertad de hacer promesas y contratos— sólo pueden estabilizarse y florecer en ciertas tramas normativas, parte de ciertas culturas, y no en otras.

Por supuesto, a veces se cambia de lengua. Pero se lo hace a partir de una lengua materna, incluso aunque, luego, se llegue a olvidarla. Se puede abandonar el Estado en que se nace y elegir, o ser "obligado a elegir", otro mejor para recomenzar una segunda vida. Sin embargo, todo ello será precisamente eso: *recomenzar una segunda* vida. Podemos rebelarnos en contra de una tradición o de una institución y atacarlas con radicalidad. No obstante, al menos en sus comienzos —y seguramente durante algún tiempo—, esas rebeliones llevarán las huellas de la tradición o institución en contra de las cuales son dirigidas.

E incluso luego, una vez abandonados los grupos de pertenencia heredados, cuando los animales humanos se integran a la nueva comunidad se ubicarán inevitablemente en un nuevo grupo de pertenencia, aunque esta vez ya no heredado sino elegido.

Pero si esto es así, el concepto instrumental de sociedad —el concepto de sociedad en tanto hotel— no le hace justicia a las obligaciones que tenemos por encontrarnos *siempre* en algún grupo de pertenencia, heredado o elegido, *siempre* en alguna cultura.

De ahí que cuando se habla de "los desafíos de lo intercultural" se procura recoger, por un lado, la realidad de un grupo de pertenencia, de una cultura plural, y respaldar en esa realidad social una normatividad, una política que no niegue esas culturas, sino que, por el contrario, las acepte y promueva a partir del lema "las diferencias o, al menos, algunas diferencias, nos enriquecen". Pero por otro lado se busca también no olvidar que ese lema advierte que cualquier ejemplo de interculturalidad tiene que ser examinado en cada caso. Pero, ¿cómo evaluar las diferencias que enriquecen y aquellas que interfieren en la vida social e individual y hasta la destruyen? Porque hay muchas diferencias que sólo expresan desigualdades sociales y horribles prejuicios.

Por eso, no podemos simplemente pedir "máximo de interculturalidad, máximo de heterogeneidad social, mínimo de homogeneidad", sin tener en cuenta que ciertos tipos y grados de heterogeneidad no sólo ponen en peligro la convivencia sino que directamente promueven la injusticia. ¿Qué tipos y grados de homogeneidad, qué tipos y grados de heterogeneidad son deseables? Por ejemplo, en países con gran población de inmigrantes como Argentina, Chile y Uruguay en las primeras décadas del siglo xx, la institución de la escuela primaria fue de singular importancia para lograr la aparentemente necesaria homogeneidad —o, si se prefiere, el consenso mínimo— sin la cual muchos creyeron que resultaban imposibles las instituciones. Sin embargo, ¿era necesario el "máximo de homogeneidad" social que se propuso implantar la escuela primaria en esos países? Al respecto, Beatriz Sarlo en su libro *La máquina cultural* discute un episodio mínimo pero sintomático: en Buenos Aires, en 1921, una maestra ordena rapar la cabeza de sus alumnos pobres, inmigrantes o hijos de inmigrantes, para combatir los piojos y, a la vez, simbólicamente, para abolir cualquier diferencia. Indica Sarlo que para esa maestra, la escuela:

> Fue la única forma de igualitarismo que conoció: una forma brutalmente niveladora, donde todas las rebarbas eran cepilladas en nombre de la nacionalidad, la disciplina para el trabajo y la integración en las instituciones necesarias para que la sociedad funcionara eficazmente. A esa maestra no se le ocurrió que podía haber otro camino para lograr la respetabilidad social que sus padres no tenían. Tampoco se le ocurrió que estaba adoctrinando a sus alumnos, porque ella no se había sentido adoctrinada en la Escuela Normal que, sin embargo, era centro fuertemente doctrinario del racionalismo laico y patriótico. (275)

¿Tiene razón Sarlo? En esas circunstancias históricas (el Cono Sur en el primer tercio del siglo), ¿había otro camino para la integración social y la red de los reconocimientos? Independientemente de este ejemplo, ¿cuál es la diferencia entre las acciones de educar y adoctrinar, si es que hay alguna diferencia? Pero si no la hay, el relativismo es tal vez incontenible. Entre otros efectos, ¿podríamos distinguir entre regímenes políticos, en varios aspectos justos o, por lo menos, habitables, y regímenes políticos aborrecibles? Suponiendo que se puede establecer algún tipo de esas diferencias, en cada circunstancia política habrá que preguntarse: ¿cuánta homogeneidad —sustantiva o cultural, abstracta o legal— es suficiente para que un régimen político como *esta* democracia sea posible, posea entre otros atributos, estabilidad política y sea económicamente sustentable? O formulando la pregunta inversa: ¿cuánta interculturalidad real puede soportar *esta* democracia sin correr el peligro de retribalizar la sociedad y hasta de desintegrarse?

III

En cualquier caso, algunas preguntas como las anteriores son inevitables cuando se reflexiona sobre los desafíos de lo intercultural. Por lo pronto, para responderlas no debemos olvidar que tanto la arrogancia de los individuos como la arrogancia de las comunidades ignoran demasiado. La arrogancia de los individuos ignora, en general, el alcance de la cultura. Así, no toma en cuenta, por un lado, que esa herencia normativa que es cada cultura como pertenencia, las tradiciones e instituciones en que nacemos, genéticamente nos constituye, condiciona nuestras primeras intenciones, elecciones, acciones. Por otro lado, tampoco se toma en cuenta que una cultura, paso a paso, respalda, de diversas maneras, nuestras promesas y contratos.

A su vez, la arrogancia de las comunidades olvida que, como cualquier herencia, podemos usar esa herencia normativa de varios modos, incluso para, en alguna medida, repudiarla. En este sentido, reexaminemos la afirmación hermenéutica: "la tradición siempre tiene algo importante que decir". Una dificultad es que esa afirmación es sistemáticamente ambigua. Entre muchas otras posiciones, las feministas o, en general, la crítica de género y la crítica poscolonialista (o, como habría que seguir diciendo mejor en América Latina, "neocolonialista") han insistido en que lo que muchas veces tiene que decir la tradición es algo mostruoso: lecciones de humillación. Entre esas lecciones, por ejemplo, ha tenido efectos devastadores la naturalización de lo socialmente construido para fortalecer la propuesta patriarcal —la propuesta hegemónica de masculinidad. Como indica Guillermo Núñez Noriega:

> Existen discursos y prácticas que tienden a construir una "normalidad" para el hombre y la mujer. El hombre "debe ser": valiente, activo, decidido, fuerte, firme, voluntarioso, aguantador, atrevido. La mujer "debe ser": pasiva, delicada, sensible, recatada, maternal, dócil, sumisa. (53-4)

¿Debemos defender estas "virtudes" que atribuimos al hombre y a la mujer sólo porque son parte de una "tradición naturalizada", de una cultura homogeneizada sustantivamente? Creo que, ante todo, hay que des-naturalizar la tradición y discutirla. Ello no es fácil. Pues la naturalización de la tradición en lo que respecta a las diferencias entre hombres y mujeres

> es un proceso complejo que va organizando, construyendo disposiciones de percepción, de pensamiento, de sentimiento y acción con diferencias significativas, que luego se utiliza socialmente para plantear su supuesto origen en una "naturaleza" interior entre hombres y mujeres, y para justificar divisiones de trabajo dentro y fuera de la familia (incluido el trabajo emocional), las relaciones de autoridad y servidumbre entre los miembros de la familia, y hasta el acoso sexual ("está en la naturaleza masculina", suele decirse). (53-4)

No podemos, pues, responder a los retos de lo intercultural con un sí o con un no. De caso en caso habrá que preguntarse: ¿lo que una tradición o cierta crítica considera monstruoso es *realmente* monstruoso? Los españoles al llegar a América veían monstruos por todas partes. Pero, ¿en dónde estaban los monstruos: en la cabeza de los españoles o, en las culturas indígenas, o en ambos?

De ahí que una y otra vez tengamos que seguir la *máxima de los datos, fetiches y materiales*:

> Cuando te enfrentes a perplejidades, conflictos y problemas intenta reunir un número importante de datos y, a partir de esos datos, busca cuáles son los fetiches entre ellos y cuáles los materiales. Pero en relación con los fetiches no te contentes con eliminarlos; procura rescatar los materiales que encubren esos fetiches. (53-4)

Ese dato de la modernidad que son las dimensiones interculturales crecientes, vivir en culturas cada vez más y más híbridas, introduce, pues, varios fetiches y varios materiales. La arrogancia de las comunidades hace un fetiche de su propia cultura o, más bien, de cierta idea sustantivamente homogénea de su propia cultura, de ahí su ignorancia de lo intercultural. La crítica de esta absolutización permite, sin embargo, rescatar como material los valores de lo cultural para cualquier sociedad o individuo. Precisamente, esta importancia se desconoce en la arrogancia de los individuos. Para este fetiche, la cultura y, entre otros aspectos de ella, la trama normativa heredada, no es nada o casi nada, pero esta irrazonable negación permite rescatar como material la libertad de cada individuo.

Frente a los retos de lo intercultural debemos retener, pues, el columpio entre ambas arrogancias: criticar sus fetiches y retener los materiales que encierran. Sin duda, los animales humanos, so pena de eliminar la buena vida, no pueden renunciar a esa capacidad tan suya de poner en duda sus herencias, incluyendo cualquier herencia normativa. A esa capacidad se la denomina con una ambiciosa y sobrecargada palabra, que todos quieren apropiarse y mal usar y que en América Latina se ha falsificado sin escrúpulo hasta convertirla en monigote: "libertad". No obstante, tampoco podemos ignorar que esa capacidad de cada animal humano no pertenece al orden de lo individualmente dado, sino que se conforma y desarrolla a partir de una serie de opciones que en gran medida son herencias de alguna cultura (o más bien, de la posición que cada persona ocupa en cierta sociedad).

Variando una vez más —una vez más— un *dictum* conocido: la libertad de decidir y hacer promesas y contratos sin una tradición concreta, sin una cultura específica, como nos la propone la arrogancia de los individuos, es vacía. En este sentido, si pudiera existir, no habría capacidad más inútil que una libertad pura de decidir y hacer promesas y contratos, que una libertad de decidir y hacer promesas y contratos sin condicionamientos. Pero tradiciones y culturas que, como se tiende a hacerlo desde la arrogancia de las comunidades, no hacen sustentables y valiosas las libertades de cada animal humano, se vuelven ciegas, tiránicas, tarde o temprano, intolerables.

IV

No obstante, sería injusto no reconocer que los postulados, tanto de la arrogancia de las comunidades como de la arrogancia de los individuos, pueden defenderse, por lo menos, de dos maneras: creyendo sinceramente en la validez de aquello que postulan o como una estrategia política más. En ese último caso estaremos ante una crítica que se vuelve extrema para asumir con mayor contundencia la función del oponente. Así, tal vez se considere —acaso no sin razón en muchas circunstancias políticas de América Latina— que el Estado y las clases dirigentes son tan corruptas que frente a ellas no valen los argumentos "sinceros", sino el enfrentamiento que no da tregua. Se trata de una manera de articular la resistencia ante la organización del poder en una sociedad, sin distinguir aspectos, sin conceder nada.

Procuré en esta discusión razonar un poco sobre la validez de estos postulados como respuestas generales a los desafíos de lo intercultural, sin tomar en consideración su posible valor estratégico en luchas políticas concretas. En una reflexión tan abstracta como ésta cualquier otra tarea hubiera estado fuera de lugar. Quizá se observe: las verdades a veces sirven al enemigo. Sin duda, pero, ¿a quienes sirven nuestras mentiras? En cualquier caso, si no se abraza un contextualismo extremo que, a la corta o a la larga, descubrirá su incoherencia, la pregunta por la validez, y no sólo por la eficacia retórica —política— inmediata, se vuelve tarde o temprano, inevitable.

Nota

[1] Véase: García Canclini, *Culturas híbridas...*

BIBLIOGRAFÍA

Bonfil Batalla, Guillermo. *México profundo*. México: SEP, 1987.
García Canclini, Néstor. *Culturas híbridas. Estrategias para entrar y salir de la modernidad.* México: Grijalbo, 1989.
Lomnitz-Adler, Claudio. *Las salidas del laberinto. Cultura e ideología en el espacio nacional mexicano.* México: Joaquín Mortiz-Planeta, 1995.
Núñez Noriega, Guillermo. *Sexo entre varones.* México: Porrúa/El Colegio de Sonora/PUEG-UNAM, 1999.
O'Donnell, Guillermo. "Pobreza y desigualdad en América Latina. Algunas reflexiones políticas". *Pobreza y desigualdad en América Latina. Temas y nuevos desafíos.* V. E. Tokman y G. O'Donnell, comps. Barcelona: Paidós, 1999. 69.
Sarlo, Beatriz. *La máquina cultural.* Buenos Aires: Ariel, 1998.

"Ser-hispano": un mundo en el *border* de muchos mundos

Enrique Dussel A.
UAM-Iztapalapa, México

No se trata de proponer una utópica "raza cósmica" como la que nos propone Vasconcelos, ni la "hibridez" de García Canclini, ni una historia interpretada literariamente como la de Octavio Paz en *El laberinto de la soledad*, sino más bien un ir descubriendo al *hispano* como "localizado" creativamente *entre* (el *in-between* de Homi Bhabha) muchos mundos que van constituyendo, en el *border* intercultural,[1] una identidad histórica, no sustancialista ni esencialista, sino dialécticamente creadora de sus propios componentes en el proceso mismo de la historia en continua integración de nuevos desafíos. Pero dicha experiencia histórica es al mismo tiempo normativa: debe ser descubierta y afirmada en su dignidad, mucho más cuando el estado actual de la comunidad *hispana* parte de una negativa autoevaluación de su propia existencia. La complejidad cultural del "ser-*hispano*" debe ser vivida desde una subjetividad, desde su intersubjetividad activa y creadora, que acepta los retos y los integra, y no los vive como simple dispersión o desgarramiento.

La estrategia de mi exposición, presentada de viva voz en el seminario de Pittsburgh, se sitúa en un horizonte pedagógico, comprometido, que intenta ser comprensible para un *hispano* no-universitario ni académico; para un *hispano* de la base social, a los que he expuesto este tema muchas veces, desde California a North Caroline en Duke, de New York a Chicago, y en tantas otras ciudades norteamericanas. Cuando el *hispano* descubre su compleja historia constitutiva reacciona al final de la exposición con un cierto enojo: "¿Por qué no nos han mostrado esto nunca? ¿Por qué nos han ocultado nuestra historia en las instituciones educativas o de otro tipo norteamericanas?" A cuya protesta he respondido, aproximadamente: "Difícilmente en alguna escuela primaria, *high school*, universidad, grupo sindical o religioso se mostrará al *hispano* esta existencia[2] tan rica, antigua y con tantos potenciales en la actualidad. El *anglo* protege celosamente su superioridad cultural, política, religiosa". Deseo guardar en esta contribución el tono coloquial, comprensible al común de los *hispanos* en Estados Unidos, al *hispano* interesado en tomar conciencia crítica de su propia existencia.

El *hispano*,[3] como todo ser humano (Heidegger 9ss.; 67ss.),[4] vive (ex-siste) inevitablemente en un "mundo". Su "ser-en-el-mundo" (Heidegger 12; 78ss: *Bein-in-the-World*) tiene por "mundo" uno que ha subsumido "muchos" mundos, cuyas historias no son cronológicamente simultáneas, sino que se han dado con diferentes ritmos, en diversos lugares, desarrollando distintos contenidos, cuyo horizonte denominamos el "ser-en-el-mundo-*hispano*", como facticidad concreta, actual, compleja, y de allí su riqueza intercultural integrada en una identidad siempre en formación, intersticial, nacida en un *border land* con gamas tales que pasan de una tonalidad a otra de manera continua, sin perder el experimentarse dentro de la solidaridad *hispana*. El *hispano* puede ser un indígena guatemalteco en Chicago, un mestizo mexicano en San Diego, un criollo blanco uruguayo en Washington, un afro-caribeño portorriqueño en New York o cubano en Miami, un mulato de Santo Domingo en Houston, y muchos más. Muchos mundos en un mundo. Un mundo que es hoy, en la sociedad hegemónica norteamericana, despreciado, dominado, empobrecido, excluido (más allá del horizonte del mundo *anglo* aceptable, más allá de la "línea" de la ontología heideggeriana, en el *border* donde comienza el no-ser, la nada de sentido de la alteridad levinasiana). Son los últimos de la escala social, cultural y epidemiológica (por ejemplo, los que tienen mayor porcentaje de Sida). El "mundo *hispano*" es como un fantasma, un espectro que ronda en la "exterioridad", pero que recientemente va mostrándose con nuevos rostros reconocibles, adquiriendo nuevos derechos gracias a su lucha por el reconocimiento de una existencia distinta, a la que, pienso, podría servirle el tipo de narrativa que expondré, a fin de elaborar un mapa básico del tiempo histórico y de la territorialización de "su-mundo". Es un esquema que los maestros, líderes, militantes de las comunidades podrían usar para autoafirmar la dignidad menospreciada frecuentemente. Intenta ser una narrativa ético-pedagógica. No se propone denigrar al *anglo*, simplemente intentará dialécticamente afirmar, mostrar los valores del *hispano*. Puede que aparezca como apologética, y no está del todo mal ser apologista de los despreciados, ilegales, desconocidos, marginales.

Cada uno de los cinco "mundos" que sugiero lo imagino como un círculo, que coincide con los otros en torno al *hispano*, el que, por otra parte, guarda una cierta exterioridad en referencia al mundo hegemónico. Todo *hispano* vive dichos mundos en mayor o menor medida.

Valga para iniciar contar una anécdota, experiencia que viví hace años. En la Universidad de Notre Dame, al llenar mi formulario de profesor, debía responder una pregunta sobre mi *ethnicity* —que me desconcertó por racista, como es evidente. Decía en el primer lugar: "¿Es Ud. blanco (no hispano)?". Después preguntaba: "¿Es Ud. afro-americano (no hispano)?", y así sucesivamente "nativo (no hispano), y al final: "¿Es Ud. hispano?" Pregunté a la secretaria: "¿Qué le parece que soy yo?". Al escuchar mi "acento" inglés me preguntó: "¿Viene Ud. de México? Ponga *hispano*".[5] Quedé entonces clasificado "al final" (abajo) de las posibles *ethnicities*. Esta anécdota creo que permite la presente reflexión histórico-cultural.

1. El "mundo primero".[6] Por parte de "madre": el oriente extremo del Extremo Oriente

Cuando en Los Ángeles o San José uno encuentra a un mexicano, aunque advierte rápidamente que se trata por ejemplo de un zapoteco de Oaxaca, que habla su lengua amerindia y que quizá en poco tiempo llegue a expresarse mejor en inglés que en castellano, descubre un *hispano* que, sin embargo, se diferencia notablemente de muchos otros que también se identifican con esta comunidad cultural, histórica y política. En efecto, el *hispano* tiene siempre una cierta referencia originaria, constitutiva con las culturas amerindias. Para quien pertenece por raza, lengua, cultura, religión, historia a una comunidad indígena esta pertenencia es mucho más experimentada. De todas maneras los *hispanos* reaccionan espontáneamente ante un indígena procedente de América Latina como ante un miembro de su propia comunidad. Puede observarse esto en el arte mural que llena numerosas paredes (arte tan azteca y tan mexicano, que se inspira en los Rivera, Orozco u O'Gorman de inicios del siglo xx) de los barrios *hispanos* de las ciudades norteamericanas. El indígena aparece frecuentemente como un momento simbólico en esas representaciones históricas. No es un despreciado "nativo", sino que es el fundamento sobre el que se edifica una identidad histórica. Como si quisieran expresar en sus obras los artistas populares: "¡Nosotros hemos estado aquí *desde siempre*! ¡Venimos de Aztlán!". Este componente referencial es esencial. El *hispano* hace relación a América como "su" continente (geográfico y cultural) ancestral, originario, como "Malinche" (sea indígena o mestizo) a su "madre", que se enlaza con la "terra mater" (la "Pacha Mama" de los Andes o la "Cuatlicue" del valle de México, la "tonanzintla": nuestra madrecita). Esa tierra es América y fue originariamente *hispana*, por parte de madre. No fue la tierra "vacía" de John Locke o Walt Whitman, sino que estaba "llena" de significado histórico-cultural. El indígena es el que merece como nadie el nombre de "americano" (*American*).

Hemos expuesto en otras obras el movimiento en el espacio de nuestros pueblos originarios (Dussel, *The Invention of the Americas* 15-98). La humanidad efectuó un largo proceso civilizatorio en el continente afro-asiático (desde las culturas neolíticas en la actual Turquía, con ciudades desde el VII milenio a.C, y en la Mesopotamia, pasando por Egipto en el IV milenio, y apareciendo en las civilizaciones de la India o la China). Fue el "largo caminar" hacia el Oriente —del Occidente hacia el Oriente, contra la opinión eurocéntrica hegeliana. Es en ese movimiento que deseamos insertar el origen de la historia cultural de los *hispanos*, ya que tienen por "madre" a la indígena, y nacieron en el "oriente extremo del Extremo Oriente" (este último occidental para América, más allá del Océano Pacífico, referencia central a las civilizaciones polinésicas a las que tanto deben las culturas amerindias), en el continente asiático, desde el cual, hace decenas de miles de años, a pie por Bering, siguiendo siempre hacia el este, se fueron introduciendo en América del norte (por Alaska) y llegaron veinte mil años después al sur (a Tierra del Fuego), por las más diversas y sucesivas rutas migratorias. En sus rostros está presente el Asia, el Asia oriental, el Pacífico occidental. Tenemos hoy seguridad de que todas estas culturas fueron asiáticas, de que pasaron por Mongolia, Siberia, las costas y las islas del Pacífico occidental, huyendo hacia el norte y expulsadas por pueblos más bravíos. Los esquimales fueron los últimos en llegar y quedaron todavía en Siberia y Canadá, quizá expulsados por pueblos turcos. Las semejanzas raciales, hasta faciales, de nuestros indígenas con los habitantes de Mongolia, Indonesia, Filipinas, Polinesia, Micronesia, son por demás conocidas.

Lo importante para una reconstrucción de la "conciencia crítico-histórica" de los *hispanos*, es que sitúen a sus ancestros originarios, no como venidos desde un "no-lugar", como caídos del cielo y estando aquí en América, en las playas de algunas islas caribeñas como "esperando" la llegada del "descubridor" Cristóbal Colón, que los investirá de un "lugar" en la historia. Ellos fueron los primeros habitantes de

América, habiendo creado grandes civilizaciones urbanas (semejantes a las egipcias, mesopotámicas, del valle del Indo o del río Amarillo, y siguiendo cronológicamente su camino hacia el este), que ya habían "descubierto" todo el continente cuando se produjo la "invasión" europea en el 1492,[7] viniendo desde el Asia materna.

El *hispano* debe experimentar existencialmente (subjetiva e intersubjetivamente) el hecho de haber estado en el continente americano, en sus valles, ríos, montañas, selvas... desde la comprensión de una historia de la humanidad razonable, de milenaria antigüedad, desde "antes" de todas las "invasiones" posteriores. Su "madre" (y su "padre" si es indígena *hispano*) dio nombre a todos los "espacios" y vivió la tierra, el sol, las nubes, los pájaros, los animales... desde sus mitos, desde antiguo, desde las "raíces". Debe poder saborear la dignidad de ser "el primero", "el más antiguo" en referencia a los que vendrán "después". No para despreciarlos, ni para creerse superior, pero sí para experimentar el don gratuito de haber sido el que recibió a los que llegaron de otros "mundos", ofreciéndoles alimento (el "pavo" es un animal americano, amerindio) a los pobres que desembarcaban hambrientos (los que después celebrarán recordando la comida que les brindó, pero olvidan el asesinato con el que pagaron a quien tan generosamente les dio hospitalidad hasta con sus propios y escasos bienes, y en su propia tierra que le será expoliada).

Esquema 1
El *hispano*: un "mundo" como *border land* entre (*in-between*) muchos "mundos"

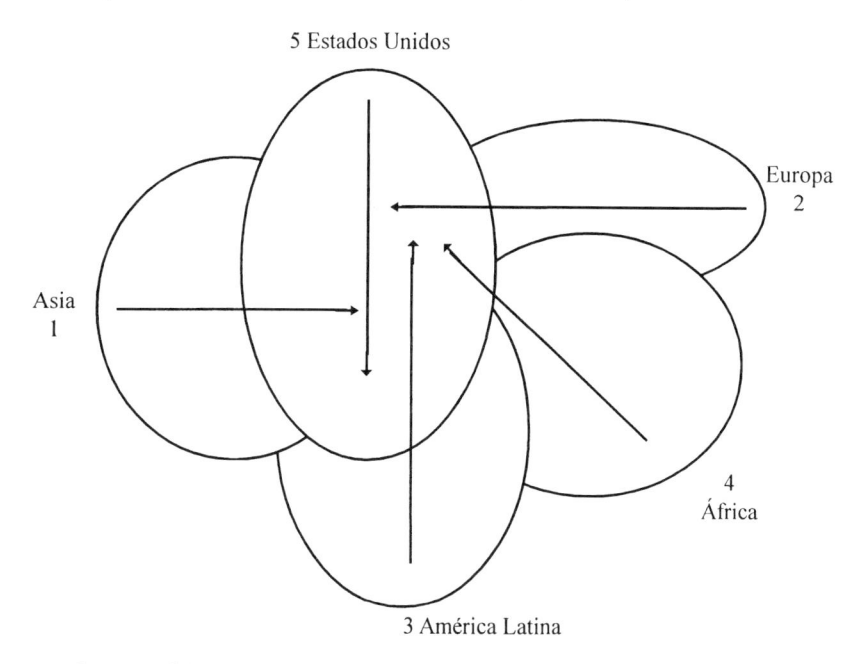

Aclaración del esquema 1. 1. Desde el oriente extremo del Extremo Oriente asiático. 2. Desde el occidente extremo del extremo Occidente europeo. 3. El extremo norte del Sur latinoamericano. 4. Desde el occidente del África. 5. El extremo sur del Norte anglosajón.

Deben los *hispanos* conocer y apreciar del mundo amerindio no sólo la existencia de comunidades nómades (del norte en Estados Unidos o del sur en el Imperio Inca), o de los plantadores de las praderas del Caribe y del Amazonas, sino también las imponentes culturas urbanas de la "América nuclear": los mayas, los aztecas, los chibchas, los incas... Civilizaciones de las que deben apreciar su implantación en el espacio, sus hechos históricos, sus textos fundamentales, sus espléndidas estructuras culturales, políticas, religiosas, estéticas, comerciales, económicas, militares... Los *hispanos* deben estudiar esas culturas como un momento de la constitución de su propia identidad, que se va creando, modificando, creciendo en su paso por el espacio y el tiempo. En este caso la memoria es un momento fundamental de la creación de identidad solidaria.

2. El "Mundo segundo". Por parte de "padre": el extremo occidente del Occidente extremo

Cuarenta siglos a.C., en el norte del Mar Negro, habían pueblos que fundían el hierro, que domesticaban el caballo, y que sepultaban los cadáveres de los jinetes junto a sus caballos.[8] Era la cultura del "Kurgán", al sur de Rusia. Siglos después podemos observar en bronce la estatua agresiva de un jinete con espada de hierro en su mano, es la figura de Francisco Pizarro en la plaza mayor de Lima. La cultura del caballo y el hierro había llegado a América. Es la historia de un pueblo que del este hacia el oeste llegó hasta nuestro continente.

España y Portugal eran el *finis terris* (el fin del mundo) de ese sistema antiguo, que comenzando por Japón o la China en el este, culminaba en el oeste con Europa. España, colonizada ya por fenicios en el segundo milenio a.C., provincia del Imperio Romano al final del primer milenio a.C. (cuya lengua indoeuropea, el "castellano", nacida en la Edad Media en la reconquista ante los musulmanes, es la que más semejanza guarda en el presente con el antiguo latín), albergará una cristiandad que en su plenitud (con Isidorio de Sevilla) será reemplazada por el Califato de Córdoba (otra gloria hispánica que ningún otro país europeo puede ostentar), centro cultural, filosófico (con Ibn-Rosh), teológico (con Maimónides), donde el Occidente obtuvo la traducción de las obras de los griegos al latín, a partir del árabe o del mismo griego, y que permitieron el clásico siglo XIII medieval de París. La nombrada "reconquista", comenzada en el 718 en una escaramuza guerrera que la tradición llama Covadonga, duraría hasta enero de 1492, cuando los reyes de Castilla y Aragón ocupan Granada. La "reconquista" sería continuada sin ninguna pausa como "conquista" de América.

Los países ibéricos inician así la "primera" Modernidad Temprana, ya que en el siglo XV será España, junto a Portugal que se le anticipa en la empresa por un siglo, la que producirá la apertura al Atlántico, constituyéndose en el "puente" entre el "Mundo antiguo" y la Modernidad (que España y Portugal originan, exactamente, con la "invasión" de las Indias occidentales, el *Abbia Yala* de los indios kunas del Panamá, llamada en honor al renacentista Americo Vespucci inadecuadamente "América").

Las culturas del extremo occidente (Europa) del continente afro-asiático, nunca fueron "centrales" con respecto a este gigantesco espacio civilizatorio. El territorio de conexión fue el imperio persa o el helenismo, el imperio bizantino o los sasánidas, región ocupada al último por el Califato de Bagdad ("centro" comercial del antiguo sistema desde el siglo VIII al XIII, los quinientos años clásicos de la cultura islámica). Europa nunca fue hegemónica en este ámbito. Menos aún el norte de Europa sumida en la barbarie de los germanos hasta muy entrada la Edad Media. El polo fundamental de todo el inmenso continente, el de más peso poblacional, cultural, comercial, fue siempre la China y el Indostán, conectados al mundo bizantino por la civilización comercial musulmana (desde Filipinas hasta España, pasando por Malaka, el imperio mogol, los reinos del Medio Oriente, hasta el Egipto o Marruecos).

España y Portugal, por estar situadas entre el Mediterráneo y el Atlántico, reemplazaron la hegemonía de Génova o Venecia (ambas bizantinas) que habían conectado la Europa latino-germánica con el "sistema antiguo", porque habían logrado antes que ningún otro país del norte de Europa su unidad (Portugal ya en el siglo XIV, y España en 1476 con la unidad de Castilla y Aragón). Contra lo que la historiografía posterior enseña, interpretación hegemonizada por el norte de Europa, España y Portugal fueron los países que iniciaron la Modernidad, para los cuales el Renacimiento italiano fue solo el despertar "Mediterráneo" por la caída de la Constantinopla griega. España y Portugal heredan el Renacimiento, pero lo abren al ancho mundo del Atlántico (centro geopolítico de la Modernidad). Todavía bajo la hegemonía comercial de China y del Indostán, y contra un mundo musulmán-otomano que conectaba esas potencias con Europa, Portugal descubre el Atlántico sur-oriental con la escuela náutica de Enrique el Navegante, que abre Europa al "Mar de los Árabes" (el Océano Índico). España hace lo propio con el Atlántico tropical, gracias al genovés Cristóbal Colón, conectando al Caribe con Europa.

El choque cultural de lo más oriental de Oriente (Amerindia) con lo más occidental de Occidente (los países ibéricos) es el enfrentamiento intercultural más formidable de toda la historia mundial. La tierra había sido completamente ocupada y la humanidad se unía en un abrazo (mortal para los amerindios). Ese choque, y no "Encuentro de dos culturas" (eufemismo eurocéntrico), es justamente el entrelace de Malinche y Cortés, "dos mundos" de los muchos mundos que constituyen "el" mundo *hispano*. Abrazo incomprensible y sin embargo histórico, y asumido, y hecho carne desde hace quinientos años. Abrazo cultural que el *hispano* lleva en su cultura, en su sangre, en su historia, y del cual el *anglo* nada puede comprender, ni experimentar, ni admirar. El *hispano* tiene una impresionante complejidad histórica americana. Tiene por "padre" un europeo latino, de comportamientos propios de la finura islámica (de la refinada Córdoba, Sevilla, Granada), tan lejana de la barbarie medieval europea.

La presencia española en América desde 1492 y de Portugal en Brasil desde 1500, anticipa por un siglo la invasión holandesa e inglesa a la costa norte del continente. Es el comienzo de la primera Modernidad Temprana, el despliegue originario del "sistema-mundo" del que nos habla acertadamente I. Wallerstein. América Latina (Amerindia + países ibéricos) es moderna desde su origen. Sufre la Modernidad que siempre se inicia con la violencia de las armas (en América Latina, África y Asia), cuyo primer signo es la "conquista", que se inicia en el Caribe en 1492 y llega hasta el río Maule en Chile, aproximadamente en 1540. Cincuenta años en los que se ocupa la "América nuclear", que contiene la mayoría de la población del continente.

El *hispano*, sea mestizo o criollo, por parte de "padre" (el machista Cortés que domina a la delicada Malinche, princesa indígena, en la interpretación correcta de Octavio Paz en *El laberinto de la soledad*), que le permite remitirse a las culturas amerindias por su "madre", se refiere a una parte de sí mismo cuando piensa en la Europa moderna.

De todas maneras, el *hispano* se identifica con el español no en el sentido despectivo de los latinoamericanos (los "realistas", los "gachupines"). Pienso que geopolíticamente el *hispano* tiene interés en recordar a los *anglos* que es descendiente de aquella España que hizo temblar a Inglaterra con "La Invencible" al final del siglo XVI. Carl Schmitt, cuando quiere dar un ejemplo de lo que significa "enemigo", cita un texto de Cromwell sobre los españoles.[9] España (no tanto Portugal que en muchos casos fue aliada posterior de Inglaterra contra España) desde antes del imperio romano, por estar situada en el Mediterráneo (y no como la Inglaterra en la Europa atlántica del Mar del Norte, germánica, medieval, nunca en contacto con las grandes culturas fenicias, egipcias, griegas y muy tardíamente parte periférica del Imperio Romano), fue para los anglosajones uno de sus oponentes históricos, en especial en el siglo XVI, debido a la hegemonía hispánica en Europa. La confrontación hispano-anglosajona tenía muchos siglos. El *hispano* entonces, por parte de "padre", despierta en el *anglo* muchos "malos recuerdos" (Shakespeare sabe que el "Manco de Lepanto"[10] inició la literatura moderna), al que no puede considerar simplemente un pueblo inferior, sino, por el contrario, un pueblo más antiguo, más numeroso, más desarrollado (todo esto, evidentemente, hasta principios del siglo XVII, cuando comienza la decadencia hispánica y el crecimiento de Inglaterra).

De nueva cuenta el *hispano* debería tomar conciencia de que su lengua, su cultura, su tono religioso barroco, tienen un componente europeo que no puede negar, y que debería integrar a su pasado amerindio para constituir su inimitable personalidad histórica. Este "otro" *mundo* que vive como propio el *hispano*, y que se conjuga de manera creativa, viene a enriquecer al "primero".

3. El "mundo tercero". Como un/a "hermano/a" de descendencia "mestiza": el extremo norte del Sur.

El mestizo, el "pocho" en Los Ángeles del que nos habla Octavio Paz, es una mezcla racial y cultural tan antigua como la Modernidad. Ninguna otra raza o cultura le puede arrebatar esa dignidad, y ese estigma. Martín Cortés, el hijo de Malinche y del capitán español, morirá olvidado por una causa ajena como militar en España. Destino de un mestizo, símbolo del olvido de su origen y del sentido de su existencia. El *hispano* es una síntesis (mundo tercero), un/a hermano/a de los latinoamericanos (el/la que llegaron al "Norte"), descendencia del mundo primero (Malinche) y del segundo (Cortés), o un criollo (un blanco nacido en América, y por lo tanto americano). Es uno de aquellos jóvenes criollos que, habiendo desde niños remado con piraguas por los inmensos e infinitos ríos del Paraguay guaraní, comiendo, durmiendo, vistiéndose como los indígenas, pudieron fundar las reducciones jesuíticas (Dussel, *A History of the Church in Latin America*), respetando las costumbres de los amerindios, sin propiedad privada, hablando sus lenguas, y viviendo los usos lugareños como propios. Los "españoles" que venían de Europa, no podían ya comprender el espíritu de estos latinoamericanos nacidos en tierras de este continente. Los *hispanos* son, por todo ello, "americanos" más antiguos que los que vendrán después, por parte de madre y como nacidos en estas tierras, por ser, como mestizos o criollos, habitantes de este continente desde finales del siglo XV. Los otros grupos que llegarán posteriormente a Nueva Inglaterra, no sólo los africanos, sino también los europeos de regiones no anglosajonas,[11] tendrán plena conciencia de haber sido acogidos en tierra extraña y ya colonizada. Los *hispanos*, en cambio, tienen plena conciencia de que estas tierras americanas fueron por ellos habitadas "antes" que ningún otro grupo, incluyendo a los *anglos*; que fueron despojados de esas tierras, siendo declaradas "tierras vacías", y por ello excluidos, como los cananeos fueron excluidos de sus propias tierras cuando Josué ocupó Jericó, viniendo del desierto y habiendo sido esclavo en Egipto.

La historia de la vertiente latinoamericana del *hispano* se desarrolla como historia colonial del Caribe colombino hacia la "Tierra Firme", de Panamá a Venezuela, y hacia Florida. De allí va hacia el sur por Nueva Granada y por el Pacífico de Ecuador al Perú, a Chile, unificándose en el Plata con la corriente colonizadora del Atlántico sur-occidental de Asunción y Buenos Aires. Con Huancavelica y el Potosí, la plata (descubierta en 1546 en el monte nombrado) inunda España, Holanda, Europa, y por las estepas y los navíos portugueses se acumula al final en la China (alcanzada igualmente desde Acapulco hacia Manila). Hacia el norte, el mundo colonial latinoamericano se expande en Centroamérica, en el México continental azteca, el ámbito yucateco-guatemalteco maya. Por último la corriente conquistadora va hacia el norte, hacia las minas de Durango, Saltillo, hacia California y la Pomería.

En 1620[12] toda la organización política latinoamericana había concluido, con sus virreinatos, sus audiencias, sus capitanías generales, cabildos, etc. La organización eclesiástica con más de treinta y cinco diócesis (fundándose en ese año en el norte la diócesis de Durango y en el sur la de Buenos Aires) había quedado concluida prácticamente hasta finales del siglo XVIII. La civilización latinoamericana colonial estructura grandes universidades del rango de Salamanca (en 1553),[13] decenas de colegios universitarios, seminarios teológicos. La "ciudad letrada" crece barroca en el siglo XVII, y después ilustrada en el siglo XVIII.

Cuando en 1610, procedentes del Sur, llegando así al extremo norte de México, el extremo norte de América Latina, se fundaba la ciudad mexicana de Santa Fe en "Nuevo México" (así como México era la "Nueva España"), contemplamos en el actual territorio ocupado por Estados Unidos, su extremo sur, la región norte del mundo latinoamericano; mundo ya antiguo de más de un siglo, con todas sus bibliotecas (como la Palafoxiana de Puebla), imprentas, catedrales artísticamente imponentes, grandes palacios urbanos en las ciudades, espléndidos puertos amurallados (como los de La Habana, San Juan de Ulúa, Cartagena de Indias), caminos, acueductos, haciendas, ingenios ... Todas estas instituciones son "anteriores" al origen del mundo anglosajón en el continente americano con la llegada de los pilgrims. Las reducciones jesuíticas de California y las misiones franciscanas en Texas, por ejemplo, nos hablan de la presencia de los *hispanos* en el extremo norte de una Latinoamérica que, desde la Patagonia, venía expandiéndose más allá del río Bravo.

El *hispano* es entonces un latinoamericano, un "latino", que como la cabeza del iceberg se apoya sobre una inmensa masa cultural, que yace oculta bajo las aguas, en la sombra de una historia, una población de más de cuatrocientos millones de ciudadanos, que como los visigodos comenzaban a cruzar el Danubio rumbo al imperio romano bizantino (también allá eran "mojados" que iban hacia el sur, aquí hacia el norte).

De nuevo, estos latinoamericanos norteños, tienen conciencia de haber estado en estas tierras desde "antes" de la ocupación del desierto, antes de que se cruzaran los Apalaches, se extendieran por el río Misisipi y se alcanzaran Texas o California. Los *hispanos/as* son los/as hermanos/as latinoamericanos/as del norte. Una nación latinoamericana a ser considerada como tal.

4. El "mundo cuarto". El afro-caribeño, un hispano más

Los *hispanos* contienen además en su "mundo" otro mundo de extrema vitalidad y muy antiguo también. Se originó cuando en 1520 en Santo Domingo los conquistadores terminaron con la extracción del oro de los ríos, ultimando igualmente a los indígenas taínos, y comenzando así el ciclo del azúcar. Para ello se trajeron los primeros esclavos africanos, procedentes de España y después directamente del África occidental (Blackburn). Nació así el "mundo" de los trasterrados afro-caribeños, que se extendió por todas las islas, e igualmente por la costa atlántica de Centroamérica, por el norte de Venezuela y Colombia, las costas del Pacífico hasta Guayaquil en Ecuador, y el Brasil portugués, donde el azúcar y otros productos tropicales se convirtieron en la mercancía más preciada del mundo luso-brasileño.

El afro-latinoamericano creció creando cultura, religión, mito, ritmo, junto al trabajo despiadado que exigían sus inhumanos propietarios. Ellos sobrevivieron gracias a su música, su danza, sus espíritus (*orishas*), su fortaleza impresionante. Cuando en el 1898 Estados Unidos anexionó las tres islas, colonias españolas, de Filipinas, Cuba y Puerto Rico, llegó ya al comienzo del siglo xx una población afro-caribeña a New York, en primer lugar. Eran los portorriqueños. Todos los *hispanos* adoptaron los ritmos de la cultura afro-caribeña como propia. Tanto los *hispanos* de preponderancia indígena, como los de mestiza o criolla blanca aprendieron la cadencia armoniosa del tambor africano. Por ello tenían alguna razón aquellas preguntas racistas de la universidad norteamericana cuando me interrogaban: "—¿Es Ud. afro (no hispano)?", porque el afro-caribeño es *hispano* y *también* afro. Su *hispanidad* no niega ni confunde su *africanidad*. Es "otro" mundo (el cuarto), que compone la conciencia *hispana* en Estados Unidos. Son los latino-caribeños, afro-caribeños de Puerto Rico o Santo Domingo con su "salsa", los cubanos con sus cultos de santería, el vudú de los haitianos, el ritmo de tambor de Haití, la macumba y el candomblé brasileños. El *hispano* es también afro, con sus bellos ojos frecuentemente orientales (de su "madre") y sus labios sensuales del África, moviendo en la danza sus caderas como solo puede hacerlo un "latino". Es la complejidad creada "entre" los *borders* de muchos mundos, "entre" los intersticios de muchas culturas.

5. El "mundo quinto". El extremo sur del Norte

Inglaterra, las Islas Británicas, tienen otra historia que España y Portugal. La Antigüedad y la Edad Media europea los dividió. Los franciscanos fundan Oxford y Cambridge. La "voluntad" contingente de Duns Scoto y el empirismo de los Bacon nos hablan de otra tradición cultural que la de los dominicos, más inclinados a la "inteligencia" continental de París o Salamanca. El catolicismo barroco poco tiene que ver con el anglicanismo, el presbiterianismo democrático, el puritanismo utópico. La monarquía absoluta hispánica, fortalecida por la plata americana, derrota a su burguesía naciente española en 1521 en Valladar. Además, al expulsar a los seiscientos mil judíos, que debieron ser la clase financiera interior al imperio, debió reemplazarlos con extranjeros, la Génova mercantil renacentista. En cambio, la debilidad de la monarquía inglesa permite la primera revolución burguesa triunfante en el siglo XVII, siendo esa misma burguesía ahora la encargada de organizar parlamentariamente el Estado, apoyar el comercio y desplegar la estructura colonial del creciente imperio inglés (que desde el siglo XVII, reemplazará lentamente a las potencias ibéricas). El *anglo* proyecta hacia el pasado el esplendor creciente británico de los siglos XVII y XVIII, y oculta cuidadosamente en las sombras al siglo XVI. El *hispano* debe partir del siglo XVI para autointerpretarse positivamente y poder resistir la humillación y la dominación presente.

En América los primeros anglosajones habían sido por su parte anticipados por los holandeses, ya que la "Nueva Inglaterra" había sido antes "Nueva Holanda", y "Nueva York" se había denominado "Nueva Amsterdam". Así, las primitivas comunidades utópicas que tanto admiró Tocqueville, que huían de una Inglaterra bajo el modelo del Leviatán de Hobbes, el Estado absoluto, fueron ya modernas, en el espíritu de la "segunda" Modernidad Temprana (de Amsterdam, Londres o Edinburgh). En el siglo XVIII los norteamericanos asimilaron creativamente la Ilustración y realizaron "su" Revolución Industrial, no para disminuir la proporción del salario en el valor del producto, sino para permitir a los pequeños propietarios libres mayor producción. Las colonias inglesas participaron así en el origen de la Modernidad Madura, capitalista, liberal, industrial, y por ello no tuvieron en el continente americano ninguna otra potencia industrial ni militar que pudiera ser un oponente a su nivel. Su expansión era cuestión de tiempo, y el tiempo estaba con los *anglos*.

Cuando las comunidades de las Trece colonias de la costa atlántica del nordeste, emancipadas del yugo inglés en 1776, ocuparon el territorio mexicano, hacia el occidente (el largo camino hacia el *far West*, que comenzó por Luisiana —también parte originaria de Nueva España—, siguió hacia el sur con Texas, y hacia el oeste por Arkansas, Nueva México y California), incorporaron no solo territorios sino también población *hispana* que, viniendo desde "antes", quedó atrapada "adentro" de un "nuevo mundo" desconocido que venía del nordeste: el de Estados Unidos de Norte América. Esta "inclusión" —que será seguida por una lenta dispersión *hispana* del sur hacia el norte, durante un largo siglo—, tendrá toda la característica de una "expulsión" (como la del pueblo elegido bajo Josué, que derrotaba a los cananeos en Jericó, ahora con rostros de indios o mexicanos: *hispanos*);[14] expulsión no por parte de europeos extranjeros, sino que ahora de los propios americanos del norte que se expandían ocupando territorios y manejando las poblaciones que quedaron en el sur, los *hispanos*.

Las poblaciones incluidas permanecerán indefensas, sin protección alguna. Como en el caso de la figura protagónica del cura Martínez, formado en el seminario de Durango en México, párroco de Santa Fe en Nuevo México, elegido diputado para representar a su provincia en la ciudad de México en varias oportunidades, después en la asamblea independiente de Nuevo México como Estado autónomo, y, por último, representante de New Mexico en Washington. Como sacerdote católico mexicano, en rebelión contra el manejo de la Iglesia por parte de "extranjeros" (no *hispanos*) será excomulgado por el obispo Lamy de San Antonio, de nacionalidad francesa (que no comprendía a la comunidad *hispana*, que era la mayoría de la población católica), obispo nombrado por un Vaticano que confiaba más en el gobierno norteamericano que en el mexicano. Quedó así todo un pueblo "como ovejas sin pastor".

Durante un siglo, desde 1848 hasta el final de la segunda guerra mundial (1945), el pueblo *hispano* fue ignorado, oprimido, eliminado. Su lengua fue proscrita. Por su participación como militares en esa guerra y en las posteriores, por el aumento de su población, por la presencia masiva portorriqueña en el este, mexicana en el suroeste, y por último cubana en Florida, la importancia política de la comunidad *hispana* no podía ya ser acallada. El movimiento social y artístico chicano, el sindicalismo como el de César Chávez, la presencia de organizaciones como "Padres" y "Madres" de sacerdotes y religiosas en la Iglesia católica, al igual que el nombramiento de muchos obispos *hispanos*, la aparición de líderes políticos y empresariales, de intelectuales y artistas, dio a la comunidad *hispana*, poco a poco, el rostro de la mayor minoría de Estados Unidos. Movilizaciones como las realizadas contra al decreto 187 en California mostró ya una comunidad inicialmente conciente de sus derechos.

El futuro no está de ninguna manera garantizado. Su cultura compleja, rica y "americana" necesita ser creativamente desarrollada. Su presencia política debe adquirir mayor autonomía, para no inscribirse en el carro del poder sin exigir condiciones para el desarrollo de la propia comunidad. De todas maneras su reciente "aparición" en la escena pública es un hecho determinante en la elección de los gobernantes de Estados Unidos por su implantación muy fuerte en Florida, New York, Chicago, Texas y California. Es la oportunidad histórica de innovar en la educación de los miembros de la comunidad, y las presentes líneas son como el esbozo de un curso, un seminario, un libro de historia cultural, un esquema para enseñar al *hispano/a* tomar conciencia de su historia milenaria, centenaria, propia.

Los *hispanos* necesitan de América Latina, porque ahí están las nutrientes "raíces" de su mundo, la reserva vital de millones de "hermanos/as" que presionan desde su pobreza, pero también desde su esperanza contagiosa. América Latina necesita de los *hispanos*. No necesita de *hispanos* que al hacerse presentes en el sur, por ejemplo como diplomáticos o en funciones de empresarios o militares, puedan hablar la lengua de la cultura latinoamericana, pero para imponer la Voluntad de Poder del imperio de turno. Necesitamos de ellos para hacer presente en el gran país del norte una cultura americana, la del sur, que pueda mostrar al ciudadano norteamericano horizontes continentales más solidarios, responsables de la pobreza de millones, y de poblaciones que no deben ser consideradas como mercancías, sino como existencias dignas de seres humanos a los que nos ha tocado habitar este continente americano, el del sur y el del norte. Necesitamos de ellos para aprender cómo convivir con una cultura *anglosajona* diversa, hostil, agresiva, cuya racionalidad se funda casi exclusivamente en la competencia del *homo homini lupus*. Pero que tiene igualmente inmensas reservas críticas con las que debemos organizar un frente para salvar la vida de la humanidad hoy en riesgo de un inmenso suicidio colectivo.

Notas

[1] Pero el *border* no como una línea, sino como un territorio espeso en significado como el "entrecruce" de horizontes de Gadamer; un "espacio" más que un límite; un "espacio" entre muchos mundos, que la subjetividad (intersubjetiva) del actor vive simultáneamente, articulándolos, siendo todos ellos "mi mundo", "nuestro mundo", en la solidaridad del "estar-en-casa" (*zu-Hause*) hegeliano, pero "exterior" al mundo hegemónico de los "anglos", en la "alteridad" (levinasiana).

[2] En este caso, en el título, y a lo largo de este "paper", la palabra "ex-sistencia" será técnica, tendrá un significado sartreano o heideggeriano ("ex-": el punto de origen; "-sistencia": la trascendencia o el "estar" arrojado en el "mundo".

[3] Hace veinte años los "hispanos" eran los ciudadanos blancos de New Mexico que no deseaban ser confundidos con los "chicanos". Después se los denominó "latinos", y creo que recientemente se va imponiendo lo de "hispano". Es igualmente un tema a ser pensado: la oportunidad política que esta comunidad cultural y política tiene de aceptar consensualmente esa denominación.

[4] Esa mera ex-sistencia la denomina Heidegger bajo el nombre de *Dasein*.

[5] Yo era ciudadano argentino de cuarta generación latinoamericana, cuyo origen es en parte alemán y en parte italiano.

[6] Escribo *World first* y no *First world* por razones obvias, para evitar una confusión geopolítica.

[7] Esa experiencia de "llegar" a Amerindia por el oeste, debe hacerse vivir a los *hispanos* como una experiencia ontológica de primera importancia.

[8] Estos jinetes llegaron de la China y la India (por Kabul), hasta los medos y persas, griegos y latinos. Fueron los primeros *cowboys*, que después surcaron los desiertos árabes, llegaron como vaqueros musulmanes a Andalucía, de allí pasaron a México (hacia el sur del continente como "llaneros" en los Llanos colombianos, y como "gauchos" en las Pampas argentinas). Por último pasaron al norte de México, y llegaron entonces al sur de los Estados Unidos. Su historia es ya la historia del "padre" de los *hispanos*.

[9] Escribe Cromwell el 17 de septiembre de 1656: "The first thing therefore [...] is that: [...] Being and Preservation [...] Why, truly, your great Enemy is the Spaniard. He is a natural enemy [...] by reason of that enemity that is in him against whatsoever is of God" (citado por Schmitt 7; 67).

[10] Y no está de más recordar que aquella batalla del 1571 en la que participó Miguel de Cervantes, en la que España vence a los otomanos, es igualmente el final de la importancia del Mediterráneo y el comienzo de la hegemonía ya sin interrupción del Atlántico, el gran cambio geopolítico de los últimos quinientos años, que inicia España.

[11] Es interesante recordar, una entre tantas historias, a las comunidades españolas judías que huyeron hacia Portugal tras la injusta expulsión del 1492. De Portugal algunas, como la familia de Spinoza, partieron hacia las Provincias Unidas de Holanda. De allí pasaron a las islas caribeñas colonias holandesas, como la de Curação. La comunidad errante judía pasó por último a Nueva Amsterdan en Nueva Holanda. Dicha comunidad permanecerá cuando pase a manos de Inglaterra y se transformará en la comunidad judía de New York, muy anterior a los "anglos".

[12] Paradójicamente este es el año en que recién llegan los Pilgrims en el norte.

[13] En Harvard hay una placa frente a la estatua del fundador, donde consta: "Desde 1636, primera universidad de América". En Santo Domingo se fundó en 1536 el primer centro de estudios de filosofía y teología en América, por parte de los dominicos. En 1540 en Tiripetío, Michoacán, Alfonso de la Vera Cruz funda la primera facultad agustiniana. En el nombrado 1553 se fundan las universidades de Lima y México con iguales prerrogativas que Salamanca, Paris, Oxford o Cambridge, en filosofía, teología, derecho y medicina. Los *hispanos* pueden arrogarse, por parte de sus "hermanos" latinoamericanos el haber iniciado la vida universitaria en el continente.

[14] El pensador hispano de Texas, Virgilio Elizondo, muestra la transformación del discurso de liberación del Moisés saliendo de Egipto con los antiguos esclavos (las comunidades utópico-cristianas que abandonaban Inglaterra o Irlanda, y que de la pobreza y la persecución entraban a la "Tierra prometida", en nombre del "Dios de los esclavos"), en el discurso que en el momento de la ocupación de la tierra, en cambio, empuñaban con Josué para justificar la conquista de la "Tierra vacía", o que había que vaciar, en nombre del "Dios de los ejércitos". Ese discurso será el permanente en Estados Unidos desde la ocupación del "far West" hasta la lucha contra el terrorismo de George W.Bush en el presente, inspirado en el "Western Design" de Cromwell, en el "Manifest Destiny" y la Doctrina Monroe, hasta las narrativas del expansionismo fundamentalista cristiano norteamericano.

Bibliografía

Bhabha, Homi K. *The Location of Culture*. London: Routledge, 1994.

Blackburn, Robin. *The Making of New World Slavery: from the Baroque to the Modern, 1492-1800*. London: Verso, 1999.

Dussel, Enrique. *Ética de la liberación*. Madrid: Trotta, 2000.

_____ *History of the Church in Latin America*. Grand Rapids: Eerdmans, 1981.

_____ *The Invention of the Americas*. New York: Continuum, 1965.

_____ *Latinoamérica en la historia universal*. Resistencia: Universidad del Nordeste, 1966.

Fronteras. San Antonio: MACC, 1979.

Heidegger, Martin. *Being and Time*. New York: Harper and Row, 1962.

Schmitt, Carl. *Der Begriff des Politischen*. Berlin: Dunker und Humblot, 1996.

Wallerstein, Immanuel. *The Modern World-System*. New York: Academic Press, 1980-9.

Democracia entre autonomía y heteronomía

Ernesto Laclau

En esta presentación nos ocuparemos de la cuestión de la relación entre democracia y autonomía. 'Autonomía' es una categoría elusiva: su especificación conceptual puede involucrar la operación de varias lógicas sociales diferentes. La primera y más radical manera de definirla sería en términos de *autodeterminación*. Una entidad es autónoma en tanto no tenga que ir fuera de sí misma para ser determinada en su ser. Es en estos términos que la autodeterminación, la libertad y la infinitud formaron, para Hegel, un todo indisociable: la infinitud verdadera, a diferencia de la espuria, conlleva el encontrar, dentro de sí misma, los principios de su propia determinación. Y esta es la propia definición de la libertad concebida como autonomía. Pero esta triple ecuación —libertad, autodeterminación y autonomía— implica también que el sujeto verdaderamente universal pueda solamente ser un sujeto universal; como resultado, la libertad y la necesidad se convierten, para este sujeto universal, en sinónimos estrictos. En la formulación clásica, la libertad sólo puede ser la conciencia de la necesidad. Es sólo en tanto que mi propio ser es universal que nada es externo a mí mismo y que soy realmente autónomo; cualquier cosa que sea menos que este ser universal estará limitada por algo esencialmente externo que será la fuente de una heteronomía irreductible.

La cuestión que queremos plantear con relación a la democracia es hasta qué punto esta heteronomía esencial es incompatible con la libertad —en otros términos: hasta qué punto la autodeterminación, concebida como universalidad pura, es la condición de la libertad. Queremos sugerir que, por el contrario, es el propio fracaso de una libertad *total* lo que hace posible las libertades (en plural) de sujetos contingentes y finitos. Si se pudiera demostrar que en efecto este es el caso, un sujeto plenamente autodeterminado sería de hecho imposible; pero uno tendría también que concluir que la heteronomía no puede ser completamente excluida de los funcionamientos de la libertad. La libertad implicaría una tensión indecidible[1] entre autonomía y heteronomía y, en consecuencia, se convertiría en el nombre de esa misma indecidibilidad. El referente de este nombre, sin embargo, se habría desplazado: no sería más el cierre de la distancia entre universalidad y particularidad, sino la imposibilidad misma de ese cierre. Así que tendremos que explorar los diferentes usos en que la heteronomía puede ser puesta en relación con la democracia.

Comencemos con la hipótesis de que la distancia entre la universalidad de la comunidad concebida como totalidad y el particularismo de las demandas o conjuntos de demandas es de orden constitutivo. Si esta distancia fuera radicalmente inconectable, tendríamos que concluir que no hay una constitución correspondiente a lo 'universal' y que la democracia sería imposible. No habría forma de constituir "el pueblo" (*peuple*) y solamente tendríamos una sociedad civil concebida como un *locus* de demandas dispersas (el 'sistema de necesidades', como lo llamaba Hegel). En ese caso, el momento de universalidad sería transferido a una esfera separada (el Estado), la burocracia se convertiría en la 'clase universal' y ninguna democracia (mucho menos una radical) sería concebible. Así, la propia posibilidad de la democracia parece depender de ser capaz de construir un puente entre el particularismo de las demandas y la comunidad concebida como un todo —esto es, invertir la posibilidad de construir "el pueblo" como agente histórico. Hay, no obstante, diversas formas de concebir este proceso conectivo. Si es visto como una transición necesaria del particularismo de las demandas a la universalidad de la comunidad, la emancipación implicada en la democracia radical sería vista como el movimiento del reino de la necesidad al reino de la libertad, siendo este último concebido como autodeterminación en el sentido fuerte de la autonomía radical. Pero esta es la posibilidad que hemos excluido *ex hypothesi*.

La otra alternativa es que esa conexión se lleva a cabo *de hecho*, pero que ese puente no está inscrito aprioristicamente en la naturaleza de las demandas particulares, puesto que depende de un proceso contingente de construcción política. En ese caso, un elemento de *exterioridad* se convierte en constitutivo de la identidad de 'el pueblo'. Pero si esta exterioridad no es *verdaderamente* constitutiva, significa que el agente democrático/emancipatorio no puede ser *completamente* autodeterminado y que, en consecuencia, su identidad necesariamente incluirá un elemento de heteronomía. Estamos enfrentados a la paradójica situación de que la autonomía requiere su opuesto exacto —la heteronomía— como la condición de su constitución —o, más bien, que la pareja autonomía/heteronomía es el nombre de una tensión, de un *continuum* donde las condiciones para la eliminación de uno u otro polo de la dicotomía nunca surgen. La democracia, de esta manera, consiste en la negociación entre estas dos lógicas contradictorias, no en la eliminación de la heteronomía en nombre de una autodeterminación completamente realizada.

Las *huellas* de esta heteronomía pueden ser encontradas en dos aspectos centrales de una política democrática: la doble inscripción de la identidad de los sujetos democráticos y el vacío del lugar de inscripción. Comencemos con la identidad. Como hemos afirmado, no hay una demanda concreta que encuentre inscrita, dentro de sí misma, las condiciones de su propia universalización. Las demandas son muchas — vivienda, educación, libertad de prensa, derechos políticos y democráticos, etc.— y pueden ser articuladas entre sí de diversas maneras. Algunas de estas maneras no serán democráticas en absoluto —no hay razón alguna por la cual algunas demandas populares o democráticas no puedan ser articuladas a proyectos autoritarios; y, dentro del campo de la política democrática, una pluralidad de proyectos articulantes coexistirá necesariamente. Esta coexistencia es esencial si vamos a hablar de política *democrática*. Lo que es crucial a la política democrática, en términos de lo que hemos llamado doble inscripción es: 1) que la universalización de una demanda se lleve a cabo en términos de cadenas de equivalencia[2] con otras demandas; 2) que mientras esta universalización conllevará cierto cierre, este nunca es total —de otra manera un cierto contenido articulante dejaría de ser contingente y se convertiría en necesario, y, en ese caso, toda posibilidad de disentimiento sería excluida y toda democracia se acabaría.

Supongamos que una sociedad está experimentando una situación vivida como injusticia radical: la justicia, en ese caso, será vista como lo que está presente a través de su propia ausencia; la justicia no tendrá un contenido positivo propio, sino que ciertos contenidos particulares serán vividos como la *encarnación* de una reparación política radical capaz de traer justicia. El derrocamiento del régimen burocrático de Europa del Este en los ochenta es un buen ejemplo. Aquí vemos la operación de lo que hemos llamado doble inscripción: por un lado, ciertas demandas concretas son 'universalizadas' cuando entran en cadenas de equivalencia con otras demandas; por otra parte, estas cadenas de equivalencia son la encarnación de algo que las excede constitutivamente: los significantes vacíos 'orden', 'justicia', 'verdad', 'revolución', etc. El punto importante es que la inversión de estos símbolos vacíos en contenidos concretos que los encarnan es una inversión *radical*: no hay posibilidad de moverse de un nivel al otro en términos de una transición meramente lógica.

El asunto podría ser formulado en términos de la teoría lacaniana: porque el sujeto es, en un sentido radical, el sujeto de la carencia, su relación con un contenido concreto puede ser solamente una relación de *identificación*. La universalización lograda a través de la inscripción de cierta demanda en una cadena de equivalencias confiere cierto poder al sujeto entonces constituido y, de esta manera, le concede cierta autonomía, pero es una autonomía lograda sólo al precio de una *identificación*. Esto conlleva la imposibilidad de una autodeterminación pura y es la fuente de una heteronomía que siempre se encuentra en el corazón de la autonomía.

Si miramos el segundo aspecto concerniente a la relación autonomía/ heteronomía, se pueden hacer consideraciones similares. La articulación contingente entre identidad universal vacía y contenido particular encarnando esa identidad se encuentra de nuevo en la relación entre el lugar vacío del poder y la fuerza que lo ocupa. Esta es la muy pertinente distinción introducida hace mucho tiempo por Claude Lefort. En relación con las sociedades jerárquicas del pasado, donde el lugar del poder tiene un ocupante 'natural' —donde, en nuestra terminología, existe una superposición entre universalidad y particularidad diferencial-, el mayor cambio traído por la 'invención democrática' es que esta superposición se deshace: el lugar del poder se vuelve vacío, mientras sus relaciones con sus ocupantes sucesivos se convierten en esencialmente contingentes. Suscribo enteramente esta visión de los cambios resultantes de la revolución democrática. Sólo añadiría que la condición de vaciamiento del lugar del poder en la manera descrita por Lefort es que un proceso similar ocurre al nivel del sujeto: es porque el sujeto ahora está dividido —en la manera descrita— entre particularidad y universalidad vacía, que el lugar del poder, en la democracia moderna, se puede vaciar.

Si esta conclusión es correcta, la democracia, como espacio de negociación entre universalidad y particularidad, necesariamente difumina las fronteras entre el Estado y la sociedad civil. Para Hegel, estas fronteras eran estrictas: la sociedad civil era el reino de particularidad pura, mientras que la clase universal se encontraba solamente en la esfera política. Marx elimina esta última y transfiere los atributos de la 'clase universal' de la burocracia al proletariado, pero en esta transferencia el momento de particularidad se desvanece: la simplificación de la lucha de clases bajo el capitalismo lleva a un sujeto universal cuya autodeterminación no será contaminada por ninguna heteronomía. Es sólo con Gramsci que vemos la emergencia de una lógica política que rompe con la distinción Estado/sociedad civil y, de esa manera, hace de la interacción entre autonomía y heteronomía una parte integral de la negociación democrática.[3] Podemos añadir que la indecidibilidad del juego universalidad/ particularidad permea muchos debates contemporáneos concernientes a la agencia. Tenemos, por un lado, posiciones que afirman una política orientada a cuestiones específicas, basada en diversidad cultural, multiculturalismo, afirmación de la diferencia, etc. Por otro lado, tenemos la insistencia en que los problemas más amplios conectados con luchas emancipatorias son abandonados a través de este énfasis en la diferencia.[4] Debe quedar claro por qué, en nuestra visión, ambos énfasis son limitados y unilaterales. No es cuestión, para nosotros, de negar el potencial democrático radical que las luchas diferenciales presentan, pero tampoco es cuestión de limitarse al carácter puntual de esas luchas, dejando de lado consideraciones estratégicas más amplias. La construcción de cadenas contingentes de equivalencia es, desde nuestro punto de vista, el terreno en el cual el lazo entre universalidad y particularidad debe ser establecido. La tensión entre estas dos alternativas polares —la construcción de un sujeto emancipatorio universal y el engrandecimiento de la revolución democrática a través de la expansión de los principios igualitaristas hacia sectores cada vez mayores de la población— recorre toda la historia de la democracia moderna.

Tenemos que enfatizar un último punto concerniente a la dialéctica entre heteronomía y autonomía y su reproducción a todos los niveles del argumento político. Concierne a las maneras de referirse a la relación inclusión/exclusión. Como hemos visto, una autonomía concebida como autodeterminación estricta no puede dejar nada fuera de sí misma, tiene que reducir cualquier cosa aparentemente extraña a un momento interno de su autodesarrollo. La autodeterminación debe ser totalmente inclusiva. Ahora, una noción de inclusión concebida de esta manera no es incompatible con *algún tipo* de exclusión: uno que hace de la otredad del otro la condición de la constitución del yo. La otredad del otro se convierte, de esa manera, en un momento interno de una totalidad más amplia bajo la cual 'yo' y 'otro' son subsumidos. Su incompatibilidad se reduce al referirlos a una universalidad que trasciende ambos polos de la oposición inicial. Hegel fue capaz, de esa manera, de presentar la 'historia del mundo' como un desarrollo puramente interno, unificado por una astucia de la razón que dialécticamente supersede e interioriza toda exterioridad aparente. Sin embargo, esto no podría ser, ni siquiera para Hegel, la totalidad del relato,[5] puesto que la línea principal del desarrollo histórico, tal como él lo describió, debía conciliarse con la presencia de un exceso contingente que escapara de su dominio. Por lo tanto, él no podría evitar tener que hablar de "pueblos sin historia". Y aquí tenemos una exclusión de un tipo completamente diferente: es una exclusión radicalmente refractaria a la autodeterminación, una que ésta no puede recuperar. Implica la emergencia de una heterogeneidad que amenaza el carácter puramente interno de la 'historia del mundo'.

Hegel probablemente pensó que el carácter puramente marginal de este exceso social no era una amenaza real a su relato. Y Marx arguyó en términos similares: el proletariado era parte de una historia del mundo unificada por la categoría de trabajo productivo.[6] Pero aún en el recuento de Marx el remanente irreductible se hallaba presente: era dado por la noción de *lumpenproletariado* como exceso social, sin historia, viviendo en los intersticios de todas las formaciones sociales. La forma violentamente despectiva en que tanto Marx como Engels se refirieron al lumpenproletariado es bien conocida. Algunos de sus contemporáneos, como Bakunin, adoptaron sin embargo una visión diferente: para ellos era la exterioridad radical del lumpenproletariado *vis-á-vis* el sistema existente la que aseguraba su potencial revolucionario. Y algunos escritores contemporáneos adoptan una línea similar. Así, Fanon escribe:

> El *lumpenproletariado*, una vez constituido, lleva a todas sus fuerzas a poner en peligro la "seguridad" del pueblo, y el signo de una decadencia irrevocable, la gangrena siempre presente en el corazón de la dominación colonial. Entonces los chulos, los *hooligans*, los desempleados y los pequeños criminales ... se arrojan a sí mismos a la lucha como los valientes trabajadores. Estas personas sin clase social descubrirán, a través de la acción militante y decisiva, el camino que lleva a la nación... Las prostitutas también, y las sirvientas que cobran dos libras al mes, todos los que giran en círculos entre el suicidio y la locura, recuperarán su equilibrio, una vez más irán hacia delante y marcharán en la gran procesión de la nación despertada. (*Marx and Heterogeneity...* 89)

Vemos entonces la emergencia, desde dentro de la propia lógica de construcción del sujeto emancipatorio, de la misma tensión entre autonomía y heteronomía que hemos señalado desde el inicio de nuestra reflexión. La autonomía total presupondría que sólo la inclusión es pensable en el fondo y que cualquier exclusión es puramente transitoria o aparencial y destinada a ser finalmente dominada por la lógica identitaria inclusiva.. Pero el sujeto de esta lógica no puede ser ningún sujeto existente en realidad, sino sólo uno trascendente (siendo éste, por supuesto, el Espíritu Absoluto, que no es ni siquiera alcanzable en la esfera sociopolítica). La segunda clase de exclusión es, por el contrario, constitutiva: lo externo que se le opone es irreducible a cualquier tipo de interiorización. ¿Significa esto que tenemos heteronomía pura y que la posibilidad de autonomía debe ser descartada? De ninguna manera, puesto que en el proceso mismo de oponer algo externo, uno es capaz de construir las condiciones de la eficacia propia de uno dentro de cierta área; *en efecto*, uno se vuelve autodeterminado en un sentido débil y parcial. Ahora, la autonomía así alcanzada depende de la heteronomía para su emergencia en un doble sentido: primeramente, porque la heteronomía así concebida es indistinguible del poder y éste último presupone algo externo sobre el cual se ejerce (un poder cuyo objeto es uno mismo no sería poder en absoluto) y, segundo, porque es sólo a través de su oposición a un poder *externo* a sí mismo que la identidad de la entidad relativamente autónoma se constituye. (Volviendo al ejemplo de Fanon: sólo es su oposición al colonialismo lo que hace posible la unión de los marginales en un nuevo actor histórico).

Sobre la diferencia con el sujeto absoluto de una autodeterminación total, la parcialmente autónoma/ parcialmente heterónoma identidad de los sujetos emergentes de la segunda relación de exclusión corresponde exactamente con la identidad de actores sociales reales. Y es importante darse cuenta que estos son los únicos sujetos de cualquier democracia posible, ya que ésta implica la presencia de un disentimiento irreductible y de una distancia constitutiva entre el particularismo de los agentes sociales y la universalidad del espacio comunitario. Pero esta distancia —sin la cual, como hemos visto, no habría democracia— traduce la indecidibilidad que es su corolario necesario con respecto a las categorías principales que han estructurado históricamente el discurso de la teoría democrática. Discutiremos esta operación en dos de estas categorías, soberanía y representación, y después concluiremos esta presentación al postular la centralidad de la noción de hegemonía en una aproximación radical a la democracia.

Soberanía. Es importante ver por qué la soberanía es una categoría específicamente moderna. La noción de una fuente última de poder ciertamente no estaba ausente del Mundo Antiguo o de la Edad Media —nociones como *summa potestas* o *plenitude potestas* se dirigieron ciertamente en esa dirección— pero en general, las limitaciones del poder real por medio de la ley natural, por costumbre y por una organización feudal que reducía al rey al rol de *primus inter pares*, conspiraron, antes del Siglo XVI, contra la formulación de una teoría plena de la soberanía. (A esto, uno debe agregar la presencia de dos poderes universales, el Imperio y la Iglesia, que igualmente limitaban la soberanía de los estados-nación). El punto importante para nuestra discusión es que, al momento de su formulación en tiempos modernos —por ejemplo, en el principio hobbesiano de acuerdo al cual *auctoritas, non veritas facit legem*— la noción de soberanía está enlazada a la ausencia de limitaciones en el ejercicio del poder. Esto significa que estamos tratando a la autonomía en el sentido fuerte del término discutido anteriormente. La centralización del Estado traída por las monarquías absolutas funcionó en esa dirección y la teoría democrática, en el momento en que intentó reemplazar la soberanía del rey con la del pueblo, tenía el terreno preparado por siglos de unificación burocrática.

Pero una soberanía democrática tiene sus propios problemas, que no son tan visibles en una soberanía autoritaria. En el caso de Rousseau, por ejemplo, tenemos todo el conjunto de paradojas relacionadas a la noción de *'volonté générale'*. Toda la cuestión de hacer posible una voluntad que se convierta en el locus de una universalidad verdadera sólo puede ser aproximada por él en términos de actores sociales homogéneos en pequeñas comunidades, comunidades que él fue el primero en reconocer, eran cada día menos compatibles con las condiciones del mundo moderno. Esta es la razón por la cual, desde el principio mismo, la teoría de la soberanía fue desafiada por aproximaciones opuestas que convertían el constitucionalismo en arma para prevenir la concentración total del poder en un solo punto del organismo político. La constitución estadounidense, por ejemplo, como se justifica en los documentos *Federalistas*, defiende una federación flexible de estados que previene la formación de una estructura jurídica fuertemente centralizada.

Es fácil ver que esta oposición se superpone a los dos sentidos de autonomía que hemos discutido antes. O tenemos una autonomización de un sector *particular* contra la comunidad como un todo —en cuyo caso ningún sujeto puede ser verdaderamente soberano (y la democracia, en consecuencia, se identifica con una limitación de la soberanía) o tenemos la autonomía total de un poder plenamente soberano, pero en ese caso, un régimen así sólo puede ser soberano si superpone la voluntad homogénea de una *volonté générale*. El punto importante a enfatizar es que estas dos lógicas son *en última instancia* incompatibles: no hay un círculo cuadrado que pueda reunirlas en un modo intelectual lógicamente coherente. El hecho de que la democracia existe en el espacio de esta tensión irreductible no significa, sin embargo, que sea imposible, sino sólo que el juego de lenguaje que llamamos 'democracia' consiste en negociar entre estos dos polos incompatibles. Una sociedad que se inclina demasiado hacia un particularismo extremo no sería capaz de construir cualquier forma de representación global colectiva y una voluntad colectiva —y sería fácilmente manipulada por un poder administrativo que no esté sujeto a ninguna revisión o desafío político. Pero una sociedad que es exclusivamente universalista en términos de las identidades colectivas que es capaz de crear, tendría que suprimir la disensión y caería en las peores formas de unificación autoritaria (*la* Clase, *la* Raza, *la* Patria, etc.). Ahora, el terreno entonces trazado para la negociación democrática no es otro que el de una autonomía contaminada por la heteronomía, puesto que será la negociación de los agentes sociales que son *menos* que la 'clase universal'.

Representación. Hemos afirmado que cierta universalización —que esté cerca de ser autodeterminación plena— es una condición de la democracia. Sin embargo, ¿cómo es alcanzable esta universalización? Ya hemos dado algunos elementos para empezar a responder a esa pregunta. Dos dimensiones centrales deben ser tomadas en consideración. La primera es lo que hemos llamado relaciones de equivalencia: una identidad social se universaliza a sí misma cuando entra en una relación de equivalencia con otras identidades. Y las identidades se estructuran alrededor de demandas. Una demanda que se mantiene cerrada dentro de su propia particularidad sin establecer equivalencias con otras identidades nunca se puede volver política. La política presupone conexiones de negociación entre demandas y la constitución de identidades sociales más amplias como resultado de esas conexiones.

Pero hay una segunda e igualmente importante conexión. Las identidades populares más amplias están organizadas alrededor de cadenas de equivalencia más amplias. Pero no es suficiente enumerar los eslabones de la cadena en un ejercicio puramente aditivo: también es necesario *nombrar* la cadena, *significarla* como un todo. La unidad simbólica de 'el pueblo' es crucial en cualquier proceso de construcción política. Los *medios de representación* de estos conjuntos colectivos, sin embargo, son sólo los eslabones particulares constituyendo la cadena. Esto requiere que algunos de estos eslabones se separen de sus propias particularidades y que, sin dejar de ser particulares, se conviertan en los significantes de cierto desbordamiento de significado. 'La socialización de los medios de producción', por ejemplo, es una manera técnica de administrar la economía, pero en los discursos socialistas de principios del Siglo XX, significaba un proyecto mucho más amplio de emancipación humana, adoptando demandas de una variedad de campos. Sin este reunir demandas a través del nombramiento de conjuntos más amplios, no habría posibilidad de universalización.

Esto tiene, sin embargo, una consecuencia importante: sólo hay universalización a través de la representación. La idea de una autonomía autotransparente y pura debe ser descartada resueltamente. ¿Por qué? Primero, porque ninguna autonomía podría existir sino haciendo al sujeto más universal —lo cual sólo es alcanzable a través de la expansión de las cadenas de equivalencia—. Una demanda cerrada con su propia particularidad, lejos de ser autónoma, estaría reducida a una heteronomía desesperada: no podría constituir ningún poder y sería incapaz de establecer cualquier guerra de posición en la negociación de la tensión autonomía/heteronomía. Segundo, como hemos visto, la condición para que la cadena de equivalencias se convierta en un conjunto colectivo más amplio es la representación de ese conjunto por un significante particular cuya identidad está dividida entre su propia particularidad y su función representativa más amplia. Esta es la operación que Gramsci llamó 'hegemonía'. Pero si la identidad más amplia (más universal) requiere ser representada por un equivalente universal — lo que en mi terminología he llamado un significante vacío—[8] esto significa que no hay identidades sociales sino a través de un proceso de representación. La representación no es una relación subsidiaria, una que completa una identidad constituida fuera de y previa al proceso de representación, sino que está inscrita en la construcción originaria de identidades sociales. El proceso de representación y el proceso de formación de identidades sociales es, de hecho, uno y el mismo. Y aquí encontramos una vez más la dialéctica entre autonomía y heteronomía: ninguna autonomía puede existir sino a través de la universalización equivalente de demandas y el poder que esto implica (este es el momento autónomo); pero ninguna universalización puede llevarse a cabo sino por medio de la representación (este es el momento heterónomo). La representación implica un doble movimiento entre representante y representados, en el cual ambos lados contribuyen en algo al proceso representativo sin ser posible asignar alguna prioridad última a ninguno de los lados.[9]

Hegemonía. Recapitulemos. Hemos argumentado aquí que algunas de las oposiciones que han dominado la teoría social y política por mucho tiempo, son simplemente el resultado de elegir un extremo de la oposición y presentar el otro como antítesis estricta. Hemos sostenido, por el contrario, que en la mayoría de los casos los dos extremos opuestos, lejos de rechazarse entre sí, se contaminan mutuamente, de tal forma que sólo enfocando sus procesos de subversión mutua es que se pueden diseñar nuevos juegos de lenguaje para dar cuenta de las posibilidades históricas de la teoría y la práctica democráticas en la cual esos callejones *aparentemente* cerrados están de hecho abiertos.

El centro de nuestro análisis fue la relación entre autonomía y heteronomía. Tratamos de mostrar que la estricta identificación entre autonomía, libertad y autodeterminación lleva a una situación en la cual: a) dicha identificación no corresponde a ningún sujeto posible; y b) que es sólo por la articulación de autonomía y heteronomía en su tensa relación que es posible desarrollar juegos estratégicos más complejos que abren el camino para interacciones democráticas reales. Lo mismo puede ser dicho de otros pares de conceptos antagónicos —algunos de los cuales han sido referidos brevemente— como universalidad y particularidad, poder y emancipación, inclusión y exclusión, etc.

Central a nuestra preocupación ha sido la categoría de 'poder' que desde nuestro punto de vista, señala el terreno en el cual se sitúa la negociación entre muchas de nuestras dicotomías. Para volver a autonomía/heteronomía: ser autónomo para un sujeto que es menos que el Espíritu Absoluto implica la construcción de *una relación de poder*, algo que hace posible la autonomía como resultado de una relación de fuerza que, sin embargo, presupone el momento de la heteronomía. Lo mismo puede ser dicho de otras oposiciones. Y esto nos lleva a la cuestión de la hegemonía, que es para mí la categoría básica del análisis político. He definido 'hegemonía' como un proceso por el cual cierta particularidad asume la representación de una universalidad que es inconmensurable respecto a ella. Aquí tenemos un terreno indecidible entre universalidad y particularidad. No estamos simplemente en el terreno de la particularidad pura, que implicaría dominación directa; pero no tenemos tampoco una universalidad pura e incontaminada. Lo que tenemos es una subversión entre universalidad y particularidad que crea el campo de una tensión que no puede ser superada. Como en los casos de poder/emancipación, inclusión/exclusión y autonomía/heteronomía (pero tal vez no sean casos *diferentes*) es esta lógica de la indecidibilidad lo que está en la raíz de la productividad política de la noción de hegemonía. Como escribió Kant en la *Crítica de la razón pura*: 'Mucho está ya ganado si podemos traer un número de investigaciones bajo la fórmula de un solo problema' (55).

Traducción de Ignacio Sánchez Prado

Notas

[1] *Undecidable* en el original. Este término es un concepto constante en la obra de Laclau y se trata de un neologismo referente a la calidad de decisión o indecisión inherente a una estructura dada. Esto también se refiere a *undecidability*, que traduzco como indecidibilidad. (N del T)
[2] Acerca de las nociones de equivalencia y diferencia, véase E. Laclau y C. Mouffe, *Hegemony and Socialist Strategy*, capítulo 3.
[3] A. Gramsci. *Selections from the Prison Notebooks* (206-77).
[4] Esta es la posición mantenida por Slavoj Zizek, entre otros, en años recientes.
[5] Traduzco *Story* como relato para evitar la confusión con historia en el sentido de *history* (N. del T.)
[6] Véase P. Stallybrass. "Marx and Heterogeneity: Thinking the Lumpenproletariat". *Representations* (69-95).
[7] Citado por P. Stallybrass 89.
[8] Véase mi ensayo 'Why do empty signifiers matter to Politics". *Emancipation(s)*.
[9] Véase mi ensayo "Power and Representation". *Emancipation(s)*.

BIBLIOGRAFÍA

Gramschi, A. *Selections from the Prison Notebooks*. Londres: Lawrence and Wishart, 1971.
I. *Kant's Critique of the Pure Reason*. N. Kemps Smith, trad. Londres: MacMillan, 1985. 55.
Laclau, Ernesto. "Why do Empty Signifiers Matter to Politics". *Emancipation(s)*. Londres: Verso, 1996.
_____ "Power and Representation". *Emancipation(s)*. Londres: Verso, 1996.
_____ y C. Mouffe. *Hegemony and Socialist Strategy*. Capítulo 3. Londres: Verso, 1985.
Stallybrass, P. "Marx and Heterogeneity: Thinking the Lumpenproletariat". *Representations* 0/1 (verano 1990): 69-95.

VI. Narraciones y destiempos de la heterogeneidad

Nuestros malestares en la modernidad

Jesús Martín-Barbero
Iteso, Guadalajara, México

> Hay un cambio total de perspectiva: se consideraba que el mundo moderno estaba unificado mientras que la sociedad tradicional estaba fragmentada; hoy por el contrario, la modernización parece llevarnos de lo homogéneo a lo heterogéneo en el pensamiento y en el culto, en la vida familiar y sexual, en la alimentación o el vestido.
>
> Alain Touraine

Nuestros malestares en, y con, la modernidad son muchos y variados. Y como el "malestar en la cultura" que estudiara Freud, estamos necesitados de analizarlos así ello remueva también nuestros más *bajos fondos*, pero sin que su magma oscuro nos atrape e impida darnos nuestros propios futuros. Estamos exigidos de investigar, entonces, las trayectorias que conectan las lógicas de nuestra *deuda externa* con las de la *duda interna* que atraviesa la modernidad en los paises centrales, ya que en sus encrucijadas se hallan algunas claves de nuestros más peculiares *des-centramientos*.

1. Los malestares del parto nacional

Para explicar *las fallidas expectativas civilizadoras* de la expansión del capitalismo en nuestros países —como los de África y Asia— la razón occidental hizo recaer sobre ellos la responsabilidad de ese fracaso: si el comercio no fue portador de civilización en América Latina sería resultado de su incapacidad para insertarse en las dinámicas del capital. Así nació el mito según el cual Occidente es Uno y el resto es lo Diverso, con una diversidad asimilada a imperfección, y con él las "interpretaciones metropolitanas" del imperio que unificaron la mirada europea en el mismo movimiento en que la proclamaban universal. La construcción discursiva de la *diferencia que identifica* a América Latina se inició ahí: en aquella legitimación de las violencias de la dominación que atribuyó a nuestra *barbarie originaria* la frustración de la acción civilizatoria que entrañaban las leyes de la conquista militar y religiosa primero y despues las leyes de la expansión del capitalismo. Y es en esa originaria *frustración*, experimentada en el parto del que nacieron nuestras naciones, donde arraiga nuestro primer malestar en la modernidad.

Un malestar ligado a la violencia de la representación. Tanto al *estigma* con que la racionalidad de la dominación —bajo el nombre de "división internacional del trabajo"— marcó desde su formación el destino como naciones de estos paises, como a los *regímenes de representación* que a lo largo del siglo XIX "fijaron las identidades" de indios, negros y mujeres, en la más eficaz forma de legitimación de la exclusión. Apoyándose en los trabajos de Ernesto Laclau, Rene Girard, Chantal Mouffle o Slavoj Zizek, la historiadora colombiana Cristiana Rojas ha trazado, a mi manera de ver, para Colombia el primer mapa de correspondencias entre *las violencias no representadas* y las *violencias de la representación* desde el que se hace posible rastrear los más bajos fondos de las intolerancias que desgarran al país.

Colombia tiene sus cimientos de nación en una representación que, sin la menor ambigüedad, demarca aquello que la constituye —machos blancos con propiedad en el haber y en el hablar— de lo que esa *constitución* excluye: indios, negros, mujeres e iletrados. Una correspondencia estructural amarra el no reconocimiento de las otras identidades que conforman la mayoría de la población a la incapacidad del Estado para construir una unidad simbólica de la sociedad nacional. Su dispositivo central se hallará en la "identificación partidista", *conservador/liberal*, deslegitimando desde el inicio cualquier diferenciación sociopolítica o cultural. El "dualismo ontológico" entre el *individuo soberano* del liberalismo y el *sujeto moral* del conservadurismo lastrará la capacidad del Estado para representar el interés general. El *antagonismo partidista* como régimen de representación del *otro* en Colombia nos asoma a la urdimbre política de la exclusión fundacional. Se trata de la representación del otro partido como "un doble", y por lo tanto, como perversión y simulación a destruir. Así concebido y practicado, el antagonismo partidista niega la existencia del mínimo "espacio común" en el que adquiere sentido *la diferencia* entre los partidos y el indispensable *reconocimiento* de un partido *por* el otro. Privados de la *reciprocidad* que posibilita/exige aquel "espacio común", y por lo tanto de la posibilidad de resolver los conflictos mediante "pactos de reconocimiento", los partidos no tendrán otra forma de dirimir sus conflictos que la violencia. Y ella en todas sus formas, desde las discursivas, como las analizadas por el sociólogo Carlos Mario Perea en *Porque la sangre es espíritu*, hasta las más corporales y crueles, estudiadas por la antropóloga María Victoria Uribe en *Matar, rematar y contramatar*. Desde este enfoque se empieza a entender por qué el "Frente Nacional", convenido por los partidos liberal y conservador durante los años cincuenta y sesenta con el fin de acabar el periodo denominado de "la Violencia", más que un pacto de reconocimiento mutuo entre los partidos tradicionales resultó en la desinstitucionalización/anulación de ambos partidos, su vaciamiento ideológico y su definitiva sustitución por meras maquinarias clientelistas y electoreras, corruptas y corruptoras de la administración entera del Estado.

Pero el *antagonismo* no fue sólo la forma de identificación partidaria, fue también el régimen de representación del *mestizaje como blanqueamiento,* esto es, anulación del no blanco. Pues lo que en el proceso de absorción, por "lo blanco" del indio y el negro (y sus derivados: el zambo y el cuarterón), alcanzó a resistir a su desaparición estaba destinado al estigma. Los indios y los negros —y también las mujeres— se vieron también privados de aquel mínimo *espacio común* con los blancos/machos, desde el que fuera reconocible su alteridad. Pero a diferencia de lo sucedido con el antagonismo político, el antagonismo étnico y racial se vio en todo momento resistido desde dentro por las *las voces subalternas*. Aunque en Colombia se ha hecho historia de los "rebeldes primitivos", esos estudios han seguido un camino paralelo, no integrado a la comprensión de la trama nacional de las violencias. Que es justamente a donde apunta el estudio de Cristina Rojas: pensar las violencias diferenciadamente, pero *pensarlas juntas,* articuladas históricamente, lo que significa insertas en sus contextos históricos, pero haciendo parte de *una misma narrativa nacional*. Pues es la ausencia de esa narrativa la que ha configurdo un *encadenamiento* del presente al pasado según el cual la violencia se inscribe, dice Daniel Pecaut, no en una historia sino en una "infrahistoria de catástrofes y desastres cuasi naturales", que no puede entonces narrarse sino míticamente pues, aunque recuerda, no puede dar lugar a una "memoria común", ni mucho menos movilizar un imaginario que proyecte un horizonte de futuro para el conjunto de la sociedad.

Más que a la ausencia de un mito fundacional, el malestar en la modernidad remite en Colombia a la falta de un "relato nacional". Lo que no responde a ninguna incapacidad congénita sino al muy histórico acallamiento de las *voces subalternas*, esas cuya escucha ha dado inicio a estudios culturales que hacen visible el *entretejido de la nación* con las *narraciones* en las que se han metaforizado el conflictivo proceso de formación de la nación y el nuevo proyecto de una *reescritura plural* de la historia nacional. Esa que emerge en los poemas de Candelario Obeso, develando el deseo de los blancos hacia los negros, que se esconde y se dice en la estigmatización de su raza como salvaje e ignorante y su brutal disciplinamiento, al mismo tiempo que sus contradicciones personales al sentirse atrapado entre la cultura negra a la que pertenece y la escritura "blanca" desde la que se expresa. Y en las novelas y cuentos de Soledad Acosta expresando bien juntas la trangresión que implicaba pensarse mujer y escritora, y las contradicciones que implicó para las mujeres ilustradas el carácter de género de la lucha por la independencia, una lucha en la que *la patria* significaba la liberación política de la colonia pero dejaba intocada la dominación social del macho. O en *María,* donde el imposible amor metaforiza el miedo a las ambiguedades del mestizaje, aquella amalgama racial de la que podia salir una progenie mostruosa: justamente aquella que vino a des-cubrir casi 100 años después Gabriel García Márquez en sus *Cien años de soledad.* O en *Manuela,* ese relato de violencias y seducciones en la muy social y culturalmente representativa Ambalema, donde la resistencia que opone una mujer negra al deseo blanco de los hacendados terminará en "la destrucción del objeto del deseo": la muerte de Manuela el dia en que iba a casarse y que era nada menos —su autor, Eugenio Díaz no pudo hablar más claro— que el 20 de julio, fiesta de la independencia nacional.

De lo que esos primeros malestares nos hablan hoy es de que, frente a todos los dualismos morales o metafísicos, católicos o mercantiles, la violencia no es lo contrario del orden sino el entretejido de conflictos que genera y del que se alimenta cualquier orden, y en especial aquel orden absoluto que se llamó a sí mismo *civilización* o *deseo civilizador*: "aquel deseo mimético de ser europeos transformado en principio organizador de la República" (Ojos imperiales 51). Y en cuanto tal estigmatizador de las diferencias étnico-raciales a nombre de su incapacidad de integración al orden del capital cuya libertad económica, paradójicamente, presuponía una fuerza de trabajo indiferenciada. Entre las dinámicas homogenizadoras del capitalismo y las lógicas excluyentes —engendradas por nuestras muy particulares metamorfosis del deseo civilizador— no hubo reconciliación posible, ni la hay aún hoy, y no sólo en Colombia sino en la mayoría de los países latinoamericanos. La globalización repone en escena ese viejo malestar, o mejor, reactualiza pervirtiendo fundamentalmente la antigua escena de nuestro primer malestar en la modernidad..

2. Los malestares del des-centramiento

> Abstraer la modernización de su contexto de origen no es sino un reconocimiento de que los procesos que la conforman han perdido su centro para desplegarse por el mundo al ritmo de formación de los capitales, la internacionalización de los mercados, la difusión de los conocimientos y las tecnologías, la globalización de los medios de comunicación masiva, la extensión de la enseñanza escolarizada, la vertiginosa circulación de las modas y la universalización de ciertos patrones de consumo
>
> José Joaquín Brunner

Desde los años ochenta, la modernidad está siendo pensada en América Latina a partir de la heterogeneidad de temporalidades y dinámicas de que están hechas sus sociedades y sus pueblos. Pues ¿cómo pensar una diferencia que no se deja asimilar ni disolver por el modelo hegemónico —ya sea europeo o norteamericano— únicamente desde el ámbito de las prácticas económicas y políticas cuando la dinámica de las transformaciones que cala en los modos de vida de las mayorías remite a "la persistencia de estratos profundos de la memoria y la mentalidad colectiva sacados a la superficie por las bruscas alteraciones del tejido tradicional que la propia aceleración modernizadora comporta?" (*Metapolítica: más allá...* 60). Y es que el debate de la modernidad nos concierne estratégicamente porque a su modo replantea aquel sentido del progreso que nos hizo imposible percibir las discontinuidades culturales que desgarran y pluralizan la modernidad latinoamericana: la "resistencia" de sus tradiciones y la contemporaneidad de sus "atrasos", las contradicciones de su modernización y las ambigüedades de su desarrollo, lo temprano de su modernismo y lo tardío y heterogéneo de su modernidad. Y al constituirse en escenario del reencuentro de las ciencias sociales con la reflexión filosófica, y de ésta con la experiencia cotidiana, ese debate nos aboca no sólo a la crisis de los paradigmas con los que pensamos sino al emborronamiento del lugar desde el que formulamos las preguntas.

Des-centramiento por pluralización: modernidades

Modernidad plural o mejor *modernidades*: he ahí un enunciado que introduce en el debate una torsión, una dislocación irresistible incluso para los más radicales de los posmodernos. Porque la crisis de la razón y del sujeto, el fin de la metafísica y la deconstrucción del logocentrismo tienen como horizonte la modernidad, la que comparten defensores e impugnadores. Pensar la crisis *desde aquí* tiene sin embargo, como condición primera, el arrancarnos aquella lógica según la cual nuestras sociedades son irremediablemente exteriores al proceso de la modernidad y su modernidad sólo puede ser deformación y degradación de la verdadera. Romper esa lógica implica preguntar si la incapacidad de reconocerse en las alteridades que la resisten desde dentro no forma parte de la crisis no pensada, o impensable, desde el centro.

Pero pensar la pluralidad como descentramiento de la modernidad nos exige hacernos cargo de esa otra heterogeneidad contemporánea que comporta el entrecruce de las memorias largas con los imaginarios de la instantaneidad. Un entrecruce que quizá nos sea menos difícil de pensar si aceptamos la *perspectiva palimpsesto:* la de un pasado borrado una y otra vez pero que vuelve a emerger tenazmente, aunque borroso, en las entrelíneas con que se escribe el presente.

Pues mucho antes de que los de Frankfurt tematizaran el concepto de "razón instrumental" nuestros países habían tenido una ya larga experiencia, y conciencia, de la instrumentalización como forma de *racionalización moderna*, no sólo de la voracidad del capital sino de la implantación de una economía simbólica que, con el tiempo, tornaría irracional, con el *desarrollismo*, toda diferencia que no fuera funcional a un desarrollo concebido como último vagón de la modernidad para nuestros países; y que, desde mediados de los años ochenta, nos empuja a una *posmodernidad* en la que ahora es la diferencia la que se quiere una o resulta confundida con la fragmentación de aquella unidad. Reinstalándonos en una concepción lineal del tiempo, la globalización, o proyectándonos hacia su más dislocador estallido, el discurso posmoderno, nuestro latinoamericano malestar en la modernidad expresa hoy la doble imposibilidad en que nos encontramos: la de devolvernos a una *diferencia* unificante idealizada, que al identificarnos nos separa del resto auto-encerrándonos, o la de proyectar un futuro en el que la *hibridación* nos permitiría nombrar una indolora desaparición de los conflictos que subyacen y explotan en la *resistencia* cultural.

Este segundo malestar nuestro *en/con la modernidad* no es entonces pensable, ni desde lo inacabable del proyecto moderno que reflexiona Habermas —pues ahí la herencia ilustrada es restringida a lo que tiene de emancipadora dejando fuera lo que en ese proyecto racionaliza el dominio y su expansión— ni desde el reconocimiento que de la diferencia hace la reflexión posmoderna, pues en ella la diversidad al confundirse con la fragmentación, resulta todo lo contrario de la articulación y la interacción en que se teje y sostiene la diversidad cultural. Es en la *nueva historia* que se ha escrito, donde estos países han comenzado a percibir la juntura entre dos hechos decisivos: que la modernidad no es el ineluctable resultado en la cultura de la modernización socioeconómica, sino el contradictorio entretejido de múltiples dinámicas y mediaciones sociales, económicas, técnicas, políticas, culturales; y que se hallan agotados tanto el imaginario populista como el desarrollista, que a lo largo del siglo XX opusieron irreconciliablemente tradición y modernidad, ya sea por la vía del "retorno a las raíces" y la denuncia de la modernidad como simulacro, o por la de una modernización entendida como definitiva "superación del atraso". El iluminador texto del brasileño Roberto Schwarz nos ha ayudado como pocos a entender las razones de este segundo malestar: la "constelación práctica" en que se han formado estos países es una trama, dislocamientos y desviaciones de ambigüedades y operaciones mediante las cuales tanto las ideas como los ideales de la modernidad son —la expresión debía venir de un brasileño habituado al lenguaje del fútbol— "un fuera de lugar" pues a la vez que esas ideas se cargan permanentemente de sentidos impropios por relación al movimiento que las originó, se tornan elemento interno y activo de nuestras culturas por una también permanente apropiación y reapropiación.

Escribiendo desde Colombia y mirando al trasluz de lo que revela la historiografía latinoamericana del siglo XIX, el historiador Germán Colmenares, afirma: "para intelectuales situados en una tradición revolucionaria no sólo el pasado colonial resultaba extraño sino también la generalidad de una población que se aferraba a una sístesis cultural que se había operado en él" (*Las convenciones contra la cultura*). Extrañamiento que condujo a muchos a una "resignación desencantada", que era ausencia de reconocimiento de la realidad, "ausencia de vocabulario para nombrarla" y sorda hostilidad hacia el espacio de las subculturas iletradas. Ese diagnóstico sigue siendo certero e iluminador de la experiencia actual. También ahora la generalidad de la población está experimentando mezclas y síntesis culturales que desafían tanto las categorías como los vocabularios en los que la élite ha pensado y dicho la modernidad. Pues a partir de los años cincuenta/sesenta, las mayorías latinoamericanas acceden y se apropian de la modernidad, sin abandonar su cultura oral. Estamos ante una profunda compenetración, hecha de complicidad y complejidad de relaciones, entre la oralidad que perdura como experiencia cultural primaria —ya regramaticalizada desde la "oralidad secundaria" (*Cartografías*) que tejen y organizan las gramáticas tecnoperceptivas de la radio y el cine— con las visualidades electrónicas de la televisión y los videojuegos. De ahí que, por más escandaloso que nos suene, es un hecho cultural insoslayable que las mayorías en América Latina se están incorporando a la modernidad no de la mano del libro sino desde los géneros y las narrativas, los lenguajes y las escrituras de la industria y la experiencia audiovisual. Y lo que ahí está en juego no es únicamente la hibridación de las lógicas globales del capital con las nuevas expresiones de un exotismo a admirar o denunciar, sino hondas transformaciones en la cultura cotidiana de las mayorías, y especialmente entre unas nuevas generaciones que no han dejado de leer, pero cuya lectura no corresponde ya a la linealidad/verticalidad del libro sino a una aún confusa pero activa hipertextualidad que, desde alguna parte del cómic, desde el video musical o publicitario, y sobre todo de los videojuegos, conducen a la navegación por la internet. ¿Cómo seguir entonces pensando separados memoria popular y modernidad —a no ser que la modernidad se piense aún ilustradamente anclada en el libro— cuando en América Latina la dinámica de las transformaciones que calan en la cultura cotidiana de las mayorías proviene principalmente de la desterritorialización que producen las migraciones y los desplazamientos junto a la transculturación que propician y agencian los medios masivos?

En los ochenta la consolidación de la expansión urbana y la ampliación sin precedentes de la matrícula escolar se ven acompañadas por una expansión de los medios masivos y la conformación del mercado cultural. Según José Joaquín Brunner es sólo a partir de ese cruce de procesos que puede hablarse de modernidad en estos países. Pues más que como experiencia intelectual ligada a los principios de la ilustración, la modernidad en América Latina se realiza: en el *descentramiento* de las fuentes de producción de la cultura desde la comunidad a los "aparatos" especializados, en la sustitución de las formas de vida elaboradas y transmitidas tradicionalmente por estilos de vida conformados desde el consumo, en la *secularización e internacionalización* de los mundos simbólicos, en la *fragmentación* de las comunidades y su conversión en públicos segmentados por el mercado. Procesos todos ellos que si en algunos aspectos arrancan desde los años treinta, no alcanzarán visibilidad verdaderamente social sino cuando la educación se vuelve masiva y cuando la cultura logra su diferenciación y autonomización de los otros órdenes sociales a través de la profesionalización general de los productores y la segmentación de los consumidores. Pero ello sucede, a su vez, cuando el Estado no puede ya ordenar ni movilizar el campo cultural debiendo limitarse a asegurar la autonomía del campo, la libertad de sus actores y las oportunidades de acceso a los diversos grupos sociales, dejándole al mercado la coordinación y dinamización de ese campo. La modernidad entre nosotros resulta "una experiencia compartida de las diferencias pero dentro de una matriz común proporcionada por la escolarización, la comunicación televisiva, el consumo continuo de información y la necesidad de vivir conectados en la ciudad de los signos" (*Tradicionalismo y modernidad...* 38).

Del malestar a la desmoralización del intelectual y la ausencia de políticas culturales

Un profundo desordenamiento cultural —en el que se entrecruzan las desubicaciones políticas del intelectual en la sociedad globalizada (pos-nacional) con la profunda devaluación que sobre su autoridad letrada acarrea la experiencia, especialmente entre los jóvenes, de la cultura audiovisual, va a conducir a una profunda desazón moral. Aun mayor que aquella auscultada por el historiador Germán Colmenares, la desazón y el malestar intelectual hoy son de la misma especie. Como los que el muy prestigioso escritor colombiano Héctor Abad Facio Lince muestra en su amargo cuaderno de quejas. En la televisión se produce y expresa, según él, la *última* abominación de nuestra civilización, ya que ella es por naturaleza inculta, frívola y hasta imbécil, tanto que "cuanto más vacuo sea un programa, más éxito tendrá". La causa de esa abominación es la *fascinación* que produce el medio audiovisual, "gracias a su capacidad de absorbernos, casi de hipnotizarnos" evitándonos "la pena, la dificultad de tener que pensar". De lo que se concluye: "apagar, lo que se dice apagar la televisión, eso no lo van a hacer las mayorías jamás". De lo cual se infiere que lo que verdaderamente debe preocuparnos no es el daño que haga a las personas ignorantes (los analfabetos algo sacan) sino el que le hace a la minoría culta estancándola, distrayéndola, robándole sus preciosas energías intelectuales.

Pero si la cultura es menos el paisaje que vemos que la mirada con que lo vemos, empiezo a sospechar que el alegato de Héctor Abad habla menos de la televisión que de la mirada radicalmente decepcionada del pensador sobre las pobres gentes de hoy, incapaces de calma, de silencio y soledad, y compulsivamente necesitadas de movimiento, de luz y de bulla, que es lo que nos proporciona la televisión, sólo que ese *nos*, que incluye al autor entre esas pobres gentes, tiene algo de ironía, pero también no poco de tramposa retórica. Porque si la *incultura* constituye la quintaesencia de la televisión se explica el desinterés, y en el "mejor" caso el desprecio de los intelectuales por la televisión, pero también queda ahí al descubierto el pertinaz y soterrado carácter elitista que prolonga esa mirada: confundiendo iletrado con inculto; las élites ilustradas desde el siglo XVIII, al mismo tiempo que afirmaban al *pueblo* en la política, lo negaban en la cultura, haciendo de la *incultura* el rasgo intrínseco que configuraba la identidad de los sectores populares, y el insulto con que tapaban su interesada incapacidad de aceptar que en esos sectores pudiera haber experiencias y matrices de *otra* cultura.

¿Qué hacer entonces con la televisión?, ¿qué tipo de política de televisión plantea Héctor Abad? Una sóla: apagarla. Lo que significa que las luchas contra la avasallante lógica mercantil que devora ese medio acelerando la concentración y el monopolio, la defensa de una televisión pública que esté en manos no del gobierno sino de las organizaciones de la sociedad civil, la lucha de las regiones por construir las imágenes de su diversidad cultural resultarían por completo irrelevantes e ineficaces. Todas esas luchas no tocarían el fondo, la naturaleza perversa de un medio que nos evita pensar, nos roba la soledad y nos idiotiza. ¿Y qué política educativa cabe entonces? Según Héctor Abad, ninguna, pues es la televisión en sí misma, y no algún tipo de programa, la que refleja y refuerza la incultura y estupidez de las mayorías. Con el argumento de que "para *ver* televisión no se necesita aprender", la escuela —que lo que enseña es a *leer*— no tendría nada que hacer. Ninguna posibilidad, ni necesidad, de formar una mirada crítica que distinga entre la información independiente y la sumisa al poder económico o político, entre programas que buscan conectar con las contradicciones, los dolores y las esperanzas de Colombia y los programas que nos evaden y consuelan, entre baratas copias de lo que impera y trabajos que experimentan con los lenguajes, entre esteticismo formalista que juega exhibicionistamente con las tecnológías y la investigación estética que explora la sensibilidad de las nuevas generaciones. Nada que hacer, distinto a apagar la televisión, que es lo que distingue al intelectual de la ignorante y frívola masa popular.

El malestar en esta modernidad se proyecta así especialmente en la incapacidad de la ciudad letrada para proponer unas *políticas culturales*, que en lugar de ocuparse en buscar raíces y conservar autenticidades o en denunciar la decadencia del arte y la confusión cultural, se haga cargo de los desafios y posibilidades que las nuevas condiciones tecnoculturales despliegan. Es una modernidad que se abre paso efectuando fuertes desplazamientos sobre los compartimentos y exclusiones que, durante más de un siglo, instituyó la Modernidad monoteista y con mayúscula generando hibridaciones entre lo autóctono y lo extranjero, lo popular, lo culto y lo masivo. Categorías y demarcaciones todas ellas que se han vuelto incapaces de dar cuenta de la trama que dinamiza el mundo cultural, del movimiento de integración y diferenciación que viven nuestras sociedades.

La relación entre medios y cultura, sobre todo en el campo audiovisual, se ha tornado en los años noventa especialmente compleja. Como demostró el debate entre la Unión Europea y los Estados Unidos sobre la "excepción cultural", la producción y circulación de las industrias culturales exige una mínima puesta en común de decisiones políticas. En América Latina ese mínimo de políticas culturales comunes ha sido imposible de lograr hasta ahora. Y una razón de fondo que está impidiendo integrar un mínimo las políticas sobre industrias culturales en los acuerdos de integración latinoamericana, estriba en el divorcio entre el predominio de una concepción fundamentalista de la identidad nacional, asociada a lo étnico, y el pragmatismo radical de que hacen gala los estados a la hora de insertarse en los procesos de globalización económica y tecnológica. Concentradas en preservar patrimonios y promover las artes de élite, las políticas culturales de los estados han desconocido por completo el papel decisivo de la industria audiovisual en la cultura cotidiana de las mayorías. Ancladas en una concepción básicamente preservacionista de la identidad, y desarticuladas de lo que hacen las empresas y los grupos independientes, ese "tercer sector" cada día más denso, las políticas públicas están siendo en gran medida responsables de la desigual segmentación de los consumos y del empobrecimiento de la producción endógena. Y ello en momentos en que la heterogeneidad y la multiculturalidad no pueden ser más vistas como un problema sino como la base de la renovación de la democracia. Y cuando el liberalismo, al expandir la desregulación hasta el mundo de la cultura, está exigiendo a estados y organismos internacionales la *reconstrucción de la esfera pública*. Presos de esa contradicción, los dos grandes acuerdos de integración subregional —la entrada de México al *TLC* (Tratado de Libre Comercio) entre EE.UU. y Canada, y la creación del *Mercosur* entre Brasil, Argentina, Uruguay y Paraguay— no darán al tema cultural sino una presencia marginal: "objeto sólo de anexos o acuerdos paralelos". Los objetivos directamente e inmediatamente económicos —desarrollo de los mercados, aceleración de los flujos de capital— obturan la posibilidad de plantearse un mínimo de políticas acerca de la concentración financiera y el ahondamiento de la división social entre los "inforricos" y los "infopobres".

Y sin embargo, la identidad cultural de los pueblos podrá continuar siendo narrada y construida en los nuevos relatos y géneros audiovisuales sólo si las industrias comunicacionales son tomadas a cargo por unas políticas culturales capaces de asumir lo que los medios masivos tienen de, y hacen con, la cultura cotidiana de la gente, y capaces también de implicar explícitamente al sistema educativo en la transformación de las relaciones de la escuela con los *campos de experiencia* que configuran las nuevas sensibilidades, los nuevos lenguajes y las escrituras informáticas. Ello está exigiendo que esas políticas se basen no en declaraciones de intención sino en un serio reconocimiento de los problemas y en un análisis preciso de las posibilidades. Unas políticas no generalistas, dirigidas al abstracto público de las declaraciones de intención, sino diversificadas y dirigidas a los organismos internacionales, a las universidades y los investigadores, a las asociaciones de usuarios y los profesionales del sector, y orientadas a posibilitar la negociación de los organismos internacionales y los gobiernos con los empresarios. Y puesto que en una economía cada día más globalizada el ámbito de referencia de las políticas culturales rebasa lo nacional, necesitamos que "nuestros países se decidan a concertar e intercambiar sus propias producciones, impulsando al mismo tiempo la exportación de lo nuestro y la importación de lo que, producido en cualquier lugar del mundo, venga a fortalecer y enriquecer la identidad y pluralidad de nuestros pueblos" (*Encuentro regional sobre políticas audiovisuales...* 7).

3. Perversiones del malestar: dualismos y esquizofrenias

Muchos de los estudios latinoamericanos sobre los sucesivos fracasos de los proyectos de desarrollo social en la región desembocan en la dicotomía, al parecer insalvable por estas latitudes, entre modernización y modernidad: de lo que habríamos sido capaces es de modernizarnos económica y tecnológicamente pero seguimos siendo incapaces de lograr la modernidad en su sentido pleno, esto es político y cultural. Estudiando esa tendencia en las ciencias sociales en Colombia encontré que ella conduce a dos sinsalidas —el dualismo y la esquizofrenia— que son a la vez perversiones teóricas y políticas de nuestros malestares en/con la modernidad.

La *modernización sin modernidad* significa para algunos de los más importantes investigadores de la economía, como Consuelo Corredor, una estructural subordinación del Estado colombiano, que le habría impedido los mínimos consensos que la modernización económica exigía en su despliegue y movilización de actores y fuerzas sociales. El sentido de lo nacional se habría quedado en una "vaga connotación territorial" sin que implique una verdadera integración económica. De modo que las economías regionales se vinculan al mercado mundial sin la mediación de un poder central efectivo del Estado.

También desde la economía, pero implicando más dimensiones y actores sociales, Salomón Kalmanovich indaga en su texto *Modernidad y Competencia*, los múltiples comportamientos que no se compadecen con el "progreso" de las relaciones económicas capitalistas: desde el hecho de que el país siga consagrado al Sagrado Corazón, hasta el banquero quebrado que viaja a pagar una visita al Cristo de los Milagros en Buga para ver si le ayuda a que le devuelvan su institución. Mezclada al desarrollo parcial de la mentalidad burguesa —y a sus propias irracionalidades— la mentalidad católico-feudal ha producido en Colombia una ausencia de responsabilidad, de rigor y eficiencia, en suma de competencia, mientras se han hiperdesarrollado las modalidades de la irresponsabilidad civil. Irracionalidades e irresponsabilidades que no son patrimonio únicamente de la derecha, también la mentalidad sindicalista participa de ellas al ver en toda modernización un complot de fuerzas oscuras que conspira contra sus intereses, al oponerse permanentemente a las innovaciones tecnológicas por el riesgo que ellas puedan acarrear al empleo, al buscar un mejoramiento de las condiciones de trabajo y de vida pero sólo para sus afiliados, al oponerse por principio a la apertura económica y a las exigencias de competencia que conlleva.

Desde la sociología, Daniel Pecaut plantea para Colombia su tesis de la *entrada a la modernidad por vía negativa*. Ello significa que la secularización vivida por el país en los últimos veinte años no respondería a un verdadero proceso de autonomización respecto a la imposición de lo religioso, ni sería el resultado de nuevas modalidades de interacción de los grupos sociales sino "el resultado del colapso de las instituciones de control social, comenzando por la Iglesia (...) La secularización se efectua en un horizonte de catástrofe más que de modernidad" (*Modernidad, modernización y cultura...*). Y lo mismo sucede con el individualismo: no contendría ningún elemento propio del proceso de conquista de autonomía de parte del sujeto, no sería sino efecto de la desagregación del tejido social.

Indagando la emergencia de la mentalidad moderna desde el ámbito de la sociología de la ciencia, José Luis Villaveces proclama su pesimismo radical ante una Colombia a la que han llegado las formas de la racionalidad moderna pero ello se ha realizado sin que la ciencia "asuma del todo su profanidad". Tendríamos una ciencia impuesta por revelación, unas ciencias naturales sin autonomía, más que saberes por sí, herramientas para otros intereses, objetos más que formas de pensamiento, objetos de lujo o recetas a usar sin habernoslas apropiado verdaderamente. En esas condiciones la ciencia no ha exigido la formación de una comunidad científica que enfoque su actividad como mediación clave del desarrollo nacional. Supeditada a otros ritmos y otras lógicas, la ciencia puede desarrollarse, entonces, sin que ella adquiera la valoración que la constituye en pilar de la propia configuración cultural del país.

No es que no sean ciertas todas esas contradicciones e insuficiencias pero el problema es otro, el que implica la legitimación que el dualismo otorga a pensar por separado la modernización que pasa por la industrialización y el desarrollo de las comunicaciones de las transformaciones culturales, incluida la cultura política, que afectán a la mayoría de la población. Lo que nos autoriza la pregunta: ¿dónde se situa verdaderamente la dualidad: en las prácticas sociales o en la mirada del investigador que no percibe las relaciones e interacciones entre tradicionalismos y modernizaciones? Y, ¿es posible percibir esas interacciones desde disciplinas que funcionan como estratos separados, y en gran medida incomunicados, que han hecho de esa separación el criterio de pertinencia de los saberes? "Al llegar a los noventa, los tabiques entre antropólogos y sociólogos no han caido. Lo que sí cambió fueron las condiciones políticas y académicas en que se produce el conocimiento. A veces pareciera que la mayor autonomía conquistada por el trabajo científico frente a poderes externos reforzara las distinciones históricas, las estrategias de crecimiento y prestigio de cada disciplina. Gran parte de la antropología latinoamericana sigue centrando su investigación y su enseñanza en la descripción etnográfica de pequeñas comunidades tradicionales (...) Los pocos textos que se ocupan de las transformaciones tecnológicas o económicas generadas por la urbanización y la industrialización suelen detenerse en las amenazas de esas fuerzas vistas como extrañas, más que en explicar los entrecruzamientos entre lo heredado y lo innovador" (*Los estudios culturales...* 14). Y sin embargo, el "objeto" modernidad exigiría, sobre todo en nuestros periféricos países, pensar juntos la innovación y la resistencia, la continuidad y las rupturas, el desfase en el ritmo de las diferentes dimensiones del cambio y la contradicción no sólo entre distintos ámbitos sino entre diversos planos de un mismo ámbito, contradicciones en la economía o la cultura.

Hablar de seudo modernidad, que es lo que resulta de oponer modernidad a modernización en estos países, nos está impidiendo comprender la especificidad de los procesos y la peculiaridad de los ritmos en que se produce la modernidad de estos pueblos, que acaban, así vistos, como meros reproductores y deformadores de la modernidad-modelo que otros, los países del centro, elaboraron. No será extraño entonces que, ante las demarcaciones trazadas por las disciplinas o las posiciones académicas y políticas, sean intelectuales y escritores no adscribibles a esas demarcaciones los que mejor perciban las hibridaciones de que está hecha nuestra modernidad, como lo expresa el escritor F. Cruz Kronfly al plantear: "En nuestras barriadas populares urbanas tenemos camadas enteras de jóvenes, incluso adultos cuyas cabezas dan cabida a la magia y a la hechicería, a las culpas cristianas y a su intolerancia piadosa, lo mismo que al mesianismo y el dogma estrecho e hirsuto, a utópicos sueños de igualdad y libertad, indiscutibles y legítimos, así como a sensaciones de vacío, ausencia de ideologías totalizadoras, fragmentación de la vida y tiranía de la imagen fugaz y el sonido musical como lenguaje único de fondo" (*El intelectual en la nueva Babel colombiana* 46).

Lo que saca a flote esta visión híbrida de la modernidad del país es un cambio profundo en la idea misma de nacionalidad a la que han estado poco atentas las ciencias sociales en general. Determinada por las peculiaridades del proceso de formación del estado y las precarias relaciones de este con la sociedad civil, la reflexión sobre la modernidad en Colombia es hegemonizada por el pensamiento económico y el análisis político, abordando sólo marginal y recientemente la cuestión cultural y las transformaciones de la identidad nacional. En los años ochenta la presión de los cambios que experimenta la sociedad colombiana va a comenzar a meter ciertos temas en la agenda de los estudios sociales pero sin alcanzar a romper los marcos desde los que se los mira y piensa. Los cambios que evidencia la secularización y la urbanización de las costumbres, la desandinización del país y la crisis de adhesión a los partidos tradicionales, el protagonismo de los medios de comunicación o la emancipación de la mujer son abordados desde ángulos tan fragmentados y dispersos que se hace casi imposible referirlos a un mismo país. Los propios estudios sobre la violencia, al mismo tiempo que se han liberado de muchos reduccionismos, operan todavía un recorte del campo de problemas que vuelve marginal la dimensión cultural de esos fenómenos, marginalidad agravada por lo aún incipiente de la antropología urbana de los estudios culturales en el país.

La sensación de desgaste y desaliento que traduce buena parte de los estudios sociales en Colombia no tiene que ver sólo con la opaca y desgastadora situación del país y la paralización inevitable que producen los asesinatos de investigadores sociales y su exilio creciente remite también al sentimiento de impotencia que, después de tantas búsquedas y esfuerzos, acarrea la dificultad de entender la diferencia de aquello que hace de Colombia el país más violento de Latinoamérica, y quizá del mundo. Y así resulta bien difícil no buscar en alguna perversión metafísica, aunque travestida de historia, la causa de nuestras violencias y fracasos. Pero la razón dualista que ahí anida no se queda en la teoría, enlaza con la *polarización* que impide a la mayoría del mundo intelectual y académico pasar de la convergencia en la denuncia a compartir una básica interpretación de las causas, al reconocimiento de unos límites entre lo tolerable y lo intolerable, y por lo tanto a un mínimo de relato y proyecto nacional común.

BIBLIOGRAFÍA

Brunner, José Joaquín. *Cartografías de la modernidad.* Santiago de Chile: Dolmen, 1995.

_____ *Tradicionalismo y modernidad en la cultura latinoamericana.* Santiago: Flacso, 1990. 38.

Colmenares, Germán. *Las convenciones contra la cultura.* Bogotá: Tercer Mundo, 1987.

Corredor, Consuelo. *Los límites de la modernización.* Bogotá: CINEP, 1992.

Cruz Kronfly, Fernando. "El intelectual en la nueva Babel colombiana". *La sombrilla planetaria.* Bogotá: Paneta, 1994. 46.

Díaz Castro, Eugenio. *Manuela.* Bogotá: Editorial Kelly, 1942.

Faccio Lince, Héctor Abad. "La televisión o el bienestar en la incultura". *Numero* 9 (Bogotá, 1996).

Galpering, Héctor. "Las industrias culturales en los acuerdos de integración regional, *Comunicación y sociedad* 31 (Guadalajara,México): 12.

García Canclini, Néstor. "Los estudios culturales desde los ochenta a los noventa: perspectivas antropológicas y sociológicas en América Latina". *Postmodernidad en la periferia.* Berlín: Langer, 1994. 114.

García Márquez, Gabriel. *Cien años de soledad.* Buenos Aires: Sudamericana, 1967.

Garreton, Manuel A. (coord.) *América latina:un espacio cultural en un mundo globalizado.* Bogotá: CAB, 2000.

Kalmanovich, Salomon. "Modernidad y competencia". *Colombia el despertar de la modernidad.* Bogotá: Foro, 1991. 312 .

Marramao, Giacomo. "Metapolítica: más allá de los esquemas binarios". *Razón, ética política.* Barcelona: Anthropos, 1988. 60.

Martín-Barbero, Jesús. "De las políticas de comunicación a la reimaginación de la política". *Nueva Sociedad* 175 (Caracas, 2001).

Ong, Walter. *Oralidad y escritura.* México: F.C.E., 1987.

Pecaut, Daniel. *Guerra contra la sociedad.* Bogotá: Planeta, 2001.

_____ "Modernidad, modernización y cultura". *Gaceta* 8 (Bogotá, 1990).

Perea, Carlos Mario. *Porque la sangre es espíritu.Imaginario y discurso político en las elites capitalinas.* Bogotá: Aguilar/IEPRI, 1996.

Pratt, Mary Louise. *Ojos imperiales.* Buenos Aires: Universidad de Quilmes, 1998.

Quijano, Aníbal. *Modernidad,identidad y utopia en América Latina.* Lima: Sociedad & política edit., 1988. 53 y ss.

Recondo, G. (comp.) *Mercosur, La dimensión cultural de la integración.* Buenos Aires: Ciccus, 1997.

Rojas, Cristina. *Civilización y violencia.La búsqueda de la identidad en la Colombia del siglo XIX.* Bogotá: Norma, 2001.

Schwarz, Roberto. "As ideias fora do lugar". *Ao vencedor as batatas-Forma literaria e proceso social.* São Paulo: Duas cidadedes, 1988. 24 y ss.

Uribe, Victoria. *Matar y rematar.* Bogotá: Cinep, 1990.

VV.AA. *Encuentro regional sobre Políticas audiovisuales en América Latina y el Caribe.* México: UNESCO, 1991. 7.

Villaveces, José Luis. "Modernidad y ciencia". *Colombia el despertar de la Modernidad.* Bogotá: Foro, 1991. 330.

El archivo y el repertorio

Diana Taylor
New York University

Las *performances* operan como actos vitales de transferencia, transmitiendo el saber social, la memoria y el sentido de identidad a partir de acciones reiteradas, o lo que Richard Schechner llama *twice behaved-behavior* (comportamiento re-actuado, o re-vivido). La *performance*, en un nivel, constituye el objeto de análisis de los estudios de *performance* —que incluyen diversas prácticas y eventos como la danza, el teatro, los rituales, las protestas políticas, los funerales—. Estas prácticas suelen tener su propia forma, sus convenciones, y su estética y son claramente enmarcadas y separadas de otras prácticas sociales de la vida cotidiana. A veces esta estructura definida forma parte de la propia naturaleza del evento —por ejemplo, una danza determinada o un funeral tienen principio y fin—. En este caso, decir de determinado evento que *es* una *performance* tiene que ver con una afirmación ontológica, es decir nos estamos refiriendo al "ser" del hecho. En otro nivel, la *performance* también constituye un lente metodológico que nos permite analizar eventos *como performances*. La obediencia civil, la resistencia, la ciudadanía, el género, la etnicidad y la identidad sexual, por ejemplo, son prácticas y actitudes ensayadas y llevadas a cabo a diario en la esfera pública. Entender estos fenómenos *como performances* sugiere que la *performance* también funciona como una epistemología, como un modo de comprender, como un modo de conocimiento. En su carácter de práctica incorporada y en relación con otros discursos culturales, la *performance* ofrece una determinada manera de conocimiento a través del cuerpo, de la acción y del comportamiento social. La demarcación de estos hechos *como performances* se da desde fuera, desde el lente analítico que la constituye como objetos de estudio. La nación no *es* una *performance*, pero se puede analizar *como* en el sentido de una puesta en escena de lo nacional.

Hay múltiples definiciones y usos de *performance* que no voy a discutir en este trabajo. El término se utiliza en teatro, antropología, artes visuales, en el campo de los negocios y los deportes y en el ámbito político y científico, para señalar un amplio rango de comportamientos sociales. El mero hecho de la dificultad de su traducción —no solo lingüística sino disciplinaria— hace del término y de sus prácticas un campo teóricamente generativo y culturalmente revelador.

Mi interés particular en los estudios de *performance* radica no tanto en lo que *es* *performance*, sino en lo que este concepto nos permite *hacer*. Al tomar *performance* como un sistema de aprendizaje, retención y transmisión de conocimiento, los estudios de *performance* nos permiten expandir nuestra noción de "conocimiento". Podríamos cuestionar, por ejemplo, desde esta práctica no discursiva, la preponderancia de la escritura en el marco del mundo occidental, que tanto influye en el concepto de modernidad. Este giro espistémico necesariamente provoca alteraciones en lo que las disciplinas académicas consideran como cánones apropiados, metodologías de estudio, objeto de análisis, fuentes de conocimiento y sistemas de transmisión. Operar con el concepto de *performance* de esta manera, posibilita la extensión de los límites disciplinarios tradicionales para incluir prácticas antiguamente consideradas ajenas a sus intereses de investigación.

Para facilitar esta apertura, propongo que es fundamental diferenciar entre dos sistemas de transmisión de conocimiento y memoria social: el archivo y el repertorio. No porque funcionen por separado sino porque el peso histórico del archivo hace invisible el funcionamiento del repertorio.

La memoria "de archivo" existe en forma de documentos, textos literarios, cartas, restos arqueológicos, huesos, videos, *diskettes*, es decir, todos aquellos materiales supuestamente resistentes al cambio. Opera a través de la distancia, tanto en términos temporales como espaciales: los investigadores pueden volver a examinar un manuscrito antiguo, las cartas van a la búsqueda de sus destinatarios en lugares lejanos, y a veces los documentos perdidos se pueden rescatar de un *diskette*. El hecho de que la memoria de archivo separe eficazmente la fuente de "conocimiento" de aquel que intenta conocer —en tiempo y/o espacio— da lugar a reclamos, como los de de Certeau, de ser "expansionista" e "immunizada contra la alteridad" (1988: 216). Lo que cambia con el tiempo es la interpretación, la relevancia, o el significado atribuido al archivo. Por ejemplo, *Antígona* puede ser representada de muchas maneras, aunque el texto establezca un significante estable. Los forenses que examinan huesos o los arqueólogos que estudian piedras nos pueden proponer una visión novedosa tanto de masacres recientes como de culturas ancestrales. El archivo —ya que perdura— excede lo "vivo" (*the "live"*). Hay muchos mitos en relación con el archivo. Uno de ellos es que el archivo no es mediatizado, es decir, que los objetos localizados allí tienen un significado concreto y estable independiente del proyecto que los llevó a formar parte del archivo. Pero lo que hace que un objeto sea archivable es el proceso por el cual es seleccionado para determinado análisis. Otro mito es que el archivo resiste el cambio, la corrupción y la manipulación política. Pero los objetos —como los libros, las pruebas de ADN o las fotos de identificación— pueden misteriosamente aparecer o desaparecer del archivo.

El repertorio, por otro lado, tiene que ver con la memoria corporal que circula a través de *performances*, gestos, narraciones orales, movimientos, danzas, cantos, en suma, a través de aquellos actos que se consideran como un saber efímero y no reproducible. El repertorio requiere presencia: la gente participa en la producción y reproducción del saber al "estar allí" y ser parte de esa transmisión. Siempre han existido Mnemotecnias performativas, ya sea en los *calmécac* (escuelas especializadas de los aztecas), en las escuelas de teatro, o en la enseñanza de idiomas extranjeros. De manera opuesta a los objetos supuestamente estables del archivo, las acciones que forman parte del repertorio no permanecen inalterables. El repertorio a la vez mantiene y transforma las coreografías del sentido. Las danzas cambian con el tiempo aunque generaciones de bailarines (y también bailarines individuales) juren que permanecen iguales. Pero aun cuando la interpretación cambie, el sentido podría permanecer intacto.

El repertorio también permite a los académicos rastrear tradiciones e influencias. Distintas *performances* han viajado a través de América, dejando su marca a medida que se trasladan.

Tal como el archivo excede a lo "vivo" (ya que perdura), el repertorio excede al archivo. La *performance* "en vivo", no puede ser capturada —o transmitida— a través del archivo. Un video de una *performance* no es la *performance*, aunque generalmente vengo a reemplazarla como objeto de análisis (el video es parte del archivo, lo que allí se representa es parte del repertorio). La memoria corporal, por el hecho de ser "en vivo", excede la posibilidad del archivo de capturarla. Pero eso no quiere decir que la *performance* —como comportamiento ritualizado, formalizado, o reiterativo— desaparezca. Las *performances* también se reduplican a través de sus propias estructuras y códigos. Esto significa que el repertorio, como el archivo, es mediatizado. El proceso de selección, memorización o internalización, y transmisión ocurre dentro de (y a la vez ayuda a constituir) sistemas específicos de representación. Múltiples formas de actos corporales están siempre presentes, en un constante estado de reactualización. Estos actos se reconstituyen a sí mismos, transmitiendo memoria comunal, historias y valores de un grupo/generación al siguiente. Los actos incorporados y representados generan, registran y transmiten conocimiento.

El archivo y el repertorio han sido siempre relevantes fuentes de información —cada uno excediendo las limitaciones del otro— en sociedades alfabetizadas y semialfabetizadas. Por otra parte, generalmente operan en conjunto. Innumerables prácticas en sociedades de la más alta alfabetización todavía requieren tanto una dimensión de archivo como una corporal: las bodas necesitan y el contrato firmado la emisión performativa del "Sí" y el contrato firmado. La legitimidad de un fallo legal radica en la combinación del juicio oral y el documento escrito. La *performance* de un acto de posesión contribuye a su legalidad: Colón plantó la bandera con las iniciales F e Y en el "Nuevo Mundo" y Neil Armstrong reiteró el gesto con la bandera estadounidense en la luna.

De alguna manera, mi modelo de saber de archivo y repertorio se asemeja a la distinción que hace Pierre Nora entre *lieux* y *mileux de mémoire* (284). Para Nora, *milieux de mémoire* (ambientes de memoria), se asemejan al repertorio, en la medida en que también llevan a cabo el saber del cuerpo: "en gestos y hábitos, en habilidades traspasadas a través de tradiciones no basadas en la palabra, en el autoconocimiento inherente al cuerpo, en reflejos no estudiados y recuerdos arraigados" (289). La diferencia entre mi abordaje y el suyo, sin embargo, es que para él, *mileux de mémoire* constituyen el sitio primordial, no mediatizado y espontáneo de la "memoria verdadera", mientras que *lieux de mémoire* —la memoria de archivo— son su antítesis, moderna, ficcional y altamente mediatizada. Una "huella", "mediación" y "distancia", argumenta Nora, ha separado al acto de su sentido, llevándonos del plano de la memoria verdadera al de la historia (285).

A mi entender, la relación entre el archivo y el repertorio no es secuencial, llegando el archivo a ser dominante luego de la desaparición del repertorio, como sugiere Nora. No es una cuestión de "verdadero" versus "falso", "mediatizado" versus "no mediatizado", "primordial" versus "moderno". Tampoco considero que el archivo y el repertorio funcionen en oposición directa —que el archivo y lo escrito constituyan el poder hegemónico, por ejemplo, y el repertorio prove el desafío anti-hegemónico.

Hay todo un repertorio de prácticas corporales (como la tortura) que han contribuido al mantenimiento de un orden social represivo. La *performance* pertenece tanto al fuerte como al débil, no solo reasegura las "estrategias" de de Certau, sino también las "tácticas"; no solo el "banquete" estudiado por Bahktin, sino también el "carnaval". Los modos de retención y transmisión de conocimiento son muchos y están mezclados y mediatizados.

Sin embargo, esta dualidad entre el archivo y el repertorio ha sido construida muchas veces como la división entre el lenguaje escrito y el habla. El archivo incluye textos escritos, pero no se limita a ellos. El repertorio contiene *performances* verbales —canciones, oraciones, discursos— así como prácticas no verbales. La división escrito/oral capta, en cierto nivel, la diferencia entre archivo y repertorio que estoy desarrollando en este trabajo: difieren los medios de transmisión y los requisitos de conservación y diseminación. El repertorio transmite "lo vivo" ("presencia") en el aquí y ahora del público presente. El problema es que la cultura occidental está tan enlazada a la palabra, ya sea oral o escrita, que el lenguaje reclama todo el poder epistémico y explicativo. Algunos estudiosos se focalizan en literaturas orales, lo que por lo menos superficialmente parece combinar materiales del archivo y del repertorio; sin embargo, el término "literatura oral" en sí nos revela que lo oral ha sido transformado en literatura, el repertorio transferido al archivo. El archivo, en el caso de las literaturas orales, anticipa y constituye el fenómeno que pretende documentar.

Para concluir, se me hace urgente reconocer el sistema del repertorio como algo diferente al archivo aunque no necesariamente opuesto. Si no ampliamos nuestro foco de análisis para incluir las diversas formas en que las *performances* transmiten conocimiento social y memoria colectiva a través de corportamientos corporales, entonces estaremos asignando la sabiduría —como se ha hecho históricamente— a un grupo pequeño de letrados. El repertorio no pertenece al pasado, como propone Nora, ni es sólo una manifestación de memoria étnica, como diría Le Goff. Deberíamos resistir la tentación de transformar todo lo que vemos —sea cine, baile o un evento politico— en "textos", como se hace en los estudios culturales. Al reconocer un sistema performativo que existe en relación al sistema discursivo, podremos repensar los límites epistémicos de la modernidad.

Traducido por Marcela Fuentes

BIBLIOGRAFÍA

Bakhtin, Mikhail. *Rabelais and His World.* Helene Iswolsky, trad. Bloomington: Indiana University Press, 1984.

de Certeau, Michel. *The Practice of Everyday Life.* Steven Rendall, trad. Berkeley: University of California Press, 1984.

_____ *The Writing of History.* Tom Conley, trad. New York: Columbia University Press, 1988.

Le Goff, Jacques. *History and Memory.* Steven Rendall y Elizabeth Claman, trads. New York: Columbia University Press, 1992.

Nora, Pierre. "Between Memory and History: Les Lieux de Memoire". *History and Memory in African-American Culture.* Genevieve Fabre y Robert O'Meally, eds. New York, Oxford: Oxford University Press, 1994.

Schechner, Richard. *Between Theater and Anthropology*. Philadelphia: Penn State University Press, 1985.

La modernidad a destiempo

Carlos Monsiváis

> La eternidad, una unidad de tiempo
>
> S. J. Lec

A diferencia de las tradiciones, prácticas marcadas en la apariencia por lo leve o aletargado de los cambios, la modernidad es un término de características mutables, condicionadas en cada ocasión por criterios voluntaristas, confusos, errátiles. ¿Qué es a lo largo del siglo xx *lo moderno*? Si usted no lo sabe, no lo pregunte. Pese y gracias a su volatilidad, la modernidad es en este tiempo uno de los grandes polos definitorios de América Latina, la noción que concentra las ambiciones del movimiento incesante y que, de modo complementario, rechaza el inmovilismo. Mitificada, desmitificada, necesaria, huidiza, la modernidad es el gran espejismo, el sueño de las travesías en el desierto de los arraigados en la quietud, y es también la realidad que sostiene el proceso de secularización.

En lo básico, y hasta que la presencia de la globalización modifica el juego de las palabras clave, la identidad en los países latinoamericanos está siempre a medio camino entre lo moderno y lo tradicional. En efecto, ¿cómo ser moderno si el entorno es tradicional?, ¿cómo aferrarse a lo tradicional si se transforma el vocabulario vital de la sociedad? El peso de la pobreza afirma las tradiciones de la sobrevivencia. El impulso de lo nuevo, irresistible, deshace las lealtades comunitarias. En cada etapa, el resultado de esta división ha sido costoso, y con frecuencia trágico.

"Desde que salí del rancho no he vuelto a soñar con los rascacielos"

¿Hay un tiempo categórico de la modernidad?, y si existe, ¿cuáles son los costos de incorporarse a ella de manera tardía, fragmentaria y selectiva? Desde el siglo xix, a modo de explicación piadosa del atraso, se impone en América Latina el patrón único de medición de los cambios positivos. Al principio se le llama Progreso, y ya para la década de 1960 se generaliza el nombre de *modernidad*, que participa a la vez de la moda y del espíritu de las transformaciones. "Modernízate o envejece al instante" es la consigna que exalta la "Cronología del Avance", y que culpabiliza a países, culturas nacionales y sociedades por su lejanía de lo altamente valuado por las metrópolis. Y al anacronismo no lo justifican ni las visiones románticas ni la perspectiva de *lo pintoresco*, es decir, de aquello redimido parcialmente por la ingenuidad, la inocencia y el humor involuntario.

En el siglo XIX, la gran plataforma de desarrollo es la atmósfera de la secularización que, con tal de afianzar el ejercicio de las libertades, promueve el crecimiento urbano. Entonces la modernidad (el Progreso) se representa estrictamente por la gran ciudad. Más que ningún otro rasgo, y hasta la primera mitad del siglo XX, el laicismo define lo moderno, y por eso la vida secular garantiza a la vez el anonimato (el fin del mayor de los controles feudales: todos conocen a todos), y la posibilidad de un protagonismo no político (así, por ejemplo, el dandi es el diputado de la moda). Y en otra de sus definiciones, por modernidad se entiende el vivir fuera de las restricciones de la teocracia y su cacería del pecado.

Desde 1890 o 1900, el registro de la modernidad queda a cargo del poderío de Norteamérica y las admiraciones que suscita. Todavía, durante el período que se extingue al final de la Primera Guerra Mundial, las élites se actualizan, o creen hacerlo, a través de la imitación a ultranza de lo francés, pero en la década de 1920 se implanta el modelo de modernización. En rigor, la *americanización*, esa "pérdida o extravío de los valores nacionales", es el sinónimo justo de *modernización*, la renuncia programada a las tradiciones que desemboca en la ineficacia y la incomodidad.

El programa de orgullos resumido por Rimbaud en la frase: "Hace falta ser absolutamente moderno", se concreta a su modo en América Latina después de la Segunda Guerra Mundial. La utopía del desarrollo anuncia el tiempo mental que se vive, y hace inocultable el papel que se le adjudica a los latinoamericanos, "los que nunca toman la iniciativa en el planeta", y que por lo mismo son "testigos" y "estudiosos del porvenir". Desde ese momento, con la claridad que no admitía el culto positivista al Progreso, y hasta el entronizamiento de la globalización, en el diccionario latinoamericano la modernidad elegía lo que sólo será de todos cuando ya ninguno se encuentre.

Los escritores se encargan de la síntesis de este proceso. Alfonso Reyes lo expresa en términos gastronómicos: "Hemos llegado tarde al banquete de la civilización occidental", y Octavio Paz insiste en la causa de la inexistencia cultural del siglo XVIII en México: la ausencia de la Ilustración. Los insurgentes "rompen con España pero se muestran incapaces de crear una sociedad moderna. No podía ser de otro modo, ya que los grupos que encabezaron el movimiento de independencia no constituían nuevas fuerzas sociales, sino la prolongación del sistema feudal" (*El laberinto de la soledad*).

"Dejé mi tierra natal por las ganas de sentirme nostálgico"

Por largo tiempo se habla de conciliar la tradición y la modernidad. En un nivel resultan irreconciliables. Ni la modernidad deja de quebrantar y modificar las costumbres, ni el tradicionalismo desiste de la censura, esa enorme garantía de inmovilidad, y del auspicio al fanatismo (no el ejercicio de las creencias, sino el rechazo violento de la legitimidad de otros credos). Por lo demás, la lucha entre liberales y conservadores no es exactamente el enfrentamiento entre modernizadores y tradicionalistas, sino su equivalente más cercano. Ya a fines del siglo XX, y salvo reductos del integrismo, los conservadores quieren ser modernos y, sin decirlo, renuncian a demasiadas tradiciones, mientras los liberales y los nacionalistas revolucionarios se aferran a la nación, el baluarte de la continuidad reconocible, al lado de los usos religiosos: "Me gustaría que mis abuelos supieran que ésta es todavía su casa."

En la segunda mitad del siglo XX, la americanización es el lenguaje básico de la vida cotidiana. Ante ello, la derecha elige, para salvaguardarlos, a unos cuantos emblemas de la tradición: el énfasis religioso, el respeto a la moral y las buenas costumbres (las ceremonias de la hipocresía), el odio a la diversidad. Hasta allí. En lo demás, se precipita al alborozo por lo nuevo. El presidente Vicente Fox afirma con frecuencia: "Por culpa del sistema político, México perdió el siglo XX". Así nomás, con todo y el arte, la movilidad social, el crecimiento industrial, la literatura, el desarrollo, el cambio acelerado de costumbres y la explosión demográfica.

Todo confluye en el anhelo histórico de fijar un tiempo ideal, y de calificar de "premodernas" a las personas, las tendencias y las naciones que no cumplan sus reglas. En la perspectiva de quienes usan despectivamente la expresión, "lo premoderno" es un *ghetto* en el tiempo. Si se le falta el respeto a la modernidad, concepto que se vuelve árbol totémico, estilo de vida y vanguardia inacabable, se acepta el confinamiento permanente en las mazmorras del pasado-presente, allí donde nada más se permite lo reiterativo. "Si ya lo hice, lo seguiré haciendo". O, para acudir a la cita inevitable del poeta Ramón López Velarde:

> Patria, te doy de tu dicha la clave,
> sé siempre igual, fiel a tu espejo diario.
> Cincuenta veces es igual el ave
> taladrada en el hilo de un rosario,
> y es más feliz que tú, patria suave.

IMITAR ES APROPIARSE DE GOLPE DE UN LENGUAJE A MEDIAS

En lo tocante a la modernidad, un gran rezago latinoamericano es la pretensión de obtenerla a través de la imitación. Según los tradicionalistas, sea un ideal o una empresa a fin de cuentas voluntarista, el "ponerse al día" a como dé lugar, es la paradoja de un falso Zenón de Elea. Aquiles nunca alcanzará a la tortuga y, del mismo modo, las naciones sin hábito de velocidad civilizatoria, nunca serán cabalmente modernas, porque la modernidad se realizó profusamente y en otra parte, antes de que el país modernizable supiese de su existencia. Los que no asumen este "pecado de origen", creen posible acelerar el proceso, y fracasan parcial y radicalmente en el intento, porque las modificaciones obtenidas son siempre menores, y los cambios trascendentes suelen pasar inadvertidos. En primera y última instancia, en el campo de las evidencias los ajustes de mentalidad van a la zaga de las transformaciones tecnológicas. *Modernidad* es tecnología, *modernización* es hacer del futuro inmediato otro país, distinto por entero al anterior. La paradoja resultante se puede enunciar de esta manera: "No somos modernos porque no lo hemos sido. No seremos modernos mientras no reduzcamos el pasado a una memoria familiar y turística, localizando así la nueva tradición, que apenas le debe algo a sus antecesoras".

En la segunda mitad del siglo XX, el impulso renovador tiene causas diversas: las migraciones incesantes de millones de personas, las resonancias del feminismo y de la feminización de la economía, los ritmos de la industrialización, el crecimiento desorbitado de las ciudades, las transformaciones de la domesticidad (elevado número de hogares sostenidos por mujeres, crecimiento de la tasa de divorcios, paso de la familia tribal a la nuclear, democratización del trato), la metamorfosis del habla, el incremento de la tolerancia. Mucho de lo anterior sucede sin que se le interprete y valore, salvo en las quejas de los tradicionalistas.

Al producirse fragmentaria y ásperamente, la modernidad se convierte en el Santo Grial, el anhelo de asir el futuro a través del cúmulo de actitudes "de importación". Y se obtiene la modernidad derivada que es una contradicción en términos. Si las clases privilegiadas de América Latina lo tienen casi todo, carecen de "las sensaciones de primera mano" de lo actual, de las modas, la tecnología, el pensamiento, y esto afecta su autoestima. En relación a lo moderno y durante un largo período, ningún latinoamericano cree llegar primero, ya los de las metrópolis estuvieron antes. No en balde Octavio Paz, en 1949, al final de *El laberinto de la soledad* exclama: "Por primera vez en nuestra historia somos contemporáneos de los demás hombres", una afirmación suscinta de la modernidad producida a través de la contigüidad.

LOS INFIERNOS DEL ANACRONISMO

Ser anacrónico: la peor condena desde el inicio del culto al Progreso. En el siglo XIX, el anacrónico, por definición, es *no metropolitano*; un mero habitante de la periferia. Por eso, en *El perfil del hombre y la cultura en México* (1934), en un examen "freudiano", el filósofo mexicano Samuel Ramos nombra la enfermedad de sus compatriotas "el complejo de inferioridad". Luego, en la ronda de las disminuciones, se añaden términos pertenecientes al dar vueltas en derredor de lo mismo y para siempre. A las prohibiciones de "ingreso al Paraíso" las guían palabras fatales: *subdesarrollo*, *colonizado*, *dependiente*, *periférico*, vocablos donde se concentran los nueve círculos del infierno de la modernidad, apenas módicamente exorcizables con el humor autodepreciatorio: "¿Qué le voy a hacer, mamacita, si así me hizo la geopolítica?"

Véase el desfile de palabras que señalan la implantación del determinismo:

— *subdesarrollo*. Al principio, en la década de 1950, el término funciona para temas de la economía, pero muy pronto se translada al plano social y al personal. Un ser *subdesarrollado* no comprende la personalidad moderna porque pertenece a una realidad trunca.

— *Tercer Mundo*. La expresión surge de la división del planeta en zonas de poder, e indica lo distinto a las metrópolis capitalistas y los países del socialismo real. Pronto, en la década de 1960, es sinónimo de pobreza, abandono, destierro de las verdaderas oportunidades. En poco tiempo, la definición se trastoca y el término se populariza cono señal de pobreza irremediable y como ofensa. Si el Tercer Mundo es la zona de los despojados y agraviados, tercermundista es el ser empobrecido o lumpenizado por sus circunstancias, y arrojado a las condiciones de interioridad. *Tercermundista* es una expresión terminal.

— *colonizado*. A los habitantes de las antiguas colonias de España se les considera atados a una mentalidad subordinada, disminuida. Aunque en Latinoamérica no cunde la expresión *poscolonial*, la psicología *pop* abunda en "hallazgos" sobre las reacciones de los descendientes de los colonizados. De hecho, además de las discusiones sobre colonialismo interno, una parte sustancial del debate sobre las identidades nacionales transcurre en la indagación sobre traumas y complejos, el acceso a la modernidad pasa por las sesiones del freudismo instantáneo, y *colonial* o *colonizado* viene a ser la categoría psicológica que nunca abandona del todo a sus antiguas víctimas.

— *dependencia*. Otro término de la economía que se translada a la sociología y la psicología *pop*. La "cultura de la dependencia" resulta sinónimo de la falta de estímulos e impulsos básicos, y en las versiones comunes la dependencia económica implica, por fuerza, la dependencia cultural y anímica. En la discusión provocada por la emergencia del Ejército Zapatista de Liberación Nacional, la derecha insiste: "Los indios viven en el atraso porque quieren. Nadie los obliga a quedarse en sus etnias. Pueden competir en el mercado de empleo, pero no lo hacen porque son *dependientes*", y tonterías racistas por el estilo.

"NO ES QUE YO SEA FEO, ES QUE ESTOY MAL ENVUELTO"

La consecuencia más negativa del culto a la modernidad es la instalación del ánimo social que equivale al determinismo más agudo. "¿Qué le vamos a hacer si somos subdesarrollados?" Desde dentro, desde la maquinaria de la autoestima, se desintegra la seguridad en el cambio. El determinismo todo lo abarca: si no se tiene una carrera se fracasa literalmente en la vida; si no se es rubio y de ojos azules uno no convence (en México se da por años un concurso, La India Bonita, como el oxímoron de la fatalidad); si de algo sirve el nacionalismo es de técnica de compensación ("No es que me invente las virtudes nacionales, pero si no las agiganto no las percibo"); si en algo consiste la presencia de lo indígena es en el recuerdo de la maldición nacional; si no intervienen los golpes de la suerte (el deporte, la lotería o, desdichadamente, el narcotráfico) no se abandonan los espacios de la pobreza; si no se nace en la élite es casi imposible llegar a ella (la movilidad social es un engaño óptico).

Para muchísimos, tal vez para la mayoría, el otro nombre del subdesarrollo o del Tercer Mundo es la fatalidad, y en este sentido, lo moderno, más que aspiración, es la gran técnica de resarcimiento. "Ya que seguimos viviendo aquí, por lo menos modernicémonos", es la consigna.

"DE NOCHE, DESDE LA VENTANA DE MI CUARTO, ADMIRO LA MODERNIDAD"

¿Se vive o no en la modernidad?, ¿cuánto falta para adquirirla con plenitud?, ¿es una esencia o es la acumulación de bienes tecnológicos y actitudes, se consigue por imitación o por contagio? Y lo fundamental: ¿es posible "quemar etapas", avanzar como si lo moderno fuese un objeto físico? Ya mitificada, la modernidad resulta, en forma simultánea, la meta utópica y la ausencia exterminadora. Por eso, asirse de la modernidad es, a la vez, fugarse de la realidad en que se vive y adquirir de golpe el perfil psicológico y cultural sin el cual todo acontece en épocas previas.

En el proceso de la modernización genuina, lo inadvertido suele ser lo definitivo. A la industrialización y la actualización tecnológica se les conceden los sitios de honor, pero tienen también una resonancia enorme el cine y la televisión. En la medida en que se da en ámbitos ceñidos por la pobreza, la modernización resulta superficial o se mezcla y equilibra con elementos premodernos, pero su profundidad se debe muy fundamentalmente a la incorporación de personas y comunidades al paisaje que los modifica radicalmente "para bien y para mal". En este sentido, el cine norteamericano resulta esencial. "Estos seres modernos que miras en la pantalla son los contemporáneos de sus descendientes."

Muy posiblemente el debate sobre la posmodernidad apenas se note en América Latina por lo inútil de concebir dos metas simultáneas en relación al ponerse al día. En cada etapa, de la lucha del dandismo en 1880 a las victorias sobre la censura en 2002, "ponerse al día" es la exigencia que explica atavíos, gestos, vocabulario, uso del tiempo libre, relaciones familiares, ritmos de la vida amorosa. Ser moderno nunca es tarea implícita, siempre es un acto de la conciencia y la voluntad, con gran frecuencia teatral y frívola, pero valuado de gran manera.

"Era tan moderno que no salía de su casa sin ensayar el vocabulario de la semana"

La política es el espacio más difícil de la modernidad. ¿Cómo ser moderno sin perderse en un mundo regido por las tradiciones autoritarias? Las dictaduras y los fraudes electorales son lo premoderno en sí, la confirmación de lo que falta para comenzar. Y la forma de actualización que se vislumbra en los espacios democráticos (o que buscan serlo) es el *Marketing*, que concibe la sociedad donde todo, las ideas y las causas incluidas, es objeto y sujeto del comercio. Las presiones de la modernidad (en su versión única, la de Norteamérica) exaltan a la mercadotecnia, ya ajena a Candidatos y Votantes y concentrada en Productos y Consumidores. ¿Para qué pensar en persuadir si están a la mano las grandes compañías publicitarias, los grupos focales, los *video-clips*, las audacias cromáticas, los mercadólogos, todo lo asociado con la conversión de la Sociedad en Mercado? Detrás de la "venta" de la actualidad, hay nociones rampantes: la política es sucia, denigrante y *antigua*, y el único método de eliminar su negatividad es convertirla con rapidez en otra cosa, en una oferta industrial de temporada, por ejemplo. "A precio de descuento el voto para las elecciones presidenciales."

La modernidad pregonada es falsa, y la política se decide por lo de siempre: la red ancestral de intereses creados. Pero la modernidad a destiempo se distingue por el culto a las apariencias, y si antes se disculpaba el que no era estrictamente moderno, ahora "la envoltura del producto" es lo primordial. La nueva existencia de "arquitectos de imagen" algo prueba: en el Mercado Libre de Latinoamérica la apariencia antecede a la mentalidad. "Si mi automóvil es del año y si vivo en una zona socialmente correcta, pensaré como es debido". Las características personales disimulan o iluminan el comportamiento, pero no modifican lo básico: la modernidad nunca procede sólo por decisiones de arriba sino por una suma de elementos, entre ellos la alta tecnología, la secularización irreversible, la adopción en todas las clases de las modas metropolitanas, la aceptación de la diversidad que, entre otras cosas, amplía el catálogo de profesiones (lo que hace del peinador un "arquitecto del cabello"), la industria cultural "de punta", el confort, el cambio del sitio social y familiar de las mujeres, la identificación de estilos de vida con modelos internacionales. Sin embargo, la economía y la demografía tienen al respecto la última palabra, y por eso la modernidad a destiempo sigue normando la vida latinoamericana.

El reemplazo: donde dice "modernidad" debe decir "globalización"

En la década de 1990, la hegemonía del neoliberalismo impone cambios semánticos que se traducen en demasiadas cosas, incluso en modificaciones del comportamiento. El Mercado Libre impone lo que resulta a la vez ideología y obligación irrenunciable: la globalización. Estar globalizados no es lo mismo que ser modernos, porque ya las interpretaciones no se consideran válidas. Más que la era del Pensamiento Único se vive la Era de la Definición Única del Gran Concepto. La globalización es un término, una idea, una obsesión monopólica que, así se aplique de manera desigual y combinada, modifica los criterios prevalecientes y aleja la modernidad, ya vinculada a imágenes más culturales que tecnológicas. Los enfrentamientos entre lo global y lo local desplazan la oposición entre lo moderno y lo anacrónico. La modernidad, el tótem del siglo xx, abandona sus funciones conocidas y empieza a disolverse como noción social, así mantenga su prestigio en el criterio valorativo de las personas. Todavía se prefiere *ser moderno* a *ser globalizado*.

Bibliografía

Paz, Octavio. *El laberinto de la soledad.* México: Fondo de Cultura Económica, 1959.
Ramos, Samuel. *El perfil del hombre y la cultura en México.* México: Imprenta Mundial, 1934.

La ley en una tierra sin ley.
Diario de *Limpieza*

Michael Taussig

En mayo del 2001, pasé dos semanas en un pueblo colombiano tomado por paramilitares, quienes imponían la ley y el orden a través de ejecuciones selectivas. El pueblo se encuentra a una hora de Cali y los *paras* llegaron a mediados de febrero. Pensé que sería útil publicar partes de mi diario de esas dos semanas, tomando en cuenta que visité por primera vez este pueblo como antropólogo en diciembre de 1969 y que lo he visitado cada año desde entonces.

Los *paras* colombianos han existido por aproximadamente quince años y destacan por su crueldad dirigida a la eliminación del apoyo a la guerrilla. Pero en igual medida, su poder y prestigio dependen de un secreto a voces: que son en efecto el ala clandestina del ejército y de la policía y, para decir la dolorosa verdad, ahora cuentan con el apoyo tácito de muchos honestos y honorables ciudadanos de la República, cansados de la violencia, la corrupción, la guerrilla y el crimen común.

El escenario clásico es la llegada a un pueblo aislado de camionetas con hombres uniformados portando modernas armas. Revisan una lista de víctimas, a veces en una computadora portátil, los rodean, torturan y matan, generalmente con machetes o con las propias sierras de los campesinos, dejando sus cuerpos suspendidos a la vista del público antes de irse.

Este acto sobrepasa la meta de eliminar el "océano campesino". El exceso crea algo más que el miedo. Crea respeto y el respeto se traduce no sólo en apoyo de gente a lo largo de la nación, sino también en la identificación con una fuerza primaria que, combinada con el secreto a voces del apoyo gubernamental, se vuelve abrumadora. La fuerza se convierte, si no exactamente en lo correcto, en algo cercano.

Sin embargo, los *paras* ya no sólo se complacen en espectaculares masacres de los indefensos, ahora van a poblaciones de tamaño medio y se quedan ahí por meses, asesinando una o varias personas; la población queda esperando sin aliento saber quién sigue y preguntándose cómo darle sentido a lo que sucede.

Mayo 5

Una bomba explota fuera de un hotel de Cali, El Torre. Ningún grupo se adjudica la autoría. Veinte heridos. Esto se verá seguido durante un mes por bombas en Medellín, Barrancabermeja y Bogotá, cerca de la Universidad Nacional, donde la gente muere asesinada por un truco ingenioso. Primero explota una pequeña bomba. Se junta una multitud. La policía, los expertos en explosivos y sus perros llegan. Después, una bomba mucho más grande explota matándolos. No hay explicaciones para ninguna de estas bombas, ni siquiera un intento de explicarlas. El artículo periodístico que leo sobre la explosión de Cali describe los hechos detalladamente, se repite a sí mismo muchas veces con variaciones, pero nunca arriesga una explicación. Es un evento de la nada. Esto se convierte en una lectura mistificadora, conforme uno es absorbido por los detalles y se pierde la pista de la ardiente pregunta: ¿Por qué sucedió esto?, ¿Quién lo hizo? Uno está supuesto a descifrarlo por uno mismo, como un crucigrama en el cual las pistas horizontales y verticales pueden un día implicar la vida propia. Como con los tests psicoanalíticos de manchas de tinta, cada persona lee a su manera una lógica particular o un estado de enfermedad en el evento. ¿Podemos entonces concluir que no hay explicaciones? ¿Sólo notas?

Veo a Ángela inclinarse hacia el frente en su silla antes de partir a su reunión con mujeres embarazadas en uno de los barrios bajos más duros en Colombia. Ella sonríe ampliamente, con los brazos extendidos. Sonríe porque ella es una persona muy alegre pero aún más porque quiere que yo comprenda: "¿La guerra en Colombia? Es una locura. No tiene ningún sentido. ¡*No tiene sentido*!".* Había una época, permítaseme agregar, había una época cuando creíamos. Había bien y mal y la guerrilla estaba del lado de los ángeles. Pero ahora el ángel dice que es una locura.

El problema aquí es que llamar algo "una locura" se puede interpretar como un grito de exasperación, de hecho una llamada a un mayor esfuerzo para encontrar la razón subyacente que, en las mentes y el lenguaje de la mayoría de los expertos sería en términos de un egoísmo racional de parte de los "actores políticos" o "actores violentos", según sería descrito por la jerga actual entre los *violentólogos** de Colombia. ¿Pero qué sucede si Ángela está en lo correcto? En otras palabras, podemos construir una cronología de los eventos, ¿pero qué los conecta?

¿No es posible verse atrapado en un evento y reaccionar sin saber por qué? Más tarde uno mira atrás y busca una razón, si uno quiere, pero eso rara vez hace justicia a la forma en que uno se vio atrapado en primer lugar. Escribir un diario es barrenar entre estas dos fases, acción y reflexión, sin llegar del todo a ninguna.

Mayo 6

Taxista en Bogotá encolerizado por la fumigación con herbicidas, dictada por los Estados Unidos, de las plantas de coca de los campesinos en el Putumayo al sur del país. Si el campesino posee dos vacas, me dice, el estado le quita una y la guerrilla la otra. Si hay una tercera, ¡va a los paramilitares! No es posible protestar en Colombia, añade, por las amenazas y es por eso que el país está jodido. La *ambición**, declara rotundamente, es la raíz del problema. Me hace sentir más seguro escuchar ese juicio altivo arrojado sobre la humanidad mientras nos lanzamos alrededor de las curvas de la autopista mirando hacia la ciudad. Sabemos hacia donde vamos. Los árboles de eucalipto fragantes en medio de la llovizna también traen alivio, un toque de inocencia pastoral y vida de clase alta esparcido por los corrosivos barrios bajos de chozas de papel, un burro comido por las polillas y niños de mejillas enrojecidas por el contacto del viento. Este hombre mide (y crea) la opinión pública de una manera distinta a la de nuestros encuestadores. Da voz al arte de la supervivencia grabado en el conocimiento místico del alma colectiva que atribuimos a los taxistas. Extraña intimidad. Dicen que más de la mitad de los taxistas son espías del ejército. Y porque los taxis son el lugar donde uno tiene una alta posibilidad de ser asaltado o secuestrado, la gente de clase media recurre a radio-taxis y usan códigos secretos en el teléfono en colaboración con el operador. ¿Pero qué evita que el operador lo secuestre a uno? Estoy definitivamente embarcado en una mala sucesión de pensamientos, ¿pero no es el taxi aquí un microcosmos de la vida?

"Cuando escribo algo, me pregunto cómo va a reaccionar Castaño", me dice una periodista de Bogotá (Carlos Castaño es el líder de los *paras*). "Pero", continúa, "la mayoría de los periodistas en Colombia son asesinados por mostrar la corrupción" Y muchos son asesinados. En este momento, Colombia es el lugar más peligroso del mundo para ser periodista (o líder sindical). Sigo pensando en sus dedos posados en el teclado. Las palabras siendo arregladas, esperando.

Mayo 7

Vuelo de media hora desde Bogotá, en lo alto de los Andes, fría y gris, a Cali capital del exuberante Valle del Cauca, visible desde el aire como un mosaico de campos de caña de azúcar esculpiendo la naturaleza en formas para las cuales nunca estuvo pensada. Dicen que sólo veintidós familias son dueñas de todo el terreno, aproximadamente ciento veinticinco millas de largo y treinta de ancho, y que la industria del azúcar hubiera quebrado hace mucho tiempo de no ser por los subsidios provistos por el Estado, controlado por los mismos dueños de la caña. Caliente y bochornosa, Cali famosa por sus hermosas mujeres y el nacimiento de la salsa. Las mujeres se transforman conforme salen del avión. Las blusas semitransparentes en las cuales el sostén es visible son parte de la estética, al igual que blusas muy cortas y shorts tan ajustados que uno se sonroja. Muchos nuevos estilos de ropa y de elaborado maquillaje facial. Gran facilidad en la forma en que los *scooters* motorizados se enhebran en el tráfico atorado por los semáforos. Mi amigo antropólogo de Cali nos recoge a mi amigo Ramón y a mí y nos lleva a almorzar a mi restaurante favorito en el centro de Cali, pero, aparte de nosotros, el lugar está desierto. Me siento como si estuviera actuando en un escenario con agua de utilería. Más adelante, el amigo doctor del antropólogo nos recomienda no visitar el pueblo de Santa Fe de Quilichao, una hora al sur de Cali en la autopista Panamericana, puesto que está asegurado por los paramilitares, quienes muy probablemente vean a un extranjero como alguien trabajando para una ONG ecologista o de derechos humanos y... Deja la ración sin terminar. El doctor es joven, bogotano, especialista, completamente apolítico y sin conexión con la izquierda y me comenta que la asociación regional de médicos en y alrededor de Cali apoya a los *paras* ya que no se atrevería a decir nada que pudiera ser interpretado como político en el hospital donde trabaja. Y los *paras* están infiltrando la administración, la facultad y el estudiantado de las universidades locales. Han llevado a cabo asesinatos en universidades de Medellín y de la costa del Atlántico.

Al final de la tarde, mientras vago en calles con sombras alargándose, hablo con una juez retirada que solía trabajar en un pequeño poblado cercano de cincuenta mil habitantes, pero está demasiado asustada para siquiera regresar a una visita. Ella me cuenta cómo en febrero los hombres de negocios del pueblo recolectaron dinero para traer a los paramilitares para limpiar el pueblo —la famosa *limpieza**— al asesinar los llamados delincuentes. A la fecha han matado alrededor de cien. Pero "*en Colombia nunca se sabe*"*. "En Colombia nunca se sabe la verdad". La juez termina muchas afirmaciones con esta oración. Es temprano en la noche. Hemos llegado a un mirador. La ciudad se extiende bajo nosotros. Los días del *boom* de la cocaína terminaron. Los grandes carteles se han ido y los más pequeños y discretos se han quedado en su lugar. Las fábricas cerraron. Los edificios de apartamentos se encuentran vacíos. Las estadísticas de desempleo están fuera de los sondeos, al igual que los homicidios. Los carros corren nerviosamente alrededor de la esquina como animales salvajes en fuga.

Los abogados que conozco en los Estados Unidos gustan de hablar en aforismos y usan un tono de compromiso conocedor del mundo. Pero la juez habla de reglas y procedimientos, su rostro inclinado hacia el cielo acentuando los planos de su cara mientras trata de explicarme los últimos cambios en las muchas leyes de la nación que cambian diariamente. El universo de lo correcto y lo incorrecto está territorializado por una red de leyes y cada ley está numerada. Los avisos de no fumar en los aeropuertos tienen el número de la ley relevante mostrado de manera prominente, al igual que los anuncios televisivos previniendo acerca del sexo y la violencia en un programa por comenzar. Pero los números nunca se acomodan a la realidad —ni a la realidad de la condición humana ni a la realidad de las distinciones sutiles necesarias a la ley. La red se colapsa. Entonces, se crea una nueva ley y los jueces se mantienen muy ocupados tan sólo manteniéndose al día. Cuando digo a alguien que trabajo en un proyecto llamado "La ley en una tierra sin ley", se ríen y exclaman "¿Sin ley?".

El hermano de la juez huyó con su familia hace ocho meses. Recibió una amenaza de muerte y ahora está en Canadá sin idioma o amigos. El gobierno de Canadá le provee de un lugar para vivir y dinero por un año. Era un abogado trabajando en derechos humanos en el suroeste de Colombia, una región con más de su cuota justa de conflicto entre la guerrilla y los paramilitares, los cuales, cuando hablamos hace un año, él describía como la lucha por "el corredor" para la cocaína y la heroína bajando de las montañas al centro del país a los fétidos pantanos de la costa del Pacífico y de ahí, en rápidos lanzamientos, a América Central. Conforme hablaba, dibujando mapas en una servilleta, los mapas se volvían más y más complicados: "Te detienen en el retén del gobierno aquí", decía, marcando fuertemente el frágil papel. "Diez kilómetros más allá los paramilitares tienen un retén", una vez más marcando el papel hasta rasgarlos. "Y en las faldas de la montaña la guerrilla tiene los suyos". Otro violento asalto al mapa. Salí con un puñado de servilletas marchitas, como un ramo de flores. Su asistente me preguntó bastante acerca de Australia, donde nací. Está preparando su salida también.

Hay una llamada telefónica en la que se rumorea que en el pueblo donde la juez trabajaba la guerrilla va a contraatacar esta noche y expulsar a los *paras*. Llamó a un amigo ahí. Ella dice que no es cierto. ¿Pero cómo puede estar tan segura? *En Colombia nunca se sabe**... La amenaza del contraataque de la guerrilla es lo que más preocupa a la gente en estas situaciones. Los vuelve locos.

Mayo 8

En autobús con mi amigo Ramón Ochoa de Nueva York llego a las cinco de la tarde al pequeño pueblo donde la juez trabajaba; a través de campos de caña lluviosos y brillantes. Cuando se ve el horizonte de un terreno campesino en perfil desolado junto a la tierra aplanada para la caña, o cuando se ve una arboleda de bambús solitaria y aislada en medio de un inmenso campo de caña, uno tiene una idea de qué bello debió haber sido este valle antes de que las plantaciones de azúcar tomaran las granjas de los campesinos. Puesto que estas granjas eran verdaderos bosques artificiales compuestos por gigantes árboles de flores rojas llamados *cachimbos**, árboles de cacao, árboles de plátano, café y árboles frutales. Esto era un sistema tridimensional de cultivo que imitaba la selva tropical. Era un ecosistema brillante, tan brillante como la economía. Despojado de árboles por la expansión de las plantaciones, la tierra fue entregada al arado y la caña se extendió de un lado del valle al otro, para el beneficio de un puñado de familias blancas de Cali. Los pueblos negros se convirtieron en guetos encerrados por muros de caña. Ahora están siendo rodeados por fábricas rápidamente ensambladas, automatizadas y libres de impuestos, un blanco favorito de los impuestos de la guerrilla conocidos como "la vacunación".

El pueblo parece más cansado y descuidado de lo que recordaba. Cuadra tras cuadra de tristes casas de ladrillo sin pintar, de un piso y techo plan. Cables eléctricos adornados con musgo entrecruzan las calles en elaboradas cunas de gatos. A lo largo de los hogares de techo alto de lodo y bambú, los techos en pico que amortiguaban el sol han desaparecido simultáneamente a la desaparición de la agricultura campesina. Todavía entrados los años cincuenta, las casas eran estructuras gigantes de lodo y bambú. Con la desesperadamente densa población, el apenas funcional sistema de drenaje y agua potable es un consuelo bendecido, aunque el agua no es suficientemente limpia para beber.

Pero, ¿dónde está la gente llena de inagotable energía llenando las calles al inicio de las noches, mitad caminando, mitad bailando? Nadie sale ahora después del ocaso, me dicen. Sin embargo, este pueblo era famoso por sus salones de baile y su bulliciosa vida nocturna.

Una vieja amiga de aquí, que ahora vive en Cali, me saluda con su dedo en los labios cuando comienzo a preguntar sobre los *paras*. Shh, dice, ojos abiertos. ¡Aquí no se puede decir nada! Pero siempre pienso que el silencio real —lo que la gente en las villas algunas veces llama "la ley del silencio"— es tan silencioso que no se sabe que la otra persona está siendo silenciosa.

"¡Entonces! ¿Por qué vinieron?"

"Bueno, ¿no dijo Castaño que él enviaría gente a cualquier comunidad que pidiera ayuda?"

Camino a través de la plaza con P. Desde la orilla de su boca me dice que dos *paras* están sentados en una banca del parque relajándose. Miro de frente el parque sintiendo una mirada en la espalda. No es nada agradable saber que no puedes mirar alrededor en tu propio parque. Ella me dice que los *paras* anunciaron su inminente llegada en febrero con mensajes a la iglesia y las autoridades:

"El pueblo necesita 300 ataúdes listos".

"¡*Ojo*!* Más vale que el sacerdote esté listo para trabajar tiempo extra"

"El alcalde necesita obtener ataúdes para los N. N." (N. N. aquí significa los muertos que no pueden ser identificados, refiriéndose a los cadáveres dejados al lado de los caminos o cerca del puente).

Nadie parece tener una idea clara de quiénes son, qué son y qué quieren. Nadie sabe qué hacer. La gente aquí está demasiado asustada para confrontarlos, organizarse contra ellos o unírseles. Más aún, parecen desaparecer y aparecer dentro del pueblo mismo como fantasmas. Su táctica previa de aparecer de la nada en una villa aislada, asesinando a los habitantes de formas grotescas y saliendo en pocas horas o días ha dado paso a esta ocupación permanente. Ahora, se quedan como accesorios en el paisaje urbano, pero uno nunca puede estar seguro de dónde están y cuándo van a atacar. Lo que antes era una trayectoria a través de un paisaje decolorado por el miedo es ahora puro movimiento giratorio alrededor de sí mismo, como el trompo de un niño.

Algunos dicen que hay treinta. Otros dicen cincuenta. Algunos quince. ¿Quién sabe? Algunos los llaman *paras*, otros los llaman *pistoleros** y otros más los llaman *auto-defensas**, abreviatura de los Grupos Unidos de Auto-Defensa de Colombia. Este pesado nombre a imitación del mundo de las agencias estatales es el usado por Carlos Castaño para su fuerte milicia de ocho mil efectivos y en rápido crecimiento, formada en la costa del Atlántico varios años atrás con el objetivo expreso de exterminar a la guerrilla colombiana, uno de cuyos grupos mató a su padre y otros miembros de su familia.

M. viene de la casa para darme la bienvenida y me lleva a un lado para decirme que aquí hay *pistoleros** solicitados por el *comercio**. Hay catorce, aproximadamente. Él conoce a su jefe, un tipo blanco con un gran tatuaje en el antebrazo derecho. "¿Estamos en peligro?" Pregunto. "¡No! Están bien informados de quién es un *delincuente**". "¿Pero no pensarán que trabajo para un grupo de Derechos Humanos?" Hace una pausa como si esta fuera la primera vez que lo pensara. Entonces viene lo que se considera una clarificación decisiva: "¡No son... paramilitares! ¡Son de limpieza!*" Pero P. difiere enfáticamente. Ella dice que no se puede estar seguro. ¿Pero yo? Yo ni siquiera entiendo las categorías y sospecho que ellos tampoco.

Los nombres hacen de la identidad una cuestión: *paras*, *auto-defensas**, *pistoleros**, *esa gente** cruzando el pueblo en motocicletas. Al principio la mayoría de la gente me dice que son simples sicarios —*pistoleros**— contratados por la élite comercial del pueblo. Un amigo postula: *¡No tiene nada de ideología!** Por lo que se quiere decir, así parece, ¡que no son *paras* en lo absoluto! ¿Entonces qué son? ¿Quiénes son? ¿Y qué es lo que implica una pregunta como esa para todo el país si ni siquiera sabemos con quién o qué estamos tratando en medio de tantos nombres e historias de los orígenes, de todos esos signos de interrogación con tatuajes montados en motocicletas? *En Colombia nunca se sabe**... ¿Es éste su poder?

¿Dónde viven? Sería demasiado bueno poder pensar que ellos tienen un hogar donde pueden quitarse las medias, ir al baño, mirar la televisión, llamar a sus madres y escuchar silenciosamente, tarde en la noche, el estruendo de los camiones y el ladrido de los perros. De acuerdo con M. ellos duermen en el Hotel Cupido, cerca de la plaza central, un indescriptible edificio de un piso con un letrero verde brillante de neón al frente, mostrando un pequeño cupido lindo y gordo jalando su arco. Una casa de amor alojando asesinos.

Su jefe solía ser un policía, me dice M., un policía en una fuerza de élite llamada CTI (Cuerpo Técnico y de Inteligencia). Era guardaespaldas de uno de los jueces del pueblo antes de ser despedido por malos manejos. ¡Vaya historia! —pero no poco común. Muchos de los *paras* son ex-policías y soldados. Haces tu servicio militar obligatorio, aprendes como manejar armas, y después eres despedido. Buscas un trabajo ordinario. No hay ninguno. Pero entonces están los *paras*. Y pagan bien. No obstante, es espeluznante pensar en la habilidad de este movimiento, de ser guardaespaldas de un juez en un momento a jefe de los *paras* al siguiente. Esta es la forma de transformación mágica uno esperaría de la "máquina de guerra", acerca de la cual los teóricos franceses Gilles Deleuze y Felix Guattari escribieron en *Mil mesetas* y definieron como la formación guerrera básica de los nómadas, el ur-ejército separado de e incluso opuesto al Estado. Es la misma transformación mágica que escucho en historias de bandidos como Cenecio Mina, activo en esta región al inicio del siglo xx, cuando los terratenientes blancos regresaron para arrojar a los esclavos liberados fuera de las granjas de las cuales los blancos habían huido durante las muchas guerras civiles de la segunda mitad del siglo xix, cuando los campesinos negros gozaban de una autonomía considerable. Se decía que él nunca podría ser capturado por la ley. Se transformaría en una planta o una fruta, precisamente lo que los terratenientes querían arrancar para el ganado.

La guerrilla paga bien también. Pero una vez que estás en la guerrilla, debe ser difícil regresar a la vida civil, mientras que para los *paras*, bueno, ¿No son ya siempre civiles? Cuando el guerrillero intenta regresar a la vida diaria, son asesinados por fuerzas anónimas. Ser un guerrillero es como ser un sacerdote, tal vez un poco más. Una vez sacerdote siempre sacerdote, se dice. Pero por lo menos el sacerdote puede dejar la Iglesia.

Algunas veces me pregunto qué diferencia los asesinatos actuales de los de épocas anteriores. ¿Cómo sé que no son los mismos viejos asesinatos que se han venido incrementando a través del pueblo en oleadas desde el inicio de los ochenta? "Es una manera diferente de matar" me dice la gente. "Van en motocicletas con una lista, frecuentemente con fotos y números de cédula también. Van al mercado, más o menos a seis cuadras de la plaza central, por ejemplo, y gritan tu nombre. Volteas y disparan." M. entra alterada a la conversación y me dice que un conocido bajó del autobús cerca de su casa la semana pasada y fue abordado por uno de ellos, con la lista en la mano. ¿Eres tal y tal? Preguntaron. ¡Sí! Asesinado ahí mismo. Cuántas veces escucharé de esta lista. Es lo que separa a los vivos de los muertos. Un niño me dice que corrió cuando los vio llegar. Esto simplemente provocó su interés, lo agarraron y sacaron una lista para revisar su nombre. "Nunca huyas otra vez" le dijeron. El niño me enseña el largo de la lista extendiendo su brazo por completo.

"Saben mucho." La gente se sorprende de lo bien informados que los *paras* parecen estar. Me dicen que esto es probablemente porque tienen acceso a los archivos de la policía de la CTI. Pero sospecho que esos archivos son lamentablemente inexactos, lo cual no quiere decir que no sean peligrosos.

La joven mujer de junto me dice que cuando el hombre que mató a su hermano salga de la cárcel, los *paras* lo estarán esperando para ejecutarlo, tal y como lo hicieron hace más o menos un mes con otro prisionero. Es una práctica común como para compensar lo que es visto como un código legal demasiado liberal, en el que no hay pena de muerte y las sentencias son consideradas por muchos como demasiado leves.

Fue hace un año que oí del asesinato de su hermano en una sala de billar, en la noche, al final del pueblo. Fue asesinado con un cuchillo en la espalda, asesinato premeditado, su madre me dice de forma realista. El hijo del hombre asesinado acababa de entrar por la puerta. Pelo corto, ojos hundidos, de más o menos catorce años, se mantiene parado como un robot sin la más mínima respuesta mientras su tía me dice acerca de dos cadáveres encontrados hace apenas una semana, atados con alambre de púas en la cajuela de un auto abandonado a la orilla del camino. "¿Cómo atiborraron esos cuerpos en un espacio tan pequeño?, nunca lo sabré" dice.

Las cosas se sintieron muy diferentes la noche anterior cuando P. Estaba diciendo que la gente se sentía más segura porque menos gente estaba siendo asesinada. ¿No es siempre de esta manera? Hay una tregua aparente y todos ven el mundo bajo una luz completamente diferente, como cuando la temperatura mejora abruptamente. Los días de depresión de repente se dispersan con esperanza y uno se olvida completamente de lo que significa estar asustado todo el tiempo, con la cabeza inclinada y la cola entre las piernas. Hay algo como un barómetro público de la inseguridad. Su funcionamiento es un misterio. Es errático, desconfiable y sin embargo todos nos aferramos a él. Más aún, afecta aquello que supuestamente sólo debe reflejar y esta función ilícita es probablemente la razón por la que existe en primer lugar. Mi reacción a la noticia de que "las cosas están mejorando" o "las cosas están empeorando" es aún más perversa que el barómetro porque a mayor violencia y horror, mi trabajo parece valer más la pena.

Hay una muchacha, de diecisiete años, que ayuda en la tienda de aquí algunas horas al día. Pequeña y de rostro pequeño, ella es inconfundiblemente de una familia india de la sierra. Viene del sur, de las montañas cerca de la frontera con Ecuador, alrededor de las tierras bajas del Putumayo, donde la mayor parte de la coca colombiana es cultivada hoy. Le pregunté acerca de las fumigaciones aéreas ordenadas por los Estados Unidos. Encantadora y lista, ¡se ríe y arroja su cabeza hacia atrás mientras me dice cómo destruye todo! Entonces los campesinos vuelven a sembrar coca, incluso en los mismos campos. (Escucho de otros que si la planta es cortada de raíz justo antes o después de la fumigación sobrevive como antes). No sé cómo comprender esta mezcla de alarma genuina y risa. No es una risa irónica o cínica. No es una bravata. Es inocente. Ella encuentra la destrucción causada por la fumigación genuinamente divertida. Los Estados Unidos no saben a lo que se enfrentan.

Justo después del ocaso salgo a caminar para medir la tensión. Ya me estoy sintiendo atrapado y asustado y sin embargo deseo estar afuera. Aunque mucha gente me conoce, ¿cómo me presento a los *paras* como otra cosa que no sea un personaje sospechoso fuera de lugar? Las calles están oscuras y desiertas. Los camiones y el equipo agrícola rugen en medio de las angostas calles sin importarles en absoluto la gente a pie. Me encuentro con un viejo amigo en la esquina con su novia, que está vendiendo *empanadas** hechas de maíz. No tiene trabajo. Sin preguntarle, me dice que los *paras* han llegado a *limpiar** el pueblo. Yo finjo un dramático ataque de nervios, convirtiendo mi miedo en una farsa. Él sonríe y me dice que no me preocupe; han sido traídos por el *comercio** y circulan con un niño del pueblo que les señala a los malos. Es una solución horrible, continúa. Pero tener a los criminales destruyendo el pueblo y haciendo de la vida de todos un infierno es peor. Siempre quiso ser torero y practicaría todos los días contra un par de cuernos o un manubrio de bicicleta sobre ruedas impulsado por un amigo corriendo hacia él afuera de la plaza de toros de Cali. Como muchos jóvenes aquí, su vida ha estado en pausa desde siempre. Por años su bar, un puesto solitario de avanzada en una plaza oscurecida, ha ido muriendo por falta de clientes. Todo está congelado en su lugar, en espera de parejas que bailen o gente con algo más en el bolsillo que el dinero para comprar una gaseosa. Si alguien ordena una cerveza, sacude el polvo de la botella mientras la trae a la mesa. Podría ser champaña. Una noche hace tres años, caminando a su casa, fue asaltado y casi asesinado por un grupo de matones con un rifle casero. Quitó el arma a la fuerza a sus asaltantes y ellos huyeron en bicicletas. Al contrario de la mayoría de la gente, llevó su caso a la ley e identificó a uno de los asaltantes. El caso duró meses hasta que se le advirtió no seguir por miedo de represalias físicas. Él causa entonces la impresión de ser naïve y estar furioso y abatido. Quizá él es la materia de lo que están hechos los santos, inocencia pura. Pero su historia es clásica: el hombre que cree en la justicia, sólo para ser traicionado. La gente que apoya a los *paras* lo hace porque el Estado colombiano no los puede proteger de nada, no sólo de la guerrilla. Desde el asesinato hasta los accidentes de tráfico, desde el secuestro hasta el robo de zapatos tenis, el Estado es impotente sin importar si uno es rico o pobre. Es peor que en los Estado Unidos, donde por lo menos la Regla de Oro es efectiva: quien tiene el oro hace la regla. Pero no en Colombia. El decano de una prominente escuela de derecho en Bogotá me dice que su esposa fue asaltada en la calle hace un mes y sus aretes arrancados de sus oídos. La policía aprehendió al ladrón, a quien ella identificó. Ahora tiene que hacer una denuncia formal pero está demasiado asustada para hacerlo. Teme que el acusado encontrará una forma de vengarse de ella o sus hijos. ¡E imagínense si fueran pobres!

Pero esto es sólo el inicio de la traición. Algo peor está por venir. Porque la misma autoridad que uno puede buscar para protegerse es capaz de empeorar todo. Una y otra vez, este sentido de la ley como peor que el crimen me ha asombrado, la injusticia máxima, si se quiere. Es un axioma del folclore, rural y urbano, que uno nunca debe actuar como testigo o ir a la ley con un problema, porque la ley, es decir, la policía en primera instancia, es muy probable que lo convierta a uno en sospechoso. Aún un policía dirá eso si uno los conoce lo suficientemente bien. Esto es, en mi opinión, el origen tanto de la guerrilla como de los *paras*.

Mayo 9

Noche fría, sueño largo bajo el mosquitero. Despertar con las campanas de la iglesia. Pies desnudos sobre los azulejos. Al medio día, un helicóptero de la policía circula a poca altura sobre el pueblo, tan bajo como para leer el número en letras negras en su estómago. Circula y circula por quince minutos. Es una sensación extraña sentirse observado de esa manera, pero la policía es sin embargo impotente. Rara vez se ve a la policía en el pueblo. Es como si hubieran desaparecido completamente. Sólo el ruido de esa gran ave batiendo sus alas y la presencia siniestra de un desconocido pero pequeño número de paramilitares.

¡Navajo, uno de mis favoritos, ha muerto! El Indio Navajo era como la gente se refería a él. Deliberadamente, se disparó a sí mismo en Nochebuena, mientras bebía con sus amigos. De repente, alcanzó su pistola de nueve milímetros y ... ¡bang! Uno de los pocos blancos del pueblo, de unos cincuenta años y ascendencia libanesa, era barbero (¡cortó mi cabello una vez y nunca más!), un torero que lidiaba vacas como payaso en la *feria** anual en agosto —y finalmente pero no menos importante, un hombre que vivía más en sus fantasías de Westerns de Hollywood que en la realidad. Lo recuerdo emergiendo de la noche oscura en la plaza del pueblo hace cuatro años, cuando un pequeño grupo de amigos estábamos bebiendo en la acera cerca del único bar abierto, cuando comenzaba a ser más tarde de la hora en que la gente se siente lo suficientemente segura para estar fuera. Estaba en su motocicleta, portando una chaqueta de nylon rojo y una gorra roja de béisbol con *Reebok* escrito en la frente, un rifle sobre un hombro, una linterna en su cinturón y un machete colgado en su espalda. La gorra estaba hacia un lado de sus ojos, oscureciendo su rostro de rasgos elegantes. Le ofrecimos un *aguardiente** y explicó que los dueños de tiendas le pagaban para vigilar la plaza. Dijo que recientemente estuvo en un curso de entrenamiento en pequeñas armas con los *rangers* estadounidenses en una hacienda no lejos de aquí (lo que me pareció completamente imposible de creer). Y el año pasado, en una confrontación con una banda de matones en la noche, sacó su revólver en una prisa tal que se disparó a sí mismo en un testículo. Se encoge. El Tonto Navarrete y lo amo por su tontería.

Me dice que el alcalde va a nombrarlo *Inspector de Policía** en una de las aldeas cercanas, pero sé que esto se ha convertido en un puesto peligroso debido a la enfurecida guerra de pandillas. He pasado mucho tiempo con el *Inspector** anterior los últimos veinte años incluyendo sus seis años en la oficina que consiste de un escritorio de acero, un retrato de Santander, "*hombre de las leyes*"*, contemporáneo de Simón Bolívar, un libro gastado de códigos legales, una caja de cemento con archivos una excesivamente bella adolescente de la aldea fungiendo como secretaria con su propia máquina de escribir portátil, que llevaba a su casa cada noche. Fue ella la que memorizó el extenso formulismo verbal con el que cada declaración comenzaba. Sus dedos volaban a lo largo del teclado cuadruplicando copias en su pequeña máquina. Por meses, tal vez años, ellos habían estado esperando para que el gobierno les enviara papel. Así que el inspector solía requerir papel del "enemigo", la fábrica de papel que todo el mundo odia porque contamina el río, la misma que distribuye calendarios con su nombre exaltando la belleza de la naturaleza. Este inspector anterior ha vivido todos los setenta años de su vida como campesino, conoce todo y a todos y ha sobrevivido milagrosamente tres atentados contra su vida cometidos por bandas juveniles los últimos seis años, en el último de los cuales lo tuvieron en el suelo y dispararon el arma en su boca y lo dejaron dado por muerto al lado del camino en una zanja cerca de los cañaverales. Su "caja" de dientes falso le salvó la vida, dice.

Le digo a Navajo que es demasiado duro. Se ríe. Tan pronto como consiga dos personas locales para trabajar con él, puede ir a varios lugares, descubrir quienes son los causantes de problemas y ejecutarlos. Así pues, ¡Navajo es un paramilitar local! Y también un desgraciado encantador, decente y loco, con la mirada más ganadora e historias divertidas que seguramente ni siquiera él puede tomar en serio.

El loco poeta D. se tambalea: treinta y cinco años y tan delgado como una vía del tren, vive de un derivado de la cocaína llamado *bazuco*, que compra con unos pocos centavos que obtiene improvisando poemas en la calle para la gente. Sus quejas y súplicas hacen que la gente se sienta incómoda, pero no tanto como cuando se vuelve agresivo y acumula expresiones de desprecio contra los filisteos cuando rechazan sus poemas "*¿Para qué sirve?*"* gruñe Navajo. No puedo realmente creer que Navajo quiere decir lo que dice. No es menos espectáculo que D.; una suerte de *performance* enfermo en el que Navarrete se regodea cuando tiene una audiencia, como cuando puso ruedas a los cuernos de una vaca en una corrida de toros.

Hay un enorme grafito en letras blancas firmado por la guerrilla de la FARC en la pared de la escuela opuesta a donde estamos hablando. Es una declaración de muerte a los delincuentes así como a la gente (*alcahuetes**) que los protege. Navajo me dice que este grafito no es obra de la FARC, sino de gente del pueblo. ¡Ellos podrían haber eliminado una gran cantidad de *delincuentes* en esta lista de muerte, dice, si hubieran tenido más colaboración! Hace una mueca que se transforma en sonrisa. Le gusta condimentar su discurso con palabras árabes que significan (según él) "¡No!" o "grande" o "deshonesto". Por lo menos, él dice que es árabe. Me dice que el tipo que asesinó a don Félix ha sido arrestado y que él, Navajo, va a encargarse propiamente de él. (Don Félix era un hombre de modales suaves de una familia libanesa con una mercería en la plaza central. Su hijo se involucró en el tráfico de drogas y no pagó una deuda, por lo que la historia continúa. Un día un hombre llegó y se apostó bajo un árbol y esperó a que don Félix apareciera en la puerta de su tienda al final de la tarde y lo mató desde el otro lado de la calle). Navajo continúa, en medio de nuestra conversación, mirando a los jóvenes que pasan a nuestro lado como si fueran los criminales a los que está por enfrentar.

Lo vi por accidente la mañana siguiente. Era un hermoso día con un claro cielo azul. Me invitó, medio despierto, a tomar un café. Me pregunta sobre el presidente Clinton y me dice que Mónica fue contratada para exponerlo. Sacude su cabeza con cierto arrepentimiento, en la manera de los sabios. "No te cansas" le pregunto" de tener que luchar con muchachos de quince años toda la noche". Me contesta: "Yo mismo tengo quince años".

Eso fue en 1998. La última vez que lo vi fue en julio del 2000, tarde en la noche, en la plaza del pueblo, lentamente recorriendo la plaza en su motocicleta, usando la misma chaqueta de nailon rojo y sosteniendo un machete envuelto en periódico, acomodado en el manubrio. Había estado trabajando, dijo, como velador, pero se veía sojuzgado. Había sido recientemente atacado por "los *bandidos**", quienes robaron su machete y le dispararon en la espalda.

De vez en cuando me pregunto por qué D., el poeta loco, no ha sido todavía asesinado. Recuerdo que hace no mucho alguien me dijo que no duraría hasta Año Nuevo. Deben pensar mal de mí por pensar esto. La última vez que lo vi en mayo, su producción se había profesionalizado. En vez de garabatear poemas en la calle y entregárselos a los paseantes, había fotocopiado dos hojas y las había doblado en cuatro páginas. El frente era como la cubierta de un libro y llevaba una ilustración de una cara negroide, acentuando ojos y labios, surgiendo de una niebla arremolinada en la cual dos pequeñas figuras humanas negras desnudas, hombre y mujer, estaban flotando, alcanzándose el uno al otro. En el frente del panfleto el título:

Mini-serie dormida para A y otros naufragios
POEMAS

En la parte trasera de este mini-libro:
"La poesía es la huella del amor"
En el interior:

Siempre
La única obra
Del Sol,
Trigo,
Agua y luz,
Es
La poesía y
La vida

Tan extraño que Navajo, siempre queriendo matar asesinos sólo haya terminado matándose a sí mismo, mientras que D., un muerto vivo escribiendo poesía romántica furiosamente, parece impermeable al asesinato.

Mayo 21

De regreso en el pueblo después de una semana en la costa del Pacífico, P. me dice "Malas noticias. Están matando más y más de ellos han llegado. El viernes pasado, Eder Leandro fue asesinado a una cuadra de donde estabas bailando bajo el árbol de mangos. Fue asesinado junto a otra persona a plena luz del día. El domingo siguiente, dos jóvenes más fueron matados a tiros. Uno fue matado saliendo de una tienda y logró llegar a su casa pero lo arrinconaron en la cocina. Después marcharon directamente a otra casa pero el joven que buscaban logró esconderse en la alacena y escapó". Intento imaginarme lo que debe ser estar atrapado en una esquina de la cocina de tu madre con sus ollas y sartenes gastados, tan familiares, colgando alrededor tuyo, mientras abren fuego.

"¿Era un *delincuente**?" pregunto. "No sé" me responde. "Tiene un hermano que se mete en problemas..." Me encuentro con A. en su motocicleta. Trabaja como asistente en la morgue de la CTI y me asegura con la confianza de los que trabajan con cadáveres que los cuatro asesinados eran *delincuentes**.

Esa tarde me uno al funeral de un *delincuente** asesinado. Dos carros en mal estado encabezan a los dolientes eructando exhaustos en sus caras. Me encuentro en la procesión al sastre que se encoge y levanta las cejas. Debe lamentar la muerte, puesto que, de lo contrario, no estaría en la procesión. Pero lo acepta como el precio de la seguridad. En la multitud que se arremolina alrededor de la puerta del cementerio junto a vendedores de helados que suenan sus campanas, me encuentro a L. y su hermana E., a quien no he visto en años. Con la mano conspiratoriamente en su boca, L. me susurra que no debemos hablar de los asesinatos en la calle. Pero la escandalosa E. me palmea la espalda y beligerantemente me pregunta sobre mi opinión sobre la situación del país. La cocaína es organizada por los ricos, me dice, quienes luego culpan a los pobres, quienes no tienen otra alternativa que involucrarse en el tráfico.

Temprano en la noche hablo con Y., un abogado nacido en el pueblo quien me dice que los llamados *pistoleros** son de hecho *auto-defensas** —es decir, lo que generalmente queremos decir cuando decimos *paras*, el nombre "*auto-defensa*"* derivado de las *Auto-Defensas Unidas de Colombia** alias las AUC. El mundo de la violencia institucionalizada está titulada por una sopa de letras de acrónimos: FARC (guerrilla), ELN (guerrilla), EPL (guerrilla), AUC (*paras*), FFAA (ejército del Estado).

No hay mucha poesía aquí. ¿Todos estos acrónimos imitándose los unos a los otros con los mismos uniformes intercambiables, armas y, quién sabe, más o menos las mismas mentalidades también? Por lo menos las bandas juveniles tienen un toque lírico: los Popeyes, las Pirañas, etc.

No es verdad que los *auto-defensas** fueran invitados por los comerciantes locales, me dice. ¡Ellos se invitaron a sí mismos! Pero, ¿por qué vinieron aquí? Pregunto, dado que su objetivo es la contraguerrilla y no hay presencia de la guerrilla aquí, por lo menos no una presencia obvia. Bueno... ejercen presencia militar en un rango de territorio al oeste de aquí, incluyendo muchos pueblos inmiscuidos en el tráfico de drogas. Quieren el área que abarca de la *cordillera** occidental a la *cordillera** central, lo que significa obtener control sobre este pueblo situado en el centro del valle entre las dos *cordilleras**. No sólo es guerrilleros y comunistas lo que persiguen. Ni solamente delincuentes lo que van a matar. Podrían fácilmente ocuparse de líderes y gente influyente que ven como perjudicial para sus ideales. No obstante, son los niños recorriendo el pueblo con rifles y granadas caseros lo que galvaniza esta paramilitarización. El abogado es inflexible. Las pandillas son un peligro inminente. Todo el mundo en el pueblo está de acuerdo. "Los *paras* están listos para traer cientos de refuerzos" me asegura.

A él le parece obvio que la policía debe estar fuertemente aliviada de que las *auto-defensas* estén finalmente aquí. Los desenfrenados jóvenes mataron dos policías el año pasado, pero el poder legal de la policía y del sistema de justicia del Estado es extremadamente limitado con respecto a los menores de dieciocho. No pueden ser encarcelados y el peor castigo bajo la ley es ser enviado a un reformatorio por cortos periodos de tiempo, quizá dieciocho meses, aún por asesinato. Por lo tanto, con todo y la mayoría de la justicia colombiana y sus leyes ilustradas, la ley actual es el asesinato.

Como agua descendiendo en espiral por un embudo, nuestra conversación eventualmente llega al barrio al final del pueblo, formado por ocupantes ilegales hace una década. ¿Puede esto ser un lugar real?, me pregunto. Sacudiendo mi incredulidad, insiste que es un agujero infernal más allá de cualquier creencia. La guerrilla tiene su base en los interminables bosques del Caquetá al final de la nada. Pero el mundo pandillero de la juventud desenfrenada tiene su arboleda sagrada también, justo donde los barrios bajos se encuentran con los cañaverales a las orillas de las ciudades. Porque hasta donde puedo recordar, este pueblo ha sido estigmatizado como un gueto negro lleno de gente violenta e indolente, prostitutas y ladrones. Es por lo tanto muy natural que genere otra versión, aún más siniestra, de sí mismo y esto debe ser imaginado como el lugar donde la naturaleza y el mito se conjugan en los cañaverales. Cae la noche. El foco es de un brillo naranja opaco. Las sillas de plástico y el suelo de fríos mosaicos ofrecen poco confort. Mientras hablamos, mi estómago se contrae. Es un placer raro poder hablar mucho y de una manera tan mesurada con alguien del pueblo que conoce tanto de los funcionamientos internos de la administración. Nos hemos encontrado dos veces antes, una en su casa hace dos años y otra, con los ojos llorosos de temprano en la mañana, en la estación de policía donde dio una plática incisiva sobre Derechos Humanos a los agentes. Sin embargo es su calma lo que me provoca ansiedad. Hemos topado con pared. No hay dónde esconderse, emocionalmente o lógicamente. Es poco usual, pienso, en esta cultura, que dos hombres conversen solos e intensamente como ahora, en vez de estar en un espacio público, un café, un parque o parados al lado del camino, con toda clase de música y conversaciones pasando. Se siente secreto y peligroso. Me asusta con su miedo, tan templado como está por su probidad. Todos aquí están asustados de los *paras* y la posibilidad de que adquieran poder total. La gente está asustada —de hecho muy asustada— de un contraataque de la guerrilla. Nuestras voces bajan de volumen en caso de que alguien escuche algo. Sin dejar ver al otro, dejamos escapar miradas a la pared de cemento de doce pies de alto que nos divide de la casa de junto. ¿Por qué permitimos a nuestras miradas irse en esa dirección? ¿Es porque nos preguntamos si alguien esta escuchando al otro lado? Mi cuerpo se endurece. Me siento atrapado en esta casa de cemento. Él es un hablante continuo y metódico, escuchándose a sí mismo desde mí, un extraño de los Estados Unidos, en el cual puede probar sus idear y sentirse seguro de una manera u otra. Pero su firmeza me descontrola. Sonar lógico es nuestra única defensa. Quizá soy su pararrayos, listo para absorber lo peor. Muchas veces dice "esto es peor que una dictadura".

Mayo 24

L. me dice que uno o más de los asesinatos de los últimos días fueron para los *paras* una respuesta por el asesinato por parte de los pandilleros del dueño de una tienda que vivía enfrente de ella, el hombre fue matado por un tiro en el hígado frente a sus hijos y murió tras nombrar a sus asesinos. Mucha gente lo estimaba y los *paras* (ella usa esta palabra) están determinados a matar a sus asesinos. Cazándolos en las calles alrededor de aquí, mataron por error a un hombre inocente con una bala en el estómago. Estaba parado contra la esquina y parecía uno de los asesinos. La bala penetró sus intestinos y ahora tiene una bolsa de colostomía mientras espera más cirugías. Rompieron una puerta con una piqueta y una palanca en la noche, pero el asesino que buscaban escapó. Sólo el padre estaba allí, desnudo con una sábana cubriéndolo. "¡asesínenme! ¡asesínenme! ¡Pero en la calle!". Cruzan alrededor del lugar en motocicletas todo el tiempo, el pasajero de atrás portando un arma automática.

El cuerpo fue embarcado por el padre para ser enterrado en la costa del Pacífico, en Buenaventura, donde se dice que sus parientes hicieron magia en el cuerpo para que los asesinos no puedan huir. En vez de eso, quedarán inmovilizados, como patos en espera de los *paras*. El padre del muerto vive en Buenaventura y se dice que está furioso por la forma en que sus familiares están manejando las cosas aquí.

Conozco a la madre del muerto y dos hermanas en su casa frente a la de L. y les digo cuanto lo siento. Es más fácil decir estas cosas ahí que aquí, quizá porque la muerte no es extraña, pero principalmente porque los rituales para los muertos están más en su lugar. La formalidad provee la distancia que permite a uno acercarse. Se encuentran apáticas y abrumadas por el calor. L. insiste que conozca al otro hijo, pero me quiero ir. Me lleva de la mano al otro cuarto. Hay un hombre delgado de unos treinta y cinco años recostado, paralizado del cuello para abajo. No puede hablar. Una embolia, me dice L. en su manera objetiva. Conforme salimos, me dice cuan impaciente es con su madre, que mira TV tarde en la noche y que come sólo cuando quiere.

Un amigo me pide que escriba una carta para fortalecer su solicitud a la embajada canadiense para asilo en Canadá, argumentando que ha sido amenazado por los *paras*.

Mucha gente hace lo mismo. Un amigo mutuo descarga su frustración diciendo que él no está más amenazado que nadie más. Recuerdo a mi amiga antropóloga que trabaja a nombre de los refugiados desplazados por la masacre de Alto Naya. Se rió cuando le pregunté si no estaba amenazada: "Aquí en Colombia todos estamos amenazados".

M. me lleva a conocer un ex-delincuente amigo de él llamado V. ¿Qué es lo que determina que un ex-delincuente ya no sea delincuente? Caminamos a través de calles oscuras y vacías y entramos a una casa sin tocar. Nade parecía sorprendido. Tres hombres miran la televisión. Uno de ellos es negro, con la cabeza rapada, sin camisa, de unos veintidós años. Se trata de V. Vamos hacia un patio en la parte trasera para tener una conversación privada. El patio está cubierto por una pequeña cocina y un camión que ocupa casi todo el espacio. Se nos unen dos mujeres, una de pechos grandes y pantalón escarlata, es la *compañera** de V. , mientras que la otra mujer, me enteró después, solía pertenecer a una pandilla femenina llamada *Las Pirañas*. ¡Otra ex! Me presento como Mateo Mina, que es la forma en que mucha gente me conoce, autor de una ahora legendaria historia de la abolición de la esclavitud y sus consecuencias en esta área, un libro barato de bolsillo publicado en 1975, usado en los colegios y agotado hace mucho tiempo. ¿Trataba de impresionarlas con mis credenciales? Básicamente, sólo quería estar con ellas. Necesitaba salir de mi búnker de cemento y necesitaba conocer a estos pandilleros y ver el mundo como ellos. Sé que no voy a tener éxito haciéndolo, pero debo intentarlo porque para bien o para mal siento que son la ola del futuro, la bola de cristal, la suma de la historia. Esta es la "magia" que me atrae ahora que el mundo entra en la adolescencia de sus crisis de identidad, violencia y furiosos cambios de ánimo conforme intentamos atar la imaginación a unos pocos harapos de lo real.

Tan tranquilo como el pepino proverbial, V. dice "¡Oh sí! Después de que mataste a cinco o seis personas te curas".

"¿Dónde? ¿Cali, Putumayo...?"

"¡No! En la costa"

"¿Buenaventura?"

"¡Sí! En Buenaventura están los que saben".

"¿Entonces por qué necesitas ser curado?"

"Porque es probable que la familia del muerto haga brujería contra ti"

"¡Cachama! ¡Ese es alguien con quien podrías hablar! ¡*El es lo más sencillo**! Puedes hablar con él directo. *Tiene mucho misterio**. No tiene sombra. Dicen que ha matado como sesenta personas". Las mujeres se alejan. La conversación es de poco interés para ellas y mi sentido de la novedad ha pasado. Cachama pertenece a una pandilla llamada "*Los Justicieros**", dedicada a matar *rateros** que viven en el barrio y otros que vienen de otros barrios. En otras palabras, esta es una pandilla que lleva a cabo su propia *limpieza**, actuando justo como los *auto-defensas**, sólo que los *auto-defensas** "reales" ¡se dedican a matar a las pandillas! Tal vez es así como llegó a extenderse en el mundo –una jerarquía inestable de pandillas, algunas categorizadas como legales, otras no.

El hermano de V. acaba de llegar a casa después de completar su servicio militar. Está sumamente aburrido y está considerando unirse a las *auto-defensas**. V. le ha recomendado que mejor busque trabajo con una compañía de seguridad. Pero hay poca diferencia entre una compañía así y los paramilitares.

Conforme estoy sentado y V. me alimenta con estas historias, siento que he malentendido a los muchachos desenfrenados. El es muy impactante –delgado pero musculoso, ágil, de hombros inclinados, una gran cicatriz en su abdomen, rasgos limpios, sonrisa encantadora y básicamente abierta y aparentemente honesta. (Sí, es un buen tipo, dice M., pero es una bestia salvaje si lo ofendes a él o a su mujer) Explicaciones de una juventud rebelde asumiendo una personalidad enferma, el mal de las drogas, una infancia depravada y llena de privaciones, inmoralidad posmoderna, "la sociedad de consumo", la larga tradición colombiana de violencia... Todo esto parece irrelevante y negativo usado para explicar un déficit.

V. me asegura que no hay manera de que las pandillas se enfrenten a los *paras* —a quienes con un dejo de ironía llama "Power Rangers". Las pandillas están asustadas. Los *paras* están bien equipados y pueden recurrir a recursos ilimitados. Acerca de mi seguridad vis-a-vis las pandillas, se ríe. ¡Siempre y cuando no portes collares o anillos de oro! Se levanta de su silla para recrear una pelea que tuvo con dos tipos en un puente de cemento en un río por aquí, sus largos brazos dando vueltas como una araña, puedo verlo balanceándose en la balaustrada mientras escribo estas líneas.

Mayo 25

Me despierto alrededor de las cuatro de la mañana y miro el silencio. Mi maleta está empacada y los boletos listos. Pero despierto con este sentido absolutamente claro y sereno de que no voy a abordar ese avión. Me voy a quedar. ¿Y por qué sigo volviendo? ¡Ya treinta años! ¿Pertenezco aquí? ¿O allá? Estoy recostado en la oscuridad pensando en la última vez que me desperté tan temprano, asustado por los golpes en una puerta de metal resonando como un tambor. No hay escapatoria. Las ventanas sólo abren hacia la calle del frente y están atrancadas. El pequeño patio trasero de cemento esta rodeado de altas paredes de cemento con vidrio roto hasta arriba. William Burroughs alguna vez se refirió al vidrio así como el azúcar del confitero.

Pienso en la juventud-fuera-de-control alrededor del mundo. Está más allá de la imaginación salvaje de uno que los niños puedan ser la causa de ese miedo y revulsión extendidos como para poner a un pueblo de rodillas y pavimentar el camino para los paramilitares.

¡No hay nada de Robin Hood en estas pandillas, robar a los ricos para dar a los pobres! ¡Estás bromeando! J. y V. son absolutamente empáticos en esto. Pienso en el helado desapego de V. Bueno, no realmente helado. ¡Pero desapego sí! Y calma ¡Sí! Eso es lo que busco. Pareciera que uno le podría preguntar cualquier cosa, es tan abierto. Transparente e imposible de ofender. Por lo menos conmigo. Un grito lejano de "poder para los impotentes", esa mezcla elusiva e ilícita de resentimiento y envidia siguiendo guiones ocultos. Contrariamente a toda esa mentalidad servil, esto es descarado, abierto, como los desenfrenados funerales que las pandillas llevan a cabo en el cementerio, las ropas y cortes de pelo salvajes, la vida en el carril de alta como una estrella fugaz. Empiezo a sentir que cualquier cosa que signifique las pandillas, cualquier cosa que los alocados muchachos armados de catorce años signifiquen, todo tiene que ver con la seguridad propia que R. Genera la mezcla de seguridad de sí mismo y fuerza que le permite aparentar ser totalmente honesto. Y seguramente, así como es esta seguridad lo que le permitió dejar las pandillas, es esta misma cualidad lo que permite la condición de pandillero.

Mayo 27

Está lloviendo temprano en la mañana. P. está en la cortina que sirve como mi puerta. Bebemos nuestro café. "La política es una droga" me dice de repente. Está enojada. "La política suena mejor que *politics* en inglés, sugiere un personaje como el Ogro que también es el Seductor.[1] Cartas de Tarot. Puedes verla pavonearse. *La política**. ¿Qué significa? Es la droga que tomamos todos los días. Esto es *la política** cuando P. afirma que ocho de cada diez personas en este pueblo están felices de que los *paras* estén aquí para asesinar a la juventud rebelde. Esto es *la política**, donde las fábricas se levantan de la buena tierra negra que los volcanes arrojaron en los tiempos prehistóricos, haciendo tratos con el gobierno del pueblo y después con los *paras*. Todo el mundo sabe que la única manera de avanzar es obtener una posición pública para ser sobornado, es decir, drogado y drogado cada vez más profundamente que con la cocaína. Y por supuesto sólo estoy en el Nivel Uno aquí, pensando en las historias que se escuchan de los oficiales del ejército colombiano vendiendo no sólo armas, pero también sus propios soldados como víctimas de secuestro a la guerrilla, o el hecho de que la asociación de médicos del valle está ahí detrás de los *paras*, junto con los ganaderos e industrialistas —y ahora los pobres de los cinturones de miseria también. Los *paras* o *auto-defensas**, *pistoleros** o "la gente caminando por ahí" —cualquiera que sea el nombre que se use— están también únicamente en el nivel uno con sus listas, números de identificación y fotografías, listas compiladas así, según se dice de la CTI y la inteligencia militar, listas tan largas como el brazo de un niño, pero reduciéndose cada día más.

Mayo 27

Mi último día. Al final de la tarde, la hija de L. corriendo sin aliento por la esquina de la escuela de la niña me dice que su prima de veintiocho años de edad, quien trabajaba como oficinista para el gobierno municipal había sido matada a tiros por su enloquecido marido, quien después se pegó un tiro también. Más tarde escucho que tenía otras dos mujeres. Una huyó a España y a la otra él le rompió la cara la semana anterior.

Al anochecer, me aproximo al velatorio a través de calles silenciosas. Algunos carros bloquean la calle. Una tienda se extiende desde la casa hacia la calle con unas cincuenta sillas debajo. Veo poca gente que conozco y voy desde la entrada lateral al patio lleno de mujeres sentándose una junto a la otra. Saludo a la madre, abrumada del *shock*, y voy al cuarto principal, abierto a la calle, donde el ataúd está localizado al nivel de la cadera, para que uno vea la cara. L. me presenta a la abuela, quien está encantada de verme, rompiendo en una sonrisa amplia. Era ella quien me había llevado a los cañaverales años atrás con los cocineros que preparaban su fuego en los campos y me decían acerca de los pactos con el diablo que algunos trabajadores cañeros se decía que hacían para impulsar su producción. Me aventuro afuera, donde la gente habla en pequeños grupos o están sentados. Un elegante hombre de edad de porte honesto y cabello plateado me pregunta si lo recuerdo. Le dije que sí, pero que me cuesta trabajo, regreso veinticuatro años a don René quien tenía un pequeño almacén justo en la esquina al final del pueblo, justo donde los invasores llegaron a vivir. Recuerdo como niños descalzos entraban ahí en grupos ruidosos y robaban arroz de las bolsas abiertas en el suelo colocando sus camisas en la cintura para hacer bolsillos grandes. El arroz, "la perla sagrada", solían llamarlo. Ahora es más que arroz lo que buscan. Inmediatamente se introduce en lo que P. llama la historia de la "época dorada" acerca de cómo muchas cosas buenas estuvieron aquí antes de las plantaciones de azúcar y los viejos a cada lado de él agregan sus memorias, asintiendo con entusiasmo, yo incluido. Es tanta cortesía conmigo como escritor e historiador como nostalgia. Un hombre de mediana edad, con ojos hinchados y la estampa de un político, me lleva a un lado y me dice que tiene una cita con la embajada canadiense y está seguro que le concederán asilo político para él y su familia. Todas las conversaciones son sobre algo excepto la causa inmediata de nuestra congregación, pero penetradas por ella. La conversación sobre violencia política versa sobre esa cada vez más consumidora violencia de hombres contra mujeres, pero esta violencia no se ve como política sino como tragedia. Sin embargo, su asesinato forzosamente trae a Ángela hacia mí, diciendo "¿La guerra en Colombia? Es una locura, *no tiene sentido**" L. se para al pie del ataúd rezando con las cuentas blancas de su rosario. Otras mujeres se le unen. Rezan. Cantan. Se paran como troncos, su dignidad abrumadora, sus ropas raídas.

Post-Script Nueva York. 22 de febrero del 2002.

Mi amigo T. me visitó. Ha vivido en Nueva York treinta años, pero nació en el pueblo sobre el que estoy escribiendo y ha regresado de una visita de dos semanas al lugar. Ahora se puede caminar seguro por las calles, de día o de noche. El mercado que antes estaba prácticamente vacío está lleno de gente y mercancías. Su madre no tiene que doblarse para proteger su dinero cuando hace una compra. Señala que la guerrilla también hace *limpiezas**, en áreas bajo su control. También me dice que los *paras* reclutan con éxito jóvenes del pueblo y que un amigo suyo de mediana edad fue asesinado por los *paras* poco antes de su llegada. Alguien a quien debía cincuenta dólares fue con los *paras* pidiéndoles cobrar la deuda a cambio de la mitad de ella. Los *paras* tocaron en la puerta del amigo. Él les dijo que estaban fuera de lugar. Discutieron. Y lo mataron. Mi amigo de Nueva York agrega que nunca ha visto el cementerio tan lleno de flores. Este mismo día leo que en dieciocho meses de gobierno de Ariel Sharon, 1,300 palestinos e israelís han muerto en Israel. Pensamos en Israel como un sitio sangriento y nuestros corazones se detienen en nuestra boca. Mientras tanto, silenciosamente y sin ser notado por el mundo en general, en un pequeño pueblo colombiano unas 300 personas han sido asesinadas desde que los *paras* llegaron hace exactamente un año, según me dice mi amigo.

Traducción: Ignacio Sánchez-Prado

Notas

* En español en el original. Todos los pasajes subrayados y con un asterisco delante están en español en el original. Los especifico así para evitar repetición (N. del T.).
[1] Para conservar el juego de palabras, hago pequeñas modificaciones que permiten mantener el sentido del texto (N. del T.).

JENS ANDERMANN es profesor de estudios latinoamericanos en el Birkbeck College, University of London y co-editor del *Journal of Latin American Cultural Studies*. También es coordinador del Museo de Cultura Visual Iberoamericana en la Red (www.bbk.ac.uk/ibamuseum), una colección interactiva de textos críticos, documentos e imágenes, cuya primera exposición, 'Relics and Selves: Iconographies of the National in Argentina, Brazil and Chile, 1880-1890' se inaugurara en octubre de 2003. Entre sus publicaciones se destacan *Mapas de poder: una arqueología literaria del espacio argentino* (Rosario: Beatriz Viterbo Editora, 2000) y colaboraciones en revistas y libros en Argentina, Brasil, EE.UU., Inglaterra y Alemania. En prensa su libro *Images of Power: Iconography, Culture and the State in Latin America*, co-editado con William Rowe (London, New York: Berghahn Books).

ROMÁN DE LA CAMPA es profesor de Literatura Latinoamericana y Comparada en la Universidad de Nueva York, Stony Brook donde dirige el Departamento de Lengua y Literatura Hispánicas. Sus publicaciones incluyen libros y ensayos sobre literatura y cultura de América Latina y de las poblaciones latinas de Estados Unidos, al igual que estudios de teoría cultural. Sus libros más recientes: *América Latina y sus comunidades discursivas: literatura y cultura en la era global* (1998) y *Latin Americanism* (1999).

SANTIAGO CASTRO-GÓMEZ es profesor de la facultad de ciencias sociales de la Universidad Javeriana en Bogota, e investigador titular del Instituto de Estudios Sociales y Culturales PENSAR de la misma universidad. Ha sido profesor visitante en las universidades de Duke, Pittsburgh y Andina Simon Bolivar de Quito. Entre sus publicaciones se cuentan: *Crítica de la razón latinoamericana* (1996), *Teorías sin disciplina* (1998), *Pensar (en) los intersticios* (1999), *La reestructuración de las ciencias sociales en América Latina* (2000) e *Indisciplinar las ciencias sociales* (2002).

NICOLÁS CASULLO es Profesor de Literatura e Historia de las Ideas de la Universidad de Buenos Aires. Es asimismo narrador, ensayista y director de la revista *Confines*. Entre sus libros se cuentan *Comunicación, la democracia difícil* (1985), *El debate modernidad-posmodernidad* (1988, editor), *Viena del 900: la remoción de lo moderno* (1991), *Paris 68. Las escrituras, el recuerdo y el olvido* (1998), *Modernidad y cultura crítica* (1998).

ENRIQUE DUSSEL es Profesor de Ética en la UNAM (México), Doctor en Filosofía por la Universidad Complutense de Madrid y La Sorbonne de Paris, Doctor Honoris Causa por las Universidades de Freiburg y La Paz. Es uno de los fundadores del movimiento de la Filosofía de la Liberación en América Latina. Autor, entre otras obras, de *Para una ética de la liberación latinoamericana* (1973-1980, 5 vols.), *Filosofía de la Liberación* (1976), *La producción teórica de Marx* (1985), *Ética comunitaria* (1986), *Apel, Ricoeur, Rorty y la Filosofía de la Liberación* (1994), *Ética de la Liberación en la edad de la globalización y de la exclusión* (1998).

BOLÍVAR ECHEVERRÍA es Profesor de Filosofía de la UNAM (México). Sus libros principales son *El discurso crítico de Marx* (1986), *Las ilusiones de la modernidad* (1995), *La modernidad de lo barroco* (1998), *Valor de uso y utopía* (1998), *Definición de la cultura* (2001).

OSCAR GUARDIOLA-RIVERA, colombiano en auto exilio por razones políticas y académico visitante en University College en Londres. Allí imparte clase y desarrolla trabajos investigativos sobre las relaciones entre la literatura, el cine, la evidencia inductiva y la imaginación legal en la búsqueda de una jurisprudencia general entre la ley y la sociedad. Ha escrito conjuntamente con Santiago Castro-Gómez, Emmanuel Wallerstein y otros "The Modern/Colonial World-System" (2002) y ha publicado en *Nepantla*, *Views fom the South*, *Revista Nueva Sociedad* y en *Nómadas*.

TULIO HALPERIN-DONGHI, profesor emérito de la Universidad de California en Berkeley, y uno de los más importantes historiadores de América Latina. Su obra se concentra en el estudio de la Argentina moderna, pero alcanza también todo el desarrollo histórico continental. Ha incursionado también en temas de cultura y literatura latinoamericanas. Su obra incluye títulos como: *El pensamiento de Echeverría* (1951), *El Río de la Plata al comenzar el siglo XIX* (1961), *Historia contemporánea de América Latina* (1969), *Argentina: de la revolución de independencia a la confederación rosista* (1972), *Argentina en el callejón* (1964), *Argentina: la democracia de masas* (1972), *José Hernández y sus mundos* (1985), *Nación para el desierto argentino* (1982), *Reforma y disolución de los imperios ibéricos, 1750-1850* (1985), *Sarmiento: Author of a Nation* (ed.) (1994), *Vida y muerte de la República verdadera* (1999).

HERMANN HERLINGHAUS es profesor-investigador de Literatura y Estudios Culturales Latinoamericanos de la Universidad de Pittsburgh. Co-editor del *Journal of Latin American Cultural Studies* (London); miembro del Comité de Teoría del ICLA (International Comparative Literature Association). Entre sus libros publicados se encuentran *Renarración y descentramiento. Aporías del debate cultural en América Latina* (2003, en prensa), *Narraciones anacrónicas de la modernidad. Melodrama e intermedialidad en América Latina* (2002), *Cultura Popular. Breve historia conceptual* (2002, en alemán), *Modernidad heterogénea* (2000), *Contemporaneidad latinoamericana y análisis cultural* (2000, con Jesús Martín-Barbero), *Intermedialidad como experiencia narrativa* (1994, en alemán), *Posmodernidad en la periferia. Enfoques latinoamericanos de la nueva teoría cultural* (1994, editor con Monika Walter).

JOHN KRANIAUSKAS es Profesor de Estudios Literarios y Culturales Latinoamericanos de Birkbeck College, Universidad de Londres, y co-editor del *Journal for Latin American Cultural Studies*. Ha publicado sobre Miguel Angel Asturias, Walter Benjamin, Augusto Roa Bastos, Toni Negri, y está por concluir el libro *The Work of Transculturation*.

ERNESTO LACLAU es profesor de Filosofía Política en la Universidad de Essex y en el Department of Government. Es uno de los más ilustres teóricos que ha explorado el campo dialógico entre un marxismo pos-Althusseriano y el posestructuralismo. Sus libros incluyen *Politics and Ideology in Marxist Theory: Capitalism, Fascism, Populism* (1977), *Hegemony and Socialist Strategy* (with Chantal Mouffe, 1985), *New Reflections on the Revolution of Our Time* (1990), *Emancipations* (1996), *Emancipación y diferencia* (1996), *Contingency, Hegemony, Universality* (with Judith Butler and Slavoj Zizek, 2000).

JESÚS MARTÍN-BARBERO ha sido fundador y Presidente de ALAIC (Asociación Latinoamericana de Investigadores de Comunicación). Actualmente es profesor-investigador del Departamento de Estudios Socioculturales del ITESO (Instituto Tecnológico y de Estudios Superiores de Occidente), Guadalajara, México. Autor, entre otras obras, de *Comunicación masiva: discurso y poder* (1978), *De los medios a las mediaciones. Comunicación, cultura y hegemonía* (1987), *Procesos de comunicación y matrices de cultura* (1989), *Televisión y melodrama* (1992), *Los ejercicios del ver* (1999).

FRANCINE MASIELLO es profesora de literaturas hispánicas y literatura comparada en la Universidad de California, Berkeley. Entre sus libros figuran *Lenguaje e ideologia: las escuelas argentinas de vanguardia* (1986), *Entre civilización y barbarie: mujer, nación y modernidad en la cultura argentina* (1992; trad. al castellano, 1997 y ganador del Premio del Modern Language Association por mejor libro del año sobre un tema latinoamericano); *La mujer y el espacio público* (1994); *El arte de la transición: Cultura latinoamericana y la crisis del neoliberalismo* (Duke y Norma, 2001), también premiado por la MLA en 2002. Es co-autora de *Women, Politics, and Culture in Latin America* (1991) y co-editora, con Tulio Halperin-Donghi, Iván Jaksic y Gwen Kirkpatrick de *Sarmiento, Author of a Nation* (1994).

SILVIA MOLLOY es Albert Schweitzer Professor in the Humanities en New York University. Es también escritora. Sus libros más importantes son *Común olvido* (2002), *Las letras de Borges y otros ensayos* (1999), *En breve cárcel* (1998), *Acto de presencia: la escritura autobiográfica en Hispanoamérica*, 1996 (*At Face Value: Autobiographical Writing in Spanish America*).

CARLOS MONSIVÁIS es uno de los más ilustres escritores contemporáneos, "cronista mayor de los cambios culturales de nuestra América" (J. Martín-Barbero). Ha publicado, entre numerosos libros, *Aires de familia. Cultura y sociedad en América Latina* (2000), *Los rituales del caos* (1995), *Escenas de pudor y liviandad* (1988), *Entrada libre. Crónicas de la sociedad que se organiza* (1987), *Nuevo catecismo para indios remisos* (1982), *A ustedes les consta* (1980), *Amor perdido* (1978).

MABEL MORAÑA es profesora de la Universidad de Pittsburgh donde es Directora de Publicaciones del Instituto Internacional de Literatura Iberoamericana. Sus publicaciones incluyen *Literatura y cultura nacional en Hispanoamérica, (1910-1940)* (1982), *Memorias de la generación fantasma* (1988), *Políticas de la escritura en América Latina. De la Colonia a la modernidad* (1997). *Viaje al silencio. Exploraciones del discurso barroco* (1998). Ha editado *Relecturas del Barroco de Indias* (1994), *Mujer y cultura en la Colonia hispanoamericana* (1996), *Ángel Rama y los estudios latinoamericanos* (1997), *Indigenismo hacia el fin del milenio. Homenaje a Antonio Cornejo Polar* (1998) y es co-editora de *La imaginación histórica en el siglo XIX* (1994).

CARLOS PEREDA, miembro del Instituto de Investigaciones Filosoficas, Universidad Nacional Autónoma de Mexico. Entre otros libros ha publicado: *Debates* (1987); *Conversar es humano* (1989); *Razón e incertidumbre* (1994); *Vertigos argumentales. Una etica de la disputa* (1994); *Sueños de vagabundos. Un ensayo sobre filosofía, moral y literatura* (1999); *Crítica de la razón arrogante* (2000).

RENATO ORTIZ fue profesor en la Universidad de Lovaina, UFMG y del Programa de Pos-graduado en Ciencias Sociales de la PUC-SP. Actualmente trabaja en el Departamento de Sociología de la UNICAMP. Fue investigador del Latin American Institute en la Universidad de Columbia y del Kellog Institute de la Universidad de Notre Dame. Ha publicado entre otros, *A Consciência Fragmentada*, *Pierre Bourdieu*, *Telenovela: História e Produção* (1989), *A morte branca do feiticeiro negro. Umbanda e sociedade brasileria* (1988), *A Moderna Tradição Brasileira*.

ADRIANA RODRÍGUEZ-PÉRSICO es Profesora de Teoría Literaria de la Universidad de Buenos Aires e investigadora del CONICET; anteriormente ha sido Profesora de Literatura Hispanoamericana de la Universidad de São Paulo, Brasil. Es autora de *Un huracán llamado progreso. Utopía y autobiografía en Sarmiento y Alberdi* (1995) y de numerosos artículos sobre literatura latinoamericana.

RENATO ROSALDO es Lucie Stern Professor in the Social Sciences en la Universidad de Stanford. Es autor de *Ilongot Headhunting, 1883-1974: A Study in Society and History* (1980), *Cultura y Verdad* (1993). También es coordinador de la colección *The Anthropology of Globalization. A Reader* (2002), y es miembro del National Academy of Arts and Sciences.

JAVIER SANJINÉS C. es abogado, diplomado por el Instituto de Altos Estudios para América Latina de la Universidad de París, doctor en literatura hispanoamericana por la Universidad de Minnesota. Profesor Asistente del Departamento de Lenguas Romances de la Universidad de Michigan. Ha escrito *Estética y carnaval. Ensayos de sociología de la cultura* (1984) y *Literatura contemporánea y grotesco social en Bolivia* (1992). Muy recientemente, *El gato que ladra* (1999), junto con Fernando Calderon. Tiene en preparación el libro: *From 'mestizaje' to 'cholaje': Political Aesthetics in Modern Bolivian Andes*.

CYNTHIA STEELE es profesora de literatura comparada y estudios internacionales en la Universidad de Washington, Seattle. Es autora de *La narrativa indigenista en Estados Unidos y México, Politics, Gender, and the Mexican Novel, 1968-1988* y numerosos artículos sobre y traducciones de la literatura mexicana. Actualmente está escribiendo un libro entitulado *Shards of History: Subaltern Stories from Chiapas*.

DIANA TAYLOR es Profesora de Performance Studies y Español de New York University; es también Directora-fundadora del Hemispheric Institute of Performance and Politics (NYU). Sus libros más conocidos son *Theatre of Crisis: Drama and Politics in Latin America* (1991), *Disappearing Acts: Spectacles of Gender and Nationalism in Argentina's Dirty War* (1997), *The Archive and the Repertoire: Performing Cultural Memory in the Americas* (2003). Entre sus libros editados están *Stages of Conflict. A Reader of Latin American Theatre* (anunciado para 2004), *Holy Terrors: Latin American Women Perform* (2003), *Negotiating Performance in Latin/o America: Gender, Sexuality and Theatricality* (1994).

MICHAEL TAUSSIG es Profesor de Antropología de Columbia University y uno de los más renombrados teóricos en el campo de los estudios culturales. Ha publicado *The Devil and Commodity Fetishism in South America* (1980), *Shamanism, Colonialism and the Wild Man* (1986), *Mimesis and Alterity. A particular History of the Senses* (1993), *The Magic of the State* (1997), *Defacement: Public Secrecy and the Labor of the Negative* (1999).

HANS ULRICH GUMBRECHT es Albert Guérard Professor of Literature de la Universidad de Stanford. Tiene una extensa obra teórica sobre historia literaria, modernidad/ posmodernidad y hermenéutica comparativa. Entre sus publicaciones se encuentran, al lado de numerosos libros en alemán, *Eine Geschichte der Spanischen Literatur* (Una historia de la literatura española, 2 tomos, 1990), *Making Sense in Life and Literature* (1992), *1926. Living at the Edge of Time* (1997), *Postmoderne – globale Differenz* (Posmodernidad – diferencia global; con Robert Weimann), 1991, *Materialities of Communication* (with K. Ludwig Pfeiffer, 1994), *Streams of Cultural Capital: Transnational Cultural Studies* (with David Palumbo-Liu, 1997).

JOSÉ MANUEL VALENZUELA ARCE es Profesor y Director del Departamento de Estudios Culturales de El Colegio de la Frontera Norte, Tijuana. Recibió el "Premio de Musicología Casa de las Américas 2001" por su libro *Jefe de Jefes. Corridos y narcocultura en México*. Entre sus libros publicados están *A la brava, ése! Identidades juveniles en México: cholos, punks y chavos banda* (México 1997), *Nuestros piensos. Las culturas populares en la frontera México-Estados Unidos* (México 1998), *Impecable y diamantina. La deconstrucción del discurso nacional* (México 1999).